岚山年鉴

LANSHAN NIANJIAN 2017

岚 山 区 人 民 政 府　主办
岚山区地方史志办公室　　编

方志出版社
Publishing House of Local Records

图书在版编目（CIP）数据

岚山年鉴. 2017 / 岚山区地方史志办公室编. —北京：方志出版社，2018.7

ISBN 978-7-5144-3152-0

Ⅰ. ①岚…　Ⅱ. ①岚…　Ⅲ. ①区（城市）—日照市—2017—年鉴　Ⅳ. ①Z525.24

中国版本图书馆CIP数据核字（2018）第173152号

岚山年鉴（2017）

编　　者： 岚山区地方史志办公室
责任编辑： 刘　珊

出 版 人： 冀祥德
出 版 者： 方志出版社
地址　北京市朝阳区潘家园东里9号（国家方志馆4层）
邮编　100021
网址　http://www.fzph.org
发　　行： 方志出版社图书经销中心
电话（010）67110500
经　　销： 各地新华书店
印　　刷： 山东黄氏印务有限公司

开　　本： 889×1194　　1/16
印　　张： 26.75
字　　数： 613千
版　　次： 2018年7月第1版　2018年7月第1次印刷
印　　数： 0001~1000册

ISBN 978-7-5144-3152-0　　**定价：** 280.00元

《岚山年鉴（2017）》编纂委员会

《岚山年鉴（2017）》编纂人员

主　　编　盛　阳

执行主编　张守来

编　　辑　林芳宇（女）　杜作鹏　唐致山　杨玉永　刘汉利

编 辑 说 明

一、《岚山年鉴（2017）》是岚山区第一部《岚山年鉴》，该书以马列主义、毛泽东思想、邓小平理论、“三个代表”重要思想、科学发展观、习近平新时代中国特色社会主义思想为指导，坚持辩证唯物主义和历史唯物主义的立场、观点和方法，系统记载2016年度全区政治、经济、文化及各项社会事业发展的新情况、新举措、新进展，旨在为各级领导机关实施科学决策提供依据，为社会各界和广大读者宣传、研究、建设岚山提供准确的信息服务，为编史修志、区情研究储备资料。

二、《岚山年鉴（2017）》共分24个大部类，主要有特载、大事记、区情概览等。卷首设“领导关怀”图片专栏和城市影像图片，卷尾设附录。

三、《岚山年鉴（2017）》主要记述2016年度岚山区行政区划内的大事、要事。为保证资料的连续性和完整性，部分资料适当上溯和下延。“特载”部分收录的4篇报告，时间均发生在2017年1月中、下旬。

四、本年鉴采用分类编辑法，设立类目、分目、条目三个层次。

五、《岚山年鉴（2017）》大部分基础资料由各部门、单位、乡镇（街道）提供，并且经单位主要负责人签审，区地方史志办公室进行了编辑修改。反映全区国民经济和社会发展情况的数据，以统计局公布的为准，各篇目中具体数字由各部门、单位、乡镇（街道）提供。

领导关怀

Lingdao guanhuai

5月12日，省委书记、省人大常委会主任姜异康到岚山调研科技创新、外经外贸、脱贫攻坚、港口发展和海上粮仓建设情况

6月17日，省人大常委会副主任于建成（前排左二）率领省人大立法调研组，到岚山区进行立法调研

6月29日，省委常委、政法委书记张江汀到岚山调研

6月16日，省委常委、常务副省长孙伟（前排右三）到岚山渔港进行调研

5月27日，副省长赵润田（前排右三）到岚山区就海上粮仓建设和农业特色产业发展进行调研，市委副书记、市长刘星泰（前排右二）陪同

3月29日，全市林水会战现场观摩会走进岚山，市委副书记、市长刘星泰（前排右二）带队，区委书记盖卫星（前排右一）、区长张桂伟（前排左二）陪同

10月27日，全市林水会战二次现场会到岚山观摩，代市长齐家滨（前排左三）带队，区委书记盖卫星（前排左四）陪同

2017年4月6日，全市科学发展流动观摩会走进岚山，市委书记刘星泰（前排右二）、市长齐家滨（前排右三）带队

城市新貌

Chengshi xinmao

城区风光

城区一角

岚山多岛海

岚山文化服务中心

岚山港30万吨级码头

工业园区

目录

特　载

建设新岚山　争当排头兵　奋力夺取全面建成小康社会新胜利
——在中国共产党日照市岚山区第十四次代表大会上的报告 …………………… 3
日照市岚山区人民代表大会常务委员会工作报告
——2017年1月21日在日照市岚山区第十八届人民代表大会第一次会议上 …………………………………………… 17
政府工作报告
——2017年1月20日在日照市岚山区第十八届人民代表大会第一次会议上 …………………………………………… 26
中国人民政治协商会议第九届日照市岚山区委员会常务委员会工作报告
——在区政协十届一次会议上 ………… 39

大 事 记

1月 ……………………………………………51
2月 ……………………………………………52
3月 ……………………………………………53
4月 ……………………………………………54
5月 ……………………………………………55
6月 ……………………………………………56
7月 ……………………………………………57
8月 ……………………………………………59
9月 ……………………………………………60
10月 ……………………………………………61
11月 ……………………………………………62
12月 ……………………………………………63

区情概览

自然地理 ……………………………………67
　概况 ……………………………………67
　地势地貌 ……………………………………67
　土壤类型 ……………………………………68
　气候 ……………………………………68
　水文 ……………………………………69
　矿产 ……………………………………69
　矿产勘查开采 ……………………………………70
建置区划 ……………………………………70
　概况 ……………………………………70
　岚山办事处设立前区划 ……………………71
　岚山办事处设立后区划 ……………………73
人口民族与社会经济 ……………………73
　人口 ……………………………………73

民族 ……73
经济和社会发展 ……74

政党·政务

中共岚山区委员会 ……77
进一步厘清了岚山发展的新路径 ……77
跑出了岚山发展的新速度 ……77
有效激发了经济发展新活力 ……78
在攻坚克难上取得了新突破 ……78
经受了一系列新考验 ……79
人民生活获得了新改善 ……80
党员干部展现了激情创业的新风貌 ……80
区委办公室 ……81
组织工作 ……84
概况 ……84
领导班子和干部队伍建设 ……84
基层组织建设 ……85
机关党建 ……85
两新组织党建 ……85
老干部党建 ……86
人才工作 ……86
宣传工作 ……86
概况 ……86
宣传贯彻党的十九大精神 ……86
精神文明建设 ……87
文化建设 ……87
新闻宣传 ……87
践行社会主义核心价值观 ……87
统一战线工作 ……88
概况 ……88
全区统战工作会议 ……88
组织建设 ……88
非公经济工作 ……88
民族宗教工作 ……88
港澳台工作 ……89
党外代表人士工作 ……89
新的社会阶层人士工作 ……89
助力扶贫 ……89
对台工作 ……90
对台交往交流 ……90
涉台服务 ……90
对台宣传 ……90
党校工作 ……91
概况 ……91
理论宣讲 ……91
科学发展大讲堂 ……91
主体班次培训 ……91
各类专题培训 ……92
委托培训 ……92
教学科研 ……92
机构编制 ……93
概况 ……93
行政审批制度改革 ……93
综合执法体制改革 ……93
机构编制管理 ……94
事业单位监督管理 ……94
自身建设 ……94
信访工作 ……96
概况 ……96
信访接待 ……96
基层基础建设 ……96
进京非正常上访治理 ……96
信访安全保卫 ……96
信访积案攻坚化解 ……97

党建工作 ……………………………………97
岚山区人民代表大会 ……………………………97
依法审议重大事项 ……………………………97
开展对政府部门工作评议 ……………………97
深入基层开展调研询问工作 …………………98
创新开展代表工作 ……………………………98
区人大常委会办公室 …………………………101
概况 ……………………………………………101
会议服务 ………………………………………101
常委会服务 ……………………………………102
代表服务 ………………………………………102
公文处理与宣传 ………………………………102
自身建设 ………………………………………103
区人民政府工作 ………………………………103
概况 ……………………………………………103
“突破园区、聚力招引”取得新成效 ……………………………………………104
产业转型升级迈出新步伐 ……………………105
美丽岚山建设展现新亮点 ……………………105
民生保障有了新改善 …………………………106
服务发展水平得到新提升 ……………………107
区政府办公室 …………………………………108
政务服务 ………………………………………108
辅助和执行政府决策 …………………………108
自身建设 ………………………………………109
区级机关事务管理 ……………………………109
概况 ……………………………………………109
行管工作 ………………………………………110
自身建设 ………………………………………110
精神文明建设 …………………………………110
行政审批服务 …………………………………111
概况 ……………………………………………111
行政审批服务 …………………………………111
公开电话办理 …………………………………112
政府网站建设 …………………………………112
公共资源交易 …………………………………112
地方史志 ………………………………………113
概况 ……………………………………………113
资料搜集与提报 ………………………………113
推进“一年一鉴、公开出版”工作 ……………………………………………113
推进方志馆建设 ………………………………113
政协岚山区委员会 ……………………………113
概况 ……………………………………………113
围绕中心、服务大局，积极开展协商议政 ……………………………………………114
拓宽渠道、注重实效，不断强化民主监督 ……………………………………………115
凝聚人心、汇集力量，充分凸显政协优势 ……………………………………………116
固本强基、守正笃实，着力加强自身建设 ……………………………………………117
区政协办公室工作 ……………………………120
提升站位 ………………………………………120
服务大局 ………………………………………121
自身建设 ………………………………………121
中共岚山区纪律检查委员会 …………………122
概况 ……………………………………………122
纪律审查 ………………………………………122
整治群众身边的不正之风和腐败问题 ……………………………………………122
巡察工作 ………………………………………122
追责问责 ………………………………………122
推进国家监察体制改革试点工作 ……123
作风建设 ………………………………………123
重要会议 ………………………………………123

人民团体

工会工作 ……127
概况 ……127
基层工会规范化建设 ……127
加强职工思想引领 ……127
服务全区重点工作 ……128
发挥职工主力军作用 ……128
维护职工合法权益 ……128
构建职工服务体系 ……129
共青团工作 ……130
概况 ……130
聚力服务青年 ……130
服务中心工作 ……131
全面从严治团 ……131
深化共青团改革 ……132
妇联工作 ……132
概况 ……132
基层组织建设 ……132
巾帼扶贫行动 ……133
“美丽庭院”建设 ……133
文明家庭创建 ……133
“新农村新生活”培训 ……133
关爱妇女儿童 ……134
日照市岚山区工商业联合会 ……134
概况 ……134
非公经济人士理想信念教育 ……134
基层商会建设 ……134
民企帮村工作 ……134
经济服务工作 ……135

民主党派

中国国民党革命委员会日照市岚山支部 ……139
概况 ……139
民革岚山支部换届工作 ……139
中国民主同盟岚山支部 ……139
概况 ……139
创新知行同心“六个一”工程 ……139
中国农工民主党岚山支部 ……139
概况 ……139
积极参与“同心示范工程”建设 ……140
九三学社岚山支部 ……140
概况 ……140
参政议政 ……140
党派活动 ……140

法治·军事

政法与综合治理 ……143
概况 ……143
重大活动安保维稳工作 ……143
维护社会稳定和国家安全 ……143
社会治安综合治理 ……144
服务“突破园区、聚力招引”工作 ……144
信访维稳工作 ……144
矛盾纠纷排查调处 ……145
公共法律服务体系建设 ……145
执法司法规范化建设 ……145

法 院 ……146
概况 ……146
案件审理 ……146
司法为民 ……146
执行工作 ……147
司法改革 ……147
队伍建设 ……147
检 察 ……148
概况 ……148
服务经济转型升级 ……148
保障社会和谐稳定 ……148
职务犯罪惩治和预防 ……149
公正司法新渠道拓展 ……149
工作创新 ……150
队伍建设 ……150
公 安 ……151
概况 ……151
服务中心工作 ……151
平安岚山建设 ……152
规范化建设 ……152
队伍管理 ……152
户政人口 ……152
公安基层基础建设 ……153
消防工作 ……153
概况 ……153
落实消防安全责任 ……153
消防设施 ……154
应急力量建设 ……154
消防安全排查 ……154
消防宣传 ……154
边防检查 ……155
概况 ……155
沿海管控 ……155
中共十九大安保 ……155
交警工作 ……155
概况 ……155
科技建设 ……155
打赢十九大安保维稳和创城攻坚决胜战 ……156
规范城乡道路交通秩序 ……156
隐患排查治理 ……156
农村道路交通管理 ……156
车驾管工作 ……157
交通事故处理 ……157
队伍正规化建设 ……157
司法行政 ……158
概况 ……158
“一村（社区）一法律顾问”工作 ……158
法治宣传教育 ……158
普法教育阵地建设 ……159
律师队伍建设和公证管理 ……159
社区矫正和安置帮教 ……159
全区社区矫正基地建设 ……159
法律援助 ……159
人民调解工作 ……160
军 事 ……160
概况 ……160
党管武装工作 ……160
思想政治工作 ……160
军事训练工作 ……161
民兵整组工作 ……161
征兵工作 ……161
安全管理工作 ……161
扶贫帮建 ……161
基层武装建设 ……162

经济管理与监督

发展与改革 ……165

概况 ……165

经济运行 ……165

新旧动能转换重大工程 ……165

重点项目建设 ……166

对上争引 ……166

蓝色经济发展 ……166

优化发展环境 ……166

价格管理 ……167

统计管理 ……167

概况 ……167

统计监测分析 ……167

重大国情国力调查 ……167

经济社会综合考核服务 ……168

基层统计“四化”运作 ……168

统计宣传新媒体建设 ……168

“三招三引”工作 ……168

审计管理 ……168

概况 ……168

经济责任审计 ……168

村级财务审计 ……169

预算执行审计 ……169

固定资产投资审计 ……169

“强基层、铸铁军”工程 ……169

配合参与工作 ……170

物价管理 ……170

清理规范涉企收费 ……170

整治旅游市场价格秩序 ……170

办理各类价格案件 ……170

收费指导 ……170

价格宣传 ……170

工商行政管理 ……171

概况 ……171

商事制度改革 ……171

事中事后监管 ……171

行政执法维权 ……172

服务新旧动能转换 ……172

创城工作 ……172

队伍建设 ……173

党建工作 ……173

质量技术监督 ……174

概况 ……174

质量管理 ……174

特种设备安全监管 ……174

涉氨制冷企业专项整治 ……175

行政执法 ……175

党建工作 ……175

工作创新 ……176

食品药品监督管理 ……176

概况 ……176

监督检查 ……176

行政许可 ……177

监督抽检 ……177

专项整治 ……177

亮点工作 ……177

国土资源管理 ……178

概况 ……178

土地规划 ……178

建设用地 ……178

耕地保护 ……178

土地供应和土地出让 ……179

土地综合整治 ……179

城乡建设用地增减挂钩 ……179
工矿废弃地治理 ……179
不动产登记 ……179
依法行政 ……179
矿山综合整治 ……180
党风廉政建设 ……180
信访工作 ……180
地质灾害防治 ……180
安全生产监督管理 ……180
概况 ……180
落实监管责任 ……181
创新监管模式 ……181
依法行政 ……181
安全生产宣传 ……182
监管队伍建设 ……182
党建工作 ……182

财政·税务

财政管理 ……187
概况 ……187
财政收支 ……187
财源建设 ……187
组织收入 ……187
民生保障 ……188
资金运筹 ……188
财税改革 ……189
国家税务 ……189
概况 ……189
党建工作 ……189
税收收入 ……190
税收征管 ……190
规范执法 ……190
纳税服务 ……190
队伍建设 ……191
地方税务 ……191
概况 ……191
从严治党 ……191
队伍建设 ……192
税收执法 ……192
纳税服务 ……192
征收管理 ……193
税收收入 ……193

园区建设·招商引资

园区建设 ……197
中澳（日照）产业园 ……197
招商引资 ……198
概况 ……198
招引措施 ……198
招商活动 ……199
招引成效 ……199

港口·交通·电力

日照港集团岚山港务有限公司 ……203
概况 ……203
港口生产 ……203
市场营销 ……203
基础建设 ……204
企业管理 ……204
安全环保 ……204

党建工作 ……204
交通运输 ……204
概况 ……204
党建工作 ……205
农村公路概况 ……205
交通基础设施建设 ……205
幸福公路规划 ……205
城乡公交一体化 ……205
运输企业发展 ……206
山东高速轨道交通集团有限公司岚山管理处 ……206
概况 ……206
安全生产 ……206
基建技改 ……207
改革创新 ……207
党建工作 ……207
公路建管 ……207
概况 ……207
公路建设 ……208
养护管理 ……208
路政管理 ……209
安全廉政 ……209
精神文明 ……210
电　力 ……210
概况 ……210
安全生产 ……210
配电运维 ……210
营业收费 ……211
指标晋位争先 ……211
党建工作 ……212
工作创新 ……212

对外开放

口岸管理 ……215
概况 ……215
港口生产 ……215
港口规划 ……215
港口建设 ……215
安全管理 ……215
海　关 ……216
概述 ……216
口岸监管 ……216
优化服务 ……216
推动新旧动能转换 ……216
政策宣讲 ……216
推进口岸“三互” ……217
海　事 ……217
概况 ……217
安全监管 ……217
危险品监管 ……217
内部管理 ……218
数字化监管 ……218
党建工作 ……218
廉政建设 ……219
出入境检验检疫 ……219
概况 ……219
卫生检疫 ……219
动植物检疫 ……220
进口商品检验 ……220
口岸开放 ……220
“放管服”工作 ……220
服务大项目建设 ……220

对外贸易 ……………………………………221
概况 ……………………………………221
外贸进出口 ……………………………………221
利用外资 ……………………………………222
招商引资 ……………………………………222
电子商务 ……………………………………222
中澳（日照）产业园建设 ……………223
商贸流通 ……………………………………223
国家级出口食品农产品质量安全示范区
创建 ……………………………………224
争创山东省电子商务示范县 …………224

农村经济

农 业 ……………………………………227
概况 ……………………………………227
农业技术推广 …………………………227
农村土地承包经营权确权登记颁证收官
……………………………………227
农业产业经营化 ………………………227
林 业 ……………………………………228
林水会战 ……………………………………228
林业有害生物普查监测和防控 ………228
森林防火保持良好态势 ………………228
全民义务植树活动掀起新高潮 ………228
发展高效优质林果产业 ………………229
林下经济带动新发展 …………………229
农 机 ……………………………………229
概况 ……………………………………229
农机购置补贴 …………………………229
农机科技推广 …………………………229
畜 牧 ……………………………………230
概况 ……………………………………230
畜牧业绿色发展机制初步建立 ………230
畜牧业标准化程度进一步提高 ………230
重大动物疫病防控工作扎实稳定 ……230
饲料质量管理规范建设成效明显 ……230
烟草专卖 ……………………………………231
概况 ……………………………………231
烟叶生产 ……………………………………231
卷烟营销 ……………………………………231
专卖管理 ……………………………………231
综合管理 ……………………………………232
公益活动 ……………………………………232
桑蚕业 ……………………………………232
概况 ……………………………………232
桑蚕收购 ……………………………………232
桑蚕生产 ……………………………………233
保险服务 ……………………………………233
茶 业 ……………………………………233
产业概况 ……………………………………233
茶业发展 ……………………………………234
海洋与水产业 ……………………………235
概况 ……………………………………235
项目建设 ……………………………………235
产业结构调整 …………………………236
渔业安全生产 …………………………236
渔业巡查执法 …………………………236
党建和廉政建设 ………………………237
“三招三引”及对上争引 ……………237
水 利 ……………………………………238
概况 ……………………………………238
林水会战 ……………………………………238
农田水利项目 …………………………238

防汛抗旱 ……239
水土保持 ……239
小型水库除险加固 ……240
河长制 ……240
放管服改革 ……240
重点河道治理 ……241
水资源管理 ……241
农村饮水安全巩固提升工程 ……242
移民工作 ……243

工　业

概　述 ……247
概况 ……247
民营经济 ……248
企业科技创新 ……249
信息化建设 ……249
产业转型升级 ……250
节能降耗 ……250
安全生产 ……250
“三招三引”工作 ……251
外资企业 ……251
港澳台投资企业 ……251
钢　铁 ……251
石化产业 ……252
国有企业 ……253
日照市岚山融资担保有限公司 …… 253
概况 ……253
增资扩股目标基本实现 ……254
担保业务结构逐步优化 ……254
业务品种和模式持续创新 ……254
内部控制制度逐步完善 ……254
国企党建工作切实加强 ……254
日照市新岚山建设发展有限公司 …… 254
概况 ……254
工作成果 ……255
日照市岚山区园区发展有限公司 …… 256
概况 ……256
党建工作 ……256
拓宽融资渠道 ……256
园区基础设施配套建设 ……257
日照市岚山区城市建设发展有限公司 …… 257
概况 ……257
创城工作 ……257
社区建设 ……257
高铁新城项目建设 ……257
城市基础设施建设 ……258
自有项目建设 ……258
融资、注资、担保及金融风险化解 ……258
公益性项目运管 ……258
党的建设工作 ……258
日照市岚山区海洋发展有限公司 …… 258
概况 ……258
党建工作 ……259
融资工作 ……259
推进重点工作 ……259
队伍建设 ……259

商业・服务业

商务流通 ……263
商贸流通 ……263
贸易促进 ……263

商品市场 ……263

粮油购销 ……264

概况 ……264

粮食安全责任制 ……264

粮安工程建设 ……264

农户科学储粮“小康仓”建设 ……264

粮食储备轮换 ……265

“放心粮油提升”工程 ……265

“三招三引”工作 ……265

安全生产 ……265

精神文明建设 ……266

党建工作 ……266

供销合作经济 ……267

概况 ……267

农业服务 ……267

电子商务 ……267

精准扶贫 ……268

特色工作 ……268

城建·环保

城乡规划 ……271

概况 ……271

完善规划编制 ……271

推进村镇规划 ……271

配合重点项目建设 ……271

严格规划管理 ……272

住房公积金管理 ……272

概况 ……272

住房公积金扩面 ……272

住房公积金提取 ……272

住房公积金贷款 ……272

住房公积金服务 ……272

住房公积金运营 ……273

自身建设 ……273

城区供水服务 ……273

概况 ……273

水质保障 ……273

规范化管理 ……273

环境保护 ……274

概况 ……274

水污染防治 ……274

大气污染防治 ……275

重污染天气应急 ……275

总量减排与排污许可证管理 ……275

建设项目审批 ……276

生态环境保护 ……276

固废与土壤污染防治 ……276

迎接各级环保督察 ……276

日常监察、专项执法与环境信访 ……277

应急处置与排污费征收 ……277

环境监测 ……277

环境宣传教育 ……277

综合行政执法 ……278

概况 ……278

城市管理 ……278

违法建设治理 ……278

文化执法 ……279

“农林水”执法 ……279

生态环境综合治理 ……279

办理群众投诉举报 ……280

自身建设和行政执法改革 ……280

包联走访和精准扶贫 ……280

邮政·通信

移动通信 ……283
概况 ……283
业务发展 ……283
网络建设 ……283
党建工作 ……283
职工文化建设 ……283
社会公益 ……284
联通通信 ……284
概况 ……284
经营与建设 ……284
混合所有制改革 ……284
基层党建 ……284
电信通信 ……285
概况 ……285
业务发展 ……285
助力岚山建设 ……285

民政·人社

民政工作 ……289
概况 ……289
精准扶贫 ……289
养老服务 ……289
基层政权及城乡社区建设 ……289
拥军优抚 ……290
慈善福利帮困解难 ……290
有效保障残疾人权益 ……290
基本公共服务 ……290
人力资源和社会保障 ……291
概况 ……291
政策研究与法制建设 ……291
财务规划 ……291
基金监督 ……292
招才引智 ……292
就业促进 ……292
毕业生就业 ……293
人力资源配置 ……293
职业能力建设 ……293
职业技能鉴定 ……293
军转干部安置 ……294
公务员管理 ……294
专业技术人员管理 ……294
事业单位人事管理 ……294
机关事业单位工资 ……294
企业养老保险 ……294
失业保险 ……295
机关事业单位保险 ……295
居民社会养老保险 ……295
医疗保险 ……296
工伤和生育保险 ……296
退休审批 ……296
劳动监察 ……296
调解仲裁 ……297
行政服务 ……297
信息化建设 ……298
党风廉政建设 ……298

教育·卫生计生·科学

教育事业 ……301
概况 ……301

办学条件 ……302
教育科研 ……302
教育信息化建设 ……303
教育扶贫 ……303
队伍建设 ……303
学校选介 ……304
岚山区第一中学 ……304
概况 ……304
德育工作 ……304
教育教学 ……304
教学科研 ……304
教师成长 ……305
党建工作 ……305
学校建设 ……305
日照市岚山区实验中学 ……305
概况 ……305
山东省日照第三中学 ……306
概况 ……306
办学理念 ……306
文明校园创建 ……306
德育建设 ……307
教育科研 ……307
教师队伍建设 ……307
平安校园建设 ……307
后勤制度建设 ……308
党建工作 ……308
岚山区实验中学 ……308
办学理念 ……308
师生队伍建设 ……308
校园安全建设 ……309
加强德育建设 ……309
后勤保障建设 ……309
加强党建工作 ……310
日照市海洋工程学校 ……310
概况 ……310
师资培养 ……310
学生培养 ……311
合作办学 ……312
升学就业 ……312
卫生计生事业 ……313
概况 ……313
医改工作 ……313
公共卫生工作 ……313
人口和计划生育工作 ……314
基层医疗服务工作 ……314
疾病预防控制工作 ……314
依法行政工作 ……315
科学技术 ……315
概况 ……315
创新环境 ……315
高新技术 ……315
科研及服务机构建设 ……316
知识产权 ……316
科技合作 ……316
科协工作 ……316
防震减灾 ……317

文体·旅游·广电

文体和旅游 ……321
概况 ……321
基础设施建设 ……321
特色旅游项目 ……321
招商引资 ……322
旅游宣传营销 ……322

旅游安全监管 ……322
基层文化队伍建设 ……323
优秀传统文化保护和传承 ……323
振兴文化产业 ……323
老年体育工作 ……324
群众体育工作 ……324
体育彩票 ……324
广电网络 ……325
概况 ……325
服务中心工作 ……325
提升用户满意度 ……325
安全播出和安全生产 ……325

金　融

金融概述 ……329
概况 ……329
银行 ……329
保险 ……329
证券 ……329
担保公司 ……329
小额贷款公司 ……329
新型农村金融组织 ……329
金融办工作 ……330
服务实体经济 ……330
企业挂牌上市 ……330
金融风险化解 ……330
金融监管 ……330
金融机构选介 ……331
中国工商银行股份有限公司日照岚山支行 ……331
概况 ……331
基层党建 ……331
内部管理 ……331
风险处置 ……332
服务经济 ……332
业务创新 ……332
中国农业银行股份有限公司日照岚山支行 ……332
概况 ……332
服务“三农” ……333
不良资产处置 ……333
内部管理 ……333
网点转型 ……333
“三线一网格”上线 ……334
中国银行股份有限公司日照岚山支行 ……334
概况 ……334
党建引领业务发展 ……334
维护地区经济稳定 ……334
提升网点服务品质 ……335
强化网点内控管理 ……335
中国建设银行股份有限公司日照岚山支行 ……335
概况 ……335
党建引领 ……336
业务指标 ……336
风险化解 ……336
普惠金融 ……336
绿色银行 ……336
精准扶贫 ……337
日照银行岚山中心支行 ……337
概况 ……337
党建工作 ……337
信贷支持 ……337

风险管控 ……338
金融服务 ……338
文明创建 ……338
日照岚山农村商业银行股份有限公司 ……338
概况 ……338
机构设置 ……338
党建统领 ……339
普惠金融 ……339
优化服务 ……339
不良资产处置 ……339
内部管理 ……339
网点转型 ……340
奉献社会 ……340
中泰证券股份有限公司日照岚山中路证券营业部 ……340
概况 ……340
经营理念 ……340
业务开展 ……341
风险控制 ……341
日照市岚山融资担保有限公司 ……341
概况 ……341
增资扩股 ……341
优化担保业务结构 ……342
创新业务品种、模式 ……342
完善内控制度 ……342
国企党建 ……342
日照市岚山区永铸小额贷款有限公司 ……342
概况 ……342
贷款业务 ……342
规章制度 ……343
工作重点 ……343
风险控制 ……343
日照市岚山区正昊小额贷款有限公司 ……343
概况 ……343
贷款业务 ……343
规章制度 ……343
工作重点 ……343
风险控制 ……344
员工培训 ……344
日照市岚山区金源小额贷款有限公司 ……344
概况 ……344
经营范围 ……344
机构设置 ……344
风险控制 ……345
规章制度 ……345
工作重点 ……345
日照市岚山区华通小额贷款有限公司 ……345
概况 ……345
经营理念 ……345
制度建设 ……345
业务开展 ……345
风险监管 ……346
员工培训 ……346
宋家岭农业种植专业合作社 ……346
概况 ……346
经营范围 ……346
盈余分配 ……346
信用互助 ……346
组织愿景 ……346

保险机构选介 ……347
中国人民财产保险股份有限公司日照市岚山支公司 ……347
概况 ……347
积极保障服务社会民生 ……347
为全区“三农”保驾护航 ……347
全面落实从严治党要求 ……347
企业文化建设 ……348
服务能力建设 ……348
中国人寿财产保险股份有限公司日照市岚山区支公司 ……348
概况 ……348
业务发展 ……348
经营管理 ……348
基层党建 ……349
中国太平洋财产保险股份有限公司岚山支公司 ……349
中国平安财产保险股份有限公司日照市岚山支公司 ……349
概况 ……349
理赔服务 ……349
增值服务 ……349

乡镇街道

岚山头街道 ……353
概况 ……353
特色产业 ……353
基层党建 ……353
创城工作 ……354
城市建设 ……354
社会事业 ……354
安东卫街道 ……355
概况 ……355
新旧动能转换 ……355
城镇建设 ……355
创城工作 ……355
环境治理 ……355
民生事业 ……356
文化建设 ……356
党建工作 ……356
虎山镇 ……357
概况 ……357
工业发展 ……357
平安建设 ……357
社会事业 ……357
扶贫攻坚 ……358
党建工作 ……358
碑廓镇 ……359
概况 ……359
工业发展 ……359
党建工作 ……359
社会事业 ……360
生态环保 ……360
黄墩镇 ……360
概况 ……360
经济 ……361
政治 ……361
社会 ……361
生态 ……362
文化 ……362
高兴镇 ……363
概况 ……363
创城工作 ……363
招商引资 ……363

项目建设 ……363
生态建设 ……364
旅游经济 ……364
民生改善 ……364
党建工作 ……364
巨峰镇 ……365
概况 ……365
特色产业 ……365
特色小镇 ……365
工业发展 ……366
镇村建设 ……366
精准扶贫 ……366
社会事业 ……367
党建工作 ……367
中楼镇 ……368
概况 ……368
塑胶产业转型升级 ……368
脱贫攻坚 ……368
林水会战 ……368
乡村旅游 ……369
创城工作 ……369
“三招三引”工作 ……369
安全稳定 ……369
民生事业 ……370
党建工作 ……370

附 录

日照市岚山区国民经济和社会发展统计公报 ……373

索 引

索 引 ……381

特载

TEZAI

嵐山年鑑

建设新岚山 争当排头兵 奋力夺取全面建成小康社会新胜利

——在中国共产党日照市岚山区第十四次代表大会上的报告

（2017年1月16日）

中共日照市岚山区区委书记、区委党校校长 来风华

中国共产党日照市岚山区第十四次代表大会，是在我区全面实施“十三五”发展规划、决战全面建成小康社会的关键时期，召开的一次承前启后、继往开来的重要会议。大会的主要任务是：深入贯彻党的理论、路线、方针、政策和决议，认真学习习近平总书记系列重要讲话精神，回顾总结过去五年工作，研究部署未来五年目标任务，选举产生中国共产党日照市岚山区第十四届委员会和纪律检查委员会，动员全区各级党组织、广大党员干部群众，进一步解放思想、凝心聚力、攻坚克难、开拓进取，建设美丽岚山，争当县域经济发展排头兵，奋力夺取全面建成小康社会新胜利。

下面，我代表中共日照市岚山区第十三届委员会向大会作工作报告，请予审议，并请列席会议的同志提出意见。

过去五年的工作回顾

过去五年，是岚山区发展进程中经历挑战、经受考验的五年，也是负重奋进、拼搏进取的五年。五年来，特别是党的十八大以来，区委团结带领全区广大党员干部群众，认真贯彻落实中央和省、市各项决策部署，努力适应新常态，统筹抓好调结构、稳增长、促改革、惠民生、防风险、强党建等各项工作，谱写了科学发展新篇章。

过去五年，是经济总量稳步增长、综合实力持续增强的五年。实现地区生产总值481亿元，年均增长8.1%；一般公共财政预算收入22.22亿元，年均增长5.7%；规模以上工业增加值128亿元，年均增长9.3%；城镇居民人均可支配收入28428元，农村居民人均可支配收入13629元，年均分别增长10%、11.5%；累计完成固定资产投资2259.2

亿元，年均增长18.7%。我区先后被评为全国民生改善优秀示范城市、中国绿色生态农业示范区、国家级出口农产品质量安全示范区、全国科普示范区，连年跻身“中国市辖区综合实力百强区”和“中国最具投资潜力中小城市百强区”。

过去五年，是转型升级起步破题、发展体系不断完善的五年。三次产业比例预计调整为7.8：59.9：32.3；实施重点项目199个，完成投资617.52亿元，累计搬迁群众8512户26681人；实施技改项目119项、投资391亿元；日照钢铁精品基地全面开工建设并即将投产，实施化工园区周边10个村搬迁和安置区建设，日钢ESP生产线、宝华新材料等项目建成投产，高新技术产业产值达到45亿元。“三招三引”工作取得良好成效，招引推进项目766个，实际到位资金472.86亿元，对上争引资金30.6亿元，引进高层次创新创业团队25个、高层次人才156人。粮食产量实现“十二连增”，新发展高效特色农业7.2万亩、海洋牧场30万亩。扎实开展林水会战，累计造林8.7万亩，兴修水利工程957项，全国小农水重点县项目通过验收。创建国家AAA级旅游景区5家、省级旅游强乡镇3个，新增金融机构15家，服务业增加值达到155.36亿元，占GDP的比重比2011年提高了6个百分点，列入省电子商务发展示范区，被表彰为全省服务业发展先进区。

过去五年，是基础设施逐步完善、城乡统筹协调推进的五年。累计完成港口投资120.06亿元，吞吐量达到1.55亿吨，国家级进口木材检疫除害处理区、瓦日铁路、204国道、222省道、青赵线拓宽改造和厦门路岚山段等重点工程建成启用。修编各类规划设计42项，主城区控规覆盖率达到100%；累计投资91.47亿元，实施城建重点工程144项，新修改建城区道路22条、83.4千米，新建改造城市公园广场12处、城市绿道49.8千米，城市建成区面积扩展到21.3平方千米。开展了创城突出问题整治，顺利通过省级卫生城市复审和全国文明城市评估。规划建设新型农村社区15个，在全市率先实现城乡客运一体化并作为全省城乡公交一体化试点县，创建国家、省级生态乡镇5个，打造生态文明示范村348个，在全市率先实现城乡环卫一体化全覆盖和市场化运作，被评为省生态文明乡村建设先进区和全省首批“乡村文明行动示范区”。

过去五年，是各项改革持续深化、对外开放全面扩大的五年。扎实推进政府职能转变，编制公布了“四张清单”，承接省市下放行政权力事项35项，取消29项，争创了“精诚服务”省级服务名牌。全面完成综合行政执法体制改革和党政机关公车改革，扎实推进县级公立医院改革和事业单位法人治理结构试点，实施了工商、质监、食药、卫计、教育、乡镇机构、税收“营改增”、农村产权制度、小型水利工程产权制度和小型水库管理体制等改革措施。加大企业股改上市力度，完成股份制改造22家，实现股权挂牌12家。累计实现进出口总值322.9亿美元，实际利用外资5.3亿美元。我区与澳大利亚卡拉萨市建立友好城市关系，成为全市首个缔结友好城市的区县。

过去五年，是民生民计日益改善、社会事业不断提升的五年。实施为民办实事项目

155项，区财政累计投入民生资金73.1亿元。落实“精准扶贫、精准脱贫”方略，完成8638人脱贫。投资12.8亿元实施教育重点工程188个，被评为全国义务教育发展基本均衡区。区人民医院成功创建二级甲等医院，新改建乡镇卫生院5处。高标准规划建设了5.1万平方米的区综合文化服务中心，新建规范村居文化大院386处，实现城乡“一刻钟”公共文化服务圈全覆盖。为3.5万被征地农民办理了城镇职工养老保险，在全省率先实施80周岁以上高龄老年人生活补贴制度，实现社会保险制度城乡全覆盖。深化精神文明建设，被评为全省四德工程建设示范区。深入推进法治岚山、平安岚山、食安岚山建设，被评为省“六五”普法中期先进区、省信访工作先进区、省药品安全示范区。

过去五年，是党的建设深入推进、从严治党全面加强的五年。扎实开展党的群众路线教育实践活动、“三严三实”专题教育和“两学一做”学习教育，广大党员思想政治素质得到全面提升。完善领导班子和领导干部综合分析研判“1+5”体系，拓展党群“双向直通”机制，创新建立“一公开双积分”社会监督评价体系。认真履行党风廉政建设主体责任和监督责任，加快“阳光岚山”建设，坚定不移推进反腐倡廉建设和反腐败斗争，进一步营造了风清气正的政治生态。积极支持人大、政府、政协、法院、检察院依法履职，加强对群团工作的组织领导，强化党管武装和双拥共建工作，统一战线和工青妇、人民防空、档案等工作都有了新发展，被表彰为省双拥模范城。

同志们，五年发展成绩的取得，是在市委坚强领导下，全区上下团结奋斗、锐意进取的结果，饱含着广大党员干部群众的心血与汗水，承接了历届区领导班子的努力与奋斗、智慧与成果，凝聚了各民主党派、各人民团体、各界人士的信任与支持。在此，我代表区委，向所有关心、支持、参与岚山建设发展的同志们和朋友们，表示衷心的感谢和崇高的敬意！

当然，我们也清醒地认识到，工作中还存在不少困难和问题。主要表现在：经济总量不大、实力不强，产业层次不高，结构不够合理；区域竞争压力巨大，特别是与一河之隔的赣榆区相比，发展差距逐渐拉大；园区基础设施配套滞后，项目承载能力不强；“三招三引”氛围不浓，项目储备不多；经济增长的不确定、不稳定因素仍然较多，财税增收、债务负担、贸易融资风险化解等压力较大；中小企业融资难、资金紧张的问题突出，个别企业面临的困难前所未有；城区基础设施不完善，承载能力不强，城市服务业、社会事业发展水平不高，人气集聚不够；资源环境承载力趋紧，节能减排、环境保护、安全生产形势严峻、压力巨大，人民群众对居住环境的满意度不高；脱贫攻坚任务繁重，教育医疗、食药安全、社会保障等民生领域存在一些亟待解决的问题；面对经济发展、作风建设新常态，一些党员干部的机遇意识、法治思维和依法办事能力不强，破解难题、促进发展的招数不多、力度不够，不担当、不作为现象仍不同程度的存在，个别部门单位表现得还比较突出；党的建设仍然存在薄弱环节，基层组织的创造力、凝聚力和战斗力需要进一步提高，党风廉政建设任重而道远，等等。

问题导向是市委提出的“三个导向”之一。坚持“问题导向”，找准找足并解决影响我区快速发展的困难和问题，是今后几年全区上下攻坚克难的目标所在，也是区委工作的重点。我们要把困难考虑得更充分一些，把工作谋划得更超前一些，做到居安思危，未雨绸缪，补足短板，唱响“岚山号子”，撸起袖子加油干，共同开创岚山美好未来！

今后五年的指导思想、奋斗目标

今后五年，是岚山区争当县域经济发展排头兵、全面建成小康社会的决胜阶段，也是科学赶超、跨越发展的关键时期。抓住这五年，岚山的发展就能实现大跨越，跃上新台阶。

为此，区委打算今后五年工作的指导思想是：全面落实党的路线、方针、政策和各项决策部署，深入贯彻习近平总书记系列重要讲话精神，坚持以“四个全面”战略布局和“五大发展理念”为引领，按照市委提出的“一个目标、三个导向、五大战略”总体要求，充分发挥港口交通和临港产业“两大优势”，突出“三招三引”工作、重大项目建设、环境治理“三个重点”，实现园区建设和城乡统筹发展“两大突破”，争当县域经济发展排头兵，为加快建设美丽岚山、提前全面建成小康社会而努力奋斗。

根据上述指导思想，并与“十三五”规划相衔接，今后五年岚山经济社会发展的奋斗目标是：

综合实力进一步增强。全面落实“工业强市”战略，聚力打造钢铁、石化两大“千亿产业集群”，培育日照钢铁、山东精品钢、岚桥石化等“百亿级企业”，形成精细化工、木材贸易加工、食品药品、临港物流、绿茶产业、海洋牧场等“亿元企业群体”，经济保持中高速增长，主要经济指标达到全国百强县水平，综合实力跃居全省中游，争当县域经济发展排头兵。

发展活力进一步积聚。全面落实“开放活市”“人才兴市”战略，实施改革创新和对外开放“双轮驱动”；坚持“问题导向”，不断解放思想，革除发展障碍，积极创新体制机制，大力推进科技创新，激发全区人民创新创业创优的热情。

生态环境进一步优化。全面落实“生态立市”、“旅游富市”战略，生态文明建设取得重大进展，旅游业得到长足发展，林水会战取得明显成效，主要污染物排放总量大幅减少，生态环境质量持续改善，让岚山的天更蓝、山更绿、水更清、空气更清新。

民生福祉进一步提升。脱贫攻坚任务全面完成，百姓生活更加富足。各项社会事业全面发展，基本公共服务保障实现全覆盖。人民群众思想道德素质、科学文化素质、健康素质显著提高，社会秩序规范有序。文明城市创建取得丰硕成果，岚山城乡环境、社会认可度、美誉度都有大幅提升。

这些目标是今后五年我区工作的总导向、总纲领。实现这些目标，全区各级党组织和广大党员干部必须抓住稍纵即逝的大好机遇，深刻认识区情，搞清楚我区优势有哪些，信心来自哪里，责任是什么！

（一）我们有优势。一方面，我们有得天独厚的港口交通优势。岚山拥有稀缺的天然深水良港，形成了以日照港岚山港区、岚北港区、岚桥港、童海港、钢铁港区为主体的港口集群。目前已建成5000吨及以上泊位26个，其中2个30万吨级、1个10万吨级原油码头和1个30兼顾40万吨级矿石码头；在建2个30万吨级原油码头和1个20兼顾30万吨级矿石码头，配套开通2条原油长输管线，目前原油接卸能力达到3800万吨，原油码头全部建成后可接卸原油8100万吨，近期要配套建设岚山港至莒县延伸到滨州沾化原油管道，岚山港至洛阳原油管道正在进行规划，还将开通集装箱航线，岚山已经形成了“大码头、大罐区、大管线、大钢铁、大炼油”的格局。区内204国道，342、222、341、220省道，沈海高速，瓦日、坪岚、兖石铁路等纵横交错，距离日照机场半小时的车程，青日连铁路、鲁南快速铁路、巨岚铁路、岚罗高速正在加快推进，董家口至岚山的轨道交通已经纳入规划，“海陆空”立体化交通运输体系不断完善，区域经济中的战略支点地位正在逐步形成。随着青日连铁路即将建成开通，岚山正在步入高铁时代。

另一方面，我们有雄厚的产业优势。岚山是全市工业发展的主战场，经济总量在全市三分天下有其一，固定资产投资和实际到位外资都占全市半壁江山，是全市经济发展的增长极。目前我区钢铁、石化、木材、食品药品、物流等五大临港产业已具雏形，发展成为亚洲最大海洋仿生食品生产基地、全国最大木材进口加工集散地、半岛蓝色经济区钢铁生产基地、油气储运加工基地和区域性临港物流中心。特别是钢铁产业初步实现转型，日照钢铁精品基地今年下半年就要投产，日钢计划再新上两条ESP生产线，总数达到5条，一个区布局两大钢企，是全国乃至全世界少有的。瀚坤能源成为全国民企最大单体储油企业，中国华信等大项目正在推进，岚桥石化已获批180万吨/年原油进口权，金石沥青、石大科技正在逐步恢复生产，一批新的精细化工项目正在陆续上马，岚山正在阔步迈入大工业时代。我区茶叶、渔业等特色农业优势比较突出，茶园13.9万亩、占全省的40%，茶产业总产值17.3亿元、占全省的一半以上，是全国重点产茶县；拥有海洋牧场30万亩，水产业总产值114.2亿元，捕捞能力居全省第二位。所有这些产业为岚山加快发展奠定了坚实基础。

（二）我们有信心。五年来，通过一系列学习教育活动和服务大项目建设、村庄搬迁、“三招三引”、创建文明城市、林水会战、脱贫攻坚等重大任务的锤炼，全区广大党员群众同舟共济、团结协作，形成了强大合力。特别是培养锻炼了一支素质过硬、吃苦耐劳、敢打善拼的干部队伍，在困难挑战中善于突破、务实担当、敢打硬仗的优良作风日益彰显，人心思进、人心思变的氛围日益浓厚，奋起直追、跨越发展的决心日益增强，想发展、要发展的正能量不断积聚，为推动岚山加快发展提供了坚强保障，也为我们破解发展难题、创先争优增强了信心。

（三）我们有责任。市委、市政府对岚山发展寄予厚望，提出“岚山要争当县域经济发展排头兵，主要经济指标达到全国百强县水平”，“岚山经济开发区要进入全省开发区前20强，争创国家级开发区”等目标，这是岚山为全市实现“追赶摘帽”目标应负的责任，也是全区干部群众的热切期盼。全区上下必须牢固树立“目标导向”，顺应群众新期待、回应百姓新诉求，确保新一轮发展成果更多地惠及全区人民，切实解决好群众最关心、最直接、最现实的利益问题，这是我们新一届区委面临的重大任务和光荣使命。只要全区各级党员干部不忘初心、志向笃定，只争朝夕、乘势而上，就一定能够开启新征程、展现新作为、再创新业绩。

今后五年工作重点与主要措施

实现今后五年的奋斗目标，争当县域经济发展排头兵，需要我们始终不渝地把发展作为第一要务，突出重点、攻坚克难，努力以新姿态、新思路、新举措，推动岚山在新的起点上实现新的跨越。

一、牢牢抓住“三招三引”这个头号工程，全力开创招商引资新局面。以“突破园区、聚力招引”为主攻方向，招引一批能够带动跨越发展的大项目，引进转化一批新技术，培育造就一批科技人才，切实增强经济社会发展的动力。

（一）围绕园区抓招商。园区是招商引资的主阵地。栽下梧桐树、引来金凤凰，有什么样的园区，就能招引什么样的项目。按照特色发展、高端发展的要求，依托各产业园区，分别成立产业招商团队，策划招引一批“建链、补链、强链”高端项目，把特色产业做强做新。钢铁产业园区，依托日钢和精钢基地，大力招引钢铁产品深加工、高端装备制造、机械制造等“吃钢嚼铁”项目，实现钢铁就地精深加工，形成上下游联动的钢铁产业基地和临港先进制造业核心区，力争到2021年钢铁产业产值突破1000亿元。石化产业园区，做好园区规划环评和安全评估，在积极推动现有化工企业投产达产的同时，服务好大化工项目建设，把“龙头”扬起来，把乙烯等下游产业招进来，重点打造以多元化烯烃原料、化工新材料及高端化学产品为两大特色的化工园区，推动产业链条向高端延伸，形成精细化工产业集群。食品药品产业园区，依托冷链物流基地和中澳（日照）产业园，加快发展食品深加工产业集群，力争到2021年产值达到200亿元，建成国内一流的海产品加工基地。木材产业园区，在搞好园区规划建设、集约发展的基础上，用好国家级“木材贸易加工示范区”和“进口木材检疫除害处理区”两块金字招牌，发展高档家具、木地板等精深加工企业集群，力争到2021年实现进口木材800万立方米，就地加工500万立方米。临港物流园区，招引大型物流企业落户岚山，五年内每个产业培育2－3家具有较大规模和较强竞争力的物流龙头企业。

（二）围绕企业抓招商。全方位搞好对企业的服务，建立服务企业联络员制度，定期对新注册企业、重点企业进行走访，问需于企、问计于企，及时协调解决企业发展中存在的困难和问题，为企业做大做强营造优良的发展环境。积极开展以企招商、以商招商，充分运用好企业销售队伍和现有企业的影响力、带动力，积极推介岚山。用好企业客户资源，及时掌握上下游企业信息，开展上门招商，争取把产业链条的上下游项目引进来，形成“引来一个、跟进一批”的集聚效应。完善以企招商考核奖励办法，设立招商引资基金，对引进项目的企业和引荐人给予奖励。引导企业用好国内国外两种资源，积极走出去、引进来，巩固传统市场、拓展新兴市场，五年累计进出口总值达到480亿美元、年均增长7%，实际利用外资7亿美元、年均增长8%。紧紧盯住五百强企业、行业十强，有针对性地加强对接联系，集中力量招引对我区发展和转型具有支撑力、带动力、影响力的大项目、好项目，提升产业发展水平和档次。鼓励企业加快技术改造、装备升级、工艺更新，推进技改扩能项目，向高端智能制造升级。引导企业通过股权改造、战略重组、外资嫁接等途径，实现融合发展。

（三）围绕人才抓招商。全面落实“人才兴市”战略，立足岚山产业基础和未来发展定位，下大力气引进高水平创新创业团队和高层次人才，为转型升级和创新发展提供强大的人才智力支撑，努力实现“引进一个人才、创办一个企业、形成一个产业”的目标。用好人才工作专项资金，兑现人才工作政策，充分调动社会各界招才引智的积极性和主动性。完善支持人才创业的金融服务，做好高层次人才服务工作。建立企业主体、政府主导、市场导向的人才引进机制，加强海内外人才智力交流、合作与引进。强化政策宣传、交流互动，引导用人单位树立人才观念，提升用人单位的人才智力承载力。

二、突出项目建设这个核心，培植壮大现代临港产业新体系。始终坚持把项目建设作为培育产业发展的首要环节，全力推进项目建设，培植壮大龙头企业，积极发展中小企业，推进产业壮大、链条延伸、规模膨胀，打造现代临港产业集聚区。

（一）矢志不渝主攻项目建设。下大力气抓住项目建设这个“牛鼻子”，完善和充实项目库，每年梳理实施一批重点工程项目，特别是10亿元以上的项目，力争五年固定资产投资累计达到4500亿元，着力培育壮大千亿产业集群、百亿级龙头企业。加强与上级有关部门对接，做好项目规划、论证、申报、立项等前期工作，缩短审批时间。落实项目落地建设包保责任制，建立任务分解、组织实施、协调会办、督查推进“四大机制”，细化项目落地、开工、投产各环节时间节点、工作清单，倒排工期、挂图作战，确保项目推进有力、建设有序。主动服务好现有大项目建设，扎实做好日照钢铁精品基地投产前的服务保障工作，加快中国华信等一系列重大项目落地建设，推动项目快建设、早投产、早达效。

（二）凝心聚力建设一流园区。园区是项目建设的载体，发展项目必须做实做强园区。一是在基础设施配套上实现新突破。进一步明确园区发展定位与方向，优化提升空间布局。发挥园区发展有限公司等国有企业作用，多渠道、多形式筹集建设资金，尽快将水、电、路、汽和管道等基本要素配套到位，搞好园区土地一级开发，把“生地”变成“熟地”，提升园区承载能力和项目落地速度。二是在管理运行机制上实现新突破。抓住经济开发区独立运行的契机，完善“一区多园”管理运行机制，明确园区发展责任主体，建立“一个园区、一名区级领导、一个责任部门、一套工作班子、一个实施方案、一个工作目标”体制，激发园区发展活力，年内经济开发区跻身省级开发区前20强，并尽快争创国家级开发区。三是在集疏运体系构建上实现新突破。重点抓好30万吨级原油码头、山钢集团30万吨级矿石码头和深水航道等重点工程建设，建设岚山口岸大厦，构建岚山“大通关”服务体系，高水平规划建设港航服务业集聚区和大宗散货贸易基地，推动岚山港群由亿吨大港向亿吨强港迈进。突出抓好港口沿线集疏运体系规划，以及岚罗高速、220省道西延、342省道改移升级、厦门路北延和日兰高速龙山连接线等工程建设，全力服务青日连铁路、鲁南快速铁路、巨岚铁路等重点工程，形成快速便捷的现代交通体系，建成区域性航运物流枢纽。

（三）分类施策培育扶持现有企业。做大做强龙头企业。实施“龙头企业培育工程”，健全“一企一策”培育机制，加大对山钢、日钢、岚桥等龙头企业服务支持力度，引导企业提升发展标准，推动向高端高质发展，培育产业航母，力争五年内新增规模以上企业50家以上，主营业务收入过百亿元企业达到5家、过50亿元企业达到7家。做精做优中小企业。实施中小微企业培育工程，打造中小微企业聚集发展平台，鼓励有实力的工商户“个转企”，加快中小企业“小升规、规转股”，引导中小微企业向“专精特新”发展，力争到2021年培育“专精特新”中小微企业20家以上。积极推进企业股份制改造和挂牌上市，五年新增挂牌上市企业6家。培优扶强本土企业。着力加强企业家队伍建设，不断提升企业管理水平，引导企业建立现代企业制度，推动本土企业“凤凰涅槃、腾笼换鸟”。

（四）坚定不移推动创新创业。突出企业主体地位，支持企业建设实验室、工程技术研究中心、企业技术中心、博士后工作站和院士专家工作站，加快产学研合作。培育升级区内市级工程实验室，争创省级工程实验室，积极申报国家级工程实验室和技术研发中心。力争到2021年，全区规模以上工业企业普遍建立技术研发机构，新建市级以上科技研发机构35家，新增高新技术企业10家。大力推进“智慧岚山”建设，积极发展人工智能、新材料、“互联网+”等战略新兴产业，提高重点行业、重点领域的信息化水平。大力发展连锁经营、物流配送、电子商务等新型流通业态，着力培育一批销售收入过亿元、10亿元的电商企业，进一步营造大众创业、万众创新的良好氛围。加快发展文化产业，大力招引建设文化产业项目，弘扬岚山优秀历史文化和渔、茶等特色民俗文化，打造文化产业发展的新亮点。

三、以城乡统筹发展为抓手，加快建设宜居宜业宜游新港城。按照“规划引领、产城融合、城乡统筹、一体发展”的思路，不断优化城乡布局，突出城区提升、乡镇优化、乡村美丽和城乡宜游四个重点，着力把岚山打造成宜居宜业宜游城市。

（一）全力攻坚棚户区改造。棚户区改造事关城市品位提升、人心向背，不解决这个问题，城市面貌就不会有根本改观，岚山的人气商气就难以集聚，亲岚、爱岚、护岚的氛围就难以形成。要瞄准城中村改造“三年攻坚、五年完成”目标，利用三年时间完成剩余34个村居1.4万户的城中村改造任务。加大违法建设治理力度，年底基本完成违法建设治理任务。结合文明城市创建，扎实开展老旧小区整治。抢抓棚户区改造政策机遇，加快推进园区周边村、高铁站周边村、项目占地村搬迁安置，集聚城区人气。

（二）精心打造精品特色城区。按照“精致化、有品位、富内涵”的规划建设理念，完善城市规划修编。优化东部港区、南部城区和西、北部临港产业聚集带“两区一带”的空间布局，构建城乡统筹、产城互动、港城一体的滨海新区。加大城区基础设施建设力度，打通沿海、环山道路，完善城市快速交通体系，扎实推进城市供热、供水、污水处理和地下综合管廊等市政公共设施建设，实施安东卫护城河治理改造等景观绿化工程，增强城市服务功能和承载能力。大力挖掘安东卫文化，接续历史文脉，论证修复安东卫历史人文景点，体现安东卫古城新韵。大力发展城市服务业，建设完善城市商圈和社区商业中心等多元服务设施，打造岚山海鲜美食一条街。建立部门协同作战的“大城管”体系，推进执法重心和执法力量下移，提升城市精细化管理水平。

（三）改造建设特色城镇。抓好镇驻地改造提升，加快推进新型社区建设，实现农村居民就地就近城镇化。扎实推进城乡统筹发展，加快推进城乡公交一体化建设。以国家重点镇、省级中心镇、市级示范镇为重点，打造经济强镇和区域次中心、城郊卫星镇，稳步推进城乡融合发展，力争到2021年实现4.5万农业转移人口市民化，全区城镇化率达到60%以上。乡镇街道围绕当地资源禀赋、产业基础、风土人情、历史资源，各打优势仗、各打特色牌，形成各具特色的发展模式，建设不同风格的特色小镇，逐步实现“人口向城镇转移，产业向园区集聚”的目标。

（四）加快推进美丽乡村建设。全面实施农村新型社区及新农村布局规划建设，完善农村基础设施投入长效机制，加快推进旧村改造和农村改厕，实施全省第三批农村公路网化示范县工程，进一步改善农村居住条件。抓好美丽乡村片区创建，完善城乡环卫一体化市场化运作机制，实施生态文明再提升行动，建成生产集约高效、生活宜居舒适、生态山清水秀的美丽乡村。推动农业转型升级与美丽乡村建设齐头并进，加快农业结构调整，深入推进一二三产业融合，大力发展高效、生态和循环农业。积极做好茶叶文章，推广生态高效示范茶园建设模式，打造省级茶叶科技园区，培育岚山茶叶知名品牌，推动茶产业做大做强、做优做精。加快“海上粮仓”建设，规划建设好渔港经济区，打造海洋特色产业园，争创国家级海洋牧场示范区。培育和扶持农业龙头企业和新型经营主体，积极发展农产品电商等商贸流通业，鼓励发展休闲观光农业和创意农业、智慧农业，不断延伸特色农业产业链。

（五）大力发展特色旅游业。全面落实“旅游富市”战略，扎实做好旅游与现代农业、海洋资源、工业等业态融合发展，积极发展滨海旅游、港口旅游、工业旅游、海上垂钓、山岳旅游和乡村旅游。发挥海洋资源优势，以海上休闲垂钓为特色，加快推进顺风阳光海洋牧场规划实施，打造岚山海上休闲垂钓品牌，构建环海州湾海陆游憩带。加快推进南部滨海旅游综合开发，整合提升多岛海、海上碑、万泽丰冷水鱼休闲小镇等旅游资源，创建省级旅游度假区。以规划建设“北方绿茶国家农业公园”为抓手，引导茶产业向休闲度假、体验型旅游转变。加快乡村旅游组团发展，扎实推进浔河峪家庭农场、澳洲动物风情园等项目建设，形成吸引力较强的乡村旅游项目集群。以实施林水会战为契机，扎实推进幽尔崮森林公园等项目建设，巩固提升马亓山、甲子山、磴山和北垛山等一批特色鲜明的山岳景区。挖掘安东卫和圣公等历史文化资源，打造圣公山文化创意园、安东卫和尧王城遗址公园。加快新业态旅游项目培育开发，围绕港口和钢铁、石化产业，建设展览馆、VR平台，开发“钢铁是怎样炼成的”等工业景观旅游，打造岚山特色旅游品牌，给游客一个非来岚山旅游不可的理由。

四、以改善民生为出发点，努力打造共建共享新优势。牢固树立“群众所需就是发展所向”理念，每年多办成一些真正让群众得益受惠的好事实事，持续增进百姓的幸福感、获得感。

（一）坚决打赢脱贫攻坚战。积极实施“一村一品”产业扶贫项目，全面完成二期328个村级光伏项目建设，实现贫困群众长期增收。继续落实好金融扶贫政策，简化贷款程序和手续办理，加快工作推进。抓好岚西北区域性扶贫开发规划和落实，积极争取国家建设资金项目，促进区域性整体脱贫。强化经济薄弱村脱困转化工作，通过政策激励、资金倾斜、结对挂钩、人才选派等多种形式，构建起政府、市场、社会协同推进的扶贫脱贫强大合力。设立社会扶贫慈善基金，引导社会各界奉献爱心、结对帮扶。强化精准扶贫领导责任，严格落实脱贫考核问责机制，确保到2018年全部脱贫，不让一个贫困户“掉队”，并巩固提高脱贫成果，建立长效机制。

（二）大力兴办民生实事。深化基础教育综合改革，建成区培智学校，新建、迁建5座中小学，狠抓学校规范化、精细化管理，加强教师队伍建设，全面提升教育教学质量。大力实施城乡卫生一体化，巩固完善医疗服务体系网络，筹建区中医医院，加强区人民医院及乡镇卫生设施建设，全面推进县级公立医院改革，提高医疗保障水平。落实全面两孩政策，综合治理人口性别比，创建“全国计划生育优质服务区”。积极发展养老事业，城市社区老年人日间照料中心等养老服务设施实现全覆盖。全力扩大社会保障覆盖面，到2021年全区城乡基本养老、基本医疗和失业保险参保率达到95%以上，基本建立起“覆盖城乡、区域均衡、全民共享”的就业创业服务体系。落实社会救助和保障标准与物价上涨挂钩机制，完善区、镇（街）、村（居）三级人力资源社会保障公共服务体系，打造覆盖城乡的“半小时人力资源社会保障公共服务圈”。加快构建现代公共文化服务体系，大力开展文化惠民活动，充分发挥区综合文化服务中心示范引领作用，实施好基层综合性文化服务中心建设，不断丰富群众的精神文化生活。

（三）不断创新社会治理模式。深化文明城市创建，开展以“美丽岚山”为主题的系列活动，让岚山人真正热爱岚山、心系岚山、维护岚山。深化平安岚山建设，构建立体化、现代化的治安防控体系，保持严打违法犯罪的高压态势，保障人民群众生命财产安全。深化法治岚山建设，全面实施“七五”普法规划，推动法治文化、公民道德和社会诚信建设，营造全民知法守法的良好氛围。深化食安岚山建设，创建省食品安全先进区，确保人民群众“舌尖上的安全”。深入推进信访法制化建设，畅通民意诉求表达渠道，依法维护涉法涉诉信访秩序，确保社会大局和谐稳定。

五、以环境治理为保障，着力营造生态安全高效发展新环境。环境就是生产力、竞争力，必须凝心聚力、常抓不懈、久久为功。

（一）持续改善生态环境。全面落实“生态立市”战略，深入推进大气污染治理，强化岚山港区、日钢等重点区域和重点行业环境整治及监管，严格落实废气脱硫脱硝、秸秆全面禁烧等措施，实施扬尘污染综合治理，让空气更加清新。坚持不懈抓好水污染防治，全面落实“河长制”，开展“清清河流”行动，重点治理工业、生活污水和农业面源污染，加大饮用水源地保护力度，加快污水集中处理设施建设，着力改善区域水环境质量。以争创“国家森林城市”为目标，扎实开展林水会战，继续实施“八大绿化工程”和“七大兴水工程”，五年累计完成成片造林5万亩、森林抚育7万亩；新发展高效节水灌溉面积5.2万亩，争创国家级高效节水灌溉示范县。严格执行环评、稳评、安评和能评等项目评审程序，加快生态循环园区建设，实现经济与生态良性互动。严格落实属地管理责任、企业治污主体责任、职能部门监管责任的“三位一体”责任，健全企业生态环境恢复治理责任机制，形成“谁保护谁受益、谁损害谁补偿”的利益导向，切实解决群众反映强烈的环境突出问题，进一步提高群众对居住环境的满意度。

（二）打造放心的安全生产环境。始终绷紧安全生产这根弦，强化底线、红线、高压线意识，坚持“管行业必须管安全、管业务必须管安全、管生产经营必须管安全和谁主管谁负责”的原则，严格执行“五级五覆盖”、“五落实五到位”安全生产责任制，抓好安全生产“属地责任、监管责任和主体责任”落实，切实做到“党政同责、一岗双责、齐抓共管、失职追责”。坚持“关口前移、重心下移”，扎实推进安全生产“1+5”多重预防体系和“安全岚山”建设进程，抓好重点行业领域安全监管和专项整治，确保实现全区安全生产目标。制定和完善全方位、多层次的应急预案，提高应急反应能力和应急处置水平，最大程度地预防和减少突发事件，确保岚山长治久安、人民安居乐业。

（三）构建共生共赢的金融生态环境。全力做好贸易融资风险防范化解工作，创新处置方式，严厉打击恶意逃废银行债务行为，遏制风险蔓延势头，打造安全投资区。强化政银企合作，完善政府引导机制，开展多层次、多种形式的政银企对接活动，实现产业政策与信贷政策的有效对接，推进银行与重点企业、重点项目的战略合作。企业与银行是鱼和水的关系，银行既要为企业“锦上添花”，更要“雪中送炭”。要主动向上级争政策争支持，特别是围绕我区产业规划和重大项目建设，千方百计扩大信贷投放和服务创新，千方百计为企业提供多元化金融服务。完善金融组织体系，鼓励区内各银行在乡镇增设服务网点，满足农村金融市场需求。大力推进诚信体系建设，开展诚信宣传教育，建立完善企业信用“红黑”名单界定机制，在全社会营造诚信守法的浓厚氛围。

（四）营造优良的行政服务环境。坚持将全面深化改革与落实发展新理念相结合，围绕打造廉洁高效、公平竞争的服务环境，大力营造倡导改革、崇尚创新、激励创业的开放氛围。深化行政审批制度、商事制度、科技体制、司法审计等领域改革，明晰权力清单和责任清单，大力推行“互联网+政务服务”，提高行政效能，打通“服务群众最后一千米”，打造区域最优的行政服务环境。深化事业单位分类改革，完善区镇财税管理体制，优化乡镇街道、园区绩效考核标准体系，突出分类错位发展，调动各级加快发展的积极性。全面构建“亲清”新型政商关系，健全完善责任明确、优质高效、便捷快速的亲商、安商、扶商机制，整治“庸懒散”现象，严打“吃拿卡要”等破坏营商环境行为，真正把岚山打造成投资洼地、创业高地、百姓福地。

推动全面从严治党迈上新台阶

事业发展，关键在党，关键在于各级领导干部的“硬功夫”和“真本领”。全区各级党组织要着眼岚山区改革发展稳定和党的建设全局，认真贯彻全面从严治党新要求，不忘初心、继续前进，不断提升党建科学化水平，为加快建设美丽岚山、争当县域经济发展排头兵提供坚强保障。

一、提升思想境界，汇聚奋发有为的精神力量。突出抓好思想建党，拧紧思想政治建设这个“总开关”，进一步坚定理想信念，坚守共产党人精神追求。强化理论武装。坚持和完善学习制度，把学习贯彻习近平总书记重要讲话精神和中央、省、市重要决策作为首要政治任务，确保各级决策部署在岚山区迅速贯彻落实。坚持用党的治国理政最新理论成果武装头脑，深刻领会“五位一体”总体布局、“四个全面”战略布局、“五大发展理念”等内涵要义，不断增强“四个自信”、强化“四个意识”，推动全区上下思想大解放、观念大转变、认识大提高。锤炼党性修养。坚持以党性教育为核心，引导广大党员把学习成果转化为提升党性修养、思想境界的精神营养，不断强化党的意识，牢记党员身份，站稳政治立场。加强党的优良传统教育，让光荣革命传统深入人心、薪火相传。强化舆论引导。牢牢掌握意识形态工作主动权，进一步加强阵地建设与管理，着力提高舆论引导能力和水平，教育引导党员干部带头践行社会主义核心价值观，积极宣传身边好人、道德模范等先进典型，讲好“岚山故事”，传播“岚山声音”，全面展示岚山经济社会发展的亮点和特色，形成见贤思齐、崇德向善的浓厚氛围。

二、树立鲜明导向，锻造干事创业的中

流砥柱。把“担当实干”作为事业信条、人生准则，使“想干事、会干事、干成事、不出事”蔚然成风。树立鲜明用人导向。严格落实好干部20字标准，坚持以发展论英雄、凭实绩用干部，让干部在大项目建设、突破园区、“三招三引”、征地搬迁安置、安全维稳等“主战场”上接受培养、磨炼，用干事创业锻炼人、选拔人，通过干事创业检验人、淘汰人，决不让事业迁就人，真正让“愿为、敢为、会为”成为岚山干部最鲜明的特征。突出任务目标导向。全区各级党员干部要把目标任务和发展责任扛在肩上，干字当头、实字为先，对定下的事情、安排的工作、部署的任务，敢于担当、勇于克难、善于突破，形成“干和不干不一样、干好干坏不一样、干多干少不一样”的新常态。强化目标至上、实干争先的发展导向，建立进位奖励、退位约谈、末位淘汰的科学考核体系，用好督查考核“指挥棒”，按考核成绩排名次、定位子，确保让实绩突出的人得到提拔重用，让埋头苦干的人不吃亏，让庸懒散浮的人没位子，让投机取巧的人没机会。建立容错纠错机制，宽容创新发展中的失误，为敢于担当的干部担当，为敢于负责的干部负责，激励各级干部干事创业、建功立业。

三、夯实基层基础，构筑本固基强的战斗堡垒。坚持力量、投入、资源、工作“四个下沉”，深入推进基层服务型党组织建设，持续整顿软弱涣散基层党组织，把全面从严治党要求落实到基层，推动基层党建工作全面进步、全面过硬。以村居社区等基层党组织换届为抓手，更加重视村居两委班子建设，进一步完善教育培训、激励保障和管理监督机制，打造一支安心基层、善于发展、服务群众、维护稳定的村级带头人队伍。继续优化社区党组织设置，有效统筹驻区单位、人民团体、社会组织等资源，构建社区区域化党建大格局。扎实推进学习型、服务型、创新型机关建设，深入开展“双报到双联系”工作，全面提升服务基层、服务发展、服务群众的能力。加大“两新”组织党建工作力度，严把党员“入口”关，疏通不合格党员“出口”，强化党员日常教育管理，完善党内激励关怀和帮扶制度，不断增强党员队伍的生机与活力。

四、推进反腐倡廉，营造风清气正的政治生态。反腐倡廉必须常抓不懈，拒腐防变必须警钟长鸣。干事但不干净的要处理，干净但不干事的要问责。压实“两个责任”。全区各级党组织要切实担负起全面从严治党主体责任，把责任落实到岗、把任务分解到位。党委（党组）书记要把第一责任牢牢扛在肩上，既挂帅又出征；班子成员要严格落实“一岗双责”，抓好分管范围内的党风廉政建设。各级纪检监察组织要严格落实监督责任，加大“一案双查”、责任倒查追究力度，确保责任落实全覆盖、无缝隙。严肃党风党纪。坚持把党的纪律和规矩挺在前面，从严落实中央八项规定精神，综合运用监督执纪“四种形态”，让咬耳朵、扯袖子、红红脸、出出汗成为常态，让党纪轻处分、组织调整成为大多数，让重处分、重大职务调整成为少数，让严重违纪涉嫌违法立案审查的成为极少数，教育引导广大党员干部自觉接受纪律约束，切实找准做人做事、为官用权、交友交往、亲情感情的边界。严惩腐败行为。坚决以“零容忍”的态度反对腐败，严肃查处党员干部违纪违法案件，对违反制度规定踩“红线”、闯“雷区”的行为，发现一起、严办一起，以反腐败的实际成效取信于民。支持纪检监察机关工作，扎实推进纪检体制和监察体制改革，开展巡察工作，推动党内监督和国家监督全覆盖。健全预防腐败体系，狠抓制度完善和刚性执行，着力构建不敢腐、不能腐、不想腐的有效机制，以优良党风政风推动全社会风气持续好转。

五、加强民主政治建设，凝聚共促发展的强大合力。全面建成小康社会，必须充分发挥党委总揽全局、协调各方的领导核心作用，改进和完善领导方式方法，不断提高领导能力和执政水平。切实加强区委常委会自身建设，坚持领导带头，做善决策、抓落实的表率，特别在“六讲”方面树好标杆，把常委会建设成为加快推动发展、促进社会和谐、服务人民群众的坚强领导集体。不断加强民主政治建设，积极支持人大及其常委会依法履行职能，支持政府依法行政，支持人民政协发挥政治协商、民主监督、参政议政作用，支持法院、检察院独立行使审判权和检察权，支持人民团体开展工作。巩固壮大爱国统一战线，加强与民主党派、工商联、无党派人士的联系与合作。做好双拥、侨务、对台、民族宗教、人民武装等工作，最大限度凝聚广大人民群众的智慧力量，汇聚建设美丽岚山的强大合力。

各位代表、同志们，全面小康蓝图鼓舞人心，新岚山发展目标催人奋进。让我们更加紧密地团结在以习近平同志为核心的党中央周围，在省委和市委的坚强领导下，坚定信心、振奋精神，同心同德、锐意进取，践行发展理念，建设美丽岚山，为争当县域经济发展排头兵、全面建成小康社会而努力奋斗！

日照市岚山区人民代表大会常务委员会工作报告

——在日照市岚山区第十八届人民代表大会第一次会议上

（2017年1月21日）

日照市岚山区人大常委会第一副主任　卢祥松

过去的五年，是我区人大工作适应新形势、把握新机遇、实现新发展的五年。中央和省委、市委就加强人大工作和建设，充分发挥地方国家权力机关职能作用作出新的部署，区委专门召开全区人大工作会议，制定出台相关意见，为新时期人大工作指明了方向，提供了重要遵循。五年来，区人大常委会在中共日照市岚山区委的正确领导下，深入学习贯彻党的十八大和十八届三中、四中、五中、六中全会及习近平总书记系列重要讲话精神，坚持党的领导、人民当家作主和依法治国的有机统一，紧紧围绕全区改革发展稳定大局，认真履行法定职权，各项工作在历届良好基础上都有了新的发展，为推动全区经济社会平稳较快发展作出了积极贡献。

一、站位全局　服务中心工作取得新成果

面对近几年来经济形势复杂多变、多重困难交织叠加的严峻挑战，常委会立足自身职能，把推动落实区委决策作为重中之重，充分发挥人大自身工作优势，主动参与和服务全区中心工作。

认真审议决定重大事项。着眼全局性、根本性和长远性的重大问题，依法认真行使重大事项决定权。批准计划和预算执行。按照监督法的规定，每年及时听取审议国民经济和社会发展计划、预算执行及审计工作报告，并作出相应决议决定。根据地方政府债务限额，及时审议批准区级预算调整方案，切实提高资金使用绩效，并提出规范政府债务管理、防范财政金融风险、更好地服务于全区经济社会发展等要求。审查“十三五”规划纲要。认真做好“十二五”规划中期评估和“十三五”规划纲要编制审查工作，批准“十三五”规划纲要，并建议区政府及有关方面适应新常态，进一步加强经济形势分析研判，加快培育新的经济增长点，保持经济平稳较快增长势头。决定重点工程融资。为解决制约项目建设的资金瓶颈问题，及时审查批准有关项目融资议案，推进了区人民医院、幽尔崮流域生态综合治理、钢铁配套园区基础综合配套工程等项目建设。批准区划调整。适应拓展鲁南临港产业聚集区发展

空间需要，审查批准行政区划调整有关议案，促进区域资源优势科学配置，港口辐射带动能力进一步提升。

积极做好各项包联工作。牢固树立“人大也是一线”工作理念，主动融入、积极配合，自觉服从和服务于全区工作大局。聚力做好项目包联工作。认真落实大项目包保责任制，党组成员多次深入包联项目建设现场调研，召开现场办公会，主动帮助协调解决土地审批、拆迁清表等影响项目落地推进的相关问题，保证了项目建设的顺利进行。包联的联美食品、冷链物流园区等项目连续两年分别被列为全市科学发展现场观摩点，得到了各级领导的一致好评。积极参与村居拆迁工作。按照区委安排部署，4名常委会领导成员，到精品钢基地和化工园区搬迁村驻村蹲点，吃住在工作一线，宣讲政策、疏导情绪、凝聚共识，有力推进了拆迁工作的顺利开展。认真做好“4+1”包联工作。五年来，常委会领导成员共包联15个后进村，帮助各村居强班子、理思路、办实事，推动了包联村转化升级，共协调帮扶资金610万元，硬化街道12万平方米，帮助协调解决制约村居发展的突出问题137个。高度重视精准扶贫工作。把精准扶贫作为践行“两学一做”学习教育的一项重要政治任务，带领包联部门和包联企业，深入扶贫村开展调查研究，找准“穷根子”，开对“药方子”，指导包联村制定脱贫攻坚计划，认真落实精准扶贫措施。累计为包联村居协调帮扶资金118万元，上致富项目12个，使45户106口人实现脱贫。在抗击“达维”台风、创城突出问题综合整治等工作中，常委会领导成员也都尽职尽责，敢于担当，圆满完成了各项工作任务。

聚力做好“三招三引”工作。根据全区“突破园区、聚力招引”统一安排部署，常委会领导成员积极走出去、引进来，宣传推介岚山优势资源和重点项目，先后赴北京、上海等地开展招引活动19次，接待来岚山洽谈的客商36批次。目前，投资5000万元的明远强英低值鱼产品加工项目已顺利投产运营；投资5000万元的正派味休闲食品加工项目已实现试投产；与澳洲圣骑庄园联营合作的干红葡萄酒公司（体验馆）正式落户岚山并营业；投资1.1亿元的华澳水产项目已完成土建主体，进入设备安装阶段。另有三峡新能源光伏发电、东方园林危废无害化处理等6个项目正在加紧洽谈推进。在代表中开展了“突破园区献良策、聚力招引做表率”活动，激励广大代表立足本职岗位，为新一轮大开放大招引大发展建言献策，担当实干，发挥应有作用。

依法做好人事任免工作。常委会坚持党管干部和人大依法任免相结合的原则，认真行使人事任免权。在人事任免中，严格按法定程序办事，实行干部任前法律知识考试制度，组织新任命国家机关工作人员向宪法宣誓，并通过视察、调研等多种途径，加强对干部的任后监督，把监督事与监督人有机结合，促进被任命干部进一步增强法律意识和责任意识，更好地干事创业、服务人民。五年来，常委会依法任免国家机关工作人员216人次，保障了国家机关的有序运转。

二、突出重点，监督工作收到新成效

坚持人大工作与区委中心工作合拍，与政府工作同向，与人民群众同心，选准监督议题，依法履行监督职责。

（一）围绕经济建设中心任务开展监督

推动产业结构调整。适应经济发展新常态，围绕全区经济转型升级和供给侧结构性改革，有计划地安排监督议题。就加快传统产业改造升级，组织代表对临港产业及基础设施重点项目建设进行了视察；就加快发展第三产业，听取审议了区政府关于全区服务业发展情况的报告，对全区旅游等4项工作进行了专题调研；就加快推进农业产业结构调整，促进城乡统筹协调发展，听取审议了农村社区建设工作情况的报告，先后对农村经济组织规范化建设、生态文明乡村建设等9项工作进行视察、调研。其中，在开展农业产业结构调整调研中，辅之以听取审议专项工作报告、组织代表小组活动等监督方式，支持区政府及有关部门采取相应措施解决工作中遇到的困难和问题，并形成有见解、有分析、有建议、有意见的可行性调研报告。区委主要领导同志对报告给予高度评价并专门作出批示。

推进发展环境优化。把工作评议作为优化发展环境的重要抓手，组织对36个部门（单位）进行工作评议，推进整改问题186项，督促被评议部门（单位）转变工作作风、提高服务效能，推动全区经济发展软环境进一步优化。着眼于化解中小微企业融资风险，开展专题调研，广泛听取代表和企业意见建议，提出要采取一系列金融支持实体经济发展的政策措施，全力做好融资风险化解工作。先后以视察、专题询问的方式对安全生产工作进行重点监督，要求严格落实“党政同责、一岗双责”工作要求，完善安全生产责任体系，深入推进安全生产依法治理，为经济社会发展营造良好环境。

（二）围绕保障和改善民生开展监督

促进教育卫生资源优化配置。连续三年安排监督议题，对全区教育示范区创建工作进行调研视察，听取审议工作报告，提出要落实教育优先发展战略和教育公平原则，大力提升办学条件、师资力量和教育质量等意见建议。区政府高度重视，五年来，区财政累计投资12.8亿元，实施教育重点工程188个，我区被评为全国义务教育发展基本均衡区。着眼于改善城乡医疗卫生条件，听取审议全区卫生工作情况报告，深入调研区镇村三级卫生基础设施建设，提出要不断完善城乡医疗卫生服务体系，增强突发性公共卫生事件应急处置能力。全区新建改建乡镇卫生院5处、卫生室156处，区人民医院成功创建二级甲等医院，城乡居民看病就医条件得到显著提升。

助推生态环境持续改善。近年来，广大群众对改善生态环境的呼声和要求越来越高，每年都有代表就此提出建议、批评和意见。常委会将其列为工作重点，持续监督推进，先后组织对大气污染防治法、森林法在我区的贯彻落实情况进行执法检查，对全区林水会战工作进行视察，对水环境污染治理工作进行调研；与市人大常委会上下联动，连续五年开展“港城环保世纪行”集中采访活动。特别是2015年，以专题询问方式，对大气污染防治工作实施重点监督，就有关群众关注的热点焦点问题，委员现场提问，有关部门负责同志现场答询，明确提出下步整改措施，并通过媒体向社会公开。5月，又专门就专题询问整改落实情况听取区政府专项报告，要求继续落实最严格的监管问责制度，推动我区环境质量有所好转。

高度重视民生重点工程建设。积极回应群众对各项惠民利民工程的期待，多次组织对重点民生工程建设情况进行视察，提出要多方筹措资金，严把工程质量关，建设经得起历史和人民群众考验的民心工程。区政府及有关部门坚持以人为本，倾听群众呼声，把有限财力最大限度向民生事业倾斜，建成启用了以区级综合文化中心、轿顶山全民健身广场等为代表的一大批精品工程，深受广大群众好评。冬季集中供热涉及千家万户群众的切身利益。常委会多次组织对全区供热工程建设情况进行专题调研，要求进一步搞好规划，加快完成供热升级改造工程，扩大集中供热覆盖区域，确保安全、及时供热，让广大群众温暖过冬。

密切关注食品安全工作。食品安全直接关乎百姓生命健康。常委会结合有关代表建议督办，对全区贯彻实施食品安全法情况进行执法检查，依法推动落实政府、部门和企业主体责任，从源头上构筑食品卫生安全屏障，让人民群众吃得放心、吃得健康。在各方共同努力下，我区在全市较早完成食品药品监管体制改革，执法监管能力和检验检测水平明显提升，食品消费环境进一步净化。

（三）围绕社会主义民主法治建设开展监督

深化普法宣传工作。常委会加强对“六五普法”的督导检查，支持区政府及有关部门精心制定“七五”普法依法治理规划。组织开展国家宪法日活动，围绕加强普法宣传、推动宪法实施积极建言献策。在全市率先落实宪法宣誓制度，切实增强领导干部和国家公职人员的宪法意识、法治观念，带动广大群众自觉遵法、守法、学法、用法。坚持把人大制度和人大工作作为民主法制宣传的重要内容，改进宣传方式，深化宣传主题，全区各级人大在国家、省、市新闻媒体发表稿件420余篇，全方位展现了我区民主法治建设的生动实践，区人大常委会连续五年被省、市人大评为宣传工作先进单位。

促进法律正确实施。认真落实监督法的有关规定，组织对消防法等16部法律法规在我区的贯彻实施情况进行执法检查，监督有关部门落实法律法规的各项规定，推动法律实施中一些重点和难点问题得到较好解决。依法开展备案审查工作，对区级公立医院综合改革实施方案等29件规范性文件进行备案审查，督促“一府两院”严格落实行政执法责任制和错案责任追究制，保证各项事业在法治轨道上有序运行。

加大司法监督力度。加强对公权力的制约和监督，是促进社会公平正义的重要保证。常委会依法加大对司法工作的监督力度，先后听取审议区法院、区检察院关于能动司法服务发展大局、查办和预防职务犯罪等方面的10项专题报告，支持“两院”认真践行司法为民宗旨，坚持执法办案与服务大局并重，打击犯罪与化解矛盾并举，着力提升司法公信力和公众满意度，努力让人民群众在每一个司法案件中都感受到公平正义。

推动社会治理创新。认真把握社会治理创新着力点，组织到公安基层队所，现场调研社会治安防控网络信息化建设情况，支持公安机关充分运用大数据技术和信息化手段，深入推进公安基础信息化建设，不断提升社会治理智能化水平。对全区基层司法所规范化建设情况进行调研，要求进一步加强硬件设施、组织机构和制度建设，充分发挥基层司法所在化解民间纠纷、维护社会稳定等方面的重要作用，筑牢化解社会矛盾的“第一道防线”。重视做好人大信访工作，坚持常委会领导接访、重点案件督办和信访分析制度，与相关部门加强衔接配合，搞好信访积案化解。共受理信访案件37件，接待来访群众26人次，均按规定进行了妥善调处，较好地维护了人民群众的合法权益。

三、发挥作用，代表工作开创新局面

常委会不断探索和改进代表工作方式方法，支持保证代表依法履职，使代表作用得到充分发挥，代表工作迈上新台阶。

夯实代表履职基础。以提高履职能力为目的，以政治理论、法律和人大业务知识为重点，有针对性地开展多形式培训。坚持全覆盖集中培训，举办市、区人大代表履职培训班6期，邀请省委、市委党校等专家授课，代表的法律素养和履职能力明显提升。探索高标准分层培训，扎实开展常委会组成人员“会前学法”活动，举办森林法、消防法等专题讲座11期，提高了常委会组成人员依法履职的能力；先后组织乡镇（街道）人大专职主席（主任）、人大工作者赴全国人大培训中心及省人大常委会开展高层次培训4期，基层人大工作水平不断提升。邀请人大代表列席常委会会议、参与视察调研，开展常委会组成人员联系代表活动，及时通报区情政情，拓宽代表知情知政渠道。届内，共邀请108名市、区人大代表列席区人大常委会会议，组织代表239人次开展视察、调研活动，极大地调动了广大代表的履职积极性。

搭建代表履职平台。进一步完善代表小组建设的规范化标准，探索实施“五公开”履职公示、活动成效评估等制度机制，不断赋予规范化建设新的内涵，为闭会期间的代表活动注入了新的生机与活力。全区63个市、区、镇代表小组全部达到“六有”规范化建设标准。全市人大代表小组规范化建设首次现场会在岚山召开，市人大常委会对我区的做法给予充分肯定，经验做法在全市进行推广。常委会围绕区委中心工作，在区人大代表中创造性开展了“双联双问”、“践行履职承诺”、“四带头一满意”主题实践活动，拓展了人大工作的新路径，搭建了代表履职的新平台。人大代表积极投身活动，围绕主题，调研视察，监督指导，引领示范，取得了丰硕成果。在“双联双问”活动中，全区区级人大代表共联系群众4582人，收集意见建议587条，增强了代表活动实效，其经验做法多次在《人民权利报》刊发。在“践行履职承诺”活动中，健全完善了代表“实打实”述职、选民“面对面”评议的良性监督机制，通过公开承诺、履职践诺、述职评诸三个环节，进一步增强了代表的责任意识、履职意识和群众的民主法治意识。在“四带头一满意”活动中，全区区级人大代表共开展小组活动262次，为民办实事708件，帮助困难群众新上致富项目179个。

提高代表建议办理实效。常委会不断完善代表建议办理工作机制，把“督办”贯穿于代表建议办理工作的全过程。明确制度、人员、措施“三到位”办理要求，健全转办、督查、审议“三步走”办理机制，落实办前、办中、办后“三见面”办理制度，扎实推进代表建议办理工作。为推动建议办理真正从“答复满意”向“结果满意”转变，常委会在“台账式”转办、“跟踪式”督办的基础上，扎实开展“回头看”，常委会领导成员分别带领督查组对建议办理质量实行“二轮督查”，确保代表建议办理真正取得实效。届内代表提出的254件建议，均按时办结，人大代表的真知灼见促进了一大批人民群众高度关注的热点难点问题的解决。

抓好人大代表换届选举。按照区委统一部署，坚持“党委领导，人大举办，各方面配合”的原则，切实加强对区十八届人大代表选举工作的指导，及时研究解决换届选举工作中的新情况、新问题。坚持把纪律和规矩挺在前面，落实“九严禁”换届纪律要求，严格执行法律政策规定，强化对代表人选的综合考察和资格审查，分层次组织有关人员观看《镜鉴》警示片，营造了风清气正的换届环境。各选举单位高度重视，周密安排，精心组织，保证换届选举各阶段工作的依法顺利进行。至12月30日选举日，成功选出205名政治素质好、群众威信高、议政能力强的新一届区人大代表。

四、固本强基，依法履职能力有了新提升

常委会按照政治坚定、业务精通、作风过硬、团结协作、勤政廉洁的要求，全面加强自身建设，不断提高服务发展的能力和水平。

思想建设长抓不懈。坚持党组理论学习中心组读书会制度和机关学习制度，深入学习党的十八大和十八届三中、四中、五中、六中全会精神及习近平总书记系列重要讲话精神，学习法律法规和人大业务知识，切实增强了政治意识、大局意识、核心意识、看齐意识，提高了研究新情况、解决新问题的能力。深入开展党的群众路线教育实践活动、“三严三实”专题教育、“两学一做”学习教育，紧扣主题主线，突出实践特色，查摆突出问题，班子成员带头开展批评和自我批评，带头制定措施整改落实，带动和促进了机关干部思想的转变和机关服务效能的提高。

作风建设持续深化。认真贯彻落实中央八项规定精神，出台了《区人大常委会关于改进工作作风、密切联系群众的实施意见》，以人代会期间不摆放鲜花等11项措施，严格落实勤俭办会要求。改进调研、视察和执法检查等活动形式，贴近群众，轻车简从，着力解决群众反映强烈的现实问题，切实以作风建设的新成效推动人大工作体现时代性、把握规律性、富有创造性。

组织建设全面加强。届内，争取区委支

持，进一步健全人大工作机构，依法设立区人大常委会预算审查工作委员会，配齐配强了人员，建立完善了审查体制机制，并已经依法开展工作。各乡镇（街道）人大均配备了专职主席（主任），本次会议还将选举产生5个区人大专门委员会，人大工作规范化水平得到显著提升。区委高度重视人大干部队伍建设，注重人大机关干部的交流培养，充实机关力量，激发了工作活力。

党的建设成效明显。严格落实党组书记第一责任人的责任和党组成员职责范围内的领导责任，把党建工作作为主业来抓。坚持民主集中制，规范决策程序，不断增强班子的凝聚力和战斗力。深入学习《中国共产党廉洁自律准则》《中国共产党纪律处分条例》《中国共产党问责条例》，严格执行领导干部报告个人有关事项等制度，树立了地方国家权力机关的良好形象。

制度建设日益完善。修订常委会议事规则等10项决策机制，完善区人大代表履职守则、区人大常委会专题询问暂行办法等12项工作制度，建立健全了会前调研、会中审议、会后督办的长效机制，强化管理，严格要求，保障了常委会工作的制度化、规范化、程序化。

机关建设不断提升。建成启用常委会会议电子表决系统，大大提高了常委会会议的效率和质量。深入开展“1+1”扶贫包联、“道德讲堂”等活动，积极参与“创城”工作，区人大常委会机关连续八年被评为省级文明单位。扎实做好老干部服务工作，在机关形成了尊重老干部、服务老干部的和谐氛围。

任期以来的工作实践，使我们深刻体会到，做好新形势下的人大工作，必须做到以下五点。

一要把党的领导贯穿人大工作的全程。坚持和依靠党的领导，是人大工作必须坚持的政治原则，也是做好人大工作的根本保证。坚持和依靠党的领导就是要做到重要工作和重大问题及时向区委请示报告，积极争取区委支持，适时将区委的重大决策，通过法定程序转化为人民群众的共同意志和自觉行动。

二要把服务大局作为人大工作的主线。只有不断增强大局意识、服务意识，自觉服从和服务于全区中心工作，人大工作才能更有作为。五年来，我们从人大工作定位和特点出发，对区委决策部署的、政府着力推进的、人民群众所思所盼的、又属于人大职权范围内的事情，突出重点，集中力量推进，做到了在监督中支持，在支持中监督。

三要把群众利益作为人大工作的基石。五年来，我们始终坚持深入群众，了解群众，准确反映社会各界的利益诉求，把群众最关心和社会最关注的教育、医疗、社会保障、环保、司法等方面的热点难点问题作为人大监督的重点，积极作为，努力推动发展成果更好地惠及人民群众。

四要把依靠代表作为事业发展的动力。人大工作的主体是代表，优势在代表，活力在代表。五年来，我们十分注重集中代表的智慧和力量，积极搭建平台，不断加强代表小组建设，保障和支持代表依法履职，调动了人大代表履职的积极性。广大代表勤于履职，勇于担当，发挥了管理地方国家事务的主体作用，有力地推动了全区经济发展和社会进步。

五要把求实创新作为依法履职的抓手。人大工作求真务实的关键在于跟踪问效。五年来，我们对重要监督议题，常委会作出的决议决定、提出的审议意见，代表提出的建议等，综合运用审议、调研、视察、督办、满意度票决等多种监督形式，推动相关问题得到妥善解决。同时，大力推进工作创新，探索开展代表践行履职承诺、“双联双问”等主题实践活动，为人大工作拓展了新空间，使人大工作更富特色、更具实效。

各位代表，五年来，区人大常委会牢记全区42万人民的重托，依法履职，不辱使命。所取得的成绩，是区委正确领导的结果，是“一府两院”积极配合和社会各界大力支持的结果，是全区各级人大代表、常委会组成人员和人大工作者积极履职、密切协作、扎实工作的结果。在此，我代表区十七届人大常委会，向全区各级人大代表，向所有关心支持人大工作的社会各界人士，表示衷心的感谢！

回顾五年来的工作，我们清醒地认识到，对照宪法和法律的要求，对照人民群众的期待，常委会工作还存在一些差距和不足，主要表现在：监督工作的力度还不够大；代表履职保障机制还有待进一步完善，代表建议办理成效还需进一步提高；对乡镇街道人大工作的联系指导还不够到位；常委会自身建设需进一步加强等。这些问题，要在今后的工作中认真加以解决。

各位代表！刚刚胜利闭幕的区第十四次党代会作出了“建设美丽岚山、争当县域经济发展排头兵，奋力夺取全面建成小康社会新胜利”的战略部署，地方国家权力机关肩负着更加光荣而艰巨的使命。我们坚信，在中共岚山区委的坚强领导下，区人大及其常委会一定会践行发展新理念，顺应群众新期盼，更好地履行宪法和法律赋予的神圣职责，在服务发展大局中更有作为，在强化监督工作中更有成效，在推进民主法治建设中更有力量，在广大人民群众心中更有位置！

一要坚持以党的领导指引人大工作新征程。在新一届区委坚强领导下，认真贯彻党的路线方针政策，把区委领导贯穿于人大工作的整个过程，把工作着力点放在推动区委重大决策部署的贯彻落实上。健全重大事项请示报告制度，及时向区委请示报告，更好地把坚持党的领导、人民当家作主和依法治国有机统一起来，保证人大工作始终沿着正确的政治方向不断前进。

二要依法履行法定职权实现人大工作新发展。紧紧围绕区第十四次党代会确定的目标任务，充分发挥区人大专委会委员专业性强、经验丰富、群众基础好和专门委员会开展工作灵活主动等优势，认真履行好专门委员会各项职能，综合运用视察、调研、执法检查、专题询问等方式不断加强和改进人大监督工作。抓住事关改革发展稳定和人民群众切身利益的重大问题，依法审议决定重大事项，规范开展人事任免工作，为全区经济社会发展提供有力保障。

三要以集体智慧和力量打造人大工作新特色。发挥新一届人大代表结构优、素质高，具有较强先进性、广泛性和代表性的优势，扩大代表对区人大常委会工作的参与，依靠人大代表的智慧和力量更好地开展人大工作。认真落实中央和省、市、区委关于加强乡镇人大工作和建设的有关精神，加强规范化、制度化、法制化建设，充分发挥乡镇人大主席团在闭会期间的重要作用，夯实国家政权建设的根基。加大对基层人大工作的联系和指导力度，鼓励基层人大挖掘工作潜力，形成工作特色，推动基层人大工作均衡发展。

四要以作风建设新常态开创人大工作新局面。深入学习贯彻《关于新形势下党内政治生活的若干准则》和《中国共产党党内监督条例》，牢固树立“四个意识”，认真落实全面从严治党新要求，推动党风廉洁建设取得新成效。学习借鉴先进地区的好经验、好做法，探索开展法官检察官履职评议、人大代表履职考核等工作，深化“双联双问双满意”主题实践活动，推动人大工作不断创新发展。大力加强干部队伍建设，强化人大理论研究和宣传工作，开阔新思路，拓宽新视野，展示新成就。

各位代表，回顾过去，成绩令人鼓舞；展望未来，目标催人奋进。让我们更加紧密地团结在以习近平同志为核心的党中央周围，在中共岚山区委的坚强领导下，求真务实，开拓进取，创新实干，为建设美丽岚山，争当全市县域经济发展排头兵，全面建成小康社会而努力奋斗！

政府工作报告

——在日照市岚山区第十八届人民代表大会第一次会议上

（2017年1月20日）

岚山区代区长　牟　伟

一、过去五年政府工作回顾

2012年以来的五年，是岚山发展进程中很不平凡的五年。五年来，面对复杂多变的宏观环境和艰巨繁重的发展任务，区政府在市委、市政府和区委的坚强领导下，在区人大、区政协的监督支持下，紧紧依靠全区人民，主动适应经济发展新常态，牢牢把握稳中求进总基调，统筹推进调结构、稳增长、促改革、惠民生、防风险等各项工作，真抓实干、奋发有为，顺利完成了区十七届人大各次会议提出的任务目标，谱写了又好又快发展的新篇章。

经济综合实力持续增强。实现地区生产总值481亿元，年均增长8.1%；一般公共预算收入22.22亿元，年均增长5.7%；规模以上工业增加值128亿元，年均增长9.3%；城镇居民人均可支配收入28428元、农村居民人均可支配收入13629元，年均分别增长10%、11.5%。五年累计完成固定资产投资2259.2亿元，实际利用外资5.3亿美元。新建5000吨及以上泊位12个，港口货物吞吐量达1.55亿吨、比2011年翻了一番多。岚山经济开发区在全省省级开发区排名提高19个位次、居第25位。我区先后获得国家、省级荣誉表彰30余项，连年跻身“中国市辖区综合实力百强区”和“中国最具投资潜力中小城市百强区”。

现代产业体系更加健全。三次产业比例预计调整为7.8∶59.9∶32.3。累计实施重点项目199个，搬迁群众8512户26681人，完成投资617.52亿元。临港产业实现产值684亿元，“四上”企业发展到157家。高新技术产业纳统企业11家、实现产值45亿元。粮食产量连年增长，被评为全国产粮大县、产油大县。新发展高效特色农业7.2万亩，培育市级以上农业龙头企业、农民合作社示范社89家，被评为国家级出口农产品质量安全示范区、全国重点产茶县。建成海洋牧场30万亩，成功争创国家级海洋牧场示范区。建设了科技孵化器电商创业园和村淘服务中心，被评为全省电子商务发展示范区。创建国家AAA级景区5个、省级旅游强乡镇3个，新增金融机构15家，临港物流企业发展到135家，服务业增加值达到155.36亿元，被评为全省服务业发展先进区。

城乡基础设施不断完善。投资91.47亿元，实施城建重点工程144项，建成区面积拓展到21.3平方千米。实施城中村改造项目

34个，建设安置楼409栋153.5万平方米。实施了204国道、222省道、青赵线、疏港大道东段升级改造，建成了瓦日铁路和613省道、厦门路等重点道路。修建城区道路22条83.4千米，新建改造城市公园广场12处、绿道49.8千米，高标准建设了城市公共自行车系统。实施了日照水库调水二期工程和莒南相邸水库调水工程，完成了绣针河一期综合治理。规划建设新型农村社区15个，实施农村安全饮水工程215处，改造电气化村149个。新改建农村道路369千米，添置新能源公交车132辆，在全市率先实现城乡客运一体化。连续五年设立2000万元专项资金，打造生态文明示范村348个，创建国家、省级生态乡镇5个，被评为全省首批乡村文明行动示范区、生态文明乡村建设工作先进区。

民生保障水平全面提升。累计投入民生资金73.1亿元，实施为民办实事155项。建设教育重点工程188个76.5万平方米，顺利通过了全国义务教育发展基本均衡区验收。新改建乡镇卫生院5处、标准化卫生室156处，区人民医院争创为二级甲等医院。区级综合文化服务中心建成启用，新建规范村居文化大院386处，实现了城乡"一刻钟"公共文化服务圈全覆盖，被评为全省社会文化先进区。创建省级创业孵化基地、创业型社区2处，被表彰为省级创业先进城市。建设了区社会福利中心，新建养老服务中心、幸福院51处。在全省率先为80周岁以上老年人发放生活补贴，为3.5万名被征地农民办理了失地农民养老保险。建立了城乡一体化居民基本养老、医疗保险制度，城乡低保应保尽保、补助标准逐年提高。深入推进平安岚山建设，被评为全省"六五"普法中期先进区、信访工作先进区、药品安全示范区。

政府自身建设切实加强。认真开展党的群众路线教育实践活动、"三严三实"专题教育和"两学一做"学习教育，坚决落实中央八项规定精神，持之以恒纠"四风"、转作风。编制了行政审批事项目录清单、权力清单、责任清单，承接省市下放行政权力事项35项，取消29项，工商质监、食品药品、卫计教育等重点领域改革深入推进。在全省率先建立区政府常务会议集体学法和领导干部带头讲法制度，实现了政府系统法律顾问全覆盖。严格落实党风廉政建设责任制，规范完善了招标采购、投资评审、工程变更等制度，全面完成公车改革，行政事业单位一般性支出连续五年大幅压减。主动接受人大法律监督、政协民主监督，办理人大代表建议、政协委员提案551件。妇女儿童、人民武装、国家安全、人民防空、打击走私、民族宗教、对口支援、防震减灾、广播电视、邮政通信、对台、史志、档案等工作，都取得了新的成绩。

我们全面落实市委、市政府和区委决策部署，深入贯彻全市县域经济发展现场办公会议精神，在统筹经济社会发展和民生保障的同时，事不避难、主动担当，突出做好了七项重点工作：

（一）积极推进"突破园区、聚力招引"头号工程。深入开展"三招三引"突破年活动，组织外出招商120余次，举办了京津冀临港产业推介会、钢铁配套产业推介会等招商活动，招引项目142个，其中投资过亿元的21个，实际到位资金192.2亿元、位居全市第一。对上争引扶持项目218个，争引资金首次突破10亿元。新认定市级以上科研平台8家，新建科研及服务机构16家，引进国家"千人计划"专家等高层次人才70人、创新创业团队14个。编制了园区"二次规划"，岚山经济开发区规划位置调整获省政府批复，化学工业区完成省化转办备案。理顺了岚山经济开发区管理体制，规划建设了中澳（日照）产业园，启动了钢铁配套园区基础设施建设。实施了化工园区村庄搬迁安置，开工建设安置楼169栋53万平方米，完成了4个村2458户群众搬迁。实施区级重点项目59个，完成投资245.34亿元，日照钢铁精品基地一期主体工程加快建设，日钢公司ESP三条生产线全面投产；中国华信项目完成清表1500亩；国家级进口木材检疫除害处理区建成启用；华澳食品、冷链保税项目扎实推进。深入落实"旅游富市"战略，实施旅游重点项目24个，完成投资5.3亿元。

（二）全力化解贸易融资风险。主动作为、分类处置，坚决守住不发生系统性、区域性风险的底线。对4家重点风险企业分别成立驻企工作组包保处置，资产重整、债务核销、战略合作等工作稳步推进，3家企业进入重整程序。开展处置金融信贷违约企业专项行动，依法公布失信被执行人550名，处置违约企业65家，处置转化不良资产43.29亿元；累计使用过桥资金70笔12.39亿元，成功控制了风险外溢。深入开展政银企合作，年末金融机构存款余额204.15亿元、贷款余额274.58亿元。大力推进"三押一推"助企融资，在全市首次实现商标权质押3600万元。

（三）深入开展林水会战。完成总投资3.7亿元，成片造林2.7万亩，林木覆盖率提高到42%；建设各类水利工程226项，新增蓄水能力131万方。积极推进城区增绿，实施岚山东路等19条道路绿化补植提升。加快推进阿掖山、幽尔崮森林公园建设，搬迁坟墓1.2万座。扎实推进镇村兴绿，实施了巨峰河、龙王河治理工程，引入工商资本开展了九龙岭、回龙山、鸡山沟等重点流域治理。高标准完成222省道、613省道绿化，新增通道绿化里程200千米。完成了小农水重点县项目年度任务，新增高效节水灌溉面积1万亩，实施水库移民工程项目27处。

（四）大力开展城乡环境综合整治。扎实开展环保突出问题集中攻坚，实施了绣针河、巨峰河、浔河等重点流域环境治理，建设了车庄污水预处理场，拆除禁养区畜禽养殖户1040家，关停取缔各类加工企业69家。强化重点区域、重点行业污染整治，关停整改各类企业45家，拆除燃煤小锅炉28台。累计办结各类环境信访问题619件，整改环保违规建设项目23家。坚决打好创城攻坚战，改造老旧小区5个，建成规范化集中烧烤市场5处，安东卫大集成功搬迁。对城区主次干道进行了维修改造，新建公交候车站亭100个。实施了渔港环境综合整治，岚山一级渔港争创为全国文明渔港。大力推进道路沿线环境综合治理，开展了六大类121个问题整改，修整补植绿化带7.1万平方米。启动实施了违法建设治理"三年行动"，拆除违法建设3.4万平方米。积极推进农村改厕，完成无害化厕所改造2.3万处。深化移风易俗宣传教育，完善了城乡环卫一体化运作机制，群众满意度显著提升。

（五）聚力打好脱贫攻坚战。整合各级专项资金，累计投入4579万元。编制了岚西北区域扶贫开发规划，完成了全区5049户贫困户建档立卡。大力实施产业扶贫，开工各类产业扶贫项目150个、完成投资3968万元。积极开展光伏扶贫，建成村级电站40处。审核小额扶贫信贷3430万元，惠及贫困人口1100人。筹集孝德基金262.6万元，3296位70岁以上老人受益。全年实现脱贫2076户4318人，超额完成年度脱贫攻坚任务。

（六）深化重点领域改革。深入推进“放管服”改革，全面实施“先照后证”“六证合一、一照一码”注册登记制度，新注册登记市场主体4110个。大力开展投融资改革，组建了园区发展公司、城建发展公司和海洋发展公司。完成“营改增”全面试点任务。在全市率先完成乡镇机构改革，实施了综合执法体制改革，实现管理权限、执法力量向基层下沉。开展县级公立医院改革和实验中学法人治理结构试点，启动校长职级制改革。深入推进农村产权制度改革，完成48个村居集体经济股份制改革。扎实开展农田水利工程体制改革，小型水库体制改革通过省级验收。

（七）狠抓安全生产工作。坚持依法治安，深入推进安全岚山建设，建立了安全生产工作例会制度，启动实施了“1+5”多重预防体系建设。积极引入第三方安全监管，建立完善区级安全生产专家库和外聘专家查隐患长效机制。持续开展“大快严”集中执法行动，明察暗访企业4550家次，排查整改各类隐患3700余处，责令停产企业57家。稳步推进化工产业转型升级，对197家化工企业进行“三评级一评价”。扎实开展涉氨制冷企业专项整治，关停涉氨制冷企业54家。大力开展成品油专项整治，排查取缔非法加油站点52家。渔业安全生产管理模式在全省推广。

各位代表，过去五年，我们经受了复杂局面的考验，拓展了转型升级的空间，积蓄了科学发展的后劲。这是市委、市政府和区委正确领导的结果，是区人大、区政协和社会各界监督支持的结果，是全区人民齐心协力、共同拼搏的结果。在此，我代表区人民政府，向各位人大代表、政协委员，向辛勤工作在各条战线上的广大干部群众，向所有关心支持岚山发展的同志们、朋友们，致以崇高的敬意、表示衷心的感谢！

在充分肯定成绩的同时，我们也清醒地认识到，岚山的经济社会发展还面临不少困难和问题，主要表现在：经济总量不大、实力不强，产业层次不高、结构不够合理，与赣榆等周边区县发展差距拉大；园区基础设施配套滞后、项目承载能力不强；“三招三引”氛围不浓，项目储备不多；经济下行压力较大，财税增收和化解债务负担、贸易融资风险等任务艰巨；中小企业融资难、资金紧张的问题突出，个别企业面临的困难前所未有；城区基础设施不完善，辐射带动能力不强，城市服务业、社会事业发展水平不高，人气集聚不够；资源环境承载力趋紧，节能减排、环境保护、安全生产形势严峻、压力巨大，人民群众对居住环境的满意度不高；脱贫攻坚任务繁重，教育医疗、食药安全、社会保障等民生领域存在一些亟待解决的问题；政府效能建设有待加强，个别部门单位和工作人员发展压力不足、能力不强，服务发展、服务基层的水平不高，不担当、不作为现象仍然存在，发展软环境需要进一步优化，等等。对这些困难和问题，我们一定高度重视，制定针对性措施，认真加以解决。

二、未来五年经济社会发展展望

今后五年，是岚山区争当县域经济发展排头兵、全面建成小康社会的决胜时期，也是实现科学赶超、跨越发展的关键时期。

展望未来五年，我们更具发展优势，一方面，港口交通优势更加凸显，大型深水泊位、岚罗高速、青日连铁路、鲁南高铁等工程加快建设，岚山将拥有亿吨综合强港，建成现代化综合交通运输体系，区域发展的战略支点地位全面提升，各类优势生产要素将加速聚集；另一方面，临港产业优势更加突出，日照钢铁精品基地、日钢转型升级、中国华信、冷链物流基地等项目加快实施，岚山将拥有千亿级钢铁、化工产业集群，建成重要的木材和食品药品精深加工基地，区域发展的产业支撑能力全面加强，各类优势生产力布局将加速展开；特别是各级对岚山发展高度关注、寄予厚望，支持力度将不断加大；全区干部群众想发展、要发展的愿望强烈、氛围浓厚，汇聚起加快发展的强大合力，为我们在新的起点上推动跨越发展提供了坚实的基础和保障。

同时必须看到，影响经济增长的不确定、不稳定因素仍然较多，资源、环境等要素制约不断趋紧，新的更高水平的区域竞争更加激烈，给我们带来了很大的压力和挑战。我们必须进一步增强加快发展的责任意识和危机意识，充分发挥优势、积极应对挑战，顺势而为、乘势而上，努力推动岚山立足新起点、谋求新跨越、实现新突破，牢牢把握发展主动权。

根据区第十四次党代会精神，今后五年政府工作的总体要求是：全面落实党的路线、方针、政策和各项决策部署，深入贯彻习近平总书记系列重要讲话精神，坚持以“四个全面”战略布局和“五大发展理念”为引领，按照市委提出的“一个目标、三个导向、五大战略”总体要求，充分发挥港口交通和临港产业“两大优势”，突出“三招三引”工作、重大项目建设、环境治理“三个重点”，实现园区建设和城乡统筹发展“两大突破”，争当县域经济发展排头兵，为加快建设美丽岚山、提前全面建成小康社会而努力奋斗。

主要任务是：

——加快提升综合实力。深入落实“五大战略”，保持经济中高速增长，打造钢铁、石化两大“千亿产业集群”，培育日照钢铁、山东精品钢、岚桥石化等“百亿级企业”，形成精细化工、木材贸易加工、食品药品、临港物流、绿茶产业、海洋牧场等“亿元企业群体”，主要经济指标达到全国百强县水平，综合实力跃居全省中游，争当县域经济发展排头兵。

——统筹推进城乡发展。不断加快新型城镇化步伐，常住人口城镇化率达到60%。

全面提升城区开发建设管理水平，完成城中村改造和违法建设治理任务，城市建成区面积达到23.5平方千米。统筹推进道路交通、地下管廊、供水供暖等基础设施建设，城市更加美丽、精致、宜居。美丽乡村标准化建设深入实施，特色镇域经济蓬勃发展，城乡一体化发展水平显著提升。

——全面优化生态环境。扎实推进生态岚山建设，深入实施林水会战，林木覆盖率达到45%。狠抓环境突出问题治理，提升环保监管水平，主要污染物排放总量大幅减少，全面完成节能减排约束性指标。不断改善空气质量，重污染天数大幅减少，年优良天数达到220天以上；全面落实水污染防治规划，主要河流断面水质达到Ⅲ类标准，人民群众对环境质量满意度显著提升。

——不断增进人民福祉。全面完成脱贫攻坚任务，全体居民人均可支配收入增幅9.5%左右，百姓生活更加富足。全面发展各项社会事业，教育、卫生、养老质量水平进一步提高，公共文化服务体系基本建成。优化创新创业环境，积极推进大众创业、万众创新。不断完善社会保障体系，基本公共服务保障实现全覆盖，人民群众的生活质量和幸福指数大幅提升。

——持续加强社会治理。加快建设法治政府，全面提升服务效能、优化政务环境。加强平安岚山建设，完善社会治安综合治理体系，严厉打击违法犯罪行为。不断强化安全生产监管，筑牢安全生产防线。建立最严格的食品药品质量管控体系，保障人民群众“舌尖上的安全”。完善社会预警和应急救援机制，积极改进信访工作，社会保持和谐稳定，人民群众安居乐业。

各位代表，实现未来五年的美好蓝图，岚山有基础、有优势、有条件，我们有决心、有信心、有能力。我们坚信，只要在区委的坚强领导下，全区人民团结一心、众志成城，撸起袖子加油干，建设美丽岚山的目标一定能实现，岚山的明天一定更美好！

三、2017年政府工作安排

2017年是新一届政府工作的开局之年，也是实施“十三五”规划承上启下的重要一年，更是争当县域经济发展排头兵的攻坚之年。做好今年的政府工作，意义十分重大。

综合考虑各方面因素，今年经济社会发展主要预期目标是：地区生产总值增长10%左右，规模以上工业增加值增长20%左右，固定资产投资增长15%左右，社会消费品零售总额增长10%左右，一般公共预算收入增长12%左右，外贸进出口总值增长6%左右，全体居民人均可支配收入增长9%左右，城镇登记失业率控制在3.5%以内，全面完成节能减排等约束性指标。

重点抓好以下六个方面的工作：

（一）坚定不移推进“突破园区、聚力招引”，夯实县域经济发展基础。建园区、抓项目是加快发展的关键之举，必须动员全区力量向“突破园区、聚力招引”头号工程聚焦聚力、尽快突破。

一是全力突破园区建设。坚持政策向园区倾斜、投入向园区集中、产业向园区聚集，力争岚山经济开发区进入全省省级开发区20强。用好园区“二次规划”编制成果，制定重点产业专项规划，编制提升各园区分区详规，明确功能分区、优化空间布局。全力突破园区基础设施配套，钢铁配套园区规划建设高端装备制造业基地，新建园区道路7条、12.8千米，实施110千伏输变电站和标准化厂房等配套设施建设，达到“七通一平”标准；化工园区实施精细化工区配套及土地整理，建设公共管廊和工业集中供汽项目，敷设蒸汽管网8.8千米，完成13个村庄搬迁安置，推动园区封闭管理；木材园区实施黄海路西延等道路工程，进一步优化园区路网。健全完善园区管理运行机制，按照“一区多园”模式，建立“一个园区、一名区级领导、一个责任部门、一套工作班子、一个实施方案、一个工作目标”体制，全力做好招商引资、项目落地、企业服务等工作。着力突破园区融资瓶颈，充分发挥各类投融资平台作用，搞好土地一级开发，加强与市财金集团、国开行等各类机构合作，为园区发展提供资金保障。

二是狠抓“三招三引”工作。突出“三招三引”生命线地位，紧紧围绕园区、企业和人才，领导带头、全民招商，确保新引进投资过10亿元的项目2个、过5000万元的项目45个，实际到位资金160亿元以上。进一步明确园区招商主攻方向，依托园区成立产业招商团队、组建专业招商公司，制定实施“建链、强链、补链”行动方案，钢铁产业大力招引钢铁产品深加工、高端装备制造、机械制造等“吃钢嚼铁”项目，推动钢铁就地精深加工；石化产业积极招引乙烯等下游产业项目，突出多元化烯烃原料、化工新材料及高端化学产品两大特色，培育精细化工产业集群；食品药品产业大力招引食品深加工产业集群项目；木材产业积极招引高档家具、木地板等精深加工集群项目。进一步调动企业招商积极性，完善以企招商考核奖励办法，设立专项基金，鼓励企业和个人对外推介岚山、招引项目。用好企业客户资源，积极引进上下游项目。引导本土企业通过股权改造、战略重组等方式，招引外来资本。加大招才引智和招科引技力度，引进高层次人才94名、创新创业团队9个；引进先进技术成果15项，新建省级以上科研平台3家、市级以上科研平台9家以上。

三是聚力推进重点项目。紧抓项目建设“牛鼻子”，建立任务分解、组织实施、协调会办、督查推进“四大机制”，确保推进有力、建设有序。实施区级重点项目60余个，完成投资290亿元以上。全力服务日照钢铁精品基地，完成4个环保村搬迁，确保一期一步8月投产，压茬推进一期二步建设。积极实施高性能磁性材料、鲁碧冶金资源综合利用等钢铁配套项目，加快推进中国华信1000万方石油储运、岚桥石化油品升级、新三明EPP等石化链条项目。建设冷链物流基地二期、千年舟30万方刨花板等项目，推动食品药品和木材产业集聚发展、提档升级。积极推进100万吨乙烷制乙烯、金鹰集团清洁能源等前期项目，建好项目“储备库”。落实项目包保责任制，一包到底、跟踪问效，努力把在手“项目源”变成现实“增长点”。

四是全面优化营商环境。积极构建“亲清”新型政商关系，努力打造投资洼地、创业高地。创新项目审批服务方式，大力推行

"串改并"、承诺制，积极开展一站式保姆式服务，打造区域最优的政务服务环境。对全体机关干部组织轮训，切实提高招商引资、服务企业的意识和能力，营造"人人都是招商主体、人人都是招商环境"的浓厚氛围。落实区级领导包联企业、服务企业联络员、"企业工作日"等制度，定期走访企业，及时协调解决困难问题。严格落实服务企业"五降一优"42项举措，全面清理各类涉企行政事业性收费，保护投资者合法权益。加大执纪问责力度，全面整治"庸懒散"，严厉打击"吃拿卡要"等破坏营商环境行为。实施为企业办实事工程，认真解决职工就医、子女入学等实际问题。建立企业家队伍和部门联席会议制度，选聘优秀企业家担任政府经济顾问，实现常态化政企良性互动。

（二）加快产业转型升级，全面提升发展质量效益。主动适应供给侧结构性改革，严格落实"三去一降一补"要求，加快产业结构战略调整、转型升级，不断提升竞争能力、发展水平。

一是保持工业经济稳中求进。按照"重而特、重而优、重而安全、重而生态环保、重而附加值高"的要求，推进钢铁、石化等临港工业提质增效。制定出台支持工业企业发展政策措施，努力形成大企业"顶天立地"、小企业"铺天盖地"的发展格局。实施"龙头企业培育工程"，健全"一企一策"培育机制，新增规模以上企业10家以上、力争15家。实施"中小微企业培育工程"，打造中小企业创业园等优势平台，深化"专精特新"和"一企一技术"工程，新增中小微企业10家以上。大力发展民营经济，培育更多的本土企业、本土企业家。引导支持企业扩能升级，加快日钢公司结构性调整，积极推进旭升20万吨薄膜级聚丙烯等企业二期、三期项目。推进新一轮企业技术改造，实施技改项目22个、完成投资80.1亿元。开展增品种、提品质、创品牌专项行动，鼓励企业争创名牌产品、著名商标。加强企业家队伍建设，引导企业建立现代企业制度，提高精细化管理水平。积极推进企业股改上市，完成8家以上规模企业规范化改制，争取2家企业在"新三板"或区域性股权市场挂牌。加快构建共生共赢的金融生态环境，深入开展政银企合作，推动银行与重点企业开展战略合作。全力以赴化解贸易融资风险，严格落实重点风险企业分类处置方案，加大不良贷款处置力度，力争年内基本完成处置任务；严厉打击恶意逃废银行债务行为，确保全区金融秩序稳定向好。

二是提升特色农业发展水平。坚持特色高效农业发展道路，加快农业现代化步伐。新发展茶叶、桑蚕、板栗等特色农业1.5万亩，打造精致农业产业带和示范基地。加强农产品质量管理，推动全产业链标准化生产，建设北方绿茶放心食品生产基地，打响"岚山的，就是放心的"品牌。精心打造农产品区域公用品牌和产品品牌，新认证无公害农产品15个、绿色农产品品牌2个。强化海域使用管理，加快海上粮仓建设，实施离岸型智能化深水网箱养殖等现代渔业项目。建设岚山渔港经济区、虎山渔港经济区，提高渔业综合效益。推进农业"接二连三"，培育新型农业经营主体，规范区级农民合作社示范社10家、市级以上农业龙头企业5家以上；积极建设各类农产品专业市场，支持发展创意农业、智慧农业。实施小农水重点县项目，新发展高效节水灌溉面积1.39万亩。健全农业社会化服务体系，推广农业机械2000台套以上，发放科学储粮示范仓3300个。

三是大力发展特色旅游业。深入挖掘特色旅游资源，集中力量打造一批精品景区、精品线路，给游客一个非来岚山旅游不可的理由。高标准编制重点片区旅游详细规划和各专项规划，加快推进30个旅游重点项目。大力发展滨海休闲旅游，突出“海上休闲垂钓”特色，加快实施顺风阳光海洋牧场、前三岛海洋牧场等项目，打造岚山旅游拳头品牌；以创建省级旅游度假区为抓手，整合滨海岸线和渔村民俗资源，实施万泽丰冷水鱼休闲小镇等项目，推动南部滨海旅游综合开发。积极发展观光农业、山岳旅游、乡村旅游，规划建设北方绿茶国家农业公园，改造提升马亓山、浮蓬山、磴山等景点景区，加快推进浔河家庭农场、澳洲动物风情园、东山部落等项目。培育发展文化旅游、工业旅游、红色旅游等新兴业态。加快完善旅游配套设施，建设区级游客集散中心，完善导览图、标识牌等旅游导览体系，推进A级景区无线网络信号全覆盖。建立“项目+宣传+服务”营销模式，完善旅游公交线路，改进旅游服务环境，真正让游客来得多、游得好。

四是加快发展现代服务业。规划建设现代临港物流园，推进钢铁、原油、木材等大宗商品交易平台建设，实施新增车船扶持和外流车船回归计划，培育大型物流企业。积极发展研发设计、节能环保、信息服务等生产性服务业，大力发展连锁经营、物流配送等新型流通业态。着力培育电商龙头企业，新建农村电商服务点100个。完善基层金融服务体系，支持发展融资租赁、互联网金融、投资基金等新兴业态。加快发展文化产业，招引建设文化项目。大力发展城市服务业，完善城市商圈、社区商业中心，规划建设海鲜美食一条街。发展壮大商贸餐饮、家政养老、健康保健等生活性服务业，满足居民多层次消费需求。

（三）深入推进改革开放创新，激发县域经济发展活力。深化改革、扩大开放、鼓励创新，着力破除束缚经济社会发展的各类障碍，全面激活发展潜力，加快培育发展新动能。

一是不断激发改革活力。推进国资国企改革，完善国有企业法人治理结构，实行差异化薪酬管理；依托国有投融资平台，放大国有资本功能。深化投融资改革，加快突破PPP融资，推进新型农村合作金融试点，借助社会融资破解实体经济融资难题。深化商事制度改革，力争新增市场主体4500户以上。深化财税管理体制改革，建立完善跨年度预算平衡机制，落实“营改增”等结构性减税政策。稳步实施事业单位分类改革，完成公立医院法人治理结构改革任务。深化农业农村改革，细化落实承包土地“三权处置”办法，完成集体经济股份制改革40个村以上。

二是提升对外开放水平。完成外贸进出口278亿元、实际利用外资1.2亿美元。加快中澳（日照）产业园起步区建设，大力发展冷链物流，实施澳冠牧业、山东和顺等重点项目。积极开展进口肉类、冰鲜水产品、水果等指定口岸申建，建设通关服务中心，建立“一站式”大通关服务体系。积极组织企业参加境内外展会，开展跨境电商业务，扩大钢铁制品、五金建材、海产品等优势产品出口规模。支持有条件的企业“走出去”，实施国际产能、装备制造合作和跨境并购，开展境外商标注册、体系认证，引进先进技术、知名品牌和管理经验。建立多层次对外交流合作机制，做好与澳大利亚北领地、卡拉萨市等全方位交流合作。

三是增强科技创新能力。完善科技创新扶持政策，努力用创新驱动推动实体经济发展。强化企业创新主体地位，落实财政扶持政策，支持建设工程技术研究中心、工程实验室、企业技术中心等创新平台。建立完善高新技术后备企业库，新增高新技术企业5家以上，高新技术产业产值增长15%以上。积极推动产学研合作，设立科技创新、成果转化扶持资金，新建科研及服务机构15家以上，充分发挥区级科技孵化器、省级农业科技园等平台作用，加快科技成果落地转化。深入落实“互联网+”行动计划，引导创新要素进入重点企业和关键领域。

（四）全力推进城乡开发建设，构建城乡统筹发展新格局。坚持规划引领、产城融合、一体发展，强力推进城乡开发和基础设施建设，努力打造功能完善、美丽精致的现代化新区。

一是着力建设精品特色城区。投资60余亿元，实施城建重点工程30余项，加快建设“宜居宜业宜游”城市。落实城中村改造“三年攻关、五年收官”计划，改造21个村居5395户。抢抓上级政策机遇，实施棚户区改造6100户。健全城区路网体系，投资8亿元，新建太平岭路等城市道路14条22千米。完善市政公共设施，建设地下综合管廊。延伸供热管网，新增供热面积110万平方米。实施电动汽车分时租赁项目，新建充电桩300个。建设西护城河景观工程、城墙遗址公园，实施中水回用工程，打造沿河水街景观带。积极推进阿掖山西侧等重点片区开发，启动官山社区、锦绣花园二期建设，打造特色功能组团，聚集人气商气。

二是全面推进美丽乡村建设。深入实施美丽乡村标准化建设，巩固千村行动创建成果。加快乡镇驻地、新型农村社区建设，实施虎山社区、龙河社区、滨河社区、金海花园二期等重点工程，稳妥推动就地城镇化、单元城镇化。支持各乡镇街道发挥优势、发展特色，建设重点示范镇，争创省级特色小镇。加快基础设施向乡镇和农村延伸，完成青赵线改造、巨碑线北段大修，建设农村公路安全生命防护工程。推进省级农村公路网化示范县建设，新建改造农村公路159千米。提升农村集中供水能力，解决48个村4.08万人饮水安全问题。改造农村无害化卫生厕所40376处。新增农村清洁能源取暖试点农户1508户、公服设施123处。

三是服务重大基础设施建设。积极推进30万吨级原油、矿石码头和集装箱码头等港口工程，升级改造疏港南路和疏港大道西段，增强港口集疏运功能。积极服务青日连铁路建设，规划建设高铁站片区，实施区域内3个村530户群众搬迁。主动服务岚罗高速、鲁南高铁、巨岚铁路、通用机场建设，完成厦门路北延市政配套、342省道维修等工程，做好220省道西延、北疏港路建设前期工作。建设日照至岚山天然气长输管道，改善能源供应结构。扩建110千伏荻水变电站，推进220千伏碑廓变电站工程，提升供电保障能力。

（五）切实加强环境治理保护，持续提升生态宜居水平。坚持绿色发展道路，做好修复、治理、保护三篇文章，努力让岚山的天更蓝、地更绿、水更清、环境更优美。

一是持续推进林水大会战。投资4.35亿元，实施“八绿七水工程”。新增城区绿化面积9.68万平方米，新建道路绿化林带136千米、水系林带1900亩，完成荒山绿化5350亩、退耕还绿13000亩。打造特色绿化线路8条、示范村10个，确保乡镇驻地绿化率达到35%以上。推进幽尔崮流域生态综合治理，建设阿掖山森林公园。实施各类水利工程216处。加快重点河流治理，建设绣针河省级湿地公园和多岛海国家级柽柳公园。实施巨峰水库雨洪资源利用、甲子山防洪减灾等重点工程，增强水资源保障能力。

二是深入开展城乡环境整治。坚决打赢创建全国文明城市决胜仗，全面提升城市精细化管理水平，加强市政公用设施管护，提高道路保洁质量；加强住宅物业管理，落实门前三包责任制，开展“三线”集中整治行动；强化城区市场管理，进一步改善市容市貌。大力开展违法建设治理行动，突出重点范围、重点领域，严管严控、重拳出击，确保完成70%以上治理任务。深入开展道路沿线环境综合治理，全面完成铁路、高速公路、国省道两侧环境改造任务。加强城乡环卫一体化管理，提升市场化服务水平，完善农村垃圾收集转运体系，不断改善农村生活居住环境。

三是打赢环保突出问题整治攻坚战。坚持环保优先、铁腕治污，不断提升岚山环境质量。扎实开展“清清河流行动”，推广落实“河长制”，全面关停饮用水源地周边畜禽养殖设施和土小企业。坚决向大气污染宣战，加强钢铁、石化等重点行业企业监管，严格落实废气脱硫脱硝措施；强化岚山港区、日钢周边等重点区域环境治理，深入开展渣土货运车辆和建筑工地专项整治，降低扬尘危害。加强土地整理保护，治理农业面源污染，推广化肥减量增效技术，提高耕地质量。抓好污染排放源头控制，认真落实项目审批环评负面清单。大力发展循环经济，支持企业节能降耗、清洁生产。积极倡导健康绿色生活方式，营造全社会参与环保的良好氛围。

（六）积极保障和改善民生，不断提升群众幸福指数。民生所需就是发展所向。今年计划投资30余亿元、实施40余项为民办实事项目，解决好群众最关心、最直接的现实问题。

一是打好脱贫攻坚战。坚持把脱贫攻坚作为第一民生工程和重大政治任务，用足用好各类扶贫政策措施，基本完成脱贫攻坚任务。落实岚西北区域扶贫开发规划，推动区域性整体脱贫。大力实施“一村一品”产业扶贫项目，建立长效扶贫机制。落实金融扶贫政策，发放小额扶贫信贷资金4000万元。完成328个村级光伏发电扶贫项目建设。完善贫困村基础设施及公共服务项目，确保省定、市定贫困村达到“五通十有”标准。设立社会扶贫慈善基金，引导社会力量参与扶贫攻坚、结对帮扶。

二是协调发展社会事业。投资1.17亿元，实施薄弱学校改造及解决“大班额”工程16个，建设幼儿园10所，筹建区特殊教育学校。投资7600万元，建设区人民医院妇幼保健楼、区疾控中心实验室，新建村级标准化卫生室60处。不断提高卫生计生服务水平，招聘乡村医生80名，实施第16轮复明工程，综合治理出生人口性别比。加快构建现代公共文化服务体系，运营管理好区级综合文化服务中心，推进基层文化服务中心建设。积极开展全民健身活动，承办好日照市第三届老年人体育运动会。

三是提升社会保障水平。发放创业担保贴息贷款8000万元，新增城镇就业3000人，转移农村劳动力3000人，完成职业技能培训2000人。引导支持各类人群依法参保，确保城乡居民基本养老、医疗保险参保率达96%以上。完善社会救助体系，落实最低生活保障标准动态调整机制，积极开展重特大疾病医疗救助。运营管理好区社会福利中心，统筹推进扶老爱幼助残等各项福利事业。着力构建以居家为基础、社区为依托、机构为支撑的社会养老服务体系，新建农村幸福院、日间照料中心6处。

四是加强和创新社会治理。牢固树立安全生产“底线思维”和“红线意识”，严格落实企业主体责任、政府部门监管责任和乡镇街道属地责任，不断提升本质安全水平。切实加强危化品、非煤矿山、道路交通、特种设备等重点行业领域安全监管，扎实推进化工产业转型升级、综合治理，持续开展涉氨制冷企业、成品油市场等专项整治，严防重特大安全事故发生。提高消防保障能力，建设巨峰消防站。深化食安岚山建设，争创全省食品安全先进区。认真实施“智慧岚山”项目，整合各类社会管理信息，提升数字化平台功能。落实“七五”普法规划，切实做好信访工作，严厉打击各类违法犯罪，确保社会和谐稳定。统筹推进妇女儿童、人民武装、国家安全、人民防空、打击走私、民族宗教、对口支援、防震减灾、广播电视、邮政通讯、对台、史志、档案等各项工作。

四、全面加强政府自身建设

引领新常态、推动新发展，对政府自身建设提出了新的更高要求。我们将勤勉尽责、接力奋进，加快建设为民务实清廉政府，锤炼新作风、创造新业绩、展现新作为。

（一）强化责任担当，高效做事。切实增强看齐意识，大力倡导“重担面前、责任在我”，带头攻坚克难、干事创业，真正做到有激情、敢担当、善作为。始终坚持目标导向、问题导向，紧盯任务目标，正视困难问题，努力用创新的思路和办法，破解难题、推动发展。坚持把狠抓落实作为政府工作第一任务，对各级决策部署紧抓快办、立说立行、落到实处。健全抓落实的有效机制，对每项工作明确时间表、路线图、责任状，挂图作战、务求实效，努力营造抓落实、促发展、争先进的浓厚氛围。

（二）坚持勤政为民，务实做事。人民的利益是政府工作的根本出发点和落脚点。必须强化宗旨意识，把群众满意作为最高标准，积极回应社会关注，察民情、接地气，倾听群众呼声、解决群众诉求。加快政务服务向基层延伸，让机关干部多服务、人民群众少跑路。认真落实联系基层各项制度，发挥好区长热线、区长信箱等沟通平台作用，及时解决群众反映的困难问题。牢固树立正确的政绩观，不图虚名、不务虚功，多办顺民心、合民意的事情，以扎实的工作业绩赢得群众的信任和支持。

（三）推进依法行政，规范做事。认真落实《法治政府建设实施纲要》，严格按照法定权限和程序行使权力、履行职责。认真执行区人大及其常委会各项决议决定，自觉接受人大、政协和社会各界监督，认真办理人大代表建议和政协委员提案。做好重大决策合法性审查和风险评估，完善行政决策程序和法律顾问制度。严格执行权力清单、责任清单和负面清单，深入推进政府信息公开，不断提升政府公信力。规范行政执法行为，加强改进行政复议、行政应诉，确保政府各项工作依法、规范、有序。

（四）严格廉洁自律，干净做事。始终把纪律和规矩挺在前面，坚决落实中央八项规定精神，推进作风建设常态化、长效化。严格落实党风廉政建设责任制，有效运用监督执纪“四种形态”，深入推进党风廉政建设和反腐败斗争。大力倡导艰苦奋斗，强化部门预算管理，每一分钱都花在刀刃上。加强政府投资项目、国有资产管理等重点领域制度建设，强化行政监察、审计监督，严肃查处各类违纪违法案件，坚决防止和纠正损害群众利益的不正之风，努力打造崇廉尚实的人民政府形象！

各位代表！

宏伟蓝图鼓舞人心，壮丽征程任重道远。让我们更加紧密地团结在以习近平同志为核心的党中央周围，在市委、市政府和区委的坚强领导下，坚定信心、振奋精神，锐意进取、砥砺前行，为建设美丽岚山，争当县域经济发展排头兵，全面建成小康社会而努力奋斗！

中国人民政治协商会议
第九届日照市岚山区委员会常务委员会工作报告

——在区政协十届一次会议上

（2017年1月19日）

孙树诺

九届区政协工作回顾

九届区政协任期的五年，是我区负重奋进、拼搏进取的五年，也是区政协与时俱进、积极作为的五年。五年来，区政协在中共日照市岚山区委的坚强领导和市政协的正确指导下，深入贯彻落实党的十八大和十八届三中、四中、五中、六中全会精神，认真学习习近平总书记系列重要讲话精神，高举爱国主义、社会主义两面旗帜，牢牢把握团结、民主两大主题，认真履行政治协商、民主监督、参政议政职能，为推进全区经济社会率先创新优质发展作出了不懈努力。

——过去的五年，是我们主动围绕中心，积极履职尽责，在推动科学发展上作出新贡献的五年

围绕中心、服务大局，是人民政协履行职能、开展工作必须遵循的重要原则。五年来，区政协始终坚持推动科学发展不动摇，紧紧围绕区委、区政府的中心工作，在服务大局中主动融入，在积极参与中有效作为，在推动发展中发挥作用，为全区经济社会发展贡献力量。

积极参与全区重点工作。按照区委、区政府的统一部署，九届区政协主席、党组副书记、副主席，与党政领导成员一道参与全区重点工作，全力投入到重点项目包保和维护稳定、防汛抗灾、大项目建设、生态文明建设、临港产业、全国文明城市创建、林水会战、脱贫攻坚等中心工作，为推动相关工作顺利开展发挥了积极作用。特别是在日照精品钢基地建设、突发事件维稳、化工园区周边村庄搬迁安置、企业贸易融资风险化解等工作中深入一线，积极参与，协调解决工作推进中的困难和问题。积极投身“三招三引”工作，坚持带头招商，率先垂范。成功招引恒赢木业木材加工项目，注册资本5000万元，建设厂房15000平方米，采用先进的环保烘干技术，有效弥补了我区木材产业发展的短板。区政协机关积极参与城乡环境综合整治、全国文明城市创建、精准扶贫等重点工作，充分发挥联系沟通、督促协调的作用，圆满完成了各项任务。全区广大政协委员在各自岗位上扎实工作，尽职尽责，在“突破园区、聚力招引”、生态文明建设等工

作中，在项目开发、资金争取、技术引进等方面，积极发挥模范带动作用，为全区经济建设和社会各项事业发展作出了应有的贡献。

广泛开展协商议政活动。区政协以服务“一个率先、六个岚山”建设为目标，充分发挥政协全委会议整体协商、常委会议重点协商、主席会议专题协商的作用，精心组织召开了5次全委会议、26次常委会议、63次主席会议。围绕适应经济发展新常态、加快全区生态文明建设、推进社会治理创新、加强民生保障、加快重点产业培植以及制定“十三五”发展规划等重点事项开展专题协商议政活动18次，提出有价值的意见建议60条，为区委、区政府科学民主决策提供了重要参考。精心制定协商工作计划，先后围绕全区教育、医疗卫生、现代海洋渔业发展、企业安全生产监督管理和食品药品安全等工作开展了界别协商和对口协商活动，委员们共提出意见建议32条，以协商纪要的形式报送区委、区政府，推动了协商成果的转化落实。

深入抓好调研视察工作。坚持“小而专、专而精、精而深”的原则，紧紧抓住影响全区发展的重点难点问题、群众普遍关心的热点问题和有利于推动经济社会进步的前瞻性课题调研献策。五年来，先后就全区新型城市化建设、高新技术产业发展、生态旅游业、失地农民保障、木材产业发展、临港工业发展、经济发展环境建设、文化产业发展等开展了12次专题调研活动；围绕全区重点工程项目建设、生态高效农业、农村土地产权制度改革、交通运输、教育卫生、海滨城市建设及公安、司法、国土等工作开展专题视察活动24次，报送有分量、有价值的专题报告16篇，许多意见建议进入区委、区政府决策。其中，《关于全区木材产业发展情况的调研报告》得到区委、区政府主要领导的高度重视，并作了重要批示，区政府及有关部门及时展开论证、制定落实措施，推动了相关工作的顺利开展。

同时，区政协还积极配合市政协开展小微企业发展、大气污染防治、中小学科技创新、科普教育基地建设、改善农村饮用水条件、提高日照绿茶质量安全水平、林水会战等多项专题调研协商活动，为我区争取上级有关部门的支持提供了依据和条件。

——过去的五年，是我们着力关注民生，广泛反映民意，在促进和谐稳定上展现新作为的五年

人民政协是大团结大联合的象征，是中国共产党密切联系各民主党派、各人民团体、各阶层和社会各界的桥梁和纽带。五年来，区政协充分发挥政协组织优势，为促进和谐社会建设作出新贡献。

为民办实事力促社会和谐。坚持履职为民，建立完善了联系群众、服务群众工作机制，帮助解决生产生活中的困难和问题。区政协领导班子成员共包联贫困村16个，协调帮扶资金660万元，帮助整修办公场所，硬化、亮化村庄道路，修建水利工程，引进致富项目，帮助群众脱贫致富。在政协委员中深入开展了“委员联系群众”实践活动，联系帮扶困难群众600余户，落实帮扶资金500万元，实施自来水改造、农田水利建设、产业结构调整等项目80项。该活动得到区委主

要领导的充分肯定，相关经验做法在省政协《联合日报》和《政协工作交流》上进行了宣传推广。组织农业、科技、医疗卫生、法律等界别委员开展送科技、送卫生、送法律“三下乡”活动5次，发放宣传资料6万余份，现场解答群众咨询近千人次，为500余名农民群众进行健康查体。各民主党派、工商联和无党派人士中的政协委员充分发挥统一战线“同心·社会实践基地”载体优势，深入开展“民企帮村”“感恩行动”等社会实践活动20余次，完成“同心”项目18个，充分展现了政协委员履职为民、热心公益的良好精神风貌，赢得社会各界广泛好评。

为企业办实事助力排忧解难。探索实施“牵手项目、服务发展”主题实践活动，建立“2+1”联系制度，即一名区政协领导、一名机关科级干部负责联系一家委员企业，助推委员企业转方式调结构，进一步做大做强。该项活动获得全市政协工作创新奖，履职经验在市政协理论学习中心组读书会上做专题交流。区政协领导班子成员积极深入到委员企业、包保企业调查研究和走访慰问，为企业引进项目、资金和人才牵线搭桥，人均走访联系企业60余次，协调解决实际问题20余个。上半年，在对企业调研走访中了解到，受经济发展环境的影响，许多企业遇到前所未有的挑战，区政协及时向区委、区政府通报了《关于全区经济发展环境建设的报告》，引起区委、区政府领导的高度重视，有关建议列入全区重点工作。

反映社情民意畅通民主渠道。充分发挥政协上通下达、渠道畅通的优势，集中反映社情民意，真实表达群众诉求。2013年，区政协被省政协确立为全省30个社情民意信息直报点之一。区政协充分利用这一优势，积极加强与委员和社会各界的联系，从不同界别聘请14名特约信息员，广泛收集具有突出代表性和可操作性的社情民意信息。三年来，共向上级政协报送社情民意信息80条，其中《关注农村留守家庭、促进农村社会和谐》《关于加强农村学校师资力量建设的建议》等12条社情民意信息被省政协采用，《关于加大对残疾人救助力度的建议》等5条社情民意信息被全国政协采用。同时，认真组织政协委员参与全区政风行风评议、座谈听证和执法检查等有关考核评议活动，先后有70名政协委员被聘为特约监督员，为促进行业作风转变、维护群众利益发挥了积极作用。

——过去的五年，是我们充分发挥优势，努力彰显特色，在增强履职活力上迈出新步伐的五年

五年来，区政协充分发挥政协专委会联系委员和各界人士的桥梁纽带作用，广泛组织政协委员开展形式多样、丰富多彩的调查研究、咨询论证、联谊交流等活动，使政协履职活动落地生根、富有成效。

扎实做好政协提案办理工作。坚持以促进经济社会发展、维护广大群众利益为目的，组织政协委员围绕党委政府中心工作和群众普遍关注的热点难点问题，深入开展调研分析，认真撰写选题准、立意好、分量重的高质量提案，届内委员提案共立案486件。不断完善提案办理工作机制，通过重点提案区委、区政府领导批办，区政协领导分工督办，重要提案专委会调研督办，热点提案组

织协商督办等形式，构建起了区委重视、政府支持、政协主动、各方配合、社会关注的“五位一体”工作新格局，提高了提案办理质量，增强了提案办理实效。累计开展32次提案办理督查和协商活动，实现了答复率、面办率、满意率“三个百分之百”，有效解决了提案所反映的各类问题。例如，《关于加快岚山木材园区聚集升级的提案》和《关于加快建立长效机制，巩固文明创建成果的建议》等一批重点提案，得到区领导的高度重视，有关部门加大办理力度，强化工作措施，推动工作落实。积极推进提案工作信息化建设，在全市区县政协中率先建成使用提案网上提交、办理、答复系统，有效提升了提案工作的精细化水平。

积极开展文史资料征编工作。组织专家学者开展了首次人文与自然遗产普查工作，对全区文化遗产、自然遗产、非物质文化遗产和现代景观进行了全方位的普查登记，全面了解了岚山区文化遗产的种类、数量、分布及保护现状，编纂出版《岚山文史》第六辑，为进一步做好保护开发打下了良好基础。新一届岚山书画艺术联谊会多次开展联谊活动，先后举办“双十佳书画家”评选、“中国梦·新岚山”和纪念红军长征胜利80周年等书画展，组织了书法家进警营、为敬老院“送春联”等12次笔会，丰富了全区文化艺术生活。组织书画家创作了长达33米的《岚山风物图》，成为宣传推介岚山文化的艺术精品。配合市政协，成功开展了南下干部寻访联谊活动。开通了“岚山书画”网站，创办了《岚山书画专刊》，对岚山本土书画爱好者进行宣传推介，《岚山文史书画专辑》荣获全省文史书刊优秀奖。区政协被评为全市政协文史工作先进集体，先后有5人被评为省、市文史工作先进个人。

大力加强联谊交流宣传工作。五年来，共接待上级政协和外地政协考察团1200人次，增进了与各地政协组织的联系与交流，先后8次参加省政协反映社情民意工作座谈会、宣传信息工作会和机关工作创新座谈会等，组织外出考察交流活动10余次，为我区发展营造了良好氛围。积极做好信息宣传工作，建成了区政协网站，认真办好《岚山政协工作》简报，及时宣传区政协工作情况和委员履职风采，在《人民政协报》《联合日报》《春秋》等省级以上媒体发稿180余篇。其中，3篇稿件获山东政协新闻奖，7篇稿件获日照政协新闻奖。区政协连续多年被评为省、市政协宣传工作先进集体，并在省政协宣传工作会议上做了典型发言。

——过去的五年，是我们不断完善机制，大力固本强基，在加强自身建设上取得新进步的五年

五年来，区政协始终坚持与时俱进、开拓创新，牢牢把握新时期政协工作的新特点、新要求，着力强化政协组织、委员队伍和机关建设，不断提高政协工作的规范化、科学化水平。

思想教育进一步深化。九届区政协领导班子高度重视思想作风建设，按照中央和省、市、区委要求，围绕为民务实清廉主题，坚持问题导向，聚焦作风建设，认真落实中央八项规定精神，深入开展党的群众路线教育实践活动。政协党组班子及成员、机关副科级以上干部认真撰写对照检查材料，

深入开展批评和自我批评，下力气查摆和整改“四风”问题，建立完善调研视察、提案工作、政协委员管理服务、乡镇街道政协工作目标管理考核办法等多项规范化工作制度，推进了长效机制建设。围绕协调推进“四个全面”战略布局，高质量开展“三严三实”专题教育活动，班子政治觉悟、廉政意识、思想作风建设都得到新的提高。坚持领导带头，以上率下，扎实开展“两学一做”学习教育，通过学党章党规、学系列讲话，加强了机关党员干部教育，做到明底线、知敬畏、守规矩。通过一系列学习教育，进一步增强了机关党员干部的政治意识、大局意识、核心意识和看齐意识，为做好各项工作奠定了坚实的思想基础。

委员管理进一步规范。邀请省人民政协理论研究会专家对全区政协委员进行集中培训，系统学习统一战线和人民政协理论，进一步增强委员们的政协意识。适应新形势和基层协商民主建设需要，探索建立基层政协工作制度和委员联络机制，拓宽了政协委员与人民群众直接沟通渠道。制定出台了《区政协常务委员会关于加强自身建设的意见》《专门委员会组织通则》《委员管理办法》等规范化制度，推动政协工作规范运行、有序开展。健全主席会议成员、专委会、政协机关联系服务委员机制，提升政协机关服务保障能力，促进委员主体作用的发挥。建立委员履职档案，创新实施《区政协委员分类量化考核办法》，每年定期对委员履职情况进行考核评比、通报表彰，该项工作获得市政协工作创新奖和全区机关工作创新奖。组织开展优秀政协委员、优秀提案等评选表彰活动，进一步激发委员参政议政的热情，提高了履职成效。

机关建设进一步加强。认真贯彻中央和省、市、区关于改进工作作风、密切联系群众的规定，健全监督制度，加强日常管理，完善机关各委室工作职责、工作制度和标准规范，制定出台了《区政协关于切实改进工作作风、密切联系群众的实施意见》和《区政协机关关于进一步加强机关作风建设的意见》，深入持久地抓好机关作风建设，营造了团结务实、干事创业、奋发向上的良好工作氛围。深入开展“读书强素质、实践圆梦想”活动，建立了机关图书阅览室，确保机关人员“日学一小时、月读一本书”。认真落实党风廉政建设责任制，严格执行中央八项规定，规范干部言行，优化办事程序，提高工作效能，促进了政协机关各项工作协调统一、高效运行，先后荣获规范化党支部、先进基层党组织等荣誉称号。

各位委员、同志们，五年来，九届区政协各项工作进展顺利，成效显著。这些成绩的取得是区委高度重视、正确领导的结果，是区人大、区政府大力支持的结果，是历届政协打下坚实基础、社会各界广泛参与的结果，是政协各参加单位、广大委员共同努力的结果。在此，我代表政协日照市岚山区第九届委员会常务委员会，向所有关心、支持、参与政协工作的各位领导、各界人士，表示崇高的敬意和衷心的感谢！

在肯定成绩的同时，我们也清醒地认识到，对照新形势、新要求，九届区政协在履职过程中还有诸多差距和不足。主要是：协商民主广泛多层制度化发展还需进一步推进；政协界别优势和作用尚未得到充分体现；政协民主监督职能发挥还不够全面和深入；委员主体作用的发挥还需进一步强化，部分政协委员的参政议政能力还需进一步提高。这些都需要新一届政协在今后的工作中认真研究，切实加以改进。

主要工作体会

回顾和总结九届区政协五年来的工作，我们深切体会到，推动人民政协事业持续发展，必须准确把握人民政协的地位和作用，准确把握时代脉搏，准确把握岚山实际，努力在实践中探索，在探索中开拓，在开拓中奋进。五年来的探索和实践，我们收获了诸多经验体会，主要有：

——只有始终坚持中国共产党的领导，政协作用才能有效发挥。我们坚定不移地贯彻党的基本理论、基本路线、基本纲领、基本经验，坚定不移地贯彻执行中央和省、市、区委关于加强政协工作的方针政策，始终坚持在区委的正确领导下开展工作，主动请示报告重大事项、重要工作。区委把政协工作纳入全局工作，统一研究部署，确保政协政治有地位、建言有机会、出力有舞台、工作有作为。实践证明，只有始终坚持中国共产党的领导，做到与党委心往一处想、劲往一处使，政协事业才能沿着正确的政治方向前进，政协作用才能得到有效发挥。

——只有把协商民主贯穿政协履职全过程，政协特点才能充分体现。我们深刻理解和把握人民政协作为协商民主重要渠道和专门协商机构的作用，进一步增强责任感、使命感，明确履职方向，改进履职方式，认真制定年度协商计划，精心组织协商议政活动，努力营造既畅所欲言、各抒己见，又理性有度、合法依章的良好协商氛围，使政协协商民主过程真正成为发扬民主、集思广益的过程，成为统一思想、凝聚共识的过程，成为促进科学决策、民主决策的过程。实践证明，只有在政协履职全过程、各环节中充分体现协商民主，不断提高协商民主的水平和实效，才能更好地彰显政协的独特优势和不可替代的作用。

——只有将政协工作融入岚山发展事业当中，政协发展才有广阔空间。我们牢固树立大局意识，充分发挥自身优势，把履职重点放在事关我区长远发展战略性问题的思考谋划上，放在发展升级重点工作的协同推进上，放在生态保护绿色发展的举措研究上，努力当好区委、区政府的参谋助手，成为岚山发展的“助推器”。实践证明，只有紧紧围绕区委、区政府工作大局，切实做到党政工作推进到哪里，政协工作就跟进到哪里，力量就汇聚到哪里，才能参政参到点子上，议政议到关键处，才能真正做到有为更有位。

——只有注重维护和促进社会公平正义，政协工作才能接地气有作为。我们始终秉持履职为民理念，紧紧围绕教育、就业、收入分配、社会保障、医疗卫生等涉及群众切身利益的问题，深入调查研究，积极建言献策；建立完善政协组织、政协委员和界别联系群众的工作机制，竭诚为基层发展和弱势群体做好事、解难事、办实事。实践证明，只有不断增强宗旨意识，主动将政协工作触角向基层群众延伸，努力为保障和改善民生、促进社会公平正义履职尽责，切实做到人民政协为人民，政协工作才能更加出彩、赢得群众更多点赞。

——只有坚持以改革创新精神推动工作实践，政协事业才能永葆生机和活力。我们不断加强政协履职“三化”建设，认真探索履行职能的新方式，积极开辟发挥作用的新途径。通过创新会议组织方式，扩大协商议政的影响力；通过创新提案办理方式，提高提办双方的积极性；通过创新调研视察方式，增强议政建言的针对性和可操作性。实践证明，只有牢牢把握时代脉搏，始终保持蓬勃朝气，总结新鲜经验，探索发展规律，推进改革创新，才能为政协事业发展源源不断注入动力、增加活力。

对十届区政协工作的建议

今后五年，是岚山区争当县域经济发展排头兵、全面建成小康社会的决胜阶段，是科学赶超、跨越发展的关键时期，也是人民政协事业创新发展的重要时期。刚刚闭幕的区第十四次党代会，明确了今后五年全区工作的指导思想和奋斗目标。新一届区政协肩负着时代赋予的光荣使命，务必不忘初心，砥砺前行，深入贯彻以习近平同志为核心的党中央治国理政新理念、新思想、新战略，全面落实区第十四次党代会各项决策部署，按照中央和省、市、区委有关加强人民政协工作的精神要求，坚决维护核心、紧紧围绕中心、广泛凝聚民心，把推动科学发展作为第一要务，把促进社会和谐作为重要责任，认真履行政治协商、民主监督、参政议政职能，充分发挥人民政协的协商民主重要渠道作用，努力开创人民政协事业发展新篇章。建议十届区政协重点做好以下工作。

一是把握新要求，保持正确的政治方向。要始终把坚持和发展中国特色社会主义作为巩固共同思想政治基础的主轴。全面落实党的路线、方针、政策和各项决策部署，深入贯彻习近平总书记系列重要讲话精神，认真落实中共十八大以来中央对政协工作的一系列新要求新部署，牢牢把握正确的政治方向，保持坚定的政治定力，增强政治思想共识，切实把“懂政协、会协商、善议政”的要求贯穿于政协履职全过程。在思想上、政治上、行动上同以习近平为核心的党中央保持高度一致，做到与区委区政府同频共振、同轴共转，确保人民政协事业沿着正确的政治方向继续前进。

二是适应新常态，促进经济持续健康发展。要把服务科学发展作为履行职能的第一要务，按照“五位一体”总体部署和“四个全面”战略布局，牢固树立五大发展理念，积极开展协商建言活动，精准发力、躬身实践、助推发展。要围绕区第十四次党代会提出的“加快建设美丽岚山、提前全面建成小康社会”总目标，聚焦“三招三引”工作、重大项目建设、环境治理“三个重点”，充分发挥政协优势，找准切入点和着力点，深入调研视察、广泛协商议政、积极投身参与，多建真言、多献良策、多出实力。把区政协今后五年重点工作与区“十三五”规划目标有机结合起来，召开专题议政会议，就事关全区的综合性、战略性、前瞻性问题，深入开展调研视察，为区委、区政府科学决策提供参考。积极推进多层次协商格局，引导社会各界和广大干部群众把思想统一到全区发展目标上来，把智慧和力量凝聚到服务全区发展战略上来，形成众志成城干事创业的强大合力。充分发挥经济界人士密集的优势，组织和引导委员企业积极参与项目建设，防范化解金融风险，争当排头兵，在助推经济发展上有新建树。

三是关注新热点，倾力助推民生改善。要始终坚持以人民群众利益为重，把关注民生、体察民情贯穿于履行职能的各个方面，多做联系群众、服务群众的工作。要顺应群众新期待，重点围绕脱贫攻坚、棚户区改造、基础教育、医疗卫生、社会保障、公共文化服务等民生问题，深入开展专题视察、专项协商、民主监督等活动。要积极推动政协工作向基层延伸，广泛开展政协委员下基层、进社区活动，把握群众关注的热点、难点问题，及时向党委、政府反映群众的诉求和愿望，着力推动解决群众最关心、最直接、最现实的利益问题，努力促进社会公平正义。引导政协委员积极承担社会责任，主动参与敬老扶贫、帮困济弱、捐资助学等社会公益事业，真心诚意地帮助困难群众反映和解决生产生活中的实际问题，努力促进社会和谐稳定。

四是开拓新局面，集聚和谐稳定正能量。要继续发挥人民政协作为最广泛爱国统一战线组织的大团结大联合功能，坚持正确处理一致性和多样性关系的方针，着眼于形成最大公约数、画出最大同心圆，努力为实现党和政府的奋斗目标，减少阻力、增加助力、形成合力。要进一步加强与各民主党派和无党派人士的合作共事，做到政治上重视，工作上支持，生活上关心。要加强专委会的基础作用，充分调动和发挥专委会工作的主动性和创造性。要切实重视、认真研究界别工作，在加强界别建设、突出界别优势、发挥界别作用等方面取得新突破。要加大对中央和省、市、区委重大决策部署的学习宣传和贯彻落实力度，使党的主张成为参加人民政协各党派团体、各界人士的广泛共识和共同意志，成为全区广大群众的自觉行动，努力开创全区上下和衷共济谋发展、齐心协力促改革的良好政治局面。

五是打造新形象，提升履职尽责水平。要深入贯彻落实中央和省、市、区委关于进一步加强人民政协工作、充分发挥政协协商民主重要作用的会议和文件精神，大力加强政协履职能力建设，增强协商民主实效。切实加强委员学习培训和履职管理，不断提升委员的政治把握能力、调查研究能力、联系群众能力与合作共事能力，切实发挥在本职工作中的带头作用、政协工作中的主体作用和界别群众中的代表作用。要健全政协机关目标管理、责任落实、监督考核体系，激发机关干部干事创业的热情，提高政协工作科学化水平。切实加强政协机关干部队伍建设，精心培育优良作风，严格落实中央八项规定精神，不断提高服务水平，努力建设一支廉洁、务实、高效的政协干部队伍，进一步树立政协良好形象。

各位委员、同志们，扬帆起航正当时，砥砺奋进又一春。回顾过去，我们为九届区政协的工作感到欣慰和自豪；展望未来，我们对人民政协事业的发展充满信心和期待。立足新起点，展现新作为，作出新贡献，是时代赋予十届区政协常委会的崇高使命、光荣职责。让我们紧密团结在以习近平为核心的党中央周围，在中共日照市岚山区委的坚强领导下，以更加昂扬的精神状态、更加扎实的工作作风、更加优异的履职成绩，不断开创人民政协事业新局面，为加快建设美丽岚山、提前全面建成小康社会而努力奋斗！

岚山年鉴 LANSHAN NIANJIAN 2017

大事记

DASHIJI

嵐山年鑑

1 月

3日　市委书记、市人大常委会主任杨军到日照钢铁精品基地配套矿石码头工程现场调研港口建设，市委常委、秘书长高杰，区委书记、区人大常委会主任、岚山经济开发区工委书记盖卫星，区委副书记、区长、岚山经济开发区管委会主任张桂伟，区委常委、办公室主任、宣传部部长秦玉新陪同。

3日　省委常委、省军区政委吕民松到区人武部检查指导工作，市委书记、市人大常委会主任杨军，市委常委、秘书长高杰，日照军分区司令员张泉，市委常委、军分区政委魏福旺，区委书记、区人大常委会主任、岚山经济开发区工委书记盖卫星，区委副书记、区长、岚山经济开发区管委会主任张桂伟，区委常委、办公室主任、宣传部部长秦玉新，区委常委、人武部政委刘玉松陪同。

9日　岚山区化工园区村庄搬迁安置工程开工仪式在搬迁安置区施工现场举行，区委副书记、区长、岚山经济开发区管委会主任张桂伟出席并致辞，兴业集团董事长、市政协常委、市工商联副主席丁杰，区委常委、政法委书记成磊，区委常委、副区长张文宣，区人大常委会党组副书记张道利，区人大常委会副主任刘维华、迟令堂，岚山经济开发区管委会副主任乔永前，岚山经济开发区管委会副主任、安东卫街道党委书记牟敦谊，区政协副主席张永祥、慕德东出席。

10—12日　区政协第九届日照市岚山区委员会第五次会议在鲁圣大厦召开，会议听取并审议政协第九届日照市岚山区委员会常务委员会工作报告、政协第九届日照市岚山区委员会常务委员会提案工作报告；列席第十七届人民代表大会第五次会议，听取并讨论《区政府工作报告》；听取日照市岚山区人民法院工作报告、日照市岚山区人民检察院工作报告，审议通过区政协九届五次会议决议等。

10—12日　区第十七届人民代表大会第五次会议在鲁圣大厦召开，会议听取并审议日照市岚山区人民政府工作报告；审查、批准日照市岚山区国民经济和社会发展第十三个五年规划纲要、日照市岚山区2015年国民经济和社会发展计划执行情况的报告与2016年计划；审查日照市岚山区2015年预算执行情况的报告和2016年预算草案，批准日照市岚山区2015年区级预算执行情况的报告和2016年区级预算；听取并审议日照市岚山区人民代表大会常务委员会工作报告、日照市岚山区人民法院工作报告、日照市岚山区人民检察院工作报告。

20日　在区级机关综合办公楼301会议室召开区委常委“三严三实”专题民主生活会，市委书记、市人大常委会主任杨军出席会议并讲话，市纪委常务副书记唐仕泉，市委组织部副部长、组织员办公室主任张茂彦出席会议，区委书记、区人大常委会主任、岚山经济开发区工委书记盖卫星代表班子作对照检查，带头开展自我批评，区委常委出席会议，区人大常委会第一副主任、区政协主席列席会议。

27日　全省石油化工灭火救援实战拉动演练在岚山区中国石化管道储运有限公司日照油库举行，共调集省消防总队机关、青岛、潍坊、淄博、济宁、日照等消防力量，110余部消防车辆，500余名官兵参加，全区22个部门单位参与演练。省公安消防总队总队长张明灿现场指导并讲评，副市长、市公安局局长丛培浩，区政府特邀咨询王纪军陪同。

28日　市文明办副主任、市人口目标管理责任制党政线考核组组长生安政带队到岚山进行全市人口目标管理责任制党政线考核，区委书记、区人大常委会主任、岚山经济开发区工委书记盖卫星，区委常委、副区长张文宣，区人大常委会副主任刘维华，区政协党组副书记焦志昌陪同。

29日　市委常委、日照军分区政委魏福旺到黄墩镇陈家官庄村、南塔岭村、张家蒲汪村、上双疃村走访慰问老党员和困难群众，区委常委、人武部政委刘玉松，区政府特邀咨询王纪军陪同。

2月

3日　全区扶贫开发工作会议在区级机关综合办公楼礼堂召开，会议深入贯彻落实中共十八届五中全会和中央、全省、全市扶贫开发工作会议精神，分析形势、部署任务、落实责任，动员全区上下迅速行动起来，以坚定的决心、精准的措施、有力的保障，坚决打赢脱贫攻坚战。区委书记、区人大常委会主任、岚山经济开发区工委书记盖卫星出席会议并讲话，区委副书记、区长、岚山经济开发区管委会主任张桂伟主持会议并讲话，各乡镇街道签订《脱贫攻坚责任书》，区委常委，区人大常委会副主任、党组副书记，区政府副区长、特邀咨询，岚山经济开发区管委会副主任，区政协主席、党组副书记、副主席出席会议。

16日　在区级机关综合办公楼301会议室举行岚山区人民政府与日照市水务集团战略合作协议签约仪式，在供水、排水、水处理、环保产业及相关领域建立了长期、全面的战略合作关系。日照市水务集团董事长、党委书记韩立明出席并致辞，区委书记、区人大常委会主任、岚山经济开发区工委书记盖卫星，区委副书记、区长、岚山经济开发区管委会主任张桂伟，区委常委、常务副区长申淑清，区委常委、办公室主任、宣传部部长秦玉新，区委常委、副区长张文宣，副区长韩通出席。

24日　省环保厅巡视员仪垂杰到日照钢

铁精品基地、日照钢铁控股集团有限公司、日照岚桥港口石化有限公司现场督导环保违规建设项目和清理整顿有关环评工作，副市长陈刚，区委副书记、区长、岚山经济开发区管委会主任张桂伟，区委常委、副区长张文宣陪同。

25日 中共日照市岚山区纪委十三届七次全体会议在区纪机关综合办公楼礼堂召开，会议学习贯彻十八届中纪委六次全会、省纪委十届七次全会、市纪委十二届六次全会精神，回顾总结2015年全区党风廉政建设和反腐败工作，研究部署2016年工作任务。区委书记、区人大常委会主任、岚山经济开发区工委书记盖卫星出席会议并讲话，区委副书记、区长、岚山经济开发区管委会主任张桂伟主持会议，区委常委、纪委书记齐福禄作工作报告，各乡镇街道、部分部门单位签订党风廉政建设责任书。

3月

3日 省文明办专职副主任王少杰到碑廓镇甫田小学、宋家庄村、甫田社区、大河口村、石家庄村、大湖村、垃圾中转站，区综合文化服务中心、娇顶山全民健身广场对乡村文明行动进行专题调研，区委书记、区人大常委会主任、岚山经济开发区工委书记盖卫星，区委常委、办公室主任、宣传部部长秦玉新陪同。

13日 市委副书记、市长刘星泰到日照宝华新材料有限公司调研，区委书记、区人大常委会主任、岚山经济开发区工委书记盖卫星，区委副书记、区长、岚山经济开发区管委会主任张桂伟，区委常委、办公室主任、宣传部部长秦玉新陪同。

14日 省海洋与渔业厅副厅长王伟杰到多岛海湿地公园、星河湾休闲渔港、虎山镇西潘渔港、岚山阳光海洋牧场、万泽丰海洋牧场督导检查海洋与渔业工作，区委书记、区人大常委会主任、岚山经济开发区工委书记盖卫星，区委副书记、区长、岚山经济开发区管委会主任张桂伟，副区长韩通陪同。

16日 市委副书记、市长刘星泰到高兴镇视察青赵线改扩建工程建设情况，市委常委、副市长刘兆亮，区委书记、区人大常委会主任、岚山经济开发区工委书记盖卫星，区委副书记、区长、岚山经济开发区管委会主任张桂伟，副区长刘兆新陪同。

17日 市人大常委会副主任郑玉霞到高兴镇茶仙子风景区、巨峰镇淞晨茶文化园、岚山阳光海洋牧场、新天地影城、区综合文化服务中心对文化产业发展情况进行专题调研，区委书记、区人大常委会主任、岚山经济开发区工委书记盖卫星，区人大常委会第一副主任卢祥松，区人大常委会副主任刘维华，副区长张锋陪同。

23日 副市长马先侠到黄墩镇滩井流域综合治理片区、巴山流域综合治理片区调研林水会战工作，区委书记、区人大常委会主任、岚山经济开发区工委书记盖卫星陪同。

25日 市委书记、市人大常委会主任杨军到海上养殖区、一级渔港对海洋与渔业发展情况进行督导检查，市委常委、秘书长高杰，区委书记、区人大常委会主任、岚山经济开发区工委书记盖卫星，区委常委、办公室主任、宣传部部长秦玉新陪同。

28日　市人大常委会第一副主任解世增到碑廓镇大朱曹一村区级人大代表小组、日照永兴食品有限公司市人大代表第一小组、岚山头街道人大工委办公室进行工作调研，区委书记、区人大常委会主任、岚山经济开发区工委书记盖卫星，区人大常委会第一副主任卢祥松，区人大常委会副主任杨宝友、范彩英、刘维华、迟令堂陪同。

29日　全市林水会战现场推进会议与会领导到613省道岚山段绿化工程建设现场、黄墩镇潍井流域综合治理片区、巴山流域综合治理片区、222省道岚山段绿化工程建设现场、巨峰镇巨峰河生态治理工程现场观摩，市委副书记、市长刘星泰，市委副书记、统战部部长孟庆斌，市人大常委会副主任郑玉霞，副市长马先侠，市政协副主席许传东等市领导出席，区委书记、区人大常委会主任、岚山经济开发区工委书记盖卫星陪同，区委副书记、区长、岚山经济开发区管委会主任张桂伟，副区长韩通参加。

4月

7日　副市长郇梅到区人民医院，高兴镇卫生院、夏陆沟村卫生室检查医改工作，区委书记、区人大常委会主任、岚山经济开发区工委书记盖卫星，区委副书记、区长、岚山经济开发区管委会主任张桂伟，区委常委、办公室主任、宣传部部长秦玉新，岚山经济开发区管委会副主任、安东卫街道党委书记牟敦谊陪同。

8日　岚山区（京津冀）临港产业推介会在北京举行，120余家京津冀地区重点知名企业集团参加了推介活动。副市长郇梅出席会议并讲话，区委书记、区人大常委会主任、岚山经济开发区工委书记盖卫星致辞，区委常委、常务副区长申淑清作招商推介，区委常委、办公室主任、宣传部部长秦玉新主持会议。

12日　市委书记、市人大常委会主任杨军到巨峰镇张家沟村、小坡村、巨峰河一期改造工程现场、山东润通橡胶有限公司调研精准扶贫工作，区委书记、区人大常委会主任、岚山经济开发区工委书记盖卫星陪同。

12日　副市长杨留星到磴山调研旅游工作，区委书记、区人大常委会主任、岚山经济开发区工委书记盖卫星，区政府特邀咨询王纪军陪同。

13—16日　澳大利亚西澳洲卡拉萨市市长彼得·龙先生带领考察团一行来岚考察洽谈工作，区委书记、区人大常委会主任、岚山经济开发区工委书记盖卫星，区委副书记、区长、岚山经济开发区管委会主任张桂伟，区委常委、常务副区长申淑清，副区长韩通陪同。

14—16日　全区旅游发展大会在区级机关综合办公楼礼堂召开，全面落实市委市政府“旅游富市”战略要求，安排部署全区旅游业发展工作。区委书记、区人大常委会主任、岚山经济开发区工委书记盖卫星主持会议并讲话，区委副书记、区长、岚山经济开发区管委会主任张桂伟出席会议并讲话。

5月

5日　华联世纪生物能源（前海）有限公司董事长罗卫城到日照岚桥港务有限公司、化工产业园区考察高浓度有机污水转换生物基醇燃料项目，区委书记、区人大常委会主任、岚山经济开发区工委书记盖卫星，区委副书记、岚山经济开发区管委会常务副主任、区委统战部部长李仲强，区委常委、常务副区长申淑清陪同。

10日　市委常委、秘书长、宣传部部长高杰到区综合文化服务中心、日照岚桥港务有限公司、日照顺风阳光海洋牧场、日照钢铁精品基地、日照钢铁控股集团有限公司ESP项目、日照宝华新材料有限公司现场查看有关项目，区委书记、区人大常委会主任、岚山经济开发区工委书记盖卫星，区委副书记、岚山经济开发区管委会常务副主任、区委统战部部长李仲强，区委常委、办公室主任、宣传部部长秦玉新陪同。

10日　省农业厅副厅长庄文忠到巨峰镇百里绿茶长廊、日照冠清茶业科技有限公司、日照御园春茶业有限公司、日照淞晨茶业工贸有限公司、日照浏园生态农业有限公司调研指导特色农业产业发展工作，区委书记、区人大常委会主任、岚山经济开发区工委书记盖卫星，副区长韩通陪同。

11日　市委书记、市人大常委会主任杨军到日照岚桥港务有限公司、日照顺风阳光海洋牧场调研重点工程项目、创新创业项目，市委常委、秘书长、宣传部部长高杰，区委书记、区人大常委会主任、岚山经济开发区工委书记盖卫星，区委副书记、岚山经济开发区管委会常务副主任、区委统战部部长李仲强，区委常委、办公室主任、宣传部部长秦玉新陪同。

12日　省委书记、省人大常委会主任姜异康到日照岚桥港务有限公司、日照顺风阳光海洋牧场调研重点工程项目、创新创业项目，省委常委、秘书长于晓明，省发改委主任王忠林，省科技厅厅长刘为民，省商务厅厅长佘春明，市委书记、市人大常委会主任杨军，市委副书记、市长刘星泰，市委副书记、统战部部长孟庆斌，市委常委、秘书长、宣传部部长高杰，市委常委、副市长刘兆亮，副市长马先侠，市政府秘书长李崇禧，区委书记、区人大常委会主任、岚山经济开发区工委书记盖卫星，区委副书记、区长、岚山经济开发区管委会主任张桂伟，区委副书记、岚山经济开发区管委会常务副主任、区委统战部部长李仲强，区委常委、办公室主任、宣传部部长秦玉新陪同。

17日　全国人大常委会委员、财经委副主任委员乌日图带领全国人大财经委员会调研组到日照钢铁控股集团有限公司ESP项目开展安全生产法执法检查前期调研，国家安全监管总局副局长李兆前，省人大常委会委员、财经委副主任王同生，市委书记、市人大常委会主任杨军，市委常委、秘书长、宣传部部长高杰，市人大常委会副主任梁云爱，副市长杨留星，区委书记、区人大常委会主任、岚山经济开发区工委书记盖卫星，区委副书记、区长、岚山经济开发区管委会主任张桂伟，区人大常委会第一副主任卢祥松，副区长乔永前陪同。

24日　省委高校工委副书记黄琦带领省委统战工作领导小组到安东卫街道党委、碑廓镇辛兴社区、岚山区中小企业公共服务中心调研检查中央、省委关于统一战线系列重大决策部署落实情况，市委副书记、统战部部长孟庆斌，区委副书记、区长、岚山经济开发区管委会主任张桂伟，区委副书记、岚山经济开发区管委会常务副主任、区委统战部部长李仲强，区委常委、办公室主任、宣传部部长秦玉新，区政协党组副书记、副主席张永祥陪同。

24日　副省长赵润田到虎山镇西潘渔港、日照顺风阳光海洋牧场、日照天泽冷链物流股份有限公司视察海洋牧场、渔港经济区建设及休闲渔业发展情况，省政府办公厅党组成员、省政府应急办主任张积军，省海洋与渔业厅厅长王守信，市委副书记、市长刘星泰，市委副书记、统战部部长孟庆斌，副市长马先侠，区委副书记、区长、岚山经济开发区管委会主任张桂伟，区委常委、办公室主任、宣传部部长秦玉新，副区长韩通陪同。

6月

7日　市委副书记、统战部部长孟庆斌到区供销联社高兴镇为民服务中心，碑廓镇西秋齐园村、区粮食储备库调研“三夏”生产工作，区委书记、区人大常委会主任、岚山经济开发区工委书记盖卫星，区委副书记、岚山经济开发区管委会常务副主任、区委统战部部长李仲强，区委常委、办公室主任、宣传部部长秦玉新陪同。

14日　市委、市政府县域经济发展岚山区现场办公会议在鲁圣大厦三楼中会议室召开，会议落实聚力突破县域经济决策部署，现场帮助研究发展路子，解决实际问题。市委副书记、市长刘星泰出席会议并讲话，市委副书记、统战部部长孟庆斌主持会议，市委常委、常务副市长王斌，市委常委、副市长刘兆亮，副市长杨留星、郇梅、马先侠，副市长、市公安局局长丛培浩出席会议，区委书记、区人大常委会主任、岚山经济开发区工委书记盖卫星代表区委、区政府汇报全区县域经济发展情况，市领导及市有关部门负责人分别作了发言，为岚山区发展把脉支招，出谋划策。

16日　省委常委、常务副省长孙伟到日照钢铁精品基地建设现场、日照钢铁控股集团有限公司ESP项目、岚山头街道刘家海屋村、岚山渔港调研渔船管理和重点项目建设情况，市委书记、市人大常委会主任杨军，市委副书记、市长刘星泰，市委常委、秘书长、宣传部部长高杰，副市长马先侠，区委书记、区人大常委会主任、岚山经济开发区工委书记盖卫星，区委副书记、区长、岚山经济开发区管委会主任张桂伟，区委常委、办公室主任、宣传部部长秦玉新，副区长韩通、乔永前陪同。

17日　省人大常委会副主任于建成到日照岚桥港务有限公司、日照钢铁控股集团有限公司进行立法调研，市委书记、市人大常委会主任杨军，市人大常委会第一副主任解世增，市委常委、秘书长、宣传部部长高杰，市人大常委会副主任、总工会主席王森勋，副市长、市公安局局长丛培浩，区委书记、区人大常委会主任、岚山经济开发区工委书记盖卫星，区委副书记、区长、岚山经济开发区管委会主任张桂伟，区人大常委会第一副主任卢祥松，区委常委、办公室主任、宣传部部长秦玉新陪同。

22日　全市脱贫攻坚调度推进会议与会领导到巨峰镇张家沟村、黄墩镇秦家滩井村现场观摩扶贫项目，市委副书记、市长刘星泰，市委副书记、统战部部长孟庆斌，市委常委、组织部部长邹斌芳，副市长马先侠出席会议，区委副书记、区长、岚山经济开发区管委会主任张桂伟，区委副书记、岚山经济开发区管委会常务副主任、区委统战部部长李仲强，副区长韩通参加会议，区委书记、区人大常委会主任、岚山经济开发区工委书记盖卫星，区委常委、办公室主任、宣传部部长秦玉新陪同。

23—24日　举办日照市岚山区日照钢铁精品基地配套产业园区招商推介会。23日晚，在鲁圣大厦举行见面会和招待晚宴，区委书记、区人大常委会主任、岚山经济开发区工委书记盖卫星致辞，区委副书记、岚山经济开发区管委会常务副主任、区委统战部部长李仲强主持。区委书记、区人大常委会主任、岚山经济开发区工委书记盖卫星，区委副书记、区长、岚山经济开发区管委会主任张桂伟，区政协主席牟善海，区人大常委会第一副主任卢祥松，区委副书记、岚山经济开发区管委会常务副主任、区委统战部部长李仲强，区委常委、常务副区长申淑清，区委常委、办公室主任、宣传部部长秦玉新，副区长张锋、韩通、乔永前陪同参加有关活动。

28日　省委督查室副主任于进水实地督查岚山区贯彻落实中央八项规定精神情况，区委书记、区人大常委会主任、岚山经济开发区工委书记盖卫星，区委副书记、岚山经济开发区管委会常务副主任、区委统战部部长李仲强，区委常委、办公室主任、宣传部部长秦玉新，区委常委、纪委书记齐福禄陪同。

29日　省委常委、政法委书记张江汀到区人民检察院、区人民法院安岚法庭调研政法队伍建设和政法综治工作，并在安东卫街道西街社区为基层党员上党课，市委书记、市人大常委会主任杨军，市委常委、政法委书记刘西良，市委常委、秘书长、宣传部部长高杰，副市长、市公安局局长丛培浩，区委书记、区人大常委会主任、岚山经济开发区工委书记盖卫星，区委副书记、区长、岚山经济开发区管委会主任张桂伟，区委副书记、岚山经济开发区管委会常务副主任、区委统战部部长李仲强，区委常委、组织部部长王聪儒，区委常委、办公室主任、宣传部部长秦玉新陪同。

7月

7日　全市科学发展现场观摩推进会议与会领导到中澳（日照）产业园起步区、山东丰航高分子聚合纤维项目、山东嘉内特新材料项目、山东润盛环保科技项目、日照钢铁精品基地1号高炉区、万泽丰海洋牧场-冷水团养殖项目、日照顺风阳光海洋牧场项目、日照广信精细化工园聚丙烯项目、岚山区科技孵化器电商创业园、化工园区村庄拆迁安置区观摩，市委书记、市人大常委会主任杨军，市委副书记、市长刘星泰，市政协主席刘加顺，市人大常委会第一副主任解世增，市委副书记、统战部部长孟庆斌等市领导出席会议，区委书记、区人大常委会主任、岚山经济开发区工委书记盖卫星，区委副书记、区长、岚山经济开发区管委会主任张桂伟，区委副书记、岚山经济开发区管委会常务副主任、区委统战部部长李仲强参加会议，区政协主席牟善海，区人大常委会第一副主任卢祥松，区委常委、常务副区长申淑清，区委常委、政法委书记成磊，区委常委、办公室主任、宣传部部长秦玉新，区委常委、副区长张文宣，副区长张锋、韩通、乔永前，岚山经济开发区管委会副主任牟敦谊陪同。

10日　莒县县委书记孟青带领党政考察团到日照钢铁精品基地1号高炉区、化工园区村庄拆迁安置区考察学习全市科学发展现场观摩推进会议观摩点，区委副书记、区长、岚山经济开发区管委会主任张桂伟，区人大常委会第一副主任卢祥松，区委副书记、岚山经济开发区管委会常务副主任、区委统战部部长李仲强，区委常委、常务副区长申淑清，区委常委、办公室主任、宣传部部长秦玉新，副区长乔永前陪同。

13日　五莲县委副书记袁利强带领党政考察团到中澳（日照）产业园起步区、万泽丰海洋牧场-冷水团养殖项目、日照顺风阳光海洋牧场考察学习全市科学发展现场观摩推进会议观摩点，区委副书记、岚山经济开发区管委会常务副主任、区委统战部部长李仲强，区委常委、办公室主任、宣传部部长秦玉新，区委常委（挂职）李国政陪同。

13日　省妇联主席邢善萍到碑廓镇大河口村、小滕家庄村调研基层妇女工作，市委副书记、统战部部长孟庆斌，区委书记、区人大常委会主任、岚山经济开发区工委书记盖卫星，区委副书记、区长、岚山经济开发区管委会主任张桂伟，区委副书记、岚山经济开发区管委会常务副主任、区委统战部部长李仲强，区委常委、办公室主任、宣传部部长秦玉新陪同。

14日　副省长王书坚到日照钢铁精品基地、日照宝华新材料有限公司、日照钢铁控股集团有限公司ESP项目调研重点项目建设情况，市委副书记、市长刘星泰，副市长杨留星，区委书记、区人大常委会主任、岚山经济开发区工委书记盖卫星，区委副书记、区长、岚山经济开发区管委会主任张桂伟，区委常委、办公室主任、宣传部部长秦玉新，副区长乔永前陪同。

16日　省台办主任张雪燕到日照岚桥港务有限公司视察港口建设发展情况，区委书记、区人大常委会主任、岚山经济开发区工委书记盖卫星，区委副书记、岚山经济开发区管委会常务副主任、区委统战部部长李仲强陪同。

28日　区委书记、区人大常委会主任、岚山经济开发区工委书记盖卫星带队到日照军分区、日照高炮团、12集团军机关进行走访慰问，区委副书记、区长、岚山经济开发区管委会主任张桂伟，区委副书记、岚山经济开发区管委会常务副主任、区委统战部部长李仲强，区委常委、办公室主任、宣传部部长秦玉新，区委常委、人武部政委刘玉松，区政府党组成员王纪军陪同。

30日　全区县域经济发展务虚会在鲁圣大厦三楼中会议室召开，区委书记、区人大常委会主任、岚山经济开发区工委书记盖卫星出席会议并讲话，区委副书记、区长、岚山经济开发区管委会主任张桂伟主持会议并点评全区科学发展现场观摩会情况，部分参会单位作交流发言。

8月

4日　市委书记、市人大常委会主任杨军到农商行、安东卫街道党委、辛庄子村调研党委履行党风廉政建设主体责任工作，市委常委、纪委书记范真，区委书记、区人大常委会主任、岚山经济开发区工委书记盖卫星，区委副书记、区长、岚山经济开发区管委会主任张桂伟，区委常委、办公室主任、宣传部部长秦玉新，区委常委、纪委书记齐福禄陪同。

5日　省国土资源厅副厅长刘鲁到中国华信能源有限公司项目，中澳（日照）产业园能源加工区、食品加工区，日照岚桥港务有限公司调研征地管理和部分重点项目用地服务保障工作，区委书记、区人大常委会主任、岚山经济开发区工委书记盖卫星，区委副书记、岚山经济开发区管委会常务副主任、区委统战部部长李仲强，区委常委、办公室主任、宣传部部长秦玉新，区委常委、副区长张文宣陪同。

10日　市委常委、秘书长、宣传部部长高杰到岚山冷链物流园区、万泽丰海洋牧场—冷水团养殖项目调研包联项目进展情况，区委书记、区人大常委会主任、岚山经济开发区工委书记盖卫星，区人大常委会第一副主任卢祥松，区委常委、办公室主任、宣传部部长秦玉新陪同。

12日　中国国际能源集团党委书记、董事局主席吴国迪到日照顺风阳光海洋牧场、岚山港务有限公司、日照钢铁控股集团有限公司、日照钢铁精品基地考察有关工作，区委书记、区人大常委会主任、岚山经济开发区工委书记盖卫星，区委副书记、区长、岚山经济开发区管委会主任张桂伟，区委常委、常务副区长申淑清，区委常委、办公室主任、宣传部部长秦玉新陪同。

16日　市政协主席刘加顺到轿顶山全民健身广场、岚山集中烧烤城、安东卫南街农贸市场、区综合文化服务中心、凤凰山群众体育公园、慈眉山全民健身广场、岚山港生活区督查创城突出问题集中整治工作，并在区级机关综合办公楼301会议室召开座谈会，听取岚山区创城突出问题集中整治工作情况汇报，区委书记、区人大常委会主任、岚山经济开发区工委书记盖卫星，区委副书记、区长、岚山经济开发区管委会主任张桂伟，区委副书记、岚山经济开发区管委会常务副主任、区委统战部部长李仲强，区委常委、办公室主任、宣传部部长秦玉新，区委常委、副区长张文宣陪同活动并参加会议。

17日　中国进出口银行副行长孙平到日照钢铁控股集团有限公司、日照岚桥港务有限公司参观考察，中国进出口银行山东省分行行长李忠元，市委副书记、市长刘星泰，市委常委、副市长刘兆亮，区委书记、区人大常委会主任、岚山经济开发区工委书记盖卫星，区委常委、常务副区长申淑清，区委常委、办公室主任、宣传部部长秦玉新，副区长刘兆新陪同。

18日　团中央基层组织建设部（筹）副部长尹燍到区实验中学、鲁圣集团调研基层共青团工作，区委书记、区人大常委会主任、岚山经济开发区工委书记盖卫星，区委副书记、岚山经济开发区管委会常务副主任、区委统战部部长李仲强，区委常委、组织部部长王聪儒陪同。

19日　副市长陈刚到虎山镇聚源商砼站、化工园区村庄拆迁安置区、日照三木冶金矿业有限公司热电厂、车庄产业园督导污染集中攻坚和环保部挂牌督办工作，并在区级机关综合办公楼301会议室召开督导会议，听取岚山区污染集中攻坚和环保部挂牌督办工作有关进展情况汇报。

24日　市政协副主席许传东督查贯彻落实市委政协工作会议精神有关情况，在区级机关综合办公楼301会议室召开座谈会，区委书记、区人大常委会主任、岚山经济开发区工委书记盖卫星，区政协党组副书记焦志昌汇报有关情况，区委副书记、岚山经济开发区管委会常务副主任、区委统战部部长李仲强主持会议，区委常委、组织部部长王聪儒参加会议。

25日　市委常委、常务副市长王斌到安东卫街道办事处、综合执法中心检查全省机构编制部门“两学一做”专题教育暨工作创新研讨会现场筹备情况，区委书记、区人大常委会主任、岚山经济开发区工委书记盖卫星，区委常委、常务副区长申淑清陪同。

29日　全省机构编制部门“两学一做”专题教育暨工作创新研讨会与会领导来岚到安东卫街道办事处、综合执法中心，日照钢铁控股集团有限公司ESP项目现场检查有关工作情况，省编办副主任刘书伟、孙书恒、王振乾、邵长才，省政府审改办主任李捷，济南市编办主任董建武，青岛市编办副主任王青海等全省17地市编办负责人参加，市委常委、常务副市长王斌，区委书记、区人大常委会主任、岚山经济开发区工委书记盖卫星，区委副书记、区长、岚山经济开发区管委会主任张桂伟，区委常委、常务副区长申淑清，区委常委、办公室主任、宣传部部长秦玉新陪同。

30日　省工商局党组书记、局长杨宜新到安东卫街道东街社区工商登记代办点、日照钢铁控股集团有限公司、安东卫街道工商所调研工作，副市长郇梅，区委书记、区人大常委会主任、岚山经济开发区工委书记盖卫星，区委副书记、区长、岚山经济开发区管委会主任张桂伟，区委常委、办公室主任、宣传部部长秦玉新，副区长乔永前陪同。

9月

9日　副市长杨留星到山东金石沥青股份有限公司、日照岚桥港务有限公司、日照港油品码头有限公司、调研化学工业区公共管廊建设和港口危化品企业安全生产工作，区委书记、区人大常委会主任、岚山经济开发区工委书记盖卫星，副区长乔永前，岚山经济开发区管委会副主任牟敦谊陪同。

12—13日　省环境监察总队主任科员李莉到日照三木冶金矿业有限公司热电厂、车庄水产加工小区、安东卫街道汾水大桥、潘庄村，碑廓镇二朱曹村、清泉林入境断面、辛庄子村木炭厂，日照市岚山云通有限公司、岚山港务有限公司现场核查绣针河沿岸挂牌督办问题整改情况，并在区级机关综合办公楼301会议室召开座谈会，听取区政府关于绣针河沿岸挂牌督办问题整改落实情况汇报，区委书记、区人大常委会主任、岚山经济开发区工委书记盖卫星，区委副书记、区长、岚山经济开发区管委会主任张桂伟，区委常委、办公室主任、宣传部部长秦玉新，区委常委、副区长张文宣参加会议。

21日　原日照县县委书记牟步善到虎山镇黄泥沟村、日照钢铁精品基地调研茶叶生产、道路建设工作，区委书记、区人大常委会主任、岚山经济开发区工委书记盖卫星，区委常委、组织部部长王聪儒，区委常委、办公室主任、宣传部部长秦玉新陪同。

23日　省供销社党组书记、理事会主任侯成君到高兴镇为农服务中心、巨峰镇为农服务中心、日照鲁宁电子商务有限公司调研供销联社有关工作，副市长马先侠，区委书记、区人大常委会主任、岚山经济开发区工委书记盖卫星，区委副书记、岚山经济开发区管委会常务副主任、区委统战部部长李仲强，区委常委、办公室主任、宣传部部长秦玉新，副区长乔永前陪同。

27日　全市信访工作基层基础建设观摩会议与会领导到碑廓镇综治信访维稳工作中心、安东卫街道人民来访接待中心、区人民法院信访工作中心、区信访联合接待大厅现场观摩，市委常委、政法委书记刘西良，市政府副市长、市公安局局长丛培浩等领导出席会议，区委常委、政法委书记成磊，区政府党组成员王纪军参加会议，区委书记、区人大常委会主任、岚山经济开发区工委书记盖卫星，区委常委、办公室主任、宣传部部长秦玉新陪同。

27日　市人大常委会党组书记、第一副主任解世增到日照钢铁控股集团有限公司对全市贯彻实施《中华人民共和国大气污染防治法》情况进行执法检查，市人大常委会副主任梁云爱、王森勋，副市长陈刚、郇梅，区委副书记、区长、岚山经济开发区管委会主任张桂伟，区人大常委会第一副主任卢祥松，区人大常委会副主任迟令堂陪同。

10月

6日　市委副书记、代市长齐家滨到日照市海洋工程学校、虎山镇官山社区、化工园区村庄拆迁安置区、日照顺风阳光海洋牧场调研有关工作，区委副书记、区长、岚山经济开发区管委会主任张桂伟，区委常委、副区长张文宣，岚山经济开发区管委会副主任牟敦谊陪同。

9日　中共日照市岚山区委十三届九次全体会议在区级机关综合办公楼礼堂召开，会议主要任务是贯彻落实市委、市政府“决战四季度、大干一百天”部署要求，审议通过《中共日照市岚山区委十三届九次全体会议公报（草案）》，动员全区上下进一步统一思想、提振精神，决战四季度、打好攻坚战，推动全区经济社会发展再上新台阶。区委常委会主持会议，区委书记、区人大常委会主任、岚山经济开发区工委书记盖卫星出席会议并讲话，区委副书记、区长、岚山经济开发区管委会主任张桂伟传达学习全市领导干部会议、市委常委“两学一做”学习教育集体研讨会议、市委常委会议精神。

10日　农业部渔业渔政局局长张显良到虎山镇西潘渔港、日照顺风阳光海洋牧场调研海洋牧场建设和休闲渔业发展情况，省海洋与渔业厅厅长王守信，副市长马先侠，区委副书记、区长、岚山经济开发区管委会主任张桂伟，副区长韩通陪同。

10日　山东边防总队总队长王永成（正师职）到安东卫边防派出所、岚山边防派出所、王家海屋边防派出所、韩家营子边防派出所视察边防海防工作，市委常委、纪委书记范真，副市长、市公安局局长丛培浩，区委书记、区人大常委会主任、岚山经济开发区工委书记盖卫星，区委常委、办公室主任、宣传部部长秦玉新，区政府党组成员王纪军陪同。

25日　山东省通用航空协会会长、青岛市政协原主席孙德汉到山东天波通用航空有限公司考察通用航空产业，区委书记、区人大常委会主任、岚山经济开发区工委书记盖卫星，区委常委、常务副区长申淑清，区委常委、办公室主任、宣传部部长秦玉新陪同。

27日　全市林水会战第二次现场推进会议与会领导到巨峰河治理二期工程现场、黄墩镇陈家沟水库涵养林带建设工程现场、中楼镇回龙山流域综合治理工程现场观摩林水会战工作，市委书记刘星泰，市委副书记、代市长齐家滨，市委副书记孟庆斌，市委常委、常务副市长王斌，市委常委、秘书长、宣传部部长高杰，副市长马先侠等市领导出席会议，区委书记、区人大常委会主任、岚山经济开发区工委书记盖卫星，区委常委、办公室主任、宣传部部长秦玉新陪同活动，区委副书记、区长、岚山经济开发区管委会主任张桂伟，区委副书记、岚山经济开发区管委会常务副主任、区委统战部部长李仲强，副区长韩通参加会议。

11月

4日　澳大利亚联邦北领地首席部长迈克尔·纲纳尔到中澳（日照）产业园起步区、日照天泽冷链物流股份有限公司、日照岚桥港务有限公司实地考察，市委副书记、代市长齐家滨，市委常委、副市长刘兆亮，区委书记、区人大常委会主任、岚山经济开发区工委书记盖卫星，区委常委、办公室主任、宣传部部长秦玉新陪同。

11日　在区综合文化服务中心举行2016中国“海钓盛典”暨日照市旅游推介会开幕式，农业部原副部长、中国休闲垂钓协会会长齐景发致辞，全国互联网金融工作委员会主任李贻良，副市长杨留星，区委副书记、区长、岚山经济开发区管委会主任张桂伟，区委常委、办公室主任、宣传部部长秦玉新，副区长张锋出席。

16日 省经信委党组书记、主任钱焕涛到日照钢铁控股集团有限公司、化工园区村庄拆迁安置区、虎山镇官山社区调研日钢生产经营情况以及新上生产线情况，市委常委、副市长刘兆亮，区委书记、区人大常委会主任、岚山经济开发区工委书记盖卫星，区委副书记、区长、岚山经济开发区管委会主任张桂伟，区委副书记、岚山经济开发区管委会常务副主任、区委统战部部长李仲强，区委常委、副区长张文宣，区委常委、办公室主任、宣传部部长秦玉新，副区长乔永前陪同。

17日 全市行业社会扶贫现场推进会议与会领导到黄墩镇张家蒲旺村，中楼镇实验学校、刘家峪村浔河峪家庭农场现场观摩，区委书记、区人大常委会主任、岚山经济开发区工委书记盖卫星，区委常委（挂职）李国政陪同，区委副书记、岚山经济开发区管委会常务副主任、区委统战部部长李仲强参加会议。

17日 环保部环监局稽查处副处长刘静到日照三木冶金矿业有限公司热电厂、车庄产业园现场核查绣针河沿岸山东、江苏两省交界区域环境污染问题挂牌督办事宜，并在鲁圣大厦三楼小会议室召开座谈会，听取人大代表、政协委员及群众代表意见，副市长陈刚，区委书记、区人大常委会主任、岚山经济开发区工委书记盖卫星，区委副书记、区长、岚山经济开发区管委会主任张桂伟，区委常委、副区长张文宣参加会议。

12月

2日 全区创建全国文明城市迎查测评暨环保突出问题攻坚、违法建设治理行动动员大会在区级机关综合办公楼礼堂召开，区委书记、区人大常委会主任、岚山经济开发区工委书记盖卫星主持会议并讲话，区委副书记、区长、岚山经济开发区管委会主任张桂伟出席会议并讲话，区委常委、办公室主任、宣传部部长秦玉新，区委常委、副区长张文宣，区人大常委会副主任刘维华，副区长张锋，区政协副主席韩建设出席会议。

3日 省“两学一做”学习教育督导组到安东卫街道辛庄子村、碑廓镇西辛兴村和巨峰镇张家沟村等党支部实地督导检查“两学一做”学习教育、基层党建工作任务落实等工作进展情况，区委书记、区人大常委会主任、岚山经济开发区工委书记盖卫星，区委常委、组织部部长王聪儒，区委常委、办公室主任、宣传部部长秦玉新陪同。

6日 市政协副主席许传东到岚山头街道甜园社区、安东卫街道南街农贸市场、碑廓镇、中楼镇现场考察督导创城工作，区委书记、区人大常委会主任、岚山经济开发区工委书记盖卫星，区委副书记、岚山经济开发区管委会常务副主任、区委统战部部长李仲强，区委常委、办公室主任、宣传部部长秦玉新陪同。

10日 全区领导干部会议在区级机关综合办公楼礼堂召开，宣布省委、市委对岚山区领导班子调整的决定，市委常委、组织部部长邹斌芳出席会议并讲话，盖卫星、来风华同志出席会议并分别讲话，区委常委，区人大常委会副主任、党组副书记，区政府党组成员、副区长，岚山经济开发区管委会副主任，区政协党组副书记、副主席出席会议。

18日　区委书记来风华主持召开十三届区委第137次常委扩大会议，宣布市委关于岚山区区长人选和有关常委同志人事任免决定，市委组织部副部长赵德玉出席会议并讲话，区委常委，区人大常委会第一副主任，区政府党组成员、副区长，岚山经济开发区管委会副主任，区政协党组副书记出席会议。

20日　中共日照市岚山区委十三届十次全体会议在区级机关综合办公楼礼堂召开，会议要求深入学习贯彻党的十八届六中全会精神，传达学习市委十二届八次全体会议精神，研究部署我区贯彻落实意见；审议通过《中共日照市岚山区委关于学习贯彻党的十八届六中全会精神的意见（草案）》《中国共产党日照市岚山区第十三届委员会第十次全体会议关于召开中国共产党日照市岚山区第十四次代表大会的决议（草案）》和《中国共产党日照市岚山区第一三届委员会第十次全体会议公报（草案）》。区委常委会主持会议，区委书记来风华出席会议并讲话，区委委员、候补委员出席会议，不是区委委员、候补委员的区人大常委会党组成员、副主任，区政府党组成员、副区长，区政协党组成员、副主席列席会议。

22日　中国石油和化学工业联合会组织专家组到日照岚桥港口石化有限公司对进口原油使用资质进行现场核查评估，区委书记来风华，区委副书记、代区长牟伟，岚山经济开发区管委会主任申淑清陪同。

28日　山东省水利工程专家委员会专家杜贞栋（正处级）到粮山口水库工程现场项目进行实地察看并对建议书进行评审，区委书记来风华，区政府党组成员王宗志陪同。

29日　副市长马先侯到巨峰镇王家沟流域万亩茶园治理工程现场、龙王河综合治理工程现场，中楼镇白公山流域林水综合治理工程现场、黄墩镇云雾山综合治理工程现场检查林水会战工程进展情况，区委书记来风华，区委副书记李仲强，区委常委、办公室主任成磊，区政府党组成员王宗志陪同。

区况概览

QUKUANG GAILAN

自然地理

【概况】 岚山区位于山东省东南部，日照市南端，北纬35°04′ 50″ ～35°29′ 00″，东经118°51′ 50″ ～119°23′ 30″。东临黄海，西邻临沂市莒南县，北接东港区，南靠江苏省赣榆县，与日本、韩国隔海相望，南北长约48千米，东西宽约43千米，总面积778平方千米。

境内拥有岚山港、岚山渔港两个国家一类对外开放口岸，形成以日照港岚山港区、岚北港区、岚桥港、童海港、钢铁港区为主体的港口集群，已建成5000吨级以上泊位29个，其中30万吨级泊位3个，年吞吐能力过亿吨、远期能力3亿吨，航线通达四海，已与80多个国家和地区通航。境内兖石铁路、坪岚铁路、沈海高速、204国道、341省道、342省道、222省道纵横交错；坪岚铁路西行并入日照—西安线，可直通荷兰鹿特丹港；瓦日铁路和青日连铁路、岚临高速公路将岚山与中西部内陆城市和南北沿海城市连为一线；岚山距日照机场车程半小时左右，北至日照市区42千米，西至莒南县城49千米，南至江苏省赣榆县城42千米，且均有高速公路相连；水路距日照港22千米，连云港45千米，青岛港81海里，烟台港209海里。海陆空交通发达、运输便利。

【地势地貌】 岚山地处鲁东南低山丘陵区，地势北高南低、西高东低，地形坡度介于0～40°，其中0～10°是主体地形坡度，占总调查面积的80%以上，其次为10～15°、15～30°，30°以上分布面积最少。岚山背山面海，最高点在中楼镇马亓山，海拔662.2米，最低处安东卫街道荻水村海拔不足1.5米。

境内自北而南有白公山、韩家山、浮棚山、马亓山、双山、甲子山、北垛山、南北山、老牛顶山、白云山、蹬山、圣公山、平山、黄豆山、阿掖山等近20多处山脉，除了磴山、南北山南北走向外，大多山脉呈东西走向。区内地貌类型由东向西依次为：海积平原区、冲积—海积平原、剥蚀—海蚀平原区、剥蚀平原区、微切割—强剥蚀丘陵区及中度切割低山、中度剥蚀低山区。

海积平原区：分布于岚山区东部滨海山前地带，面积约15平方千米，为流水搬运堆积形成，堆积物自山前至滨海，由薄变厚，一般厚5米～20米，地面海拔5米～20米。冲积-海积平原区：分布于虎山镇东、东南部一带，面积约25平方千米，为流水冲积、搬运堆积形成，堆积物西向东，由薄变厚，一般厚5米~20米，地面海拔20米~100米。剥蚀-海蚀平原区：分布于岚山区东南部地带，面积约103平方千米，为流水搬运堆积形成，堆积物自山前至滨海，由薄变厚，一般厚10米~30米，地面海拔10米~100米。侵蚀平原区：分布于岚山区中部碑廓镇和高兴镇，面积约70平方千米，为流水搬运堆积形成，堆积物西向东，由薄变厚，一般厚10米~40米，地面海拔50米~200米。微切割-强剥蚀丘陵区：约占全区65%，面积约500平方千米。主要分布于区内中部及西部，阿掖山也有部分分布。由强烈风化的变质岩、侵入岩组成，海拔200米~400米，地形连绵起伏，山势低缓，沟谷切割深度一般小于200米，上游呈“V”字型，下游呈“U”字型。中度剥蚀低山区：分布于中楼镇西南山区一带，面积约55平方千米，以低山为主，山顶平缓，为古老的剥蚀面，海拔200米~515米。中度切割低山区：分布于甲子山-北垛山一带，面积约20平方千米，以低山为主，山顶平缓，由于地处构造强烈活动区，地形切割强烈，切割深度200米~662米。

境内山地、丘陵、平原、洼地相间分布，山地集中分布在黄墩、中楼、巨峰等地，虎山、碑廓也有分布，一般海拔150米以上。山地植被比较茂密，是发展林果业、畜牧业的主要基地；丘陵主要分布于山区外围的中楼、巨峰、碑廓等地，丘陵地带的土壤砂性大，适耕性好，土层较薄，保水肥能力差，适宜发展防护林和经济林，是花生、茶叶、黄烟等作物的主要产地；平原多分布在高兴、碑廓、虎山等地，土层深厚，土质肥沃，是粮食和蔬菜主要产地。

【土壤类型】 有棕壤、潮土、水稻土、盐土和风沙土5个土类。棕壤面积最大，占土地总面积的82.43%，主要分布在低山丘陵和山前倾斜平地；潮土面积次之，占土地总面积的10.85%，主要分布在河流两岸和近海平地；水稻土占土地总面积的5.59%，主要分布在辖区西北部的高兴镇、巨峰镇等镇；盐土和风沙土仅占土地总面积的1.13%，主要分布在安东卫街道和虎山镇的沿海一带。

【气候】 岚山区地处我国沿海中段，属暖温带半湿润季风区大陆性气候，四季分明，夏季高温多雨，冬季寒冷少雨。因其濒临沿海，受海洋影响显著，相对同纬度其他内陆地区四季温差较小，因此夏冬季气温适中。冬无严寒，夏无酷暑，非常潮湿，台风登陆频繁。全区多年平均气温12.7℃，东部沿海12.2℃~13.2℃，北至西部低山丘陵12.1℃~12.9℃。最热月为8月，月平均气温25.8℃，历年极端最高气温38.3℃（1977年6月12日）。最冷月为1月，月平均气温-1℃，历年极端最低气温-14.5℃（1958年1月6日）。多年平均无霜期213天左右，多年平均日照时数2520小时，年平均相对湿度为72%。全年除夏季外，多为北风或偏北风，夏季盛行东南风，年平均风速3.4米/秒，最大风速20.0米/秒。水汽来源主要是西太平洋低纬度暖湿气团的侵入和台风、台风倒槽及东风波输送的大量水汽。全区多年平均降水量915.7毫米，主要集中于6—9月，占年降水总量的

73%，年最多降水量1426.2毫米（1964年）。岚山区平均降水量呈现由东南向西北逐渐减小的趋势，东南沿海一带年平均降水量达800毫米以上，向北逐渐减少至700毫米左右。

【水文】 区境内沟壑发育，河沟纵横。全市河流分属沭河水系和东南沿海水系，受地形影响，境内河流多属山溪性河流，源短流急，雨季洪水暴涨暴落，枯季水量小，甚至干涸。其中流域面积超过50平方千米的河流主要有5条，分别是：绣针河、巨峰河、浔河、龙王河、川子河。绣针河发源于临沂市莒南县，流经莒南县、日照市岚山区和江苏省赣榆县，至潘庄二村和西棘荡村之间沿苏鲁省界至荻水村南入黄海，流域面积412.0平方千米，河道干流长46千米，其中岚山区境内干流长23.0千米，流域面积157.3平方千米。巨峰河发源于巨峰水库上游的甲子山，横穿岚山区中北部和东港区南部，呈东西向，在东港区涛雒镇大刘庄村分流入海。流域面积262.7平方千米，干流长30.8千米，其中岚山区境内干流长22.0千米。浔河流经日照市岚山区和临沂市莒南县，流域面积535平方千米，干流长64千米，多年平均径流深298.7毫米。龙王河发源于本市境内的幽尔崮，于虎山镇韩家营子入海，流域面积77.7平方千米，干流长17千米，多年平均径流深287毫米。黄墩河源于甲子山北麓，在岚山境内蜿蜒25千米进入莒县境内。全区共建有大中小型水库80余座，其中：大型水库2座，分别为陡山水库和巨峰水库；中型水库10座，分别为下大峪水库、卜家村水库、南陈家沟水库、土山河水库、山西头水库、北张庄水库、宋家庄水库、车厢水库、四门口水库和后合村水库；其余70余座均为小型水库。

岚山区海岸位于黄海中部，岬湾相连，北起龙王河口，南到绣针河口，全长25千米，属于比较平直的基岩沙砾质海岸。海岸线上拥有岚山港、岚山渔港两个国家一类对外开放口岸。海域内有平岛、达山岛和车牛山岛组成的“前三岛”，面积0.346平方千米。

【矿产】 岚山区矿产资源以非金属矿产为主。截至年底，全区已发现矿产14种。主要分为三个大类，金属矿产4种：铁、铜、银和金；非金属矿产9种：花岗岩、蛇纹岩、橄榄岩、榴辉岩、石棉、脉石英、钾长石、建筑用砂、砖瓦用黏土；水气矿产1种：地下水。有各类矿山57个，其中生产矿山6个，关闭及废弃矿山51个。从业人员725人，产量574万吨，实现工业总产值2289万元。

按企业规模统计，大型企业5家，占矿山总数的8.77%；中型企业6家，占矿山总数的10.53%；小型企业46家，占矿山总数的80.70%。在生产矿山企业中，其中榴辉石矿1家，建筑用花岗岩6家；大型矿山1个，中型矿山6个。能源矿产煤、石油等和部分重要化工原料矿产磷、硫、钾盐等是岚山区短缺矿产，完全依靠外供；区内虽有有岩金、铁矿、地下水、熔剂用蛇纹岩等矿产，但保证程度较低。金属矿产中，岚山区铁矿石供需缺口约5800万吨，100%需要进口或从外省调入。

【矿产勘查开采】 岚山区饰面用花岗岩主要分布在碑廓镇。有饰面用花岗岩矿2处，累计查明矿石量598.1千立方米，均为关闭矿山。饰面用花岗岩在日照市属于优势矿产，岚山区可从邻近区县调入。建筑用花岗岩是岚山区最具市场竞争力的优势矿产，粗略估计可采资源量10亿立方米以上。截至2016年年底，建筑用花岗岩矿48处，其中关闭及废弃矿山42家，生产矿山6家，大型矿山1家，中型矿山5家。然而，“十三五”期间，随着岚山港、岚桥港、精品钢基地等一批重大项目、基础设施的建设，对花岗岩的需求量大增，在有规划的扩展产能的情况下，区内花岗岩能满足需求。岚山区建筑用花岗岩矿主要集中在岚山区解放村地区、岚山区黄泥沟地区，共有在产建筑用花岗岩矿5处。全区共有铁矿1处，为关闭矿山。日照钢铁和山东钢铁集团有限公司日照市钢铁精品基地坐落在岚山区，对于铁矿的开采、运输、加工都是巨大的区位优势。然而全区探明铁矿资源储量（矿石量）仅10.8万吨，唯一一个小型矿山处于关闭状态。“十二五”期间铁矿产量为零，同时，仅2016年全区铁矿需求量大约为5800万吨，100%需要从国外进口或其他省、市、县调入。共有榴辉岩1处，为一中型生产矿山，露天开采。有橄榄岩1处，为关闭矿山。有熔剂用蛇纹岩矿2处，均为关闭矿山。

建置区划

【概况】 岚山历史悠久，远古时期就有人类在此繁衍生息，创造了灿烂的文化。境内已发现多处旧石器遗址和大量新石器遗址，重要的有胡家林、虎山北岭旧石器遗址，尧王城、郑家结庄大汶口—龙山文化遗址，徐家村大汶口—龙山—周、汉文化遗址，六甲庄岳石文化遗址等，其他汉代至明清遗迹在全区也有大量分布。

夏商时，岚山属东夷，亦称人方。西周至战国前期属莒国。周景王二十二年（鲁昭公十九年，公元前523年），被齐国占领。鲁哀公二十二年（公元前473年），越王勾践灭吴，然后继续北上，徙都琅琊（在今胶南市），岚山归越。楚简王元年（公元前431年），楚北侵取莒，岚山属楚，后属齐。

秦始皇二十六年（公元前221年），秦统一中国，岚山属琅琊郡莒县。西汉时，岚山属徐州琅琊郡海曲县；东汉属西海县。三国魏时属青州城阳郡；西晋时并入徐州东莞郡；南北朝前期归北魏青州东莞郡。东魏武定七年（549年），岚山属南青州义塘郡归义县。

隋代属琅琊郡莒县，唐代随莒县属河南道密州（高密郡），五代沿袭之。北宋时属京东东路密州莒县。金大定二十四年（1184年）置日照县，岚山属山东东路莒州日照县（中楼镇属莒县）。元代属中书省山东益都路莒州日照县（中楼镇属莒县）。明初属山东布政使司青州府莒州。

明洪武十七年（1384年），信国公汤和奉命于沿海筑城防倭寇，设立安东卫，军事上隶属山东都指挥使司并青州海防道（军事建制），直接辖域北起梅园（现泉子庙东北一带）、南至王坊（现属江苏省赣榆县）、西至汾河（绣针河）、东至海，地属江苏淮安府。下辖左、右、中、前、后5所，附设28墩（烽火台）、18店、17铺，其城池、民社、学校、钱粮与州县同。1742年（清乾隆七年），安东卫并入日照县，岚山属沂州府日照县（中楼镇属莒县）。

民国2年（1913年）2月，岚山属胶东道日照县、岱南道莒县。1936年2月，岚山属山东省第三行政督察专员公署。

1940年3月16日，中共日照县抗日民主政府成立。1941年1月，岚山属莒、日（照）、临（沂）、赣（榆）四县联合办事处（后四县联合办事处改为滨海各县行政联合办事处）。1941年8月，属滨海专员公署。1942年5月，江苏省赣榆县的汾阳区（柘汪以北）划归日照县。1943年春，汾阳区与安岚区合并为汾岚区。1944年6月，属滨海区滨中行署（三行署）。1945年1月，芦山县建立，岚山境内的汾岚区、碑廓区归辖于芦山县。同年10月，芦山县撤销。1945年4月，属滨海行政公署第三行政专员公署（三专署）。1946年7月，属滨海行政专员公署。1948年8月，属鲁中南第六专署，次年7月改称滨海专署。

1950年5月，属沂水行政专员公署。1953年10月，汾岚区所辖的绣针河以南的村庄划归江苏省赣榆县。1956年5月，岚山改属临沂行政专员公署。1985年3月，岚山属县级日照市（中楼镇属莒县）。1989年6月，属地级日照市（中楼镇属莒县）。1992年12月，地级日照市设区带县，岚山属日照市东港区（中楼镇属莒县）。1993年5月29日，经省委、省政府批准，设立岚山办事处（处级），隶属于地级日照市。2004年9月，设立岚山区，属日照市。

【岚山办事处设立前区划】 金、元以前，岚山境内具体行政区划无史料可考。明洪武十七年（1384年），为防倭寇，设安东卫，直属山东都指挥使司并青州海防道，为独立军事单位，不受地方政府管辖。安东卫辖左、右、中、前、后5个千户所，后所称石臼寨（现石臼所）。在日照沿海设28墩，各墩分别有4名军（民）墩卒防守。后部分墩演化为村庄，墩卒后代成为当地居民。明代各县实行乡、隅、里（社）、甲制，现岚山域内村庄在明及清初属日照县和莒县，界牌岭以南属江南（现江苏）。清乾隆年间实行乡、社制，为方便钱粮征收，乡下分牌，每牌辖4～6个社。清代，现岚山域内村庄属日照南乡（原进贤乡）南上一牌的有3个社34个村：纪家庄社17个村，赵家庄社9个村，南山后社8个村；属日照南乡（原进贤乡）南上二牌的有4个社51个村：高兴社24个村，水车沟社8个村，潘庄社6个村，安东卫社13个村；属日照南乡（原进贤乡）南下一牌的有5个社55个村：柳家庄社7个村，辛兴社16个村，巨峰社9个村，邱后社10个村，吕家疃社13个村；属日照南乡（原进贤乡）南下二牌的有5个社42个村：碑廓社10个村，司官庄社9个村，和庄社7个村，袁家庄社8个村，土山社8个村。

民国元年（1912年），日照县划分为15个区，每区设议事会。现属岚山境内有安东卫区、碑廓区、黄墩区、巨峰区、皋陆区，部分村落属涛雒区。中楼镇属岱南道莒县二区。民国20年（1931年），日照县将15个区并为7个区，安东卫与碑廓属第四区，巨峰、黄墩为第六区，其余村落属第二区（夹仓、涛雒）、莒县二区、莒县九区。

1940年3月，日照县抗日民主政府以原区划为基础，建立7个区。同年，在旧区划的基础上，把碑廓划为第八区，安东卫为第四区，黄墩为第九区，巨峰为第六区。中楼镇当时称莒中县中楼区。1942年年初，日照抗日民主政府变更区划，先后新建立了虎山、高兴、大坡等区。1944年年初，日照县划为12个区，岚山境内有碑廓、汾岚（原安东卫区）、虎山、高兴、巨峰、大坡、黄墩七个区。1945年1月，为加强控制以柘汪（现江苏省赣榆县柘汪镇）为中心的沿海地区，中共滨海区党委、滨海专署决定在莒南、日照、江苏省赣榆县三县交界处设芦山县，将汾岚、碑廓两区划入芦山县。

1945年10月，滨海区党委撤销芦山县，汾岚、碑廓两区复归日照县。1945年7月，莒中县中楼区称莒县中楼区。1946年日照县又划为14个区，碑廓区、虎山区、汾岚区、高兴区、巨峰区、大坡区、黄墩区仍沿用原名。1947年6月，日照县又并为8个区1个镇72个乡，岚山境内村庄分别属涛雒、圣岚、巨峰、望海、芦山区。莒县中楼区仍沿用原名。

1948年4月，日照县又划为12个区1个镇，岚山境内村庄分属涛雒、安岚、碑廓、巨峰、望海、芦山区。莒县中楼区仍沿用原名。

1950年5月，日照县划为16个区1个镇，岚山域内村庄分别属于第七区（涛雒）、第八区（安岚）、第九区（碑廓）、第十区（巨峰）、第十一区（高兴）、第十二区（山河）、第十六区（黄墩）。1951年1月，莒县中楼区改称莒县第六区。1952年12月，日照县区划调整为16个区4个镇，新调整出第五区（大坡）、第七区（磴山）、第八区（安东卫），由原第八区（安岚）划出岚山镇。莒县第六区（中楼）仍沿用原名。1955年10月，莒县第六区改称莒县中楼区。1956年，个别区镇合并，岚山境内有92个乡。1958年春，撤区建乡、镇，岚山境内有虎山、安东卫、朱曹、碑廓、巨峰、大坡、高兴、马庄、黄墩、粮山、中楼、孙由12个乡和岚山镇。1958年秋，乡镇成立人民公社，实行“政社合一”。岚山境内村庄改称大队，分属磴山（下元）、庆丰（虎山）、海洋（安岚）、前进（碑廓朱曹）、英雄（碑廓）、卫星（巨峰）、红旗（高兴）、甲子山（黄墩）、跃进（马庄）、胜利（中楼）等人民公社。

1959年春，岚山境内人民公社改为下元、虎山、安岚、碑廓、巨峰、高兴、马庄、黄墩、中楼9处人民公社，公社下设管理区。1963年，人民公社改为区，原管理区改称人民公社，岚山域内有48处人民公社，其中东湖人民公社、结庄人民公社属涛雒区。1971年，撤区改建成人民公社，岚山境内有虎山、安岚、碑廓、巨峰、大坡、高兴、马庄、黄墩、中楼9处人民公社。原来的人民公社改称管理区，直属改建后的人民公社管辖。1981年春，安岚人民公社划分为岚山头人民公社和汾水人民公社。1984年4月，岚山头公社改为岚山头镇；1984年5月，中楼公社改为中楼乡和孙由乡；1984年6月，汾水、碑廓、虎山、巨峰、大坡、高兴、马庄、黄墩改称区。1985年3月，撤日照县设县级日照市，汾水、岚山头、碑廓、巨峰、黄墩5区改称镇，小后村、虎山、大坡、高兴称乡。1988年4月，撤岚山头镇，设立岚山头街道。1989年6月12日，县级日照市升格为地级市，今岚山域内有岚山头街道、汾水镇、碑廓镇、巨峰镇、黄墩镇、虎山乡、大坡乡、高兴乡、小后村乡。

【岚山办事处设立后区划】 1992年6月，日照市人民政府设岚山开发区；1993年7月，设中共日照市岚山工作委员会、日照市人民政府岚山办事处，辖岚山头街道、汾水镇、碑廓镇、虎山乡、前三岛乡5个乡镇街道，共166个行政村。2004年9月，经国务院批准设立日照市岚山区，辖岚山头街道、安东卫街道、虎山镇、碑廓镇、黄墩镇、后村镇、高兴镇、巨峰镇、前三岛乡9个乡镇（街道），共419个行政村（居委会）。2013年12月，新的区划调整后，共辖岚山头街道、安东卫街道、虎山镇、碑廓镇、黄墩镇、高兴镇、巨峰镇、中楼镇、前三岛乡9个乡镇（街道），共423个行政村（居委会）。2014年以来，推行农村社区建设，经区政府批准，碑廓镇、黄墩镇、中楼镇撤销原行政村村委会，成立社区村委会。共有269个村（居）委会。岚山头14个，安东卫33个，虎山镇53个，碑廓镇8个，黄墩镇9个，高兴镇46个，巨峰镇90个，中楼镇12个，前三岛4个。

人口民族与社会经济

【人口】 2016年年度总人口数432301人，比上年末增加0.25万人；总户数153091户，其中城镇人口201674人，农村人口230627人；男性220019人，女性212282人；0~17岁84594人，18~34岁91789人，35~59岁160733人，60岁以上95185人；出生10016人，死亡6275人。人口出生率23.23‰，人口死亡率14.59‰，人口自然增长率8.68‰。年末全区常住人口40.76万人，同比增加0.17万人。

【民族】 据公安户籍人口统计，全区有12个少数民族，共计98人。其中傈僳族5人，苗族14人，蒙古族16人，朝鲜族11人，壮族15人，满族9人，土家族8人，彝族11人，黎族1人，白族1人，回族2人，锡伯族5人。性别构成：男性12人，女性86人。主要分布：岚山头街道9人，安东卫街道2人，虎山镇27人，碑廓镇17人，黄墩镇9人，巨峰镇18人，后村镇6人，高兴镇8人，区直2人。学历构成：大学学历2人，高中2人，初中33人，小学61人。年龄构成：10岁以内18人，10~20岁4人，20~30岁21人，30~40岁32人，40~50岁20人，50~60岁1人，60~70岁1人，80岁以上1人。2012年7月，中楼镇划归岚山区，该镇有15个少数民族，共计68人。其中傈僳族5人，苗族14人，蒙古族10人，壮族1人，藏族1人，满族6人，土家族1人，彝族6人，白族1人，回族2人，维吾尔族2人，布依族2人，侗族2人，瑶族2人，哈尼族13人。

【经济和社会发展】 2016年，全年实现生产总值539.38亿元，比上年增长14.1%。其中，第一产业增加值41.49亿元，第二产业增加值316.68亿元，第三产业增加值181.21亿元。固定资产投资632.36亿元，地方一般公共预算收入30.81亿元，地方一般公共预算支出26.4亿元，社会消费品零售总额109.15亿元，进出口总额317.38亿元。城镇居民人均可支配收入30867元，农村居民人均纯收入14724元。

实现规模以上工业增加值200亿元、增长25%，固定资产投资630亿元、增长12%，外贸进出口总值315亿元、增长17.9%，主要经济指标领跑全市、部分指标领跑全省，跻身全国综合实力百强区第93位、投资潜力百强区第73位，在争当县域经济发展排头兵征程中迈出了坚实步伐。

政党·政务

ZHENGDANG ZHENGWU

中共岚山区委员会

一年来，岚山区委在以习近平同志为核心的党中央和省委、市委的坚强领导下，积极践行习近平新时代中国特色社会主义思想，深入学习贯彻党的十九大精神，认真落实省、市党代会精神，担当实干、创新进取，全区经济社会发展成绩卓越、亮点纷呈。

【进一步厘清了岚山发展的新路径】 新一届区委班子，在区第十四次党代会上确立了发挥港口交通和临港产业“两大优势”，突出“三招三引”工作、重大项目建设、环境治理“三个重点”，实现园区建设和城乡统筹发展“两大突破”，争当县域经济发展排头兵，加快建设美丽岚山，提前全面建成小康社会的总体发展思路，开启了岚山跨越发展的新篇章。党的十九大结束后，组织召开区委十四届二次全会，审议通过《关于深入学习宣传贯彻党的十九大精神的决议》，将区第十四次党代会提出的目标任务与党的十九大绘就的宏伟蓝图相衔接。获得了全国群众体育先进单位、省城乡交通运输一体化示范区等一系列“国字号”、“省字号”荣誉称号，城乡环卫一体化和移风易俗群众满意度电话调查测评全年综合成绩在全省各区县中位列“双第一”，各项工作赢得省、市领导的充分肯定和社会各界的一致好评，从一年的发展成绩看，区委的发展思路，完全符合党的十九大精神和省委、省政府，市委、市政府要求，符合岚山发展实际，顺应了全区人民的愿望。

【跑出了岚山发展的新速度】 面对经济发展新常态，不畏艰难、敢于担当，主动扛起了全市“双增双突破”目标任务三分之一的大旗。创新实施“6+16”分线运作机制，把全区重点工作按照6个产业园、16条工作线的模式进行推进，烧开了经济发展这壶“温吞水”，让岚山经济开始了“加速跑”，经过一年的奋力拼搏、不懈努力，全区经济实力快速赶超，主要经济指标领跑全市，部分指标领跑全省。实现地区生产总值539.38亿元、居全市第一，增长14.1%、增幅居全省第一；一般公共财政预算收入30.81亿元，增长38.8%、增幅居全省第一；规模以上工业总产值突破1000亿元，达1006.8亿元、居全市第一，增长52.4%、增幅居全市第一；规模以上工业增加值200.15亿元、居全市第一，增长26.5%、增幅居全省第二；固定资产投资632.36亿元、居全市第一，增长12.6%；进出口总值317.38亿元、居全市第一，增长18.8%。我区成功跻身全国投资潜力百强区、全国综合实力百强区，岚山经济开发区迈入省级经济开发区第一方阵。

【有效激发了经济发展新活力】 实施了重点项目48个，完成投资281亿元，临港工业、现代农业、特色服务业蓬勃发展，一批新的经济增长点加速显现，经济发展内生动力不断增强。一是重点项目建设加快推进。山钢日照钢铁精品基地完成投资121.9亿元，一期一步试车投产，一期二步全面开工，泰东环保、盈达气体等配套项目加速推进，钢铁产业集聚效应初步显现。中天能源与金石沥青强强联合、中海外重组石大科技，石化企业陆续恢复生产。千年舟定向结构刨花板项目投产，木材深加工产业的“龙头”已扬起。30万吨原油、矿石码头加快建设，鲁南高铁完成征地拆迁，青日连铁路开始铺轨，岚罗高速开工建设，港口集疏运体系不断完善。二是临港工业持续转型。加快推进工业转型和重点技改项目42个、完成投资211.2亿元，新增规上工业企业23家、高新企业5家，日钢第4条ESP生产线、岚桥油品质量升级等项目顺利推进。11个项目列入全省新旧动能转换重大项目库，日钢集团荣获“2017中国民营企业500强”第123位，黄海粮油入围省级两化融合管理体系贯标试点企业。三是现代农业提质增效。新发展特色农业1.5万亩，高效节水灌溉面积1.39万亩，被评为全省首批节水示范县。在全市率先成立区县级茶叶商会，实施茶产业质量安全提升工程，茶产业总产值17亿元，占全省茶产业总量的一半以上，获评全国首批茶叶标准化建设示范县、全国重点产茶县。加快培育“海上粮仓”，建成连片海洋牧场30万亩，新发展国家级海洋牧场2处，省级海洋牧场1处。四是特色服务业不断壮大。以旅游业为主的现代服务业加快发展，33个精品旅游项目完成投资18.95亿元，接待游客358万人次，岚山味道成功登上中央电视台《味道》栏目，日照浔河家庭农场被评为山东省休闲农业和乡村旅游示范园区，顺风阳光海洋牧场获“全国精品休闲渔业示范基地”称号，官草汪村获“全国最美渔村”称号。大力发展港口物流业，实现规模以上交通运输物流业营业总收入33.1亿元，完成港口货物吞吐量1.74亿吨，增长12.7%，创历史新高。电商产业加快发展，成功争创省级电子商务示范区。

【在攻坚克难上取得了新突破】 面对改革发展中存在的一系列困难，全区各级坚持“困难面前有我们，我们面前无困难”，时刻保持饱满的奋斗姿态和昂扬斗志，各项工作取得了显著成绩。一是把“突破园区、聚力招引”作为头号工程。开展“园区基础设施突破年”活动，实施重点工程13个，完成投资26.5亿元，创历年之最。道路、水电、油气管廊等配套设施加快完善，国家级进境木材检疫除害区投入使用，指定口岸申建取得实质性成效，园区承载能力不断增强。累计外出招商290余次，新招引总投资5000万元以上的项目118个，到位资金208.9亿元，“世界500强”晋中能源、“中国500强”东明石化等投资项目正式签约；签约落地先进技术成果33项，招引创业创新团队25个、创新人才74人，“三招三引”工作成果丰硕，获评全市“突破园区、聚力招引”工作先进区。二是积极化解贸易融资风险。成功化解昌华、阿掖山、铸福3家企业的银行不良贷款104.46亿元，重点企业破产重整工作稳步推进。使用过桥资金2亿元帮助10余家企业缓解了资金困难。加大恶意逃废银行债务打击震慑力度，对34人采取了强制措施，追回涉案资产18.17亿元，获评全市贸易融资风险化解先进集体。三是坚持全面深化改革。理顺园区管理运行机制，开发区实现单独运营、对外办公，园区职员制、薪酬制加快实施；推进国资国企改革，成功争引政府债券7.27亿元；“放管服”改革不断深化，对标海门市学习行政审批体制改革先进经验，创新实行“容缺受理”“并联审批”，重点领域改革取得突破性进展。

【经受了一系列新考验】 大事多、难事多、要事多、好事多，面对诸多考验，全区各级各部门在逆境中披荆斩棘、在顺境中乘风破浪，各项大考小试顺利通过、圆满完成。圆满通过文明城市测评。动员全区党政机关干部和群众投身创城攻坚，投入资金5.3亿元，解决重点难点问题2400余个，成功迎接中央文明办来岚实地测评，群众满意度实地问卷调查满分。高标准完成国家卫生城市复审工作，全区取得了零扣分的好成绩，得到了全国爱卫办复审暗访组专家的高度评价。科学打造精品城市，24项城建重点项目完成投资52.63亿元，城中村和棚户区改造共拆迁房屋7498处，开工建设安置住房9662套，新增城市绿道19千米、城区绿化23.2万平方米，城市形象显著提升。坚持城乡融合发展，深入实施美丽乡村建设，开展了乡镇驻地环境综合整治，虎山社区、滨河社区等新型社区建设扎实推进，全市最大土地增减挂钩项目草涧社区建成启用，在全市率先启动“幸福公路”规划建设，新建改建农村道路181.6千米。巨峰镇成功入选全国第二批特色小镇，高兴镇成功争创为全国文明镇。顺利通过中央、省市环保督察。关停取缔违法企业36家、“散乱污”企业92家，限期整改企业74家，办结各类环境信访问题585起，举报案件处结率达100%。深入开展林水会战，投资6.36亿元完成造林2.35万亩、实施水利工程216项，被表彰为全市创建国家森林城市暨林水会战攻坚行动先进集体。扎实开展蓝天保卫战集中攻坚，全面落实“河长制”，大力开展“清清河流”行动，大气、水环境逐步改善，“蓝天白云、繁星闪烁”天数明显增多，空气环境质量综合指数改善幅度位居全市前列，群众对生态环境满意度大幅提升。加大畜禽养殖管理，关停禁养区养殖场3399家，在全省率先推行畜禽养殖废弃物资源化利用。持续加大信访化解力度，到期信访事项办结率100%，是全市唯一一个全年未发生进京非访案件的区县。扎实开展了“打黑除恶、打霸治痞”等专项行动，摧毁犯罪团伙12个，破获案件140余起，成功打掉盘踞在鲁苏交界海域的恶势力犯罪集团，是全市唯一一个被省委、省政府表彰为社会治安综合治理先进区的区县。

【人民生活获得了新改善】 始终坚持把人民利益摆在至高无上的地位，及时解决民生热点、难点问题，组织实施为民办实事项目53个，完成投资19亿元。全区财政民生支出达21.6亿元，占总支出的81.8%，人民群众的获得感、幸福感不断提升。一是脱贫攻坚成效显著。统筹推进产业、金融等扶贫政策落实，加快岚西北区域扶贫开发，实现稳定脱贫3233户6656人，圆满完成年度脱贫任务；贫困户获贷率全省第一，“众筹清洁”工作成功入选“全省最佳志愿服务项目”，并被国家扶贫办宣传推广。二是社会事业加快发展。积极推进薄弱学校改造、解决“大班额”等工程，新建续建教育工程25处、5.9万平方米，海洋工程学校顺利通过省规范化中职学校验收。积极打造健康岚山，在全市率先组建公立医院法人治理结构，扎实推进“医共体”建设，“医共体”经验做法在《经济日报》《大众日报》等媒体进行报道，区妇保计生中心门诊病房综合楼建成启用，被评为省级计划生育药具管理示范区。以创业带动就业，新增市场主体1232家、增长21.5%，新增城镇就业3900余人，转移农村劳动力2100人，发放创业担保贴息贷款4516万元。完善社会救助体系，累计发放城乡低保、安置优抚等各类资金9182万元。“岚山发布”粉丝数量突破12万，被评为“全省最具影响力区县政务微信十强”。成功举办全市第三届老年运动会，中国日照海钓节暨全民休闲体验赛获“全国有影响力的休闲赛事”称号。三是社会治理全面加强。高标准建设“智慧岚山”社会管理大数据平台，获评全省第一批综合减灾示范县。积极推进“食安岚山”建设，顺利完成省级食品安全先进区验收工作。坚决守住安全生产底线，扎实推进网格化实名制安全监管，深入开展“大快严”集中行动，排查整改问题隐患8225处，组织开展了化工产业安全生产转型升级、涉氨制冷企业专项整治，整顿关停问题企业106家，全年事故起数下降35.5%，是全市唯一一个被表彰为全省安全生产工作先进区的区县。

【党员干部展现了激情创业的新风貌】 经过一年的奋力拼搏和锻炼磨砺，各级党员干部干事创业激情高涨，全区上下想发展快发展的氛围更加浓厚，各行各业呈现出了你追我赶、争先发展的良好态势，为我区争当县域经济发展排头兵、决胜全面建成小康社会奠定了坚实基础、凝聚了强大合力。一是作风建设成效明显。扎实推进“两学一做”学习教育常态化制度化，开展了“转作风、抓落实、促发展”主题活动，实施了两轮巡察，组建了区监察委员会，问责生态环保、安全生产等方面失职失责党员干部158名，查处不作为慢作为等问题16起、违反中央八项规定精神32起。对原区林业局和区人社系统系列腐败案件进行了立案查处，在全区形成了惩治腐败的高压态势，塑造了风清气正的政治生态。二是干部队伍建设进一步加强。严格按照好干部“20字”标准选人用人，认真抓好领导班子和领导干部综合分析研判“1+5”体系落实，注重在项目建设、产业发展等基层一线考察识别干部，优先提拔使用工作实绩突出的干部。去年以来共调整干部364名，其中提拔重用159名，一批在急难险重一线表现突出的优秀干部脱颖而出。三是基层党组织不断夯实。按照“先难后易、重点突破”的思路，完成43个软弱涣散党组织整顿转化，开展了村级审计督查，稳步推进村和城市社区“两委”换届选举工作。扎实开展党员信息采集、流动党员排查等工作，成立了在京流动党员党委。建立区委抓基层党建问题清单、任务清单、责任清单“三张清单”和“一览表”，扎实做好机关党建、“两新”组织党建工作，认真开展“一企一品”党建品牌创建、“评星晋级、双强争先”活动，全区党建水平全面提升。

区委办公室

今年以来，在区委的正确领导下，区委办公室领导班子紧紧围绕区委中心工作，充分发挥参谋助手、综合协调、督促检查、后勤保障等职能作用，高点起步、主动作为，开拓创新、真抓实干，带领办公室全体干部职工，较好的完成了各项工作任务，为区委各项工作的顺利实施和区委机关的高效运转提供了有力保障，坚定地争当区委的“坚强前哨”和“巩固后院”。

【加强机关党建，提高班子整体水平】

（一）加强创新型、学习型、规范化党组织建设。积极推动机关工作创新，以理念提升促工作落实，不断解放思想、保持蓬勃朝气和奋发有为的精神状态，创造性的开展工作，坚持问题导向、认真精神，突出解决了机关建设的薄弱环节，建立了一系列有效的制度，保障了党支部战斗堡垒作用的发挥。建立办公室集体学习制度，由分管副主任牵头，各科室结合各自工作特点，采取集中讨论、现场观摩等方式轮流领学，扎实开展中共十八大、十八届历次全会和习近平新时代中国特色社会主义思想学习，积极展示科室工作成效，形成了“比、学、赶、超”的浓厚氛围。积极开展“书香机关”建设，集中征订《党的十九大报告辅导读本》《习近平的七年知青岁月》等各类报刊杂志，充分保障办公室每位同志的阅读需求；开展主题读书月活动，把读书与提高修养相结合，将阅读作为一项活动长期坚持下来，在读书中不断提高综合素质；把读书与务实致用相结合，通过带着问题阅读，学习经济、历史和业务知识，提高工作能力；开展“规范化党支部”创建工作，积极组织筹备党组织换届工作，圆满完成了区委办公室党组织换届任务，选优配强党组织班子成员，严格规范党内政治生活，充分调动党员干部参与党内事务的积极性和主动性，不断激发党组织的创造力、凝聚力和战斗力。

（二）加强服务型党组织建设。按照深化教育实践活动成果和完善党员干部直接联系群众制度要求，办公室干部职工积极参与，充分发挥带头作用，主动与区扶贫办、巨峰镇党委、包联单位进行对接沟通，安排部分党员干部与张家沟村19名贫困户建立包联关系，统一入户走访，了解贫困户基本信息，建立帮扶方案，帮助贫困户增收脱贫；同时，安排志愿者到社区开展创城义务劳动，发现问题，解决问题，带动群众共同营造良好社区环境卫生，拓展了服务方式，推进了工作力量进社区、党员服务进社区和组织活动进社区。按照“三严三实”专题教育统一部署，办公室领导班子针对损害群众利益问题开展了专题研究，查摆出损害群众利益问题3项，制定了专项整治方案，落实整改措施，逐项明确整改责任人、责任科室和整改时限，确保整改到位，推进“三严三实”专题教育不断深入。

（三）不断提高班子整体水平。一是高度重视思想政治建设，领导班子成员把认真学习贯彻中共十八大、十八届历次全会和习近平新时代中国特色社会主义思想作为首要政治任务，深刻领会、准确把握精神实质，始终从思想上、认识上、行动上和党中央、省委、市委、区委保持高度一致。二是严格落实民主集中制，按照集体领导、分工负责、定期检查原则，定期召开办公室主任办公会，研究工作，沟通情况，所有重要问题、重大决策全部通过主任办公会议集体研究决定，充分发挥了领导班子的整体功能。集体研究决定后，按照谁分管谁负责的原则，狠抓落实，推动各项工作落到实处。三是注重加强制度建设和反腐倡廉建设，全面梳理领导政务服务工作流程、廉洁勤政、作风建设等制度，进一步修订完善主任办公会、民主生活会、全体人员会议等制度，切实增强落实区委工作部署能力和班子决策的科学化水平。

【狠抓党风廉政，增强拒腐防变能力】（一）认真落实党风廉政建设责任制。成立了党风廉政建设责任制领导小组，全面领导办公室党风廉政建设工作；及时传达学习上级纪委会议精神，把党风廉政建设作为硬措施、硬任务，始终放在心上，紧紧抓在手上，修订完善了办公室廉洁勤政制度，层层签订了党风廉政建设责任书，班子成员自觉落实“一岗双责”要求，确保廉洁高效地推动各项工作落实。

（二）不断加强干部廉政教育力度。开展专题廉政法律法规知识学习，通过开辟宣传栏、张贴标语等形式，营造学习教育活动的良好氛围；利用周五集中学习时间学习《中国共产党党员领导干部廉洁行政若干准则》、中央八项规定以及各级文件精神，进一步升华党员干部的思想，达到自我教育、自我提升的目的。深入开展岗位廉政教育，建立健全廉政风险防范机制，教育引导班子成员及全室同志廉洁从政，在思想上筑起拒腐防变的坚固防线，自觉抵制各种诱惑，不利用工作之便拉关系、搞特权、谋私利。2016年以来，办公室没有发生领导班子和干部队伍违纪违法问题，无收受礼金、礼券现象，无违规大吃大喝、公款旅游娱乐现象，无公车私驾私用现象。

（三）不断加强作风、软环境建设。制定作风建设自查自纠工作方案，深化“庸懒散”专项治理活动成果，突出解决对待群众态度生硬、口大气粗问题，组织纪律、工作纪律涣散、推诿扯皮问题，办事程序繁琐问题，暗箱操作、权力寻租问题，以治庸提能力、以治懒增效率、以治散正风气，促进办公室作风明显转变、行政效率明显提升、群众满意度明显增强。班子成员定期对全室同志在岗情况以及卫生情况进行检查通报，严格排查用电安全隐患并会同有关部门及时整改落实。

（四）扎实推进办公室党务、政务公开工作。一是规范公开内容。严格按照阳光政务平台上传格式及内容要求，紧紧围绕全区中心工作和各项政策，对于敏感性问题、易滋生腐败的关键问题，按规定程序、规定时限予以公开。二是创新公开形式，拓宽公开渠道。除了用好阳光政务平台之外，按照“规范、实用、明了、方便”的原则，逐步确定以会议公开、文件公开、通报公开为主要手段，以公示栏公开、网页公开、政务专网公开为主要阵地的公开途径，丰富了公开形式，扩宽了党务、政务公开的覆盖面。三是健全监督机制。按要求设立了公开工作新闻发言人、设置了监督举报电话，及时接受、整理反映的热点和难点问题，并给予信息反馈，落实好知情权、评议权和检举权，促进了公开工作的顺利开展，形成了领导干部带头干、党员干部齐心干的良好工作局面。

【明确目标措施，圆满完成工作任务】 （一）着力提高以文辅政水平。按照“围绕中心、贴近实际、深入调研、多出精品”的思路，扎实开展政策研究、信息调研、文稿起草、公文制发工作，为领导科学决策发挥参谋助手作用。至年底，形成调研报告4篇、起草把关文稿60余篇、编发上报信息174篇、舆情信息55篇，以区委及办公室名义印发文件270余件。

（二）充分发挥联络保障作用。主动加强与四大班子办公室、区直部门和乡镇街道之间的沟通协调，及时沟通情况、衔接工作，确保区委重大活动和各类会议有序开展。严格执行会议活动审批、领导干部外出报备、客情报告等制度，确保用制度规范服务，至年底，共承办全区性会议30余次。会同有关部门对各级各部门落实“八项规定”情况进行检查，确保接待公开透明。2016年以来，共参与接待各级领导81批次，接待人数1500余人，无违规、超标准接待现象。深入贯彻落实上级关于密码、保密等方面的规定，严密文件传阅程序，对各部门单位涉密微机、文档管理、保密制度情况进行现场检查，规范区直各部门保密工作。

（三）切实做好督查考核工作。2016年，全区实行“6+16”工作运作机制，区督查考核局根据区委常委会要求，对“6+16”工作进行了调度、梳理、汇总，对有关工作每月一调度、每季度一通报；对区委常委会决策事项，在会议纪要下发之后，及时跟进调度督查，每月通报贯彻落实情况。共印发督查通报17期、督查专报44期、区委常委会议纪要37期、承办领导批示件245件。按照“发挥两大优势，突出三个重点，实现两大突破，争当县域经济发展排头兵”的工作思路和奋斗目标，加大“三招三引”工作赋分权重，积极探索考核工作新思路、新措施、新办法，健全考核体系，全年共编发《岚办通报》8期。

（四）扎实推进全面深化改革工作。充分发挥协调督导作用，研究制定《岚山区委全面深化改革领导小组工作要点》，明确每项改革任务牵头单位、完成时限。建立工作总台账，加强对改革工作的日常监测、跟踪调度，共开展全面督察2次，专项督察3次，统筹推进经济体制、民主法制等八个领域169项改革任务落实，至年底，已初步完成112项，其他事项正在积极对接，加快推进。

（五）加快推进生态文明乡村建设。以提升人居环境水平和质量为根本，坚持因地制宜、量力而行，高标准打造巨峰镇、高兴镇2个市级示范片区和20个区级示范村，建设完成4个省级美丽乡村示范村，抓好片区环境整治、道路修整、景观公园打造，统筹推进特色产业、乡村旅游业发展；协调推进农业农村线各项重点工作，牵头制定了《农业农村工作线考核办法》，进一步压实责任，推动工作落实，确保保质保量完成工作任务。

（六）扎实推进档案和党史研究工作。紧紧抓住“为党管档、为国守史”的政治使命，注重打基础、抓规范、促提升，切实加强制度建设、基础设施建设、档案工作队伍建设和档案资源建设，全区档案工作取得新成效。扎实开展党史宣传教育，积极开展省、市党史教育基地申报工作，组织有关镇办、村居参加了全市红色旅游招商推介大会；完成《山东年鉴》2016卷有关岚山部分的材料的征集、起草、编写和上报等工作，写作完成《改革开放实录（日照卷）》。

组织工作

【概况】 中共日照市岚山区委组织部是区委主管党的组织建设、干部、人才和老干部工作的工作部门，加挂区委老干部局（正科级）牌子，与区委区直机关工委1个正科级机构合署办公，内设办公室、研究室、干部科、干部教育科（干部监督科）、组织科、企业党建科（机关党务工作科、区两新党工委办公室）、离退休干部党建科（老干部工作科、区离退休干部党工委办公室）、人才工作办公室等8个科室。内设区委组织员办公室（正科级）、区关心下一代工作委员会办公室（正科级）2个行政管理类机构，管理区远程教育中心（党员电教中心）和区老干部活动中心2个副科级事业单位。共有编制32个，其中行政编制16个，参公编制6个，事业编制8个，行政工勤编2个。截至12月，共有正式在编在岗人员24人。另有退休干部1人。

【领导班子和干部队伍建设】 以好干部20字标准为导向，围绕高素质专业化干部队伍建设，严格选拔任用程序，对区直部门领导干部进行调整，对岚山经济开发区干部进行配备，共分5批次调整干部364人，提拔重用159人，充分激发了干部队伍活力，让想干事的有机会、能干事的有舞台、干成事的有位子，营造了干事创业的浓厚氛围和风清气正的政治生态。强化干部日常监管，从严处要求，向实处发力，对区委管理的领导班子和领导干部进行2016年年度考核，开展干部工作专题调研活动，全面真实掌握领导班子和领导干部德才表现和工作实绩。以全面落实《干部教育培训工作条例》为主线，紧扣区委发展战略，以科学大讲堂为抓手，实施干部精准培训，推动全区干部队伍开阔眼界、更新观念、学习知识、提升能力，全年举办科学发展大讲堂、科级干部示范培训班等各类班次20余期，培训干部3800余人次。

【基层组织建设】 扎实推进“两学一做”学习教育常态化制度化，在全区各级党组织中部署开展“主题党日”活动，农村（社区）、“两新”组织固定每月6日，机关、企事业单位固定每周周五下午开展集中活动。坚持“反弹琵琶、先难后易”，开展软弱涣散党组织百日攻坚行动，调整党组织书记20名、支部成员13名，43个村全部完成转化。开展村级审计督查工作，委托专业力量对全区423个村财务状况进行集中审计，对审计出的问题全部建立整改台账，出台农村财务规范性管理制度4项。以选派“第一书记”为抓手，建立52个“5+1”驻村帮扶工作队，由1名区级领导、1个区直部门单位、1名第一书记、1名乡镇干部和1个骨干企业对口帮扶1个建档立卡贫困村或后进村，实现组团帮扶、合力攻坚，为基层协调、争引致富项目129个，争引帮扶资金、物资8530余万元。成立在京流动党员党委，加强岚山籍在北京流动党员的教育、管理和服务。积极推进“灯塔—党建在线”综合管理服务平台的使用和维护工作，开展党组织和党员基本信息采集工作，录入党员信息28472人，党组织信息1168个。开展“身边的先锋”专题宣传活动，深入挖掘提炼一批“两学一做”学习教育中涌现出的先进基层党组织和先进人物事迹，在“联播新日照”、“新岚山”开辟专栏进行宣传。投入480万元建设全区可视化智慧党建平台，利用信息化系统加强对基层组织的指导监督管理，实现管党治党方式多样化、信息化。召开村和城市社区“两委”换届选举工作动员部署会议，开展村级班子分析研判，对换届情况逐一摸排、提前介入，牢牢把握换届主动权。

【机关党建】 深化“三型一化”机关党组织建设，推动机关党建工作走在前列、作出表率。印发区直机关“两学一做”学习教育常态化制度化《实施方案》，要求各基层党组织根据各自特点、区分不同层次认真研究制定学习教育方案，把学习教育具体化、精细化、差异化，责任化。严格规范党费收缴、党员关系排查、党员发展工作，共排查并寻回失联党员57名，理顺党组织关系100余人。“七一”期间，对区直机关20个基层党组织、100名共产党员和30名党务工作者进行表彰，进一步发挥典型示范引领作用。举办全市区县机关工（党）委书记观摩培训会，积极培育机关党建精品工程。建立机关党建协作片制度，成立7个区直机关党建工作协作片，加强对机关党建工作监督、协作。

【两新组织党建】 持续推进非公企业“建组织、扩覆盖”活动，新增“两新”组织党组织18个。健全领导机构，成立“两新”组织党工委，设置书记1名，副书记4名。举办“两新”组织党务干部南开大学举培训班，赴青岛市黄岛区、威海市环翠区、日照市经济技术开发区、连云港连云区区学习考察园区和企业党建工作。深入开展“一企一品”党建品牌创建活动，推广“八项服务进楼宇”、“党员闪光点”活动、“党建+”模式等特色党建品牌，打造岚桥集团“党旗飘、党徽亮、火炬红”的企业特色党建阵地。

【老干部党建】 用心用情做好老干部工作，加强离退休干部思想政治建设，组织全区离退休干部党员代表开展“七一”党性教育，过集体政治生日活动，组织召开了“畅谈十八大以来变化 建言十九大胜利召开”座谈会，并先后赴台儿庄大战纪念馆、大青山胜利突围纪念馆接受了灵魂震撼和洗礼。举办全区离退休干部党支部书记暨老干部工作业务骨干培训班。开展全区老干部门球联赛，组织离退休干部参加全市第四届老干部金秋艺术节，举办了岚山老干部金秋艺术节专场会演。

【人才工作】 紧紧围绕经济发展需要，深入实施“人才强区”战略，创新体制机制，优化管理服务，依托临港产业优势、本土企业“新旧动能转换”扎实开展招才引智，2016年以来，共引进创业团队4个、创新团队2个、创新人才54人，人才和团队带头人中海内外院士2人，千人计划专家2人，泰山学者（产业领军人才）3人、百人计划专家2人。积极落实人才引进政策资金，确定4个创业团队、3个创新团队、16名创新人才为区级创新创业人才（团队），发放扶持资金426万元，为2015年、2016年度市级23名高层次人才（团队）发放扶持资金90万元。

宣传工作

【概况】 区委宣传部与区文明办合署办公，设区文联（加挂区社科联牌子）和区新闻中心两个正科级事业单位、区网管办1个副科级事业单位。编制22人，其中，行政11人，事业7人，参公2人，工勤2人。2016年，有在编人员15人（其中，副处级1人，正科级4人，副科级2人，科员8人）。岚山区被市委、市政府创城工作授予“突出贡献奖”。高兴镇被评为第五届全国文明镇、岚山区人民检察院被评为全国文明单位。全省城乡环卫一体化和移风易俗群众满意度电话调查工作，全年综合成绩均列全省（市县区）第一名，被评为全省城乡环卫一体化先进区和全省移风易俗先进区。成功创建为“第三届文化强省建设先进区”。中国日照海钓节暨全民休闲体验赛获“全国有影响力的休闲赛事”称号。4人获“山东好人”称号，1人入选“山东省四德榜榜上有名人物”。“岚山发布”微信公众号入选“全省最具影响力区县政务微信十强”。

【宣传贯彻党的十九大精神】 坚持党管意识形态工作不动摇，严格落实意识形态工作责任制，组织各级党委理论中心组深入学习习近平总书记系列重要讲话，开展“中国梦·党在心中”主题宣讲比赛、“美丽岚山”专题理论研讨；坚持领导干部带头讲、区委宣讲团集中讲、宣传干部理论骨干基层讲、百姓宣讲队伍创新讲，举办各类专题宣讲报告会1200余场。

【精神文明建设】 全面落实市区一体创城工作任务，开展了创城突出问题集中整治，深入实施文明交通、文明旅游、文明上网、文明餐桌等系列专项行动，3000余名志愿者、10万余名党员群众积极参与，投入资金近10亿元，成功迎接中央文明办来岚实地测评，为日照市成功创建全国文明城市做出了突出贡献，被市委、市政府授予“突出贡献奖”。高兴镇被评为第五届全国文明镇、岚山区人民检察院被评为全国文明单位。新增省级文明单位（村镇、社区、校园）10个，市级文明单位（村镇、社区）28个，评选区级文明单位（村居、社区、校园）195个，实现文明创建全覆盖。在全省城乡环卫一体化和移风易俗群众满意度电话调查中，全年综合成绩均列全省（市县区）第一名，被评为全省城乡环卫一体化先进区和全省移风易俗先进区。

【文化建设】 历经6年不间断创建，成功创建为“第三届文化强省建设先进区”，标志着全区文化建设水平又上了一个新台阶。区级综合文化服务中心具备对外开放条件，顺风阳光海洋牧场入选省重点文化产业项目，全区文化产业增加值在全市排名上升一个位次。建设“基层综合性文化服务中心”66个，开展广场文化艺术节等系列文化活动300余场次。以区委区政府名义设立“岚山文艺奖”并开展首届评奖活动，《培育文化志愿团队：点燃基层群众文化之光》获第五届日照文化创新奖，1名文艺人才被评为第四批“齐鲁文化之星”，中国日照海钓节暨全民休闲体验赛获“全国有影响力的休闲赛事”称号。

【新闻宣传】 整合区内及上级驻岚媒体资源，创新“8+2”媒体融合机制，全媒体“中央厨房”基本建立。组织赴烟台招远市、蓬莱市等地开展“学先进、看亮点、找差距”主题采访。与大众日报社等媒体开展战略合作，中央电视台10频道《味道》栏目到岚山区专题拍摄岚山海鲜。定期召开全区新闻议稿会，在《人民日报》发表人物稿件《伊廷良：捂热这片贫瘠的土地》、《经济日报》刊发《日照岚山：商户退城入园让城中村变了样》，在市以上主流媒体发表稿件2100余篇，岚山对外知名度、美誉度明显提升。坚持旗帜鲜明管网治网，建立区镇两级舆情监管平台，组建全区新媒体联盟，“岚山发布”微信公众号入选“全省最具影响力区县政务微信十强”，粉丝数量突破12万人次。妥善应对各类新闻舆论监督47起，成功打击1起利用网络侮辱诽谤事件，营造了清朗网络空间。

【践行社会主义核心价值观】 打造社会主义核心价值观主题公园、广场20余处，“四德榜”实现全覆盖。开展“树三风立六训”创建活动，举办“首届七夕文化节”，拍摄移风易俗微电影《闹婚》，培树核心价值观示范点50个；健全完善“身边好人”区、镇、村三级推树机制，推荐“身边好人”线索20335条。评选表彰首届“最美岚山人”10名、提名奖10名，举行隆重颁奖典礼，4人获“山东好人”称号，1人入选“山东省四德榜榜上有名人物”；深化未成年人思想道德建设，开展社会主义核心价值观组歌传唱、“童心向党”合唱比赛等主题活动，评选表彰美德少年100名。

统一战线工作

【概况】 岚山区委统一战线工作部简称区统战部，是中共岚山区委主管统一战线工作的职能部门，负责贯彻落实党在民族宗教、港澳台事务、非公经济人士和民主党派、无党派人士等方面方针政策。设办公室、经济联络科和民族宗教科3个职能科室，在编人员18人。

【全区统战工作会议】 4月19日，全区统战工作会议在613会议室召开。会议深入学习贯彻全国、全省统战部长会议和全市统战工作会议精神，总结回顾上年度工作，安排部署新任务。区委常委、宣传部部长、统战部部长范彩英出席会议并讲话。

【组织建设】 区委统战部党支部共有党员13人，12月完成党支部换届，选举支部书记1人，支部委员2人。积极开展“三会一课”“两学一做”主题教育、“主题党日”等学习活动，编印了机关干部学习交流材料汇编，全年共组织学习36次，举办学习大讲堂5期。加强党章党纪、廉政法规学习和警示教育，进一步建立和完善作风建设的长效机制，切实筑牢党员干部拒腐防变的思想道德防线。

【非公经济工作】 持续开展非公经济大调研，加强非公经济人士理想信念教育，培训非公经济代表人士500多人次，鼓励非公经济人士积极参与“民企帮村”等公益、光彩事业，全年捐款捐物累计超过 212万元。1月13日召开区工商联第五次会员大会，在全市率先完成区县工商联（总商会）换届工作；5月17日，与四川省邛崃市工商联缔结友好商会，加强区域间交流合作。10—12月，全区乡镇（街道）8处基层商会完成换届工作；10月27日，全市首家区县级茶叶商会、全区首家行业商会——岚山区茶叶商会成立，吸纳会员企业62家；11月30日正式实行企业家主席轮值制度；区工商联成功争创省级“五好”县级工商联。

【民族宗教工作】 区民宗局认真贯彻党的宗教工作基本方针，完善了全区信教群众、少数民族基本情况等工作台账；深入开展了民族团结进步宣传月活动和宗教政策法规学习宣传月活动；加强宗教事务管理，依法成立岚山区基督教“三自”爱国运动委员会；鼓励宗教界人士参与慈善活动，累计捐款18万元，帮扶贫困群众700余人。

【港澳台工作】 建立和完善全区侨台工作领导工作机制，对侨情、台情进行调查摸底，实现对台、侨务工作的全覆盖。组织有关乡镇、企业赴潍坊参加第23届鲁台经贸洽谈会，与两岸企业进行深入交流，推介岚山区良好的经济社会发展环境和对台经贸合作优势。务实开展两地交流考察，全区共有3批4人次赴台交流，接待各类台湾交流团组24批59人次，推动两地经贸交流合作向纵深开展。完成台湾鲁籍陆配人员的调查摸底工作，创建岚山区为侨法律服务工作站。协调整合各方资源，切实加强联系服务工作，强化“亲情、友情”纽带，增强港澳台侨胞热爱祖国的向心力。

【党外代表人士工作】 注重党外干部的培养、选拔和使用，新调整科级以上党外领导干部6名。党外干部后备队伍不断充实，建立50余名党外干部数据库，完善100余名党外代表人士数据库。分期分批选派20余人次参加市委统战部组织的党外干部培训班，11月5日至11日组织全区党外干部赴西北政法大学参加教育培训，全年通过举办培训班和以会代训等方式培训党外代表人士300多人次。

【新的社会阶层人士工作】 6月份，在全区开展以私营企业和外资企业中的管理技术人员、中介组织和社会组织从业人员、新媒体从业人员以及自由职业人员为对象的新的社会阶层人士进行调查摸底工作，初步建立88人新的社会阶层人士数据库，为全区做好新的社会阶层人士统战工作提供了可靠的基础资料。11月2日，全区新的社会阶层人士统战工作会议召开，会议传达学习全省、全市新的社会阶层人士统战工作会议精神，研究部署全区新的社会阶层人士统战工作。

【助力扶贫】 充分发挥自身优势，积极统筹协调，整合力量，为加快全区扶贫工作做出了积极贡献。出资5万元帮扶巨峰镇水洪沟村完成文化大院、文化广场改造、路面硬化、环境治理、改水改厕等，彻底改善村庄贫困面貌、提高群众满意度；9月，统一战线“泛海助学行动”为全区共计资助66名贫困家庭大学新生，每人发放5000元助学金，累计发放33万元；组织开展非公经济企业“同心·助力扶贫攻坚行动”捐赠活动，全年捐助物资累计212万元；积极整合各民主党派及统战团体发挥自身资源和人才优势，主动投入到助力扶贫工作中，民革岚山支部开展科技志愿扶贫、九三学社岚山小组，农工党岚山支部积极开展健康扶贫等系列活动。

对台工作

坚持习近平总书记秉承“两岸一家亲”的理念，以“三个有利于”、对台“四个不会”原则，扩大对台工作宣传覆盖面，开展岚台经贸合作。

【对台交往交流】 一是亲情交流更加密切。元旦至春节期间，走访慰问区内台胞台属10余家，并积极为他们排忧解难。清明期间接待了回乡探亲、祭祖台胞，促进相互了解，增进情感认同。二是积极宣传推介岚山区经济发展环境。组织有关乡镇、企业赴潍坊参加了第23届鲁台经贸洽谈会，与两岸企业进行了深入交流，结识结交了一批台湾朋友，推介了岚山区良好的经济社会发展环境和对台经贸合作优势。三是务实开展两地交流考察。全区共有3批4人次赴台交流，接待到岚山区各类台湾交流团组24批59人次，推动了两地经贸交流合作向纵深开展。

【涉台服务】 深入调研，服务基层，不断为台资台属企业创造良好发展环境。深入台资台属企业、乡镇街道、部门单位调研10余次，为企业解读中央省市各项惠台政策。先后4次到台资台属企业现场办公，为企业解决实际困难，进一步优化了台胞台属企业发展环境。在走访调研中，把关系台胞台属切身利益的投诉信访和台企安全生产作为服务的重要内容，及时发现苗头性问题，注重日常排查，将矛盾纠纷和安全隐患化解在萌芽状态；对投诉信访案件，积极协调，妥善处理，依法尽最大努力维护了台胞权益。

【对台宣传】 一是区委、区政府领导高度重视对台工作，进一步完善了对台工作领导机制和工作机制。调整充实了岚山区对台工作领导小组，建立了定期研究对台工作会议制度，建立了岚山区对台工作联席会议制度和对台工作定期督查制度，推动了对台工作的深入开展。二是对台宣传、涉台教育效果更加明显。不断加大入岛和对台胞的宣传影响力度，利用接待台胞、参加涉台节会和开展对台经贸交流等各种机会，发放宣传材料600多份，《台湾问题基础知识问答》400余本，发电子邮件60多份；加强媒体宣传，多次在中国台湾网等涉台媒体和市内主要媒体发表稿件。三是全区对台工作大局持续稳定。紧紧围绕区委区政府的中心工作，在调查研究的基础上制定出台了《岚山区对台工作要点》，印发给岚山区委对台工作领导小组成员单位、各乡镇街道、区直部门、各企事业单位，做到思路清晰，方向明确，有力地服务了全区对台工作大局。

党校工作

【概况】 中共日照市岚山区委党校（以下简称区委党校）实行“三校合一”体制，与日照市海洋工程学校、日照市岚山技工学校合署办公，承担全区干部教育、职业教育和各类社会培训工作。学校有正式在编教职工118人，设办公室、教学科研处、学员管理处、总务与安全保卫处4个副科级处室和网络信息中心、培训处2个正股级处室，日照市海洋工程学校另单设教务处、学生管理处、招生就业指导办公室3个处室。学校分南、北2个校区，南校区主要承担党校业务，教学设施齐全，拥有高清显示屏报告厅3处，可分别容纳230人、180人、50人；拥有多媒体培训室1处，可容纳80人；拥有培训讨论室2处，均可容纳50人；拥有图书阅览室2处，藏书2万余册，订阅报刊杂志30余种。北校区为日照市海洋工程学校校区，主要承担职业教育办学等工作。学校为全国职工教育培训示范点、山东省先进基层党校、全市党校系统科研工作先进集体。

【理论宣讲】 围绕落实区第十四次党代会暨区人代会、区政协会议精神，专门组织班子共同备课，安排专人宣讲，把区委、区政府的最新决策部署宣传到基层、传播到一线，共到各乡镇街道、相关部门、培训班次宣讲13次，受众2000余人。选派骨干教师深入基层宣讲，共宣讲15场次，受众1500余人。

【科学发展大讲堂】 配合区委组织部成功举办科级以上干部科学发展大讲堂7期，分别邀请北京视野咨询中心主任、教授钟朋荣主讲《深化供给侧改革的形势下区域经济发展的思考、思路、对策》；中央党校政法部宪法与行政法教研室主任、教授、博士生导师，中国民生研究院特约研究员傅思明主讲《从严治党与六中全会精神解读》；国防大学军队政治工作教研室副主任、教授，正师级研究员（大校军衔）公方彬主讲《共产党人的价值观》；中国开发区协会副秘书长、原苏州工业园区党工委副书记潘云官主讲《特色园区建设与产业发展》；复旦大学公共管理博士后、华东理工大学公共政策与公共管理研究所副所长、华东理工大学MPA教育中心副主任、华东理工大学科技处副处长唐亚林主讲《新型政商关系与服务企业发展》；原山东省作家协会副主席李延国主讲《人民是党永远的根据地》；中央电视台《百家讲坛》主讲人、北京邮电大学管理学EMBA特聘教授、法国里昂商学院特聘教授赵玉平主讲《传统文化与现代领导艺术》。让全区领导干部开阔了眼界、拓宽了思路，全方位提升了政治理论素养和业务工作能力。

【主体班次培训】 承办了全区乡镇街道新任职科级干部（主体班次）培训班，参训学员为2016年以来各乡镇街道调整任职的区管科级干部，共计34人。培训班于9月29日开班、11月10日结业，学制1个月。突出党的理论教育，重点学习中共十八大、十八届三中、四中、五中、六中、七中历次全会和习近平总书记系列重要讲话精神以及省、市、区党代会精神，加强党性党风党纪和党史国史教育，加强党的群众路线、“三严三实”教育、“两学一做”学习教育，围绕全市、全区抢抓“一带一路”、“两区一圈一带”等战略机遇和“突破园区、聚力招引”、“新旧动能转换”等重点工作任务进行专题讲解、研讨，深化学员对新常态下经济社会建设新思路、新举措的理解和对基层工作规律的认识。

【各类专题培训】 分别于3月19日、3月25日、4月8—9日、4月15—16日承办了全区区直机关干部新型政商关系专题轮训班，其中股级干部培训2期、一般干部培训2期，共培训800余人。此次以构建“亲清”新型政商关系为主题的机关干部集中轮训，是根据全区经济工作会议的要求，落实区委、区政府加强干部队伍建设、营造优良发展环境、促进全区招商引资实现重大突破而作出的重要决策，为积极营造全区亲商、安商、扶商的浓厚氛围，推动全区“三招三引”工作奠定了扎实基础。共集中轮训全区科级及以上领导干部600余人。区委书记来风华，区委副书记、区长牟伟分别作辅导报告，本次学习班还邀请到了日照行政学院副院长、日照市委党校教授岳庆刚，市旅发委副主任赵志超作辅导报告，重点对全面从严治党、旅游富市战略作了详细解读。

【委托培训】 主动对接服务镇办部门单位内部培训，推出“打包式培训服务”（主办单位提出培训目标要求、其他工作全部由党校承办）创新模式，实现全区干部教育培训资源的共享。共承办“打包式”干部教育培训32期，培训2500余人。委托单位有：岚山头街道、安东卫街道、虎山镇党委、碑廓镇党委、巨峰镇党委、区人社局、区宣传部、区纪委、区扶贫办、区人大、区水利局、区民政局、区统计局、安东卫街道北街社区、巨峰镇后黄埠村、区卫计局、区财政局、区国税局、区地税局、区蓝办、区发改局、新岚山公司、东港区南湖镇党委等。其中，异地培训20期，包括：联系枣庄市委党校1期、日照市委党校2期、威海市委党校2期、西柏坡1期、延安3期、井冈山9期、美丽乡村建设2期。“打包式”培训内容充实、培训形式多样、培训效果突出，树立了党校特色培训服务品牌。

【教学科研】 认真做好课题结项及申报工作，顺利完成团中央课题《充分发挥中职共青团作用，促进优秀农村中职毕业生成长》的结项工作，成功申报省委党校课题1项《加快岚山区城镇化发展研究》、市委党校课题2项《新型政商关系研究》《促进农业与旅游业融合发展研究》。学校有4位教师获全市党校系统优秀科研成果奖，2位教师荣获日照市第十三次社会科学优秀成果奖。积极开发教学专题，其中《区党代会暨“两会”精神解读》《新形势下农村党组织书记如何履职尽责》《新常态下构建“亲清”新型政商关系》均立足岚山实际，在对社会热点难点问题进行调研的基础上开发的教学专题，授课效果良好。做好《党校资讯》编刊工作，精心编辑了1期《党校资讯–党的十九大精神专辑》，为学习党的最新理论成果提供了智慧平台。加大教师培养培训力度，3月组织部分教师赴临沂市河东区委党校、泰安市东平县委党校学习两校在教学、科研方面的先进经验，寻找差距、树立标杆。同时，积极选派教师外出参加高校和省市级党校培训，先后培训教师22人次。

机构编制

【概况】 岚山区区直行政机构47个，其中区委工作部门7个，部门管理机构1个，群团机关3个，人大委室5个，政协委室4个，法院机关1个，检察机关1个，区政府工作部门23个，区政府直属行政机构1个，市委、市政府派驻机构1个；乡镇街道机关8个，事业单位237个。2016年有行政编制870名，实有在编人员845人，有事业编制5258名，实有在编人员5433人，工勤编制106名，实有工勤人员63名。

岚山区机构编制委员会办公室（以下简称区编办）有综合科、机构编制科、监督检查科和行政审批制度改革办公室4个内设科室，有事业单位监督管理局和机构编制电子政务中心下属2个事业单位。在编人员15人，其中行政人员5人，行政工勤人员1人，参照公务员管理人员5人，事业编制人员4人。

围绕市委“一三五”总体思路和区委“建设美丽岚山，争当县域经济发展排头兵”的目标要求，区编办不断强化大局意识、改革意识和服务意识，扎实推进简政放权、行政体制改革、事业单位改革和机构编制规范管理等重点工作，荣获大众报业集团主管主办的《机构与行政》宣传工作先进单位。

【行政审批制度改革】 依法调整行政权力，承接省、市下放行政权力事项38项，取消95项。取消56项无谓证明和繁琐手续，清理村（社区）证明材料，公布保留村（社区）开具的证明、盖章类材料15项。清理年检和政府培训，编制《岚山区区级保留的证照年检和政府指定培训目录》，保留年检21项，培训11项。完善“一单两库一细则”，加快推进行政执法事项随机抽查全覆盖，出台了《行政审批事中事后监管工作实施方案》。编制公布区级公共服务事项目录。起草岚山区《关于深化放管服改革进一步优化政务环境的意见》，将重点改革任务进行细化，明确目标，明确责任单位，明确完成时限。

【综合执法体制改革】 整合执法职责，召开相对集中处罚权划转会议，将涉及7个部门单位的450项行政权力事项（420项行政处罚、30项行政强制）进行划转交接。提出《岚山区深化完善综合行政执法体制改革实施方案》，撤销经信局和商务局的执法队伍，职责交由科室承担，整合住建局、卫计局等部门原有执法职责，交由本部门一个机构承担，确保岚山区内执法队伍不超过8支。将执法局领导班子及8个乡镇街道执法中队、综合执法办公室领导力量全部配备到位。建立健全乡村安全生产、建筑工程质量安全、环境保护、道路交通安全监管工作协调配合机制，理顺了各执法部门与乡镇街道工作关系。

【机构编制管理】 控调并举，动态管理，坚持“撤一建一、多机构整合建一”的原则，将区民宗局、工商联、台办与统战部合署办公，设置一套内设机构，统一核定行政编制，形成大统战工作格局。改革督查考核工作体制，整合“两办”的督查室、考核办职责，设立督查考核局，建立大督查考核体系。在确保事业单位补充人员不突破市编委下达的用编数额前提下，为区直和乡镇街道事业单位公开招考80名高层次紧缺专业人才。与区委组织部、区财政局、区人社局联合印发《关于对机构编制、财政、人力资源社会保障部门自有信息系统基础数据进行修改的通知》和《关于加快推进全区机构编制人员经费共用信息管理平台建设的通知》，率先完成全区近60个机关事业单位在职工作人员的3280条信息修改录入工作，在全市率先实现信息系统基础数据零失误。印发《日照市岚山区分类推进事业单位改革重点任务分工的通知》，共确定11项重点改革任务，明确牵头部门、参与部门和完成时限。根据区委办公室、区政府办公室《关于印发分类推进事业单位改革配套文件的通知》文件要求，制定并印发《区属从事生产经营活动事业单位转制为企业工作方案的通知》。

【事业单位监督管理】 推进公立医院法人治理结构建设工作，起草制定《岚山区人民医院章程（草案）》和《岚山区妇幼保健计划生育服务中心章程（草案）》，成立区公立医院管理委员会（简称医管委），医管委下设办公室，履行国有资产出资人举办医院职责。对2家公立医院及时组建理事会、管理层和监事会，健全了决策、执行、监督机构。6月30日，区人民医院、区妇幼保健计划生育服务中心首届理事会第一次会议相继召开，成为全市首个完成公立医院理事会组建的区县。在全区范围内组织开展编制事业单位业务范围清单工作，明确事业单位功能定位、职责任务，全面梳理事业单位承担的业务事项。将160家区直事业单位纳入绩效考核范围，同时加强考核结果的运用。未纳入考核范围的其他事业单位，实行年度履职情况报告制度。

【自身建设】 提升机关党建水平，积极推动“精编增效、服务发展”党建品牌建设和机关创新活动，创新开展“科长讲堂”，组织全办人员分两批到浙江大学参加“机构编制系统干部综合素质能力提升培训班”。扎实做好“第一书记”派驻工作，帮助帮扶村壮大集体经济。加强制度建设，依照相关法律法规，修订了《岚山区机构编制委员会办公室规章制度》。

附：岚山区组织机构设置状况

1. 区委行政机关8个，分别是中共日照

市岚山区委办公室、中共日照市岚山区纪律检查委员会机关、中共日照市岚山区委组织部、中共日照市岚山区委宣传部、中国共产党日照市岚山区委员会统一战线工作部（区民族宗教事务局、区台办与区委统战部合署）、中共日照市岚山区委政法委员会、日照市岚山区机构编制委员会办公室、中共日照市岚山区委岚山区人民政府信访局。

2. 区人大常委会所属工作机构5个，分别是日照市岚山区人大常委会办公室、日照市岚山区人大常委会法制工作委员会、日照市岚山区人大常委会财政经济工作委员会、日照市岚山区人大常委会教育科学文化卫生工作委员会、日照市岚山区人大常委会预算工作委员会。

3. 区政府工作部门24个，分别是日照市岚山区人民政府办公室（加挂人民防空办公室、区法制办公室牌子）、日照市岚山区发展和改革局、日照市岚山区经济和信息化局、日照市岚山区商务局、日照市岚山区教育局、日照市岚山区科学技术局（区科学技术协会机关与其合署）、日照市岚山区民政局（区残疾人联合会机关与其合署）、日照市岚山区司法局（加挂岚山区社区矫正管理局牌子）、日照市岚山区财政局（加挂岚山经济开发区财政局牌子）、日照市岚山区人力资源和社会保障局、日照市岚山区住房和城乡规划建设局、日照市岚山区交通运输局、日照市岚山区水利局、日照市岚山区农业林业局、日照市岚山区文化体育旅游局、日照市岚山区卫生和计划生育局（挂区中医药管理局牌子）、日照市岚山区审计局、日照市岚山区海洋与渔业局、日照市岚山区统计局、日照市岚山区安全生产监督管理局（加挂岚山经济开发区安全生产监督管理局牌子）、日照市岚山区食品药品监督管理局（加挂区食品安全委员会办公室牌子）、日照市岚山区工商行政管理局、日照市岚山区质量技术监督局、日照市岚山区综合行政执法局（加挂岚山经济开发区综合行政执法局牌子）。

4. 区政府直属事业单位6个，分别是日照市岚山区机关事务管理局、日照市岚山区粮食局、日照市岚山区供销合作社联合社、日照市岚山区招商局、日照市岚山区金融工作办公室、日照精品钢基地岚山服务中心。

5. 政协岚山区委员会所属工作机构4个，分别是日照市岚山区政协办公室、日照市岚山区学习提案经济建设委员会、日照市岚山区社会法制科教文史委员会、日照市岚山区委员联络工作委员会。

6. 日照市委、日照市政府派出机构1个，岚山经济开发区工委管委。

7. 群众团体机构3个，分别是日照市岚山区总工会、中国共产主义青年团日照市岚山区委员会、日照市岚山区妇女联合会。

8. 乡镇街道8个，分别是岚山头街道、安东卫街道、虎山镇、碑廓镇、黄墩镇、高兴镇、巨峰镇、中楼镇。

信访工作

【概况】 区信访局为区委、区政府办公室管理的正科级行政单位，根据区委办公室《关于印发〈中共日照市岚山区委、日照市岚山区人民政府信访局职能配置内设机构和人员编制规定〉的通知》，区信访局根据职能设立办公室、接访科、督查办信科3个业务科室，有在编人员12人，其中行政编制7人，事业编制（区维稳办）4人，行政工勤1人；下设岚山区维护稳定工作领导小组办公室（副科级公益一类事业单位），核定事业编制4人，在中共十九大安保维稳工作中岚山区被省委、省政府表彰为先进区县；在进京非访治理工作中，岚山区被省综治办、省维稳办、省信访联席办、省公安厅确定为无非访区县。区信访局顺利通过市级文明单位复审工作。

【信访接待】 全区共发生群众走访494起2408人次，同比上年498起2764人次起数下降1%人数下降13%，其中到区289起1845人次，与上年266起1933人次起数上升8%人数下降5%，到市144起473人次，同比上年163起751人次起数下降12%人数下降37%，到省37起52人次，比上年51起57人次起数下降27%人数下降9%，进京24起38人次，较2015年同期有所上升；群众来信105件、网上投诉123件与2015年同期179件上升27%，网上登记案件按期办结率100%，群众反映的问题均得到有效解决。

【基层基础建设】 按照省、市《关于加强信访工作基层基础建设的实施意见》，大力加强信访工作基层基础建设，建设500余平方米的信访联合接待大厅，设有信访接待窗口、视频及领导接访室、“网上信访”自助服务区。山东省网上信访信息系统覆盖全区所有乡镇街道和29个区直部门、单位，确保了信访事项网上办理。6月，投资10万余元，依托移动网络建立信访视频会议系统，实现省、市、区三级信访机构互联互通，将视频会议、视频培训、视频接访、视频会商等功能融为一体，积极打造“阳光信访”。12月23日，区信访局从区级综合办公大楼搬迁至区工商局办公楼办公，信访联合接待大厅正式全面规范启用。

【进京非正常上访治理】 按照年初区综治办、区信访联席办等联合印发的《关于切实做好进京非正常上访指标控制工作的通知》，持续扎实开展进京非访治理工作，对全区非访量化控制指标任务分解量化到每月、每季度，做到每季度或每月根据指标控制数量进行预警、通报。全区实现了进京零非访。

【信访安全保卫】 各级“两会”、党代会、“一带一路”峰会等重大会议期间，按照上级要求派出值班工作组，把好最后一道防线，值班人员24小时在岗，做到信息畅通，发现苗头及时靠上化解，在中共十九大安保维稳工作中岚山区被省委、省政府表彰为先进区县。

【信访积案攻坚化解】 区委、区政府主要领导带头包案，亲自协调，区委书记来风华先后8次作出重要批示，并多次在区委常委会上提出工作要求；区分管领导多次召开相关会议调度案件推进化解情况，并到重点乡镇现场督导调度，研究化解方案；区级包案领导多次到包联单位进行对接、协调，与乡镇街道研究化解方案，积极推进案件化解工作。成立区级专项督导组，到各乡镇街道逐一开展现场督导调度，共同分析案情，寻找突破口，并明确化解时限，做到化解一件销号一件。市交办26件信访积案，化解21件，化解率80.8%，圆满完成上级化解任务目标。

【党建工作】 把党建工作与业务工作同部署、同推进，认真落实党建工作责任制，创新工作方法，着力提升机关党建工作水平。6月，区信访局党组被区委、区政府表彰为先进党组织；区信访局机关党支部被区直机关工委表彰先进党支部。

岚山区人民代表大会

岚山区人大常委会深入贯彻落实中央、省、市、区委会议和文件精神，团结依靠全体代表，履职为民，务实创新，推动全区人大工作与时俱进。全年召开常委会会议7次，听取审议“一府两院”工作报告23项，作出重大问题决议决定24项，组织开展视察、专题询问和调研活动15次，对8个部门进行了工作评议，并成功召开岚山区第十八届人民代表大会一次会议，圆满完成各项工作任务。

【依法审议重大事项】 为促进全区经济平稳运行，听取和审议上半年国民经济和社会发展计划执行情况报告，强调加强经济运行调控，着力培育新的增长点，积极防范化解各类风险，加快转变经济发展方式。听取审议预算执行情况报告，通过《加强预算决算审查监督的决定》，建议区委出台《改进审计工作及查出突出问题整改向区人大报告的意见》，落实区委重大事项改革任务，建议区政府不断深化公共预算改革，推进审计工作及问题整改制度化、长效化。认真依法行使重大事项决定权，先后对高铁新城、绣针河及龙王河治理、官山社区等11个政府购买服务PPP项目作出决议决定，有力推动了区委重大决策部署的落实。

【开展对政府部门工作评议】 把工作评议作为优化发展环境的重要抓手，组织对人社局、国税局等8个部门单位进行工作评议，发放征求意见表210份，开展谈话118人次，推进整改问题29项，听取审议“一府两院”专项工作报告23项，形成审议意见、评议意见，及时反馈给相关部门，强化监督，为推动部门转变作风、提高效能、依法行政发挥了积极作用。

【深入基层开展调研询问工作】 区人大常委会积极开展视察调研询问工作，先后组织对大项目建设情况进行视察，对滨海旅游业发展进行调研，对全区融资平台公司进行调研，对现代农业示范基地建设情况进行调研，对海洋牧场建设情况进行调研；开展食品安全工作专题询问，听取审议区政府关于安全生产专题询问整改情况报告，对城乡环卫一体化开展视察，组织开展全区林水会战中的河道治理工作专题调研，配合市人大开展“港城环保世纪行”活动，对我区环保治理项目进行现场督查。这些调研询问工作深入基层群众，倾听群众呼声，了解群众意愿，推动“一府两院”改进工作，为区委正确决策提供依据。

【创新开展代表工作】 区人大常委会创新开展代表工作，积极组织人大代表及人大工作者的学习培训，举办市、区人大代表培训班，邀请省人大、省委党校等专家授课，代表的法律素养和履职能力明显提升；先后组织赴浙江大学开展高层次培训2期，组织赴井冈山教育基地接受红色教育，夯实代表履职思想政治基础。邀请人大代表参加调研、视察、专题询问等活动156人次，充分调动代表履职积极性。深入推进“双联双问双满意”主题实践活动，常委会组成人员分工联系代表，代表联系群众，问政于民、问效于民，让代表满意、让群众满意。区级人大代表共联系群众1982人，收集意见建议131条，为民办实事179件，充分发挥人大代表模范带头和桥梁纽带作用。扎实开展代表向选民述职工作，全区27个选区61名代表面对面接受选民监督，进一步畅通了代表与群众的联系渠道。

附：重要会议

区十七届人大常委会第22次会议 1月13日，区十七届人大常委会举行第22次会议。会议听取审议日照市岚山区第十八届人民代表大会代表资格的审查报告、区人大常委会工作报告稿；审议表决关于区级人大换届选举代表工作情况的报告，关于召开日照市岚山区第十八届人民代表大会第一次会议的决定草案，岚山区人民代表大会及其常务委员会宪法宣誓仪式组织细则草案，日照市岚山区第十八届人民代表大会第一次会议有关名单草案；表决关于接受申淑清、张锋、韩通辞去日照市岚山区副区长职务的决定草案，关于确认主任会议同意《日照市岚山区人民政府关于提请审议调整2016年收入支出预算安排的议案》的决议草案、同意《日照市岚山区人民政府关于提请审议2016年地方政府债务限额的议案》的决议草案；表决通过了人事任免事项。

区十八届人大一次会议 2月9日，在区地召开区十八届人大一次会议。会议听取和审议日照市岚山区人民政府工作报告；审查、批准日照市岚山区2016年国民经济和社会发展计划执行情况的报告与计划；审查日照市岚山区2016年预算执行情况的报告和预算草案，批准日照市岚山区区级预算执行情况的报告和区级预算；听取和审议日照市岚山区人民代表大会常务委员会工作报告；听取和审议日照市岚山区人民法院工作报告；听取和审议日照市岚山区人民检察院工作报告；选举岚山区第十八届人大常委会主任、副主任、委员，岚山区区长、副区长，岚山区人民法院院长、岚山区人民检察院检察长，表决关于设立区十八届人大各专门委员会的决定及组成人员，选举岚山区出席日照市第十八届人民代表大会代表。

区十八届人大常委会第1次会议 3月14日，区十八届人大常委会举行第1次会议。会议表决通过了区十八届人大常委会代表资格审查委员会组成人员的议案；审议通过了区人大常委会议事规则等3项制度草案；区人大常委会工作评议暂行办法草案、加强专门委员会建设的意见草案、工作要点草案；表决通过了区人大常委会关于在全区公民中开展第七个五年法治宣传教育的决议草案、《日照市岚山区2016—2020年依法治区规划》的决议草案；表决通过了关于确认主任会议同意《区政府提请审议岚山区虎山镇虎山社区工程项目政府购买服务资金纳入地方政府财政预算管理的议案》《区政府提请审议日照岚山高铁新城PPP项目政府购买服务资金纳入地方政府财政预算管理的议案》的决议草案；表决通过了人事任免事项。

区十八届人大常委会第2次会议 3月23日，区十八届人大常委会举行第2次会议。会议表决通过了人事任免事项，向被任命人员颁发任命书，并进行宪法宣誓仪式。

区十八届人大常委会第3次会议 5月19日，区十八届人大常委会举行第3次会议。会议听取审议区政府关于安全生产工作专题询问后续整改情况的报告，听取审议区人社局、岚山国税局、岚山地税局、岚山环保分局四个部门的专项工作报告并进行工作评议。会议确认主任会议同意接受王胜东辞去区人大代表职务决定，表决通过了人事任命事项。

区十八届人大常委会第4次会议 7月27日，区十八届人大常委会举行第4次会议。会议听取审议区政府关于2016年区级决算情况的报告、关于2016年区级预算执行和其他财政收支情况审计工作的报告，批准2016年区级决算；听取审议了区政府关于全区城乡环卫一体化工作情况的报告；听取审议区经信局、区教育局、区民政局、区农林局四个部门的专项工作报告并进行了工作评议。审议区人大常委会视察组关于全区城乡环卫一体化工作情况的视察报告，会后请办公室会同有关委室形成审议意见连同报告一并转交区政府研究落实。审议表决区人大常委会主任会议议事规则草案、区人大常委会组成人员守则草案、区人大常委会关于加强自身建设的意见草案、关于推进日照市岚山区第十八届人大代表小组规范化建设的意见草案、区人大代表履职考核办法草案。表决通过有关决定草案和人事任免事项，向被任命人员颁发任命书，并进行宪法宣誓仪式。

区十八届人大常委会第5次会议 11月2日，区十八届人大常委会举行第5次会议。会议听取审议区政府关于区十八届人大一次会议代表建议、批评和意见办理情况的报告，区政府关于上半年国民经济和社会发展计划执行情况的报告，区政府关于上半年预算执行情况的报告。听取审议区政府关于提请审议调整支出预算安排的议案，并作出了相应的决议。会议确认主任会议同意接受牟善宁辞去区人大代表职务的决定，表决通过关于加强检察建议工作的决议草案、关于加强预算决算审查监督的决定草案，表决通过了人事任命事项。

区十八届人大常委会第6次会议 12月18日，区十八届人大常委会举行第6次会议。会议听取审议会议听取审议了区法院关于执行工作情况的报告，区检察院关于刑事执行检察工作情况的报告，区政府关于全区项目建设线重点工作情况的报告，区政府关于全区税收征管情况的报告。听取审议区政府关于提请审议调整支出预算安排的议案、区政府关于提请审议地方政府债务限额的议案、区政府关于提请审议岚山区官山社区保障安居工程项目政府购买服务资金纳入地方政府财政预算管理的议案、区政府关于提请审议岚山区官山社区保障安居工程二期项目政府购买服务资金纳入地方政府财政预算管理的议案、区政府关于提请审议岚山区龙王河综合治理PPP项目政府付费资金纳入地方政府财政预算管理的议案、区政府关于提请审议岚山区龙王河二期综合治理PPP项目政府付费资金纳入地方政府财政预算管理的议案、区政府关于提请审议岚山区绣针河综合治理PPP项目政府付费资金纳入地方政府财政预算管理的议案，并作出相应决议。表决通过了《区人大常委会关于对法官检察官进行履职评议的实施意见》草案、《区人大常委会关于对法官检察官进行履职评议的实施方案》草案、区人大常委会关于接受丁国华辞去区人大代表职务请求的决定草案。表决通过了人事任命事项。

附：重要活动

对法院执行工作情况进行调研 4月13日，区人大常委会组织对区法院执行情况进行调研。区人大常委会副主任迟令堂、区人大法制委员会组成人员参加调研。

对前三岛海上牧场建设发展情况进行调研
4月20日，区人大常委会组织对前三岛海上牧场建设发展情况进行调研，区人大常委会主任卢祥松，副主任刘维华、慕德东，区人大常委会有关委室负责人，区人大农业与农村专门委员会组成人员参加调研。

对全区食品药品安全管理工作进行专题询问 4月27日上午，区人大常委会召开联组会议，就全区食品药品安全管理工作进行专题询问。区人大常委会主任卢祥松，党组副书记、副主任张文宣，副主任刘维华、迟令堂、慕德东及委员出席会议。

举办市、区人大代表履职培训班 5月3日至4日，区人大常委会举办了市、区人大代表履职培训班。区人大常委会党组书记、主任卢祥松，党组副书记、副主任张文宣，副主任刘维华、迟令堂、慕德东，驻岚山市十八届人大代表、区十八届人大代表区、人大常委会机关干部及乡镇街道人大秘书参加了培训。

对全区“林水会战”中的河道治理情况进行调研 6月7日，区人大常委会组织对全区“林水会战”中的河道治理情况进行调研，区人大常委会主任卢祥松，区人大常委会副主任刘维华参加调研。

对全区城乡环卫一体化情况进行视察
7月13日，区人大常委会组织对全区城乡环卫一体化情况进行视察。区人大常委会党组书记、主任卢祥松出席并讲话，党组副书记、副主任张文宣主持，副主任刘维华、迟令堂、慕德东，区人大常委会相关委室主要负责人，区人大城环委委员参加视察。

对全区融资平台建设情况进行调研 8月24日，区人大常委会组织对全区融资平台建设情况进行调研，区人大常委会主任卢祥松，区人大常委会副主任张文宣、刘维华、迟令堂参加调研。

召开全区融资平台建设情况调研座谈会 9月7日，区人大常委会组织召开全区融资平台建设情况调研座谈会。区人大常委会副主任慕德东，区人大常委会相关委室主要负责人，区人大财经委员会委员，部分市、区人大代表，相关部门、企业负责人参加座谈。

对全区现代农业示范基地建设情况进行调研 9月29日，区人大常委会组织对全区现代农业示范基地建设情况进行调研，区人大常委会党组书记、主任卢祥松出席并讲话，区人大常委会副主任刘维华、迟令堂，区人大常委会相关委室主要负责人，区人大农业与农村委员会委员参加调研。

对全区滨海旅游情况进行调研 11月9日，区人大常委会组织对全区滨海旅游情况进行调研。区人大常委会副主任慕德东，相关委室主要负责人，区人大教科文卫委委员，部分区人大代表参加调研。

开展区人大代表小组建设现场观摩会 11月23日，区人大常委会组织开展区人大代表小组建设现场观摩会。区人大常委会党组书记、主任卢祥松出席并讲话，区人大常委会副主任迟令堂，区人大常委会各委室主要负责人，各乡镇街道人大负责人，各代表小组召集人参加。

组织驻岚山的市人大代表进行会前集中视察 12月6日，区人大常委会组织驻岚山市人大代表进行会前集中视察。区人大常委会党组书记、主任卢祥松带队，区人大常委会副主任刘维华、迟令堂，区人大各专门委员会负责人，区人大常委会各委室主要负责人参加视察。

区人大常委会办公室

【概况】 区人大常委会办公室在区委和区人大常委会党组的正确领导下，全面贯彻落实党的十九大精神，认真落实区委和区人大常委会的决策部署，不断增强责任感和使命感，认真为区人大及其常委会依法履职搞好服务，当好参谋，圆满完成各项工作任务，为促进全区经济发展、社会和谐、民生改善、法治进步做出了新的贡献。

【会议服务】 全力做好区十八届人大一次会议服务工作和十八届二次会议的筹备工作。尽心尽力做好会议材料的起草，在组织领导、宣传报道、安全保卫、会场、布置、食宿安排等方面，协调相关部门通力配合，保证会议开的圆满成功。做好常委会主任会议和常委会会议的服务工作。共召开区人大常委会主任会议8次、区人大常委会会议6次，听取审议“一府两院”工作报告23项，做出重大问题决议决定19项。

【常委会服务】 区人大常委会办公室按照常委会工作要点安排，组织对教育局、地税局、国税局等8各部门进行工作评议调研，形成调研报告提交常委会审议评议时参考；组织对食品安全工作进行专题询问，查找群众关心的食品安全问题，转交政府部门办理，促进食品安全工作的开展；对全区滨海旅游工作情况、全区融资平台建设情况、现代农业示范基地建设情况、海洋牧场建设情况和全区河道治理情况进行调研，对大项目建设情况和城乡环卫一体化开展情况进行视察，配合市人大进行了“港城环保世纪行”活动，对我区环保治理项目进行了现场督查，并形成调研和视察报告共常委会会议审议参考，并在常委会会议审议后形成审议、评议意见，及时反馈给相关部门，在推动政府部门转变工作作风、提高工作效能和依法行政等方面起到了积极的推进作用。

【代表服务】 组织赴德州考察学习代表工作先进经验，制定出台《代表小组规范化建设意见》，召开现场观摩会，推动19个市、区代表小组全面提升规范化建设水平，全部达到“六有”建设标准，岚山区被确定为全市唯一的省人大常委会代表专项工作联系点。深入推进“双联双问双满意”主题实践活动，组织对“双联双问双满意”活动开展情况进行督查，经过督查，全区区级人大代表利用自身优势，通过多种形式，共联系群众1982人，收集意见建议102条，为民办实事104件，协调帮扶资金43万元，帮助困难群众新上致富项目38个，充分发挥了人大代表模范带头和桥梁纽带作用。全面开展代表述职和考核活动。有计划、分批次组织区级人大代表向原选举单位和选民亮出身份、晒出业绩、树立形象。27个选区61名代表面对面接受选民监督，进一步畅通了代表与群众的联系渠道，促进了代表履职尽责的积极性。加强代表履职考核，出台《区人大代表履职考核办法》，建立人大代表履职七项清单，对代表履职评价实行百分制计分、数字化管理。深入开展代表建议意见办理督查。建立健全“挂牌督办、分工督办、跟踪督办”的建议办理机制，改进办理方式，加大督办力度。成立由常委会领导成员任组长的督查组，对建议办理质量实行“二轮督查”，切实提高办复质量，推动建议从“答复满意”向“结果满意”转变。区人大代表提出的99件建议批评意见已全部办理完毕，关于对水产市场进行资源整合等一批代表和群众关心关注的热点难点问题得到了有效解决。

【公文处理与宣传】 做好公文收发办理工作，把好文字服务的草拟、审核关，切实做好各项重要会议的文稿起草。一年来，共起草、印发文件80份。协助常委会履行法定职权，加强规范性文件备案审查工作，推动依法行政、公正司法。年内共收到区政府报备的规范性文件4件。加强宣传工作，搭建新媒体平台，发挥“互联网+人大”优势，借助微信公众号扩大宣传范围，关注人数突破3万。在《新岚山》设立了“代表直通车”专栏，与《日照日报》建立约稿制度，全年在各级新闻媒体发表稿件120余篇。

【自身建设】 扎实推进“两学一做”学习教育，制定下发了《“两学一做”学习教育常态化制度化实施方案》，持续学习习近平系列讲话精神和治国理政新理念新思路新战略，做到从思想上政治上与党中央保持高度一致。举办专题讲座，邀请区委宣讲团成员进行宣讲辅导；落实党组织成员带头宣讲制度，常委会党组书记带头宣讲，其他干部跟进讲，确保学深、悟透。坚持党组理论中心组学习制度和机关每周五集体学习制度，积极学习党的理论和政策精神，结合人大工作实际，加强对法律法规和人大业务知识的学习，全体干部职工思想素质和工作能力不断提高。组织外出培训和教育活动，先后分两批到浙大参加全市人大干部培训班，组织到115师旧址和井冈山革命根据地进行革命传统教育，组织老干支部全体人员到沂南红石寨、青州等地考察学习，既坚定了理想信念，又开阔了眼界，增长了知识，提升了能力。

区人民政府工作

【概况】 2016年，岚山区人民政府坚持以习近平新时代中国特色社会主义思想为指导，在市委、市政府的坚强领导下，按照中共日照市岚山区委部署要求，发挥“两大优势”，突出“三个重点”，实施“两大突破”，务实担当，接力奋进，全力推动经济社会又好又快发展，圆满完成了区十八届人大一次会议确定的任务目标，实现了新一届政府工作的良好开局。

坚定不移推进发展第一要务，奋力跑出了岚山发展新速度。全年地区生产总值突破500亿元、达到538亿元，比上年增长（下同）12%；一般公共预算收入突破30亿元、达到30.8亿元，增长38.8%；实现规模以上工业增加值200亿元、增长25%，固定资产投资630亿元、增长12%，外贸进出口总值315亿元、增长17.9%，主要经济指标领跑全市、部分指标领跑全省，跻身全国综合实力百强区第93位、投资潜力百强区第73位，在争当县域经济发展排头兵征程中迈出了坚实步伐。

坚定不移加快新旧动能转换，有效激发了经济发展新活力。实施区级重点项目48个、完成投资281亿元，实施工业转型和重点技改项目42个、完成投资211.2亿元，日照钢铁精品基地、万泽丰现代渔业等11个项目被列入全省新旧动能转换重大项目库。临港产业总产值首次突破千亿元，生态高效农业、现代服务业蓬勃发展，一批新的增长点加速显现，经济发展内生动力不断增强，展现出勃勃生机。

坚定不移推进共建共享，努力实现了民

生事业新进展。组织实施为民办实事项目53个、完成投资19亿元。全区财政民生支出21.6亿元，占一般公共预算支出的81.8%。城镇居民人均可支配收入达到3.08万元，农村居民人均可支配收入达到1.48万元，分别增长8.5%、9.5%。一批事关群众切身利益的问题有效解决，人民群众得到越来越多的实惠，获得感、幸福感、安全感不断增强。

坚定不移强化责任担当，成功经受了一系列新考验。扎实开展了“突破园区、聚力招引”、贸易融资风险化解、林水大会战、精准扶贫等一系列攻坚，打好了创建全国文明城市、迎接中央环保督察、安保维稳等一场场硬仗，各项工作取得优异成绩，获得全市“突破园区、聚力招引”工作先进区、贸易融资风险化解先进集体、全省安保维稳工作先进区等荣誉，极大地提升了士气、振奋了民心，凝聚起了加快建设美丽岚山的强大合力。

【“突破园区、聚力招引”取得新成效】 园区发展能力不断增强。岚山经济开发区综合实力稳步提升，迈入全省省级经济开发区第一方阵。开展了“园区基础设施突破年”活动，编制了园区配套建设三年规划，实施重点工程13个，完成投资26.5亿元、创历年之最。钢铁配套产业园主路网及水电等设施配套到位，首次熟化出让土地688亩；木材产业园供电专线完成架设，国家级进境木材检疫除害区投入使用；化工产业园油气公共管廊开工建设，集中供汽、污水处理等工程加快推进，东区4个村庄2008户完成搬迁、西区大湖社区安置工程全面开工；中澳（日照）产业园路网更加完善，指定口岸申建取得实质性成效，冷链物流基地投入运营、对外招商取得突破性进展。盛安东水产精品加工示范园、中楼塑胶产业园加快建设，为产业转型升级和中小企业培育搭建了优势载体。

“三招三引”工作成果丰硕。新招引投资5000万元以上的项目118个，其中过亿元的33个，实际到位资金208.9亿元，“世界500强”冀中能源、“中国500强”东明石化等投资项目正式签约。健全“六个一”招商推进机制，出台了委托招商办法，聘请了招商顾问。完善了招商引资优惠政策，首次实行净地出让、差别化供地。累计外出招商290余次，成功举办了在沪老乡恳谈推介会等系列活动。积极招引优势资本开展战略合作，上海绿地顺利入驻嘉银物贸城，中天能源与金石沥青实现强强联合，中海外能源成功重组石大科技并恢复生产。完善了创新创业扶持政策，签约落地先进技术成果33项、新建科研及服务机构32家，招引创业创新团队25个、创新人才74人，引进国内外重点高等院校高层次人才72名。对上争引获批项目246个、到位资金9.5亿元。

重点项目建设加快推进。聚力服务日照钢铁精品基地建设，完成了4个环保村2108户搬迁，一期一步工程试车投产、一期二步全面开工，完成年度投资121.9亿元。泰东环保、盈达气体等配套项目加速推进，钢铁产业集聚效应初步显现。千年舟定向结构板材、聚兴聚合材料、华澳食品等项目建成投产，临港产业链条更加完善。着力推进港口集疏运重点工程，30万吨级原油、矿石码头加快建设，疏港大道西段、黄海路西延等工程顺利实施。积极服务重大交通基础设施建设，青日连铁路正在铺轨、年内与济青高铁同步建成通车，鲁南高铁完成征地拆迁、2017年建成，岚罗高速正式开工。

【产业转型升级迈出新步伐】 工业经济持续向好。年内实现规模以上工业企业主营业务收入1025亿元、利润总额91.7亿元，分别增长45%、400%。出台支持企业转型升级创新发展意见，设立了4000万元财源建设专项资金，扎实开展了企业包联走访活动。积极推动龙头企业升级发展，日钢公司第4条ESP生产线、岚桥油品质量升级等项目顺利推进。新发展中小微企业1232家、增长21.5%，高兴镇和巨峰镇入选山东特色产业镇动能转换20强。全区企业研发投入5.5亿元、增长44%，授权发明专利31件，新增高新技术企业5家。积极推进质量强区和品牌建设，新注册商标188件、培育省著名商标14件，争创山东名牌产品2个。举办政银企对接活动8次，区融资担保公司完成增资扩股。规范化改制企业23家，新增区域性股权交易市场挂牌企业6家，助企直接融资20亿元。选聘11名优秀企业家担任经济顾问，实现了政企良性互动。

现代农业提质增效。全年粮食总产量13.9万吨，新发展特色农业1.5万亩、高效节水灌溉面积1.39万亩，被评为全省首批高效节水示范县。创建市级以上农业标准化生产基地5家、养殖示范场8家，新申报“三品一标”30个。在全市率先成立区县级茶叶商会，实施了茶产业质量安全提升工程，落实绿色防控茶园面积6.7万亩，被列为全国首批茶叶标准化建设示范县、全国重点产茶县。加快“海上粮仓”建设，新发展国家级海洋牧场2处、省级海洋牧场1处。积极推进一二三产融合发展，新培育市级以上示范家庭农场5家，新增农民专业合作社39家，渔港经济区、黄海冷水团养殖等项目加快推进，农业发展活力不断增强。

特色服务业加快壮大。旅游业实现总收入9.5亿元，累计接待游客358万人次，分别增长31%、29%。实施了官草汪渔村等33个精品旅游项目，完成投资18.95亿元；新建游客服务中心20处、旅游厕所36座，A级景区实现无线网络全覆盖；成功举办“中国岚山旅游推介会”等活动，进一步打响了岚山特色旅游品牌。大力发展现代物流业，实现规模以上交通运输物流业营业总收入33.1亿元。岚山港区完成货物吞吐量1.74亿吨、增长12.7%。积极推动金融业健康发展，全力化解贸易融资风险，追回逃废银行债务涉案资产18.17亿元，重点企业重整工作有序推进。加快发展电商产业，新建农村淘宝服务点、岚商便民智慧超市64处，成功争创省级电子商务示范县。

【美丽岚山建设展现新亮点】 精品城市打造稳步推进。开工建设城建重点工程24项，完成投资52.63亿元。加快推进城中村和棚户区改造，完成了6个片区规划设计，拆迁房屋7498处，开工建设安置住房9662套。高起点规划通航小镇，建设了岚山通用机场，为多岛海片区开发注入了新动力。实施了中水回用工程，启动了西护城河环境综合治理，开展了长冶河等黑臭水体整治。完成了观海路改造及地下综合管廊建设。新建安东一路、甜园路等城区道路5条，高标准打造厦门路等城市绿道19千米、景观节点16处。城区增绿、更绿面积23.2万平方米，新增企业绿化面积15万平方米。新建公共自行车站点、公交站亭24处，争取开通了岚山至日照城乡客运公交。敷设玉泉二路等供热管网10.8千米，改善供热面积150万平方米。全面决胜创城攻坚和全国卫生城市复审，更换维修道板12万平方米、路沿石10万余米，整治生活小区89个、杂乱线路4万米；创新实施城市管理“街长制”，开展了违法建设、校园周边环境、交通秩序等专项整治，城市形象显著提升。

美丽乡村建设深入实施。高标准编制了美丽乡村标准化建设总体规划和市级示范片区规划。在全市率先启动“幸福公路”规划建设，新改建农村道路181.6千米，被评为全省城乡交通运输一体化建设工程示范区。实施了农村饮水安全巩固提升工程，48个村4.08万群众受益。完成农村改厕3.5万户，新增省级清洁能源供暖试点面积21.5万平方米。启动了虎山钢铁小镇等规划编制，巨峰镇成功入选全国第二批特色小镇。开展了乡镇驻地环境综合整治，虎山社区、滨河社区等新型社区建设顺利推进，全市最大的土地增减挂钩项目草涧社区全面建成启用。高兴镇争创为全国文明镇。在全省城乡环卫一体化、移风易俗农村群众满意度电话调查中，全年综合成绩位列“双第一”。

生态环保工作力度空前。连续三年开展林水大会战，完成年度投资6.36亿元，绿化造林2.35万亩、实施各类水利工程216处。大力开展“清清河流行动”，全面落实“河长制”，实施了巨峰河、龙王河、绣针河综合治理工程。严格管控畜禽养殖污染，关停禁养区养殖场3399家，在全省率先推行畜禽养殖废弃物资源化利用。扎实开展蓝天保卫战，关停整治矿山开采及“散乱污”企业83家，取缔燃煤锅炉170余处，空气质量不断改善，“蓝天白云、繁星闪烁”天数明显增多。积极配合上级环保督察，完成问题整改122件，关停取缔企业36家。严厉打击环境违法行为，办结各类环境信访问题585起，群众对生态环境满意度大幅提升。

【民生保障有了新改善】 脱贫攻坚成效显著。统筹推进各项扶贫政策措施落实，实现稳定脱贫3233户6656人，圆满完成年度脱贫任务。加快岚西北区域扶贫开发，实施了流域治理、电网提升、道路改造等工程。积极推进精准扶贫，投资3045万元，建设各类产业项目35个；为2820户贫困群众办理信贷资金1.41亿元；改造贫困家庭危房894户，贫困群众全部看上了有线电视、吃上了自来水；救助贫困家庭学生1725名，减免贫困群众各类医疗费用54.1万元。积极引导社会力量参与脱贫攻坚，组织众筹清洁志愿服务活动2256人次，筹集孝德基金565.7万元，接收发放爱心物资2.7万件。

民生事业持续发展。新增城镇就业3931人，转移农村劳动力2100人，发放创业担保贴息贷款4516万元。深入推进解决“大班额”“全面改薄”工作，新建校舍5.9万平方米、完成投资1.05亿元，中小学校基本实现办学条件标准化；着力提升学前教育一体化办学水平，建设幼儿园9处、新增学位1260个。建成启用了区妇保计生中心，新建改造村级标准化卫生室、“国医堂”63处，为676名白内障患者免费实施了复明手术。狠抓计生服务管理，被评为全省计划生育药具管理示范区。累计发放城乡低保、优抚安置等各类资金9182万元，改造提升乡镇敬老院、农村幸福院14处，建成启用了区流浪乞讨救助中心。区综合文化服务中心投入使用，改造提升基层文化服务中心66个。成功举办了全市老年人运动会等赛事活动，被表彰为全国群众体育先进区。

社会治理全面加强。牢固树立安全生产红线意识、底线思维，扎实推进网格化实名制安全监管、安全生产积分制管理，排查整改问题隐患8225处。深入开展化工产业安全生产转型升级、涉氨制冷企业专项整治，整顿关停问题企业106家。系统修订了覆盖全行业的46个专项应急预案，进一步完善了应急管理体系。高标准建设了“智慧岚山”社会管理大数据平台，建成启用了碑廓消防站，被评为全省综合减灾示范区。积极推进“食安岚山”建设，顺利完成省级食品安全先进区验收工作。扎实开展打黑除恶、打霸治痞、打击电信网络诈骗等专项行动，打响了“三创三推”大会战，被表彰为全省社会治安综合治理先进区。

【服务发展水平得到新提升】 深化改革多点发力。深入推进“放管服”改革，取消行政权力事项95项、无谓证明等材料56项，创新实行“容缺受理”“并联审批”，审批用时缩短到44个工作日。全面推行“五十一证合一”，承诺办理时限压缩80%。积极推进国资国企改革，完善了国有企业法人治理结构，制定了差异化薪酬管理方案，成功争引政府债券7.27亿元。扎实推进医药卫生体制改革，在全市率先组建公立医院法人治理结构，整合区镇资源建立了医疗共同体，为基层群众提供了家门口高质量就医的便利条件。农业农村、教育等领域改革均取得新进展。

依法行政深入推进。制定了法治政府建设实施纲要，全面规范政府工作规则，严格执行重大事项集体决策、风险评估和社会公示等法定程序。积极开展“七五”普法，建立了党政一体法律顾问制度，调整充实法律顾问专家26名；配置“一村（社区）一法律顾问”55名，全区421个行政村（社区）实现了法律顾问全覆盖。深化综合执法体制改革，建立了执法协调配合机制，集中划转7部门单位的450项行政权力事项。深入开展“双随机、一公开”监管，全面推行执法全过程记录等制度。出台了《加强与区人大代表政协委员联系的意见》，办理人大代表建议97件、政协委员提案106件，办复率、面办率、满意率100%。

作风建设成效明显。扎实推进“两学一做”学习教育常态化制度化，积极开展“转作风、抓落实、促发展”主题活动。出台了机关作风建设问责试行办法，问责安全生产、生态环保等方面失职党员干部158名，查处不作为、慢作为等问题16起、违反中央八项规定精神32起，给予党纪政纪处分26人。加强了公务用车、办公用房管理，大力压减一般性支出。严格落实党风廉政建设责任制，强化了政府采购、工程招投标等重要领域和关键环节的审计监管，重拳惩治群众身边的不正之风和腐败问题，营造了风清气正的良好氛围。

区政府办公室

认真贯彻落实党的十八大和历次全会精神，紧紧围绕全区“6+16”工作运作机制，着力提升“服务基层、服务群众、服务发展”水平，不断增强服务政府工作、参谋政府要务、处理行政事务的能力，有效保障全区政府系统政务工作高效有序运转。

【政务服务】 紧紧围绕区政府中心工作，强化牵头作用，高效推动全区政府系统政务工作。坚持区政府重大活动周报、日报制度，全年组织召开协调会280余次，圆满完成了全市科学发展观摩会岚山观摩，重大项目开工、省市领导莅调研等重大活动的组织协调和保障工作。围绕全区“6+16”工作部署，狠抓深度调研，重点针对省、市关于全面开展新旧动能转换重大工程相关政策，开展深入调研和分析论证，制定出台了相应保障政策。全年编印《岚山政务调研》3期、《呈阅件》4期，在市级刊物《工作与研究》发表领导署名文章1篇，调研文章受到区领导批示4次。围绕领导决策，搞好文稿服务，较好地完成了区政府重要会议等材料的起草，全年撰写审核区政府领导讲话、区政府汇报材料等各类文稿260余篇。围绕区委、区政府决策部署，强化督查督办，采取跟踪督查、立项督办和专项督查等多种形式，全年发督查通知单190个，编发《岚山政务督查》39期。办理市、区级领导批示件289个，办结率100%。围绕提质增效，抓好公文办理，起草《关于进一步规范公文处理工作的通知》，梳理规范办文程序，严格按照文电办理要求，及时、规范做好文电接收、登记、分发、传阅、督办、催办等工作，全年共制发文件340个，收办各级各类文电3600多份，审核请示报告件294个。围绕出入境服务，做好外事工作，服务办理了赴英国、法国等地参加公共支出审计、现代流通业、应急处置等精准交流活动3起，办理赢创岚星、伟业工具等企业邀请外国人入境手续3个批次，集中发放归侨侨眷身份证23个，处理涉侨法规政策和投资兴办产业咨询服务5起。

【辅助和执行政府决策】 全面推进政府信息公开，完善政府信息公开方式，全面推进财政预决算、公共资源配置、政务服务等领域信息公开，完成“智慧岚山”项目一期检测和验收工作。有序开展网站关停整合更新工作，持续开展了综合应急（110）指挥中心各系统整合，数字城管系统建设及森林防火系统建设等相关工作。不断提升议案提案办理工作质量，办理市区转交的建议提案213件，满意率100%。积极推进法治政府建设，切实做好重大决策事项合法性审查、行政权责清单动态管理、地方性法规草案审查等工作。全年受理行政复议申请13件，承办政府应诉案件4件，办结信息公开案件4件。着力增强应急处置能力，从3月10日起，历时10个月完成了47个专项预案的修编工作，是全市唯一一个完成应急预案修编工作的区县。妥善处理了“8·19岚星化工”“日钢锅炉明火”“危险品车辆事故漏油”等事件13起。积极抓好人民防空工作，依托智慧岚山平台建设，建成人防机动指挥通信系统。完成建设项目审批18项，收缴防空地下室易地建设费1410万元，发放“防空地下室易地建设许可证”18个，批建防空地下室12368平方米。

【自身建设】 深入扎实开展“两学一做”学习教育活动，坚持以党支部为基本单位、以组织生活为基本形式、以落实党员日常教育管理制度为基本依托，促进学习教育与做好当前工作两手抓、两促进、两不误。科学安排学习教育活动，大力支持干部职工参加提高学历教育和各级各类教育培训活动，继续为大家购买和订阅学习的书籍、报刊，积极组织参与各级组织的培训活动，开展业务知识轮训，组织到山钢等重点企业调研学习、到地税局等单位观摩机关文化建设，到苏州大学集中培训，拓宽了知识面。以贯彻“转作风、抓落实、促发展”主题活动为主线，全办上下严格落实八项规定，全面推进从严治党履行党风廉政建设“两个责任”落实，持续整治“四风”问题。通过开展警示提醒、定期教育谈话等方式打好廉洁“预防针”，确保了全办党员干部时时紧绷廉洁自律这根弦。利用移动OA办公系统、微信通知群等信息化平台，在“推动互联网+政务服务深度融合及应用”方面取得了新的进展。区政府机构内部网络办公自动化进程初步实现“信息共享”，“办公无纸化，管理信息化，高效协同化”取得新进步。

区级机关事务管理

【概况】 岚山区行政事务管理局属正科级全额事业单位，设办公室、行政财务科、公共节能科、房管基建科4个职能科室，下设正股级事业单位区直机关服务中心。核定编制15人，有在岗职工16人。原下属正股级事业单位日照市岚山区轿顶山生活区管理办公室因承担的职工住宅物业服务职能已进行社会化改革，由选聘的专业化社会物业服务单位承担，经区编办同意，轿顶山生活区管理办公室已撤销。

区行管局主要负责区级综合办公大楼公共部分的行政经费管理和所属后勤服务单位的财务管理；负责区级机关行政房地产的综合管理；负责对区级机关固定资产行使所有者代表的管理职能；协助领导机关做好大型重要会议和来访团体的接待服务工作；负责办公楼的治安保卫、交通安全和消防工作，配合有关部门搞好重大节日和庆典、礼仪活动的组织安排。

完成了区级综合办公楼内外维修工程、

区政府广场安防工程、机关办公用房调配、党政机关及参公事业单位保留车辆标识化管理等工作。

【行管工作】 制定下发《关于区级党政机关公车改革后保留车辆使用管理有关问题的通知》，进一步加强和规范公务用车制度改革后保留车辆的使用管理，有效解决保留车辆使用范围不明确、管理不规范、服务保障不到位等问题；按照《山东省公务用车标识化管理实施方案》文件要求，对全区党政机关及参公事业单位车改时保留的66辆机要通信和应急车辆、29辆行政执法车辆完成标识化喷涂，实现公务用车标识化管理；根据区司法局、食药局、安监局、综治中心、供销联社等单位申请解决办公用房的报告要求，区行管局严格按照《2014年党政机关办公用房建设标准》协调、落实可供使用的办公用房共计8563平方米。为确保区级综合办公楼正常运行，为驻楼干部职工提供一个舒适、安心的工作环境，行管局对综合办公楼一楼大厅进行了重新设计，拆除了原有的灯具及铝塑板，更换了538平方米集成吊顶及灯具，对楼内4931.75平方米墙壁进行清底、刮白水泥、刷乳胶漆，楼内走廊更换了1572.6平方米塑胶地板及1974米踢脚线，对楼内18间卫生间进行了全面升级改造及加装暖气片等；在广场南面设置了正门一处、东西两侧设置了两侧门各一处，正门两侧设置了同面积、同形状、同构造、同材料的门卫室、接访室各一处。综合利用绿篱、电动伸缩门、围挡等对区级综合办公楼周边实施封控管理，区级综合办公楼门禁系统及车牌识别系统，已正式启用。

【自身建设】 深入开展“两学一做”和“主题党日”学习教育活动。制定了局学习计划，每周五下午定为集体学习日，每次学习教育活动围绕一个主题，组织全体党员开展学习讨论，以期通过活动的开展进一步强化党员的党性观念和宗旨意识，激发广大党员干事创业、创先争优的热情，有效解决党员“精神缺钙”“行动乏力”的问题。同时，通过参加区直机关工委组织的干部轮训、党组书记上廉政党课、班子成员创新方式讲党课、举办道德讲堂等活动，着力提升干部职工思想政治素质；抓好机关党建工作。为切实加强党支部的思想建设，进一步坚定党员党性，加强党风廉政建设，局党支部督促党员过好“双重组织生活”，对党员包括党员领导干部从思想建设、组织建设、作风建设及其他方面等进行考核，并将该成绩作为评选优秀党员的主要依据；坚持“三会一课”制度、民主生活会和民主评议党员。注重入党积极分子的教育和培养，严把党员“入口关”，及时把那些符合党员条件的先进分子吸收到党组织中来，壮大党员队伍，年内新发展预备党员1人，预备党员转正1人。

【精神文明建设】 积极参与全国文明城市创建工作，投资6万余元在轿顶山生活区铺设了400平方米停车场道砖、投资1.2万元打造了物业办公室规范化便民服务窗口。每周定期组织干部职工到包联区域开展环境卫生综合整治活动。及时针对市、区创城办实地督查发现的问题与包联单位对接，确保整改落实到位；积极开展各类志愿服务活动，增强责任意识。成立了学雷锋志愿者服务队，在全局范围内广泛发动，积极引导，立足机关后勤服务岗位实际。深入轿顶山社区和包联社区开展了各类学雷锋志愿服务活动20余次，增强干部职工的奉献意识和责任意识，营造浓厚的道德氛围，打造文明形象，充分利用区级综合办公楼一楼大厅电子显示屏、机关食堂、办公楼楼后小花园等场所，设置了“遵德守礼”温馨提示牌，“讲文明树新风”公益广告，社会主义核心价值观、文明用餐等宣传栏、宣传版面、宣传标语。

行政审批服务

【概况】 日照市岚山区政务服务中心管理办公室成立于2002年10月，是日照市最早成立的综合审批服务机构，负责对有关部门的行政审批工作进行组织、协调、监督、管理和服务，同时承办日照市岚山区人民政府网站，负责市长公开电话岚山受理中心、岚山区长公开电话受理、人民网留言、公共资源交易工作。中心设有综合科、业务督查科、项目服务科、政府网站科、公开电话科5个职能科室与公共资源交易岚山分中心，正式编制13人。政务服务大厅常驻中心的窗口共60个，其中审批职能部门15个，投资项目咨询窗口1个，中介服务机构6个，窗口工作人员50人，进驻审批服务事项129项。公共资源交易岚山分中心于8月启用新址，建筑面积1200平方米，设有综合科、财务科、开标室、国土资源交易大厅等15个功能室，实现了网络化办公、一体化监控、数字化评标、标准化操作。区政务服务中心管理办公室被市委市政府授予“日照市创建全国文明城市工作先进集体”称号。

【行政审批服务】 编制公布第一批“零跑腿”和“只跑一次”事项清单，以公布的行政权力清单和公共服务事项目录为基础，公布第一批“零跑腿”事项26项，“只跑一次”事项98项。深化网上政务服务平台应用，提高网上全程办理率和网上申办率，网上审批事项247项，网上办理率64%。在政务服务大厅建成便民自助服务区，配备自助服务终端、自助查询机、自助电脑、打印机、智能电子样表查询系统、审批一体化智能服务系统，为办事人“最多跑一次”提供技术支持。10月，组织完成了47个单位、8个乡镇街道共1171项公共服务事项的梳理录入工作，初步实现网上预约、网上咨询、网上办结。在政务服务大厅设立快递服务窗口，实现证照统一寄送，为群众和企业办事打通“最后一千米”。实行重点项目审批服务专人代办，为经岚山区政府认定的重点项目提供“店小二”“保姆式”全程服务，至12月底已设立村级便民服务代办点422个。

清理行政事业性收费。组织开展了全区行政事业性收费（含政府性基金和专项资金）以及部门经营性收费事项清理压减工作，凡是法律法规明令取消的坚决取消、明令降低收费标准的坚决降低标准，实行动态调整。经严格审查论证，行政事业性收费（含政府性基金和专项资金）由80项减少为34项，部门经营性收费由17项减少为8项。

实行“容缺受理+模块化并联审批”，行政审批事项容缺材料进行梳理，确定全区审批事项申请材料1426项，必备事项561项，容缺项865项，容缺率达到60.7%，投资项目审批事项申请材料176项，必备材料78项，容缺材料98项，容缺率达到55.7%。进一步优化投资项目审批流程，将投资项目“容缺受理+模块化并联审批”流程确定为项目立项、用地审批、规划报建、施工许可、竣工验收5个模块，审批时限压缩至43个工作日。

实行“1+3”预审模式，联合编办、发改局制定了《日照市岚山区投资项目“1+3”预审试行办法》，投资项目立项前，由发改部门“一窗式”接收项目单位“一单式申请书”和“二合一式坐标图”预审材料后，有关部门进行同步预审，发改部门将冲突检测的预审结果统一反馈给项目单位。将项目冲突检测与评审会合二为一，把发改、国土、规划、环保等部门参与的前期预审扩大到安监、住建、水利、消防等部门。至12月底，共完成了日照市生物质循环经济产业园等29个项目的冲突检测、预审。

【公开电话办理】 会同区政府纠风办下发《关于深入推进作风建设集中整顿强化政务热线督办问责联动机制的通知》，与区检察院建立信息共享平台，重点联查联办有关责任单位该办不办、能快不快、“慵懒散漫拖”、“推诿假秀扯”等行为，以及责任单位无正当理由超期反馈、不反馈、久拖不决、文过饰非、敷衍应付和反馈办理结果弄虚作假等问题，将督办情况纳入全区目标管理绩效考核。区受理中心共受理各类办件9757件。其中，市中心转办件8776件，市长公开电话转办件8498件，市长信箱278件；区长公开电话转办件317件；人民网留言板留言664件。按期办结率97.8%，群众满意率85.63%。上报区政府紧急件6件，移交区纪委、区信访局19件。

【政府网站建设】 投资10余万元，初步完成日照市岚山区人民政府网站全面改版升级，邀请技术开发公司对各部门网站工作人员进行业务培训。升级改版后，网站栏目重新规划，版面设计更符合政府门户网站风格，功能设置更丰富，系统安全稳定性更强。6月顺利通过省政府、省发改委对网站的“双公示”信息检查。

【公共资源交易】 投资60余万元，完成公共资源交易岚山分中心升级改造，新中心建筑面积1200平方米，设有多个职能科室，实现了网络化办公、一体化监控、数字化评标、标准化操作。分中心共完成公共资源交易项目480宗（比上年增加302宗），交易金额1709616.68万元（比上年增加1475038.161万元），实现资金节约20855.017万元。

地方史志

【概况】 岚山区史志办成立于2005年5月，股级事业单位，隶属于区政府办公室；2006年升格为副科级事业单位，编制5人。岚山区史志办共有编制5人，借调2人；办公室位于岚山国土分局二楼。

【资料搜集与提报】 按要求完成《山东年鉴》《日照年鉴》2017卷供稿任务，根据省、市年鉴工作通知要求，区史志办积极联系相关业务部门，整理材料10余万字并及时上报。积极完成《日照市志》岚山部分的史料定稿工作，在前期资料编写和上报的基础上，又按照市史志办要求，多次修改、补充收集资料，提出20余条修改意见和建议。

【推进“一年一鉴、公开出版”工作】 按照区委、区政府统一工作部署，10月全面启动《岚山年鉴》2017卷编纂工作，召开由全区114个部门单位分管领导和主编人员参加的动员大会，各单位各部门组织了专门力量，按照任务分工，整理、撰写、报送本单位的入编组稿。

【推进方志馆建设】 根据区政府常务会议研究，岚山区方志馆依托岚山区双创服务中心建设项目同步推进，计划与岚山区档案馆、党史馆、方志馆“三馆合一”，在区双创服务中心七楼规划方志馆面积1000平方米。7月7日该项目完成该勘察、设计招标工作，11月4日开始进行爆破及垃圾外运，至2016年底，地槽开挖工作基本完成。

政协岚山区委员会

【概况】 区政协现设1室3委，分别是办公室、学习提案经济建设委员会、社会法制科教文史委员会、委员联络工作委员会。办公室下设综合科、信息科、机关服务中心，2012年6月在全区9个乡镇街道设立政协工作办公室（正科级）。1月，政协第十届日照市岚山区委员会第一次会议召开，选举产生主席、副主席、秘书长和常务委员38人组成常委会。

一年来，在区委的坚强领导下，在区人大、区政府和社会各界的关心支持下，区政协常委会团结带领全区政协委员，深入贯彻落实中共十八大、十八届历次全会精神，积极践行习近平新时代中国特色社会主义思想，牢牢把握团结和民主两大主题，紧紧围绕区委提出的争当县域经济发展排头兵，加快建设美丽岚山，提前全面建成小康社会的奋斗目标，认真履行政治协商、民主监督、参政议政职能，坚持把促进发展作为政协工作的第一要务，坚持把服务民生作为政协工作的主要职责，求真务实、主动作为，为助推全区经济社会强势突破、跨越赶超做出了积极贡献。

【围绕中心、服务大局，积极开展协商议政】 把握大局，积极协商议政献良策。区政协以全委会议和常委会议为依托，主动对接全区重点工作和人民群众普遍关心的热点、难点问题，开展全面协商。在十届一次全委会议上，引导委员围绕“一府两院”工作报告及其他事关全区经济社会发展的全局性问题进行集中协商，与党政领导近距离交流、面对面沟通，提出了一系列有价值、有分量的意见建议。在十届二次、三次常委会议上，精心选择重点项目推进、林水会战等课题作为协商议题，邀请区政府分管领导及各部门主要负责人通报工作情况、听取意见建议，保证了协商议政的高层面与高成效；按照“少而精、专而深、重实效”的原则，围绕园区建设、旅游发展、社会治安综合治理、环境保护、招商引资、教育工作6项课题，开展系列专题协商、对口协商、界别协商活动，参与委员150余人次，提出意见建议50余条，形成协商报告6篇，为党政科学决策提供了参考依据。其中，《关于加强全区社会治安综合治理工作的对口协商报告》受到高度重视，区委书记来风华批示：“各位政协委员围绕中心工作，积极建言献策，发挥了很好的作用。”并要求相关部门要根据报告所提建议制定落实方案，提交政府研究。

精选课题，深入调查研究建诤言。坚持“抓住重点、彰显特色、打造精品”的工作原则，围绕城市建设、生态文明建设两项课题，深入基层、深入群众、深入一线，认真开展专题调研，以问题为导向找准症结，以精准为要求提出意见，综合分析、反复论证、系统求证，形成了一系列情况摸得准、问题找得准、对策谋得准的高质量调研报告，为党委政府提供了可资可鉴的一手资料。其中，《关于全区城市建设情况的调研报告》得到广泛关注，书记来风华、区长牟伟均作出重要批示，对区政协调研工作及成效给予充分肯定和高度评价，并将报告以区委办文件的形式全文转发，要求各部门、镇办认真研读、借鉴、落实。

参与中心，主动担当作为助发展。全力服务中心工作。按照区委统一部署，围绕“6+16”分线运作机制，区政协领导成员积极参与重点工程项目包联、林水会战、脱贫攻坚、后进村转化等全区中心工作。在“茶香慢城”建设、物流产业园建设、航贸综合服务区开发建设、重点企业贸易融资风险化解等工作中，区政协领导成员以高度负责的精神，向前一步、主动担当，多次召开协调会、督导会，切实解决遇到的困难和问题，有效促进了各项工作稳步推进。主动投身招商引资。依托岚山航空小镇、巨峰特色小镇的平台优势，广泛联系、多方考察、积极招引，已取得初步成效。中国中惠小康投资管理有限公司和华侨茶叶发展研究基金会、合生创展集团等6家国有企业共同组建投资联合体，深度开发巨峰特色小镇；中国中惠小康投资管理有限公司与瞻望世纪航空集团、山河科技有限公司合作成立投资联合体，全面建设区航空小镇。2016年底，各投资方均已与区政府达成投资意向并签署框架协议。倾情助力创城工作。各位主席先后赴包联乡镇街道开展创城督导活动30余次，解决困难及问题40多个，协调专项帮扶资金50万元，有力助推了创城工作扎实有效开展。在汾水农贸市场提档升级过程中，坚持从群众需求出发，从规范管理入手，通过规划布局合理化、设施建设标准化、长效管理精细化、改造投入常态化等措施，补齐短板、完善功能、强化管理、提升品质，实现了农贸市场硬件设施和精细化长效管理同步提升，既满足了业户经营需要，方便了群众生活，又确保了顺利通过创城“大考”。

心系群众，精准包联帮扶惠民生。按照“主席包村、干部入户、委员参与”的工作思路，带动各方力量，聚集各种资源向基层村居汇集。一年来，区政协领导广泛参与产业、教育、科技、医疗、文化等帮扶活动，先后26次到各包联村调研，召开座谈会16次，协调帮扶资金93万元，积极为包联村修建和硬化街巷道路、完善文体设施、美化亮化环境，改善群众生产生活条件。发挥政协委员优势和专长，组织开展了“科技、农技、卫生”三下乡、给敬老院送温暖、为群众免费查体、捐赠扶贫等社会公益活动；在慈善助困工作中，岚山斋心慈善协会为社会困难群体捐款70万元，赢得社会各界的广泛好评。为机关第一书记驻村黄墩镇小姜家沟村筹资30万元，建成并启用冬暖式养殖大棚4个；投资7万元建设小型水利工程一处；筹资7万元，栽种绿植3000余株，安装路灯10盏，兴建健身广场1处，村容村貌焕然一新；协调包联企业岚桥集团开展访贫问苦活动，提供走访慰问资金6.4万元，为孤寡老人、困难群众献爱心、送温暖。

【拓宽渠道、注重实效，不断强化民主监督】 完善机制、创新方式，提案办理扎实有效。提案是人民政协履行民主监督职能最直接、最有效的方式。区政协按照提得准确、交得及时、办得满意的要求，完善了征集、立案、承办、考评等工作机制，确保提案征集质量和落实效果。截至12月，已立案的121件提案，全部办复完毕，实现答复率、面办率、满意率“三个百分之百”。精心遴选了关于加快巨峰镇绿茶一条街建设等10件重点提案，由主席、副主席领衔督办，收到了良好效果。创新采取了联合督查、现场督办、走访催办等办理方式，提高办理效率，增强办理实效。2015年以来，共开展海洋渔业、教育、文化旅游等方面的提案办理协商活动6次，组织政协委员亲临现场、实地考察，点对点、面对面、实打实，督促提案办好、办牢、办出成效。其中，海洋渔业类提案办理协商的相关经验，以《提案，办在海上》为题，被《日照日报》《联合日报》《大众日报》等主流媒体刊发推广，社会影响进一步扩大。

找准定位、注重实效，民主监督推进有力。协商式监督是民主监督的优势和特色。一年来，区政协坚持敢监督、会监督、善监督相统一，监督与参与、服务、支持相统一，准确定位，讲究方法，把握尺度，较好地发挥了民主监督作用。委派监督，知情充分有价值。向有关部门精心挑选推荐了50余名政协委员担任行风评议员、社会监督员、人民陪审员。他们随时了解部门动态，及时反映群众意愿，负责任地提出意见、建议，切实搞好对部门、单位的日常监督，促进了依法行政、作风改进和效能提速，营造了良好的民主监督氛围。专项监督，重点突出有成效。围绕法律、法规实施，党委、政府工作落实，重大事项和重要领域的问题，确定了环境综合整治、民生工程建设等监督议题，采取听取汇报与座谈交流相结合、查阅资料与实地考察相结合等方式，及时发现问题、提出建议，有效促进了相关问题的解决。常规监督，聚焦民生有情怀。重视发挥委员来信来访、委员举报、民主评议、电视问政、网络调查等在民主监督中的作用，聚焦委员反映集中、社会反响强烈、群众呼声较高的民生热点，组织委员们进行监督，达到了营造氛围、发现问题、鞭策整改的目的。

用心倾听、畅通渠道，社情民意言路广开。了解和反映社情民意，是人民政协履行职能的重要基础和关键环节。为进一步加强对热点、难点问题的信息搜集报送工作，区政协把收集、反映和落实社情民意贯穿于各项工作和活动之中，通过走访政协委员、召开座谈会、发放征求意见函等形式，鼓励委员广泛了解、掌握和反映社情民意，收集并积极反映群众的愿望诉求，使群众关注的问题能及时进入区委、区政府的视野。一年来，共收集社情民意信息100余条，整理上报20余条，一批事关群众切身利益的热点、难点问题得到及时解决。如关于提高环卫工人待遇方面的3条建议，区政府高度重视，研究制定了筹资方案，落实了区、镇、村三级资金保障机制，投资建设30余处环卫爱心驿站，配备桌椅板凳、热水供应等基础设施，环卫工人群体工资待遇大幅提升，休息环境有效改善。

【凝聚人心、汇集力量，充分凸显政协优势】 突出团结交流的人脉优势。加强了统一战线的广泛交流。一年来，区政协坚持以联谊活动为载体，广泛联系民主党派、工商联和无党派人士，向他们介绍区委、区政府重大决策部署和我区经济社会发展情况，积极协调各方关系，广泛凝聚各方力量，努力营造万众一心、共谋发展的良好氛围。加强了与省、市政协的纵向联系交流。市政协十届一次会议期间，组织驻岚市政协委员向大会提报高质量大会发言5篇，采用率100%；先后参加了省政协提案工作调研座谈会、市政协委员座谈会、全市教科文卫体座谈会；顺利承接了省政协副主席郭爱玲一行到岚山就齐鲁文化与“一带一路”专题进行调研；配合省政协经济委员会开展了“降低企业经营成本·大力振兴实体经济”专题调研活动，认真提报调查问卷；配合市政协就“关于进一步加强效能建设提高行政效率”开展了对口协商；配合市政协赴四川、重庆等地寻访区南下老干部。加强了与兄弟区县的横向交流。以经验推荐和工作交流为载体，组织区政协部分常委、委员及委室负责人，先后赴滨州市无棣县、德州市庆云县、深圳市福田区和云南省大理市等地进行了考察学习，学习兄弟区县的好经验、好做法，考察其他地区的新措施、新成果，增长了见识，开拓了思路。

发挥文史联谊的功能优势。珍视文史资料联通古今、承上启下、不可替代的价值，坚持发挥文史资料“存史、资政、团结、育人”的作用。以等不起的紧迫感，组织专业力量对岚山区域内现存重要古碑石刻进行了发掘、收集、抢救、整理，历时6个月，行程10000千米，两上山西、五去济南，共拓碑80余通，形成拓片100余幅，编纂了《岚山金石集》一书，委托中国古籍文物出版社印刷出版。全书分为摩崖画像石刻、铜器砖瓦铭文、人物先茔碑志、寺庙庵观碑刻四部分，全面反映了岚山古代石刻的发展成就，有效填补了全区石刻艺术的史料空白，既为保护、留存、研究历史文化遗产提供了载体，也为广大群众了解、认识、感知岚山历史文化瑰宝开辟了新的窗口。积极开展书画笔会联谊活动，先后开展了“庆两会·瀚墨海上碑”书画展、“庆祝建军90周年”书画展、“聚焦岚山新变化”书画进基层活动、“美丽岚山”主题摄影图片展、“建党96周年书画笔会”等，参展作品800余幅，充分展现了岚山书画艺术底蕴。

营造政协履职的舆论优势。在政协宣传工作中，坚持“彰显作为、营造氛围”的原则，充分发挥新闻宣传在传播政协理论、报道履职成果、展示委员形象和提升岚山知名度、美誉度中的积极作用，营造有利于岚山事业发展的舆论环境。2016年以来，先后在《联合日报》《日照日报》《日照政协》等报刊杂志发表稿件40余篇，扩大了岚山在市内外的影响。建成岚山区政协网站，运营“岚山政协”微信公众号，组建“常委之家”和“经济组”、“农业组”等10余个微信讨论群，借助网络载体，向委员们及时宣传党的路线方针政策，省、市、区委重大决策部署及区政协各项工作。既为政协委员学习交流、知情议政、建言献策开拓了新平台，也为政协工作集聚人气、塑造形象开辟了新渠道。

【固本强基、守正笃实，着力加强自身建设】 加强学习培训，充分发挥思想教育的导向作用。区政协把学习作为委员队伍建设的一项基础性工作，把提高政治站位、加强思想政治建设摆在首位，教育引导广大政协委员不断增强“四个意识”，坚定“四个自信”，始终保持政协工作的正确前进方向。针对换届后70%的政协委员是“新兵”这一具体情况，举办政协委员综合素质能力提升学习培训班，邀请省政协、省委党校的专家学者，对全区200名政协委员进行集中培训，为政协委员详细讲解“政协是什么、政协干什么、政协怎么干”，让委员们对“懂政协、会协商、善议政”有了深刻认识。组织乡镇街道政协工作办公室主任赴全国政协北戴河培训中心参加了培训，让基层政协干部零距离接触最权威的专家学者，了解最新的时事动态，聆听最深的政策解读。组织区政协常委、驻岚山的市政协委员、政协机关干部赴井冈山重温党的光辉历史，感受革命斗争精神，实地接受生动的革命传统教育和爱国主义教育，增强委员的团结意识和合作意识。组织机关干部和乡镇街道政协工作办公室主任参加了市政协在浙江大学举办的三期培训班，增强履职意识，提高服务水平。

加强制度建设，充分发挥体制机制的保障作用。按照继承性与创新性相结合的原则，重新修订完善《常务委员会关于加强自身建设的意见》《常务委员会工作规则》《专门委员会组织通则》，形成较完备的工作制度体系，使政协各项工作做到有章可循、有据可依；修订《政协第十届日照市岚山区委员会委员管理办法》《政协第十届日照市岚山区委员会委员考核办法》，对委员招商引资、服务发展、参与社会公益事业作出了明确规定，进一步增强委员的履职责任意识；编订《机关工作制度汇编》，细化了调研、接待、后勤管理等工作标准，政协机关工作的制度化、程序化、规范化水平不断提高。

加强委员管理，充分发挥政协委员的主体作用。制定《委员履职档案管理办法》，将每位政协委员出席政协会议、参加政协活动、撰写提案、反映社情民意等履职情况按年度集中汇总，作为评价考核委员履行职责、发挥作用的重要依据，进一步激发委员履职热情，调动委员参政议政的积极性。出台《委员联系工作规定》，坚持主席、副主席定期走访委员和委员所在单位工作机制，区政协领导班子成员、委室主任借助委员半年座谈会、年终座谈会等载体，组织委员开展述职评议活动，围绕本职工作、委员履职、参与社会公益活动等内容进行述职考核、量化打分，增强委员的责任意识和主体意识；同时，通过走访了解委员的学习、工作、生活情况，为委员排忧，帮委员解难，增强委员的荣誉感和归属感，强化政协组织的凝聚力和感召力。

加强自身建设，充分发挥政协机关的堡垒作用。按照区委统一部署，区政协党组和政协机关深入推进“两学一做”学习教育常态化、制度化，扎实开展作风建设集中整顿，做到学习教育与履职活动两手抓、两促进，取得了实实在在的成效。强化政协委员和机关干部教育，通过系统性学习与碎片化学习相结合，封闭培训与现场教学相结合，个人自学与联组互学相结合等多元模式，深入学习习近平新时代中国特色社会主义思想，及时抓好理论武装和观念更新，确保在思想上政治上行动上坚决同以习近平同志为核心的中共中央保持高度一致，巩固团结奋斗的共同思想政治基础。以创建忠诚、学习、服务、创新、和谐、廉洁“六型”机关为主线，扎实开展作风建设集中整顿，解放干部思想、改进工作作风、提升执行能力，严格落实中央八项规定精神和省、市、区委有关要求，机关服务和保障能力进一步增强。同时，加强乡镇街道政协工作办公室规范化建设，活跃基层政协工作，提升政协履职成效。2016年以来，各乡镇街道组织驻地委员，围绕重点工程建设、“三招三引”、城中村改造、创建文明城市、精准扶贫等事关经济社会发展大局和百姓福祉的热点难点问题，开展视察、调研、座谈等各类活动40余次，提出意见建议100余条，为促进镇域经济社会发展发挥了重要作用。

附：重要会议

区政协十届一次全委会议 1月19日至1月22日召开。会议听取并讨论区委书记来风华的重要讲话；审议通过九届区政协常委会工作报告和提案工作报告；选举十届区政协主席、副主席、秘书长和常务委员；列席区十八届人大一次会议，听取并讨论牟伟代区长所作的政府工作报告，区2016年国民经济和社会发展计划执行情况与计划（草案）的报告、区2016年预算执行情况和预算（草案）的报告、区人民法院工作报告和区人民检察院工作报告。

区政协十届一次常委会议 3月13日召开。常委会传达学习省、市政协全委会议精神；审议通过区政协工作重点、十届区政协专门委员会组成人员名单和区政协常务委员会关于加强自身建设的意见、区政协委员管理办法、区政协关于加强与委员联系工作的规定等有关规章办法，为本届政协工作开好局、起好步提供了重要的组织和制度保障，也标志着新一届政协常委会工作正式启动。

区政协十届二次常委会议 8月29日召开。会议视察了通用机场、聚兴绳业、山钢日照精品钢基地等全区重点项目建设情况，听取区政府关于全区上半年经济社会发展情况的通报，审议通过了《政协日照市岚山区委员会常务委员会关于授权主席会议对违纪违法政协委员及时作出处理的决定》，审议通过了区政协《关于全区城市建设情况的调研报告》《关于加强全区社会治安综合治理工作的对口协商报告》及有关人事事项。会议要求，政协委员要加强学习，不断提高自身理论水平、思想觉悟、政治修养和综合素质，确保建言建在需要时，议政议在点子上，监督监在关键处；要准确把握人民政协的性质定位，明确自己的职责，用足用好人民政协的政治话语权，及时准确地反映真实情况，协助党委、政府化解社会矛盾，维护社会稳定；要提高廉洁自律意识和拒腐防变能力，自觉抵制不正之风，做到淡泊名利、洁身自好、坦荡正派、乐于奉献，做一名组织和人民满意的政协委员。

区政协十届三次常委会议 11月16日召开。与会人员一行先后实地查看了龙王河综合治理工程、巨峰镇大河岭流域无性系茶树良种生产示范园、黄墩镇竹林寺流域综合治理项目、中楼镇石屋子山流域林水治理项目、中楼镇浔河峪库区移民综合治理项目，并听取相关汇报。在随后召开的常委会上，听取区政府关于区政协十届一次会议提案办理情况的通报，并对该通报进行分组讨论。

附：重要活动

省政协到岚山就齐鲁文化与“一带一路”专题进行调研 8月24日至25日，省政协副主席郭爱玲率省政协调研组到日照市，就齐鲁文化与“一带一路”专题进行调研。市政协主席王斌、副主席郇梅、秘书长孙成博陪同调研。在日照期间，调研组先后到日照港、山钢集团日照有限公司、岚桥港务公司、岚山港、海上碑等处实地调研，现场听取了各单位工作情况汇报。调研组认为，要将“一带一路”和齐鲁文化的融合推进作为一项重要战略任务来抓，深入挖掘特色文化资源，推动齐鲁文化走出去，增强“一带一路”建设的文化支撑；日照市海洋文化独具特色，要加强对海洋文化的深入研究，把文化渗透到经济发展中，让文化与商品结伴而行走出去，加强与沿线各国经济文化交流，助推海上丝绸之路建设；要注重文化与旅游、科技的深度融合，塑造特色文化品牌，提升核心竞争力，加快新旧动能转换，为建设经济文化强省做出日照的贡献。

重点项目建设情况视察活动 8月29日，区政协十届二次常委会议视察了通用机场、聚兴绳业、山钢日照精品钢基地等全区重点项目建设情况。会议认为，要牢固树立“岚山发展、责任在我”的意识，积极实践“懂政协、会协商、善议政”的要求，认真履行政治协商、民主监督、参政议政职能。

林水会战视察活动 11月16日，区政协视察组一行先后实地察看了龙王河综合治理工程、巨峰镇大河岭流域无性系茶树良种生产示范园、黄墩镇竹林寺流域综合治理项目、中楼镇石屋子山流域林水治理项目、中楼镇浔河峪库区移民综合治理项目。视察组对项目给予了充分的肯定，并认为各项目规划建设具有前瞻性、工程管理富有秩序性、干群参与富有积极性、工作成果富有实效性，要求要继续发扬不怕苦不怕累的工作作风，立足实际、发挥优势，取得更大成绩。

区政协办公室工作

区政协办公室在区政协党组的正确领导下，坚持以习近平总书记系列重要讲话精神为统领，按照区委决策部署，牢固树立“岚山发展、责任在我”的意识，积极实践“懂政协、会协商、善议政”的要求，认真履行政治协商、民主监督、参政议政职能，取得了较好成绩。

【提升站位】 一是思想境界有新提升。换届伊始，区政协办公室大力倡树“走在前列、干在实处”的实干理念，达成了“积极谋事、主动干事、努力成事”的担当共识。班子成员、机关干部和全体委员的精神面貌饱满、工作热情高涨，充满生机和活力。二是工作标杆有新提升。换届后，经过精心筹备、认真组织，高标准、高质量地召开了十届一次、二次、三次常委会议，对常委会自身建设和有关工作标准提出了严格要求。紧扣事关全局、战略、民生的重大问题选题，先后就全区社会治安综合治理和海洋渔业类提案办理、全区园区建设工作开展了专题协商，就全区城市建设情况、全区生态文明建设开展了专题调研，就全区经济社会发展情况开展了专题视察，对全区招商引资工作、全区教育工作开展了界别协商。经过反复打磨、系统求证，形成了《关于全区城市建设情况的调研报告》和《关于加强全区社会治安综合治理工作的对口协商报告》，报送区委、区政府后，得到主要领导的高度重视并作了重要批示，在全区进行转发，有关建议列入全区重点工作。三是队伍素质有新提升。3月，举办了全区政协委员参加的综合素质能力提升学习培训班；4月，组织乡镇街道政协工作办公室主任和全体机关干部到北戴河参加了全国政协第95期地方政协干部（委员）培训班；6月，组织区政协常委、住岚市政协委员和部分机关干部，分两批赴井冈山实地接受革命传统教育和爱国主义教育；7月至9月，组织机关干部和乡镇街道政协工作办公室主任分批参加了市政协在浙江大学举办的三级联训班。总结培训经验，编写了题为《岚山区政协多举措提升履职效能》的通讯稿，在《联合日报》二版头条宣传推广。通过教育培训，大家对政协“是什么、干什么、怎么干”有了较为系统的认识，履职水平和服务质量得到新提升。

【服务大局】 一是在促进经济发展上突出了主动性。围绕全区“6+16”工作机制，当“主角”不当“看客”，积极投身全国文明城市创建、林水会战、“三招三引”、后进村转化等中心工作，尤其在“茶香慢城”建设、物流产业园建设、抗运综合服务区建设、重点企业贸易融资风险化解等重点任务中，深入一线、调研督导，协调解决了一系列困难和问题。二是在精准包联帮扶上突出了主动性。为机关第一书记驻村黄墩镇小姜家沟村筹资30万元，建成并启用冬暖式养殖大棚4个；投资7万元建设小型水利工程一处；筹资7万元，栽种绿植3000余棵，安装路灯10盏，兴建健身广场1处，村容村貌焕然一新；协调包联企业岚桥集团开展访贫问苦活动，提供走访慰问资金6.4万元，为孤寡老人、困难群众献爱心、送温暖。三是在推动提案办理上突出了主动性。在121件提案中，选取党政关心、群众关注、反映集中的10件提案作为重点提案，由区政协主席、副主席分工督办。其余111件提案由区政协提案委会同区政府办公室在分管副主席指导下全面督办，多次开展视察和提案办理协商活动，促进民生问题得到有效解决。活动中采写的通讯报道《提案办理在海上》被《日照日报》《大众日报》刊发。四是在加强文史联谊上突出了主动性。组织专业力量对岚山区域内现存重要古碑石刻进行了发掘、收集、抢救、整理，历时6个月，行程10000千米，两上山西、五去济南，共拓碑80余通，形成拓片100余幅，编纂《岚山金石集》一书，委托中国古籍文物出版社印刷出版；积极开展书画笔会联谊活动，先后开展“庆两会·瀚墨海上碑”书画展、“庆祝建军90周年”书画展、“聚焦岚山新变化”书画进基层活动、“美丽岚山”主题摄影图片展、“建党96周年书画笔会”等，参展作品800余幅，充分展现了岚山书画艺术底蕴；成功举办庆两会、庆祝建军90周年、喜迎党的十九大等主题书画展，共展出字画500余幅，突出了地域亮点，彰显了文化底蕴。

【自身建设】 一是委员管理不断完善。制定《常委会工作规则》《专门委员会组织通则》《委员考核办法》等一系列规章制度，对如何发挥委员作用等做出详细明确的规定，敦促委员自我加压，负重奋进；以委员半年考核和履职档案完善为抓手，开展委员活动组半年视察座谈活动，走进基层听委员“讲故事、说心愿、提建议”，激发了委员的参政议政热情。二是机关管理不断规范。持续推进“两学一做”常态化制度化，扎实开展“主题党日”和“书香机关”等活动。坚持每周五下午开展机关“主题党日”和学习活动，先后向机关干部赠阅了路遥的《人生》和《平凡的世界》等书籍，爱读书、读好书的尚学之气蔚然成风。建立健全调研、接待、后勤管理等工作标准，修订完善《机关工作制度汇编》，保证机关干部时刻处于紧张活泼、优质高效、认真负责和积极向上的工作状态，推动了政协各项工作积极稳妥开展。

中共岚山区纪律检查委员会

【概况】 岚山区纪委机关与区监察局合署办公，下设办公室、组织部、党风政风监督室（挂区政府纠正行业不正之风办公室牌子）、信访室（挂区国家行政机关工作人员违法违纪举报中心牌子）、案件监督管理室、第一纪检监察室、第二纪检监察室、第三纪检监察室、案件审理室等9个部室。有在编人员56人，其中区纪委机关行政在编31人、工勤2人；下属事业单位区廉政教育中心在编9人、人才招引试用期2人；区纪委派驻机构行政在编10人；区委巡察办行政在编2人。区纪委被市委、市政府表彰为日照港整顿改革工作先进集体。

【纪律审查】 全区共受理信访举报135起，同比下降25.4%，初信初访办结率98%以上。约谈党员干部266人，诫勉谈话19人，谈话函询18人。立案202件，同比增长56.6%；给予党纪政纪处分180人。查处原区林业局和区人社系统腐败案件，涉及党员、公职人员32人，其中区管干部11人，移送司法机关9人。区人社系统腐败案件剖析报告在全市通报，市委、市政府和市纪委主要领导分别作出重要批示，要求各区县组织对人社系统社保资金、就业培训资金等进行一次彻查，全市人社系统对制度、规范、流程进行一次集中整顿，政治效果、社会效果、法纪效果明显。

【整治群众身边的不正之风和腐败问题】 围绕群众反映强烈的突出问题开展专项治理，对扶贫领域、农村集体“三资”管理等方面存在的问题由区纪委提级查办，发现一起，处理一起。全区共查处群众身边的不正之风和腐败问题57起，给予党纪政纪处分50人，同比分别增长256.3%和212.5%。

【巡察工作】 加强组织建设，打造巡察铁军。6月上旬，实现巡察机构、编制、人员、办公地点、制度建设“五到位”。先后分两轮对区林业局、区综合行政执法局及区卫计局、区农林局、区海洋与渔业局、区政务服务中心、区住建局、区民政局、区食药监局、区质监局等10个区直部门党组织开展巡察，发现问题线索55条，立案审查10人。针对首轮巡察发现的共性问题，召开全区集中反馈整改大会，压实各级党组织从严治党政治责任，推动巡察发现问题全面整改。

【追责问责】 10月26日，岚山区召开扶贫领域监督执纪问责工作视频会议，传达学习中央、省、市纪委关于扶贫领域监督执纪问责工作推进会精神及有关工作方案，下发《关于开展全区扶贫领域重点问题专项督查的通知》。健全问责制度，突出问责重点，制定《岚山区机关作风建设问责办法（试行）》，明确问责范围、情形、方式和程序，对落实管党治党责任不力，不作为、慢作为、乱作为等问题严肃问责。共问责党员干部158名，其中问责扶贫领域18人、环保领域19人、安全生产领域7人。将“关键少数”纳入重点问责对象，有13名区管干部因落实主体责任不力被问责。

【推进国家监察体制改革试点工作】 整合行政监察和检察机关反贪、反渎、预防职务犯罪等职能，扎实推进国家监察体制改革试点工作。加强与组织、编制、检察院等单位的沟通联系，摸清摸准转隶家底，完成人员转隶工作。

【作风建设】 为适应新形势下的纪检监察工作，进一步提高纪检监察干部能力和素质，2月27日至28日，区纪委举办“四强四比”主题实践活动暨纪检监察干部集中培训，全区纪检监察干部参加了培训。7月15日至29日，区纪委组织全体机关干部，分两批赴西北政法大学参加司法监察体系改革业务培训班，为做好监察体制改革工作提前储备法律知识。常态化开展察访，共查处违反中央八项规定精神问题32起，给予党纪政纪处分26人。严肃查处不作为、慢作为、乱作为等问题16起，给予党纪政纪处分11人。坚持用通报曝光传导压力，下发通报31期，点名道姓曝光50人，形成有力震慑，党风政风不断好转，群众满意度明显提升，第四季度实现“零投诉”。对察访发现的5大类17项问题，专门制作《岚山区作风建设察访录》曝光片，在全区作风会议上播放，对涉及的当事人不打马赛克，让真人实事彻底曝光。全区作风建设做法和取得成效分别在《人民日报》头版、《大众日报》县域版和《日照日报》头版刊发，得到市领导充分肯定。2月10日，市委副书记、市长齐家滨就岚山区加强作风建设工作专门作出批示，安排在全市推广学习。

【重要会议】 1月16日，区委常委、区纪委书记齐福禄在中国共产党日照市岚山区第十四次代表大会上作题为《忠诚履职，勇于担当，为岚山经济社会发展提供坚强纪律保障》的书面报告。2月27日上午，区纪检监察干部培训班举行开班仪式，区委常委、区纪委书记齐福禄出席并讲话。区委常委、纪委书记、区委巡察工作领导小组组长齐福禄对首轮巡察梳理出来的6个大类23个方面共性问题进行通报。

11月18日，中国共产党日照市岚山区第十四届纪律检查委员会第三次全体会议举行。出席全会的区纪委委员23人。会议由区纪委常委会主持。区委常委、区纪委书记齐福禄同志作了讲话。

人民团体

RENMIN TUANTI

岚山年鉴

工会工作

【概况】 岚山区总工会设办公室、综合部、职工服务中心（事业），下属事业单位职工服务中心，在编6人。按照中央“去四化、强三性”的要求，区总工会认真贯彻落实全国、省、市总工会的决策部署，以工会改革为契机，加大创新力度，在提高履职水平、引领提升职工思想道德、组织动员职工建功立业、维护职工合法权益、服务职工群众上下功夫，推动全区工会工作再上新水平。

【基层工会规范化建设】 加强工作力量，着力规范基层工会组建工作。在乡镇街道开展工会规范化建设年活动，实施“一镇一亮点”计划，新招聘社会化工会工作者3人。加强工会干部培训力度，9月邀请省专家进行授课，通过培训、经验交流提高工作水平，使8个乡镇街道总工会全部达到规范化，开展“四双”活动的基层工会组织达到78%，71%以上达到“六有”标准。10月31日，市委组织部、市总工会联合下发了《关于“党建带工建、党工共建”建设“三有一强”非公有制企业党组织和工会组织的实施意见》，区委书记来风华在开展党工共建上，作出了“可先行试点，摸取经验后面上推开”的批示。11月13日，区委组织部、区总工会联合发文，并召开专题会议进行安排，在每个乡镇街道打造了示范点。12月22日，区委组织部、区总工会联合召开全区党建带工建、党工共建现场观摩会，区委常委、组织部部长周升元作了讲话，有力地推动了工作的开展。

【加强职工思想引领】 精心选树先模人物，弘扬劳动精神。开展岚山区“最美职工”评选活动，评选出“最美职工”奖及提名奖各10名，进行隆重表彰。向上级推介了一批先模人物，1人被授予“富民兴鲁劳动奖章”，2家企业被授予“市五一劳动奖状”，2个班组被评为“市工人先锋号”，11人被授予“市五一劳动奖章”。举办全区劳模座谈会活动，组织15名各级先模人物代表到山钢等大项目建设现场观摩。劳动节期间，在《新岚山》等媒体对先进人物事迹进行了集中宣传，营造“劳动光荣，创造伟大”的热烈氛围。

常态化推进职工文化企业文化建设，开设微信公众号“岚工之家”，扩大了工会宣传阵地。巩固企业文化职工文化星级创建活动成果，在通过市三星级以上文化企业验收的16家单位中开展“五个一”活动，在其他企业中常态化推进企业文化职工文化星级创建活动。10—11月，组织全区“中国梦·劳动美·岚山情”主题演讲比赛、摄影大赛2个活动，全区各单位选拔了26人参加演讲，报送摄影作品100余幅。选送2个节目参加全市职工庆五一文艺展演活动，选拔3名选手参加市总工会组织的演讲比赛。

【服务全区重点工作】 积极参与“创城”行动，包联官草汪居、甜水河居和平岛路，前后投入专项资金8万余元，全力辅助开展平岛路“六清”整治、违章建筑拆除、绿地补建修复、三线整治等，组织职工志愿者到包联区域开展卫生清扫等活动35次，发放倡议书1万份，号召广大职工广泛参与到“创城”行动。助力扶贫攻坚。开展“绿化厂区·美丽家园”主题活动，下发文件号召企业及职工参与，积极开展厂区绿化。3月，联合区经信局、区林业局开展了“我为美丽岚山添新绿”植树造林活动，组织工人志愿者200余名义务植树1000余株，全区300余家企业5000多名职工投身全区绿化美化家园活动中，共栽植树木4万余株。7月12日，组织近千名职工开展了“爱心募捐”活动，捐赠衣物、文具、电器等1000余件，很多职工购买了全新物品，成为区“爱心超市”的首批物资。严格落实“1+1”包联贫困户工作，包联干部定期入户走访，春节、端午、中秋等节假日为他们送去米面油等生活物资和帮扶金，并帮助解决实际困难，年底包联的5个贫困户全部实现了脱贫。

【发挥职工主力军作用】 广泛开展群众性技术创新活动，以提升职工技能素质、推动企业技术创新为导向，开展合理化建议、金点子工程、劳动竞赛等群众性技术创新活动，推荐6项合理化建议（金点子）参加全市工会系统的征集申报。改进劳动和技能竞赛体系，制定《日照市岚山区职业技能竞赛管理办法（试行）》，并争取市、区人社部门支持，把区级职业资格竞赛标准提高到四级，对符合国家职业资格标准的选手技术晋级可到三级工。联合有关部门，相继开展了全区基层中医药适宜技术技能竞赛、家畜繁育员技能竞赛、岚山区第一届职业技能大赛。开展重点工程项目劳动竞赛，围绕全区6+16工作线，筛选10个重点工程项目作为示范性竞赛项目，助推项目工程顺利进行。积极推进技能人才作用发挥，在黄金海岸装卸工程有限公司建成市级“成文劳模创新工作室”，带在全区建成“劳模创新工作室”市级4家、区级8家。持续开展支持工友创业行动，在岚山区农村淘宝电商——岚商电子商务公司创建工友创业园，帮助各乡镇建设农村淘宝运营站点，帮扶下岗职工、大学生创业；对岚山地方特色产品统一注册“岚品汇”，引导创业者注册品牌，发展海产品加工。向已建设的3个“工友创业园”投入5万元扶助资金，保障其健康发展。“工友创业园”共扶助50人自主创业，带动450余人实现就业。

【维护职工合法权益】 开展劳动保护培训。9月组织全区工会干部、班组长等参加的工会劳动保护培训班，邀请省安全专家授课，

93人参加了培训，74人取得劳动保护监督检查证。发动职工查找身边隐患，联合区安监局、区经信局开展“查保促”群众性安全生产活动，在区政府安全生产工作会议上，7个单位和10名个人受到表彰。7月14日召开全区化工行业“查保促”活动专项行动动员部署会议，瀚坤能源和岚山孚宝作了典型发言。12月，联合区安监局出台了《关于深化查保促活动暨推广应用“一法三卡”工作法的通知》，在全区高危行业、重点领域推广开展“一法三卡”工作法，打造试点企业12家。至年底共培养广信化工公司、岚桥集团公司、黄金海岸公司、万泰装卸公司、瀚坤能源公司、金石沥青公司、维恩物流公司等“查保促”活动示范企业，全区参加活动企事业单位达716家，其中非公企业665家，参与活动职工44674人。1—12月，共纠正违章行为2234次，查找事故隐患242起，提合理化建议1936条，创经济效益917万元，接受安全培训23900人次，开展安全宣传活动单位732家。7月、11月省“查保促”活动督导组两次到岚山区进行督导，对全区“查保促”活动给予肯定。

组织开展“安全生产月”系列活动，6月根据区安委会的部署，组织全区667家企业开展家属安全生产叮嘱、“安全隐患排查治理月”宣传等活动。7月12日组织了全区职工安全生产知识竞赛，8个乡镇街道代表队和港口企业、石油化工2个行业代表队参加。拓宽职工参与民主管理渠道，开展“推行协商民主、强化社会责任”品牌创建工作，落实职工民主管理“1+3+X”各项措施，推广厂情发布会、OA办公系统、微信公众号、总经理信箱等厂务公开途径，在100人以上非公有制企业、事业单位和所有国有企业中推广建立工会与行政沟通协商机制，全区职代会建制率、厂务公开建制率、职工代表培训率全部达到100%，42个单位建立了工会与行政沟通协商机制，国有企业、100人以上事业单位建制率达到100%，100人以上非公企业建制率达到75%。

在全区企业继续推行工资集体协商工作，深化工资集体协商1+5模式，推行“行政和工会共同运作、职工参与”的工资协商工作格局。聘用工资集体协商指导员3名，点对点指导培育华美食品、瀚坤能源等4个示范点，7月组织各乡镇街道、直属企业工会主席在瀚坤能源公司召开全区工资集体协商工作现场观摩会，以点带面进行推广。下发《山东省企业工资集体协商条例》，通过网站、微信等进行宣传，较好地推动了工资集体协商工作的顺利进行。新签订工资集体协商合同796份，全部经人社局备案。

【构建职工服务体系】 继续推进“区-镇街-大企业（社区）”职工服务三级网络建设，完善各级服务站功能。区服务中心以困难帮扶和会员管理为主，同时以购买服务的形式与心理咨询师、法律事务所、海洋工程学校等合作，实现心理咨询、法律咨询、职工培训等功能。推进连心关爱工程，严格落实困难职工精准帮扶，建立和完善困难职工动态管理制度。对困难职工家庭情况进行现场入户调查，对困难职工家庭做到一户一档案，实施四季关爱行动，随时接受困难职工来电来访，及时帮助协调、解决有关困难。认真落实春送岗位、夏送清凉、金秋助学、冬送温暖各项活动，8月26日开展“金秋助学”活动，资助困难职工子女45人，发放助学金13.1万元。为全区130名困难职工建档立卡发放救助金30万元，申报3名省部级困难劳模救助金2.4万元。全年累计发放慰问金45万余元。8月到山钢公路建设工地、岚桥石化项目部、环卫、交警、创城一线等开展了送清凉活动。

落实职工疗养制度，10月组织50名优秀一线职工到德州进行疗养。开展“妈妈小屋”建设工作，关注“二孩”新政下“四期”女职工的需求，推进公共场所和有5名以上哺乳期女职工的用人单位建成标准化“妈妈小屋”12家，其中公共场所3家，区总工会以以奖代补的形式对建设单位发放补贴3万元余元。

共青团工作

【概况】 共青团岚山区委内设办公室、综合部2个科室，下设青少年服务中心一个事业单位，有在编人员4人。团区委紧扣全团“四维”工作格局，聚焦深化改革，大力推进全面从严治团，主动作为，务实创新，努力推动团的各项工作取得新发展，被评为“市级五四红旗团委”“全区目标管理绩效考核先进单位”。

【聚力服务青年】 加强思想政治引领，全区各级团组织先后举办“青春喜迎十九大　不忘初心跟党走”入团仪式集中示范活动、“喜迎十九大　我向习爷爷说句心里话”入队仪式、“不忘初心跟党走”成人礼等活动。开展“我们是共产主义接班人”“红领巾相约中国梦”系列主题教育实践活动200余次。深入开展“我为社会主义核心价值观代言”等主题团队日活动，常态化开展“我们的节日”“美德少年”“国学达人”挑战赛等活动。加强网络思想引导，推进“网上共青团”建设，发挥“岚山青年”“青年之声”等官方微信平台的集群效应，全年编发网络信息800余条，吸引粉丝1.2万余名。深化青年网络文明志愿行动、“青年好声音”网络文化行动，营造清朗网络空间。服务青少年健康成长，先后组织举办“相约圣公山·情定三月三”单身青年交友公益活动、“青年之声·最美好的时光”单身青年联谊会等活动10余次。继续开展“绿橄榄”关爱行动，联合预青专项组成员单位开展青少年法制宣传教育系列活动20余次。围绕“扶持引导青年社会组织健康有序发展”主题，积极开展“共青团与人大代表、政协委员面对面活动”，发挥代表、委员作用，就扶持引导青年社会组织健康有序发展建言献策。深入推进青少年毒品预防教育工作，打造2处团属青少年禁毒宣传教育阵地。全面推进“青年之家”建设，全区已建成12处“青年之家”，先后开展了“文明创建　青春同行”、青年创业培训等各类活动60余次。深化团银合作，与区农商行实施“贷动青春”创业优惠贷款工程，为全区309名创业青年提供近1.6亿元的贷款授信。开展农村青年创业致富主题行动，在政策宣讲、融资扶持、导师指导等方面给予服务支持。积极发挥青年创业基地“电小青之家”、岚山科技孵化器电商创业园等重要平台载体作用，为青年提供就业创业机会。

【服务中心工作】 积极参与“突破园区　聚力招引”，围绕“三招三引”工作要求，与山东科技大学材料学院进行对接，推动与中楼镇晨晖橡塑制品公司合作共建科研服务机构。抓好园区团建和企业团建工作，在全区“两新”组织中开展“一带双促”活动，推动落实党建带团建工作，重点打造岚桥集团、鲁圣集团等“两新”组织团建示范点。支持参与生态岚山建设，开展“林水会战青春建功·生态岚山青年先行”主题系列活动，组织5000余名团员青年参与义务植树活动50次，植树面积600余亩；广泛开展“小手拉大手·共筑碧水蓝天”行动，先后组织各中小学校开展了抵制燃放烟花爆竹、植绿护水齐动手、抵制秸秆焚烧、环保宣传等系列主题活动260余次；启动“农村好青年美丽文明行”活动，成立“好青年”志愿服务队，开展城乡环卫一体化、移风易俗宣传等志愿服务活动60余次；参与“清清河流行动”，招募100余名志愿者开展水质监测、垃圾清理、文明劝导等护河活动。聚力脱贫攻坚，推进“青春扶贫行动”七大项目，以志愿服务为抓手，以扶“困”、扶“爱”、扶“心”为主要内容，深入开展“牵手关爱”“金晖助老”“农村贫困中小学生健康成长工程”“希望工程·圆梦行动”“牵手扶贫·众筹清洁”等各类扶贫救助活动，积极牵头或参与打造“共青团小草学堂”“青年之家”“爱心超市”等扶贫阵地28处。实施“青春扶贫　益暖齐鲁”贫困青少年关爱项目，引入星光社工机构对社区建档立卡贫困青少年开展心理咨询、课业辅导、自护教育等服务。据统计，全区共有2300余名青年志愿者参与各类扶贫志愿服务活动，帮助800余名贫困群众在物质、精神方面实现早日脱贫。大力助推文明城市创建，围绕创建文明城市开展志愿服务专项行动，联合区文明办举办“美丽岚山　志愿之城”志愿服务活动启动仪式，规范完善各类志愿者队伍，推动志愿服务工作持续健康发展。先后联合区文明办、区交通运输局、岚山交警大队等部门召开4次全区性创城青年志愿者培训工作会议。开展全区重点创城志愿服务站（岗）督导工作21次。创城期间，积极发动2万余名青年志愿者参与创城集中整治义务劳动、“礼让斑马线　我为你点赞”文明引导、城区重点志愿服务站（岗）执勤、公交站牌志愿服务引导、志愿服务进社区等各类创城志愿服务活动3000余次。组织500余名志愿者服务“七彩海洋”海洋采摘节、日照市第二届老运会、海钓节等全区重大赛事活动，展示了岚山青年志愿者良好精神风貌。

【全面从严治团】 从严管好团干部队伍。扎实开展直接联系青年工作，定期组织团干部到所联系的学校、社区、企业、社团开展工作，积极做好调查研究，及时传达上级共青团改革和有关会议精神，征集联系单位的党政领导、团干部、团员青年代表等多层面人员意见建议480余条。指导联系海洋工程学校、岚山区社会组织创业园打造团建示范阵地，星光社工机构科学设计扶贫关爱进社区项目，找准推动共青团重点项目在基层落地落实的有效路径，不断增强联系青年实效。常态化运行“1+100”团干部联系青年制度，使共青团成为联系服务青年的坚强堡垒。从严管好团员队伍。深入开展“一学一做”教育实践，在全区层面召开动员部署工作会议，成立督导组，督导8个乡镇（街道）团委及597个团支部按照时间节点做好学习教育、组织生活、实践活动三方面工作，实现教育实践动员到支部、传达到团员。严格落实好“三会两制一课”制度，全面推广实施团员发展管理工作新模式，重点突出团员“思想、制度、组织、队伍”四项建设，通过入团积极分子“三三制”考察办法、团员发展管理“七步法、十规范”等制度措施，加强团前教育、推优入团和团队衔接工作，不断完善团员组织关系转接管理办法，做好档案留存，有效地控制了团学比例，提高团员发展质量。从严管好团的组织。做好乡镇街道团委换届工作，通过动员发动、争取支持、靠上指导、严格程序，选举产生了乡镇街道团委书记8名，副书记41名。把握全区村和城市社区两委换届契机，指导村（社区）团组织圆满完成换届选举工作，进一步夯实基层团组织建设。

【深化共青团改革】 先后到全区部分乡镇街道、机关、学校、企业及社会组织，直接联系团干部和团员青年300余名，广泛征求对区共青团改革的意见建议。外出学习考察共青团改革试点地区先进经验做法，结合岚山实际进一步明确区共青团改革重点。建立改革台账，明确改革目标、工作进度、牵头和责任单位。以乡镇（街道）团委换届为契机，推动落实全区基层团组织机构设置、人员配备、经费保障的相关规定。优化机关工作机构和职能，积极争取设立了直属公益一类财政拨款事业单位——岚山区青少年事务服务中心，增加事业编制2名，增强了机关工作力量，中学共青团、少先队改革方案开始实施。

妇联工作

【概况】 日照市岚山区妇女联合会内设办公室、综合部2个职能部室，设行政人员编制3人，工勤人员编制1人。在编3人，其中主席1人，副主席1人，副主任科员1人。基本职能：代表和维护妇女权益，促进男女平等。先后获全市妇女儿童工作先进集体、全区目标管理绩效考核先进单位等荣誉称号。

【基层组织建设】 下发《关于做好全区村（居）妇代会改建妇联及社区妇联换届工作的通知》，启动村居“会改联”及社区妇联换届工作，有238个村居完成“会改联”工作，31个社区完成妇联换届。联合区委区直机关工委下发《关于建立健全区直机关妇女组织组成人员的通知》，充实理顺区直机关57个妇联组织。联合区委组织部印发《关于进一步做好“两新”组织妇女组织建设工作的实施方案》，采取“建、联、挂、靠”等方式，加大“两新”（新经济、新社会）组织妇女组织组建力度，全区所有符合条件的“两新”组织（从业妇女3人以上），全部建立妇女组织，实现“两新”组织妇女组织的全覆盖。坚持选派妇建指导员制度，指导妇女组织的建立、规范和服务。加强对妇联干部的教育培训，提升妇联干部理论素养和工作水平。

【巾帼扶贫行动】 为实现贫困户物质脱贫和精神脱贫同步推进，区妇联创新开展“牵手扶贫·众筹清洁”志愿服务活动，制定《岚山区“牵手扶贫·众筹清洁”志愿服务活动实施方案》，在全区8个乡镇街道广泛发动妇女群众，成立志愿者队伍260余支，参与妇女800余人，到500余户贫困户家中开展卫生清理、心理疏导、理发、查体等活动，以实际行动教育、引导贫困群众树立正确观念，主动改观生活环境和精神面貌，有效破解后扶贫时代精神脱贫难题，此项目被评为全省最佳志愿服务项目。实施“岗村共建”项目，组织巾帼文明岗和女企业家与贫困村共建，对贫困村妇联班子进行信息、政策、资金等扶持，在巨峰镇石桥村、张家沟村，黄墩镇南塔岭村建立了3处巾帼爱心扶贫基地，投资3万元为所在村的爱心食堂配备了冰柜、洗衣机、蒸车、消毒柜等物品，切实为贫困村困难群众解决实际困难。

【“美丽庭院”建设】 组织发动妇女干部、妇女群众积极参与“美丽在乡村、巾帼在行动”活动，统一制定“美丽庭院”标准，要求各村妇联每月两次固定时间对各户房前屋后卫生、家庭环境卫生等方面进行入户检查打分，打分结果在村务公开栏内张榜公示，以此督促各户形成习惯。成立“岚山妇联”微信群，各村妇联将妇女参与活动情况、检查打分情况及时在群内交流，互相学习。积极发挥“舞前聊吧”宣传作用，每天晚上广场舞前，对“美丽乡村”建设相关政策、要求进行宣讲。

【文明家庭创建】 扎实开展文明家庭创建、“传承好家风好家训”活动、寻找“最美家庭”活动。开展“书香家庭”创建，倡导亲子共读，通过妇女之家、妇女儿童家园、留守儿童活动站等阵地建设，为妇女儿童提供阅读方便。加强“平安家庭”建设，以家庭平安促进社会稳定。“三八”节期间，区、镇妇联组织表彰各类文明家庭、好婆婆、好媳妇2000户（名），对文明家庭、最美家庭、好婆婆、好媳妇等先进典型进行大张旗鼓的表彰宣传。

【“新农村新生活”培训】 立足妇女群众需求，深化“新农村新生活”培训，培训重点以家居生活、伦理道德、亲子教育、身心健康、移风易俗、安全防护、反邪教反毒品等方面为主，帮助广大农村基层干部和农民群众提升文明素养、改进生活方式、提高生活质量，推动乡村文明行动向纵深拓展。开展家庭教育培训，深化“智慧妈妈”家庭教育志愿服务活动，招募家庭教育志愿者84名，开展家庭教育志愿讲座40多期，培训家长近万人次。开展文体培训，指导有条件的村居社区都成立巾帼文明队，开展广场舞等文体娱乐活动，4月30日，举办全区“争当排头兵、巾帼展风采”广场舞大赛。开展创业培训，联合区人社局在各乡镇街道开展巾帼电商创业培训，引导妇女参与互联网创业，提高增收致富的能力，共举办培训班9期，培训农村贫困妇女285人。

【关爱妇女儿童】 在中楼、黄墩、高兴3个乡镇开展农村妇女“两癌”免费筛查工作，保障农村女性健康，共查体8146人。“三八”妇女节期间联合区人民医院对全区300名村妇联主席进行免费查体，联合区妇幼保健院对区直部门、企业近千名女职工进行查体。开展贫困妇女儿童捐助活动，争取各类捐款10万元，捐助贫困妇女44名、贫困儿童107名。春节前夕，为100名建档立卡贫困妇女发放母亲邮包（内有毛巾被、围巾、羽绒马甲等生活用品）。争取上级资金30万元，在碑廓镇碑廓社区建设省级妇女儿童家园1处，在中楼镇、黄墩镇、巨峰镇建设市级留守儿童活动站4处，配齐电脑、电视、书桌、图书、儿童文体用品等物品，配备志愿者，开展丰富多彩的活动，服务农村、社区妇女儿童。

日照市岚山区工商业联合会

【概况】 成立行业商会1个，提交团体提案3个，完成乡镇、街道基层商会换届工作。培训非公经济代表人士500多人次，非公经济人士积极参与“民企帮村”等公益、光彩事业捐款捐物累计超过212万元。

【非公经济人士理想信念教育】 先后到20余家企业进行专题调研，组织召开了由经信局、科技局、人社局等单位参加的座谈会，积极构建适合岚山实际情况的“清”“亲”新型政商关系。先后抽调3名宣讲业务骨干，到8个部门单位、6家区规模以上重点企业和5个社区村居进行宣讲，共举办12场，集中听讲企业干部职工达500余人。

【基层商会建设】 1月13日，区工商联第五次会员代表大会召开，在全市率先完成区县工商联（商会）换届工作，选举产生第五届执行委员会主席、副主席、秘书长。12月，全区8个乡镇街道全部完成换届工作。10月25日，成立全市首家区县级茶叶商会，为广大茶叶产业企业搭建了行业自律、抱团发展、做大做强的平台。12月22日，注册成立日照市岚茶茶业有限公司，为实现岚山茶企规范化、品牌化、集团化的目标走出新路子。

【民企帮村工作】 区工商联具体联系巨峰水洪沟村的帮扶，百川机械工程有限公司在该村投资500万元的标准化茶叶加工厂“海川茶业”已完成了主体建设，投产后将基本解决该村的贫困人口脱贫。组织全区有关企业参与扶贫，共进行帮扶200余万元。

【经济服务工作】 5月以来，区工商联负责具体落实包联的2家重点企业工作，每月进行一次走访调研，并将有关问题及时向上级和相关部门进行汇报转交。共帮助重点企业解决困难2项，转交相关部门问题1项，为企业发展解除了后顾之忧。

民主党派

MINZHU DANGPAI

唐山年鑑

中国国民党革命委员会日照市岚山支部

【概况】 中国国民党革命委员会日照市岚山支部（简称民革岚山支部）成立于2012年7月，5年来共发展民革党员6人，有预备党员3人，其中研究生学历3名，本科学历3名，现任副处级以上干部1人，科级干部2人和企业界代表人士3人，6人曾任或现任市人大代表和市、区政协委员，女党员占50%。

【民革岚山支部换届工作】 10月，民革岚山支部顺利进行了组织换届，换届后的民革岚山支部，继续发扬对民革事业充满热情、无私奉献的优良传统，团结带领民革党员，牢牢把握中心工作，大力加强参政能力建设，不断加强自身建设，全面提升综合素质，为加快建设美丽岚山、争当县域经济发展排头兵，决胜全面建成小康社会做出新的贡献。

中国民主同盟岚山支部

【概况】 民盟岚山支部成立于1997年6月，2016年有盟员13人，科技以上干部3人，高级工程师3人，高级教师2人，工程师、副主任医师、经济师、书画鉴定师、国家二级演员各1人，企业负责人3人。

【创新知行同心“六个一”工程】 岚山支部创新知行同心“六个一”工程，充分发挥民盟盟员的人才力量，将支部盟员分成公益爱心盟员、文化艺术盟员、医药卫生盟员、优质教育盟员4类，让每名盟员发挥个人优势，参与其中。

中国农工民主党岚山支部

【概况】 农工党岚山支部成立2013年12月（2012年11月成立党小组），2016年有5名党员，分布在卫生计生、教育、财政、文化不同行业（单位）。农工党支部认真履行参政议政职能，在服务发展中找准位置，在参与发展中发挥优势，在促进发展中体现价值，为促进岚山经济社会发展做出了不懈努力。

【积极参与“同心示范工程”建设】 连续多年开展“送医下乡”“同心牵手”健康查体活动，邀请农工党日照市委组织市人民医院、中医院等医疗专家先后为高兴镇敬老院、碑廓镇敬老院老人和中楼镇刘家峪村村民约300人进行了健康查体；9月22日，邀请农工党市中医院、中心医院支部医疗专家和区疾病控制中心到日照焦电公司开展“同心义诊”活动，为100名企业职工进行健康查体并建立了医疗保健档案。

九三学社岚山支部

【概况】 九三学社岚山支社有社员7人，其中博士1人、硕士2人，高级职称3人，中级职称4人。在中共岚山区委和九三学社日照市委的正确领导下，在区委统战部的指导帮助下，岚山支社团结一致，积极进取，工作取得了明显进步。

【参政议政】 提报市、区政协提案7件，集体提案1件，大会书面发言1篇，专题协商发言1篇，上报党派和统战部调研课题5篇，参加区政协常委会及视察活动4次，参加市政协四方联动提案办理协商会2次、专题议政会1次并作现场发言。

【党派活动】 组织社员进行5次集中学习活动，参加了2次市委统战部和区委统战部的专题培训活动；组织参加普法宣传活动3次，下乡义诊3次，志愿者服务活动3次，慰问包联贫困户4次，联系关心留守儿童1名。

法治·军事

FAZHI JUNSHI

政法与综合治理

【概况】 岚山区政法委有办公室、研究室、综合科等4个内设科室。在编人员11人，其中处级1人、科级4人。按照各级政法工作会议和平安建设大会总体部署，全区政法综治维稳战线，立足各自职责，坚持把维护社会大局稳定作为第一责任，扎实推进各项工作措施落实，全区社会大局持续和谐稳定。岚山区委政法委成功创建省级文明单位，省委、省政府授予岚山区社会治安综合治理先进区、中共十九大安保维稳工作先进区荣誉称号。

【重大活动安保维稳工作】 以中共十九大安保维稳工作为主线，在重大活动节点，分解维稳工作任务，严格落实维稳责任，扎实做好全国“两会”、“一带一路”峰会、金砖国家工商论坛、省党代会等重大活动的安保维稳工作。重大活动及会议期间，完善应急指挥机制，细化方案预案，成立了区安保维稳领导小组和指挥部，统筹全区情报信息，分析研判对策，发挥了很好的协调、指挥中枢作用。指挥部全体成员分成2个组，每组明确一名带班领导，及时调度全区有关维稳情况，做好涉稳信息跟进处置工作。其间，接收上级督办单40余份，第一时间推送研判成果340余条，及时预警信息281起，落地核查164人次，助力破案4起，有效维护了全区社会稳定。加大对情报信息的收集、分析、研判力度，做到快速核查，第一时间报告、推送，确保及时落地核查、上报情况。对全区15个重点涉稳群体、1520余名涉稳人员纳入情报平台重大预警防范系统，进行动态管控。对挑头策划、活动频繁、有可能铤而走险、制造事端、涉嫌违法的10名重点人员，及早、依法采取强制措施，其中刑事拘留6人，取保候审4人，起到良好的震慑作用。设立15个蹲控点进行夜间巡查，捣毁邪教窝点1处，刑拘2人，行政拘留3人，找回失联人员12人。排查筛选全区三级以上精神病人286例，安排住院治疗95人，并及时足额发放“以奖代补”监护资金。强化各项稳控措施落实，积极化解各类积案，圆满实现了“五个不发生”目标。

【维护社会稳定和国家安全】 坚持严打方针，常态化开展治安重点部位、场所排查整治活动，积极组织开展“打黑除恶、打霸治痞”专项行动，摧毁恶势力团伙5个。强化反邪教斗争，加强对邪教动向分析研判，强化专案侦查，严控严打各种邪教组织非法聚集和反动宣传活动，组织开展了“敲门行动”，抓获邪教顽固分子8人、刑事拘留5人、行政拘留3人。做好反恐处突工作，建立健全反恐怖工作责任体系，组织开展反恐怖宣传教育、制定预案，进行反恐处突实战演练，提高全民反恐意识，严防发生暴力恐怖袭击事件。全面深化禁毒人民战争，侦破涉毒刑事案件15起，查处涉毒行政案件50余起；参与破获2起毒品走私案，收缴可卡因毒品68千克。

【社会治安综合治理】 认真落实全市争创全国综治“长安杯”工作，将争创工作纳入全区目标管理绩效考核，坚持每月一调度、每季一督查，推动平安建设各项目标任务落到实处。进一步深化“平安创建”工作，巩固社会治安综合治理“立体化社会治安防控体系”建设。加强巡逻防范力量，组建特巡警大队，增配执勤车辆，建成实战型指挥中心，在重要敏感时间节点启动一级社会面管控勤务。依托“智慧岚山”项目高标准建设“云计算中心”，在重要路段、关键单位、人流密集区域安装“天网”综合视频监控系统，全方位、全时空采集关键特征数据信息。实施区综治中心标准化建设，升级改造各乡镇（街道）和村（居）社区综治中心，实现了区、镇级综治信息平台、综治视联网、公共安全视频监控等系统的上下联网贯通和高度融合。深入开展网格化服务管理工作，科学划分网格、合理配备人员，全区共划分大网格64个，中网格422个，小网格1368个，配备各级网格员2076名，协管员和信息员3426名。

【服务“突破园区、聚力招引”工作】 全面落实“向前一步解决问题”工作理念，紧紧围绕精品钢基地建设推进、化工园区村居搬迁安置等重大项目，积极服务，充分发挥一线政法工作室的作用，切实解决项目推进过程中的矛盾纠纷、各类案件。出动警力600余人次，圆满完成了小尧沟、刘家小庄等4个村居1100余户的拆迁现场秩序维护，以及大合坞、小合坞等4个村居2000余户村民的“协议签订”现场安保任务。加强涉金融案件审理，严厉制裁逃废金融债务的违约行为，防范和化解金融风险，维护金融安全。审理执行涉金融借款案件1021件，涉案标的额23.8亿元，维护了债权人合法权益和金融市场秩序。深化检察官联系大项目工作，针对山钢集团日照公司、中澳（日照）产业园建设提供行贿查询2587次，3家单位因行贿记录被禁止市场准入，为政府节资1500余万元。开展打击逃废银行债务工作，成立区打逃指挥部，组建3个重点风险企业专项工作组，印发《关于严厉打击逃废银行债务行为的通告》，实行有奖举报，深挖细找违法线索。截至2016年年底，全区立案11起，获取案件线索1500余条，对34人采取了强制措施，查封扣押、司法追回涉案资产18.17亿余元，有效震慑了恶意逃废银行债务的违法行为，净化了全区金融生态环境。

【信访维稳工作】 高度重视初信初访办理和领导干部接访工作，不断提高首次办结率、群众满意率。深入开展信访积案化解工作，对市交办的26件和区自行排查的6件信访积案全部落实包案领导和责任单位，按时完成积案化解任务。扎实开展进京非访治理工作，全区未发生进京非访案件，被省信访联席办认定为全市唯一无非访区县。认真开展涉法涉诉信访积案化解工作，办理司法救助案件16件，发放救助金59.3万元；自排自查涉法涉诉信访积案19件，化解16件，市交办的4件化解3件，全年无新增涉法涉诉信访案件。严格落实“省十一条”政策，保障退役军人权益，共开发公益性岗位228个，有200名退役士兵选岗、签订劳动合同并上岗，做到了政策规定事项全部落实到位，按时完成政策“清零”。

【矛盾纠纷排查调处】 坚持每月召开矛盾纠纷排查调处工作会议，共排查矛盾纠纷570起，化解567起，调处成功率99.5%。加强行业性调解组织建设，建成启用区医疗纠纷调解中心。认真抓好排查安全隐患防范四类风险工作的推进落实，印发实施方案，成立专项行动领导小组和8个督导组。专项行动开展后，共排查各类风险隐患590起，整改575起，整改率97.5%。

【公共法律服务体系建设】 积极开展“一村（社区）一法律顾问”工作，合理配置法律顾问57名，签订法律顾问协议村249个。做实做强城区“1+2+N”社区警务、农村“一村一警务助理”工作，招录并培训使用警务助理420余人次。积极开展各类普法宣传活动，开展宣传活动100余次，发放宣传材料3万余多份，举办法治讲座29场次。建成区级公共法律服务中心和区科技孵化器电商创业园法律服务室，完成全区所有乡镇街道公共法律服务站的改造，建成凤凰山法治文化公园。

【执法司法规范化建设】 区法院深入推进司法公开“四大平台”建设，实施案件“三回访一约谈”工作机制，定期举办“法院开放日”活动，人民陪审员参审率100%。区人民检察院在全省首创检委会同步录音录像“岚山模式”，引进视频矩阵演示系统和多媒体示证系统，改变过去对书面证据资料“只能听不能看”的问题。岚山公安分局出台了规范“110”接处警行为、查处妨害民警执行公务案件、案件主办民警制度等规范性执法手册，优化一线民警执法处警装备。司法局启用集司法行政法律服务、矛盾纠纷排查调处、社区矫正管理教育培训、法制宣传教育、法律援助、综治接待等功能于一体的区级公共法律服务中心，被评为省级公共法律服务中心示范基地；有8个司法所被评为省级规范化司法所。

法　院

【概况】 日照市岚山区人民法院牢牢把握司法为民、公正司法工作主线，各项工作取得新进展。全年新收各类案件6159件，同比上升9.9%，审执结6170件，标的额71.8亿元，案件结收比100.2%。被省高级人民法院记集体一等功，获第三届全省法院执行工作先进集体、全省政法系统十九大维稳先进集体、全省档案工作科学化管理示范单位等荣誉称号。道路交通事故法庭被日照市中级人民法院授予集体三等功，刑庭张立新被日照市综治委评为“全市烟草市场打私打假工作先进个人”，被日照市中级人民法院授予“全市法院宣传能手”；安岚法庭易秀娟被评为“全市十佳调解能手”，安岚法庭王群获“全市十佳办案能手”，研究室高阳被日照市中级人民法院记个人三等功。

【案件审理】 积极服务“突破园区、聚力招引”等工作，共审结商事案件1262件。积极开展打击恶意逃废银行债务专项行动，审理涉金融借款案件366件，收回不良贷款4.6.亿元；加快推进破产案件审理，分别裁定涉山东昌华食品集团有限公司9家、山东阿掖山集团有限公司8家、日照铸福实业有限公司2家关联企业一并重整，避免产生重大社会风险。依法维护社会稳定，共审结刑事案件236件324人，其中判处十年以上有期徒刑的5人；从重惩处了寻衅滋事、欺行霸市的霸痞势力案11件18人，严厉打击涉黄、赌、毒、枪犯罪24件31人。加大职务犯罪打击力度，依法审结了贪污、贿赂、渎职犯罪案件7件9人，依法受理涉日照港集团腐败窝案9件10人。努力化解行政争议，共审结行政案件103件，公开审理了全市首起环境行政公益诉讼案，依法判决职能部门对污染环境企业履行监管职责。加强对行政机关的法律服务和指导，发送司法建议28份。

【司法为民】 妥善化解民事纠纷，共审结民事案件1903件。依法妥善审结劳动争议、交通损害赔偿等与民生关系密切的案件796件；审结婚姻家庭、抚养继承等案件479件。参与化解涉多岛海风景区、磴山风景区等一批有较大影响的历史遗留问题。完善便民利民措施，建成现代化“一站式”诉讼服务中心；建成并启用黄墩法庭，新建安岚法庭。畅通诉讼信访渠道，圆满完成了中共十九大以及各级“两会”等敏感期间维稳安保任务。加大司法宣传力度，制作了《执行路上的“红娘”法官》执行微电影。倾力打造智慧法院，所有审判庭全部建成高清科技法庭；安装“法务云平台”等系统，实现智能化辅助办案。实施网络司法拍卖，借助淘宝网等网拍22件，为当事人节约佣金152.5万元。深化司法公开“四大平台”建设，发布微博、微信2.5万余条，生效裁判文书上网率达100%。

【执行工作】 围绕"基本解决执行难"目标任务，共执结执行案件2367件，同比上升13.5%。常态化开展专项执行活动，执结日照三木集团有限公司、山东浦盛石油化工有限公司、日照恒瑞生物科技有限公司4批涉456名农民工工资案件112件，执行到位1839万元。严厉惩戒失信行为，依法将1074名被执行人纳入失信被执行人名单库，2000余名被执行人限制高消费；依法移送公安机关追究拒不执行判决、裁定罪5案8人，同时将涉及山东昌华食品集团有限公司、山东阿掖山集团有限公司、日照铸福实业有限公司破产企业的69案8名被执行人移送公安追究刑事责任。率先在全市法院设立财产保全中心，安装启用了"一案一账户"系统，严格终本案件管理；改革创新执行卷宗编排模式，促进执行行为规范化，做法在全省法院执行工作会议上被作为典型推广。

【司法改革】 构建新型审判权运行模式，扎实推进审判团队建设，组建刑、民、商等审判团队12个，单独设立执行指挥中心，组建执行团队5个。积极推进省级内设机构改革试点工作，将综合部门调整为行政服务中心和队伍管理中心，将审判力量向办案一线倾斜。全力推进案件"分调裁"改革，成立速调速裁团队，共办理各类诉前调解、小额速裁案件276件，平均结案周期28天。积极推进省级家事审判改革试点，在安岚法庭成立家事审判团队，在法庭辖区的4处乡镇街道成立家事调解委员会，聘请30名家事纠纷调查员。优化审判监督管理机制，充分利用数据"云中心"，实现精细化管理。探索新型绩效考核模式，制定出台了法官、法官助理、书记员审判绩效考评办法；进一步健全错案追究机制，提升司法公信力。

【队伍建设】 扎实推进"两学一做"学习教育常态化制度化，举办"坚定理想信念、坚定法治信仰"经典诵读活动，积极参与扶贫、创建文明城市等工作，增强责任感和使命感。加大教育培训力度，提高法官司法能力水平，有2篇案例入选《中国法院案例》，23篇论文在省市理论研讨会上获奖；在全市法院第十二届精品案件及优秀裁判文书评选活动中，有3件精品案件、4篇优秀裁判文书获奖，居全市基层法院第一。严格落实党风廉洁建设的主体责任和监督责任，扎实开展廉洁司法集中教育活动；深入贯彻中央八项规定精神，落实内外部人员过问案件情况登记制度，持续规范司法行为、严明工作纪律、改进司法作风，确保风清气正。

检察

【概况】 岚山区人民检察院内设办公室、公诉科、案管科、侦查监督科等17个机构和科室（12月反贪局、反渎局、预防局整体转隶后变为14个）、3个派驻检察室（黄墩、虎山、巨峰）。有在编政法干警36人，工勤3人。获精神文明建设领域最高奖项“全国文明单位”，成为岚山设区以来首个获此殊荣的单位。荣获“全省‘六型’建设示范院”“全省检察文化建设示范院”“全省老年人公益维权服务示范站”等荣誉称号，中央政法委、最高人民检察院以及新华社、中央电视台17次转发有关做法，省委常委、政法委书记林峰海，省人民检察院检察长吴鹏飞，市委书记刘星泰等领导21次作出肯定性批示。

【服务经济转型升级】 紧跟区委重大决策，制定实施服务“五大战略”、金融贸易风险化解等指导意见。针对山钢、中澳（日照）产业园建设，深化检察官联系大项目工作，提供法律服务和行贿查询3611次，5家单位因行贿记录被禁止市场准入。积极参与整顿和规范市场秩序，依法批准逮捕金融诈骗、非法吸收公众存款等经济犯罪嫌疑人25人、提起公诉11人，涉案金额高达2.11亿元，特别是对山东昌华集团、铸福实业公司骗取银行贷款等重大案件提前介入引导侦查，坚决予以快捕快诉，形成重拳打击逃废银行债务的强大声势。先后荣获全市系列攻坚行动3项先进集体。

依托派驻乡镇检察室贴近群众、熟悉情况的优势，开展走访巡查150次，帮助群众解决实际困难和各类诉求29件，在老百姓家门口撑起“维权伞”。针对春节期间农民工“讨薪难”问题，严厉打击拒不支付劳动报酬犯罪，积极通过支持起诉等方式提供司法援助，为82名农民工追讨工资62.7万元。深入开展扶贫结对工作，积极争取扶贫项目资金38万元，以实实在在的行动助力精准扶贫。加强检察环节老年人法律维权保障和服务力度，被省老龄办、省民政厅等部门联合命名为山东省老年人公益维权服务示范站。

围绕生态立区战略部署，启动环境保护领域公益诉讼攻坚行动，督促行政机关依法履行环境监管职责，关停取缔污染企业43家、立案处罚62起，向公安机关移送环境违法犯罪11件，并探索建立生态修复补偿机制。创新实施“合纵连横”监督模式，横向与毗邻的江苏赣榆、莒南、临沭等地检察院签署检务合作框架协议，纵向与环保、国土、工商等行政机关联动执法，合力攻克省市边界污染“顽疾”。新华社将区检察院经验做法呈报给中央、省委领导作决策参考，省委常委、政法委书记林峰海给予充分肯定并批转有关部门阅研，区委发文号召学习区检察院服务大局的政治担当，市政府给予表彰记功。

【保障社会和谐稳定】 依法惩治刑事犯罪，

充分履行批捕、起诉职能，对影响社会稳定、危害群众安宁的严重刑事犯罪予以坚决打击，共受理提请批捕、起诉各类刑事犯罪案件526件774人，依法批准逮捕犯罪嫌疑人154件193人，提起公诉215件303人。对社会广泛关注的前三岛海域跨省敲诈勒索、全市首例微信开设赌场案等一批重大敏感案件，提前介入侦查，严格依法审查，有效防控涉案风险。积极参与危化品道路运输安全联合检查，严惩重点领域和行业危害安全生产犯罪。

注重化解社会矛盾，全力做好中共十九大等关键节点的安保维稳工作。与公安、法院以及乡镇党委政府密切配合、合成作战，多措并举做好涉军群体、重点群体稳控工作，对多次缠访闹访、严重危害社会管理秩序的人员依法予以批捕起诉，震慑违法上访人员，维护正常信访秩序。妥善处置群众来信来访64件81人，促成刑事案件当事人达成和解19件，为10名生活困难的刑事被害人提供司法救助28.5万元。成立“护苗”工作室，对4名涉罪未成年人作出宽缓处理，帮助其重返校园、重塑人生。

参与社会治理创新，探索开展检察建议规范化试点，主动研判办案中发现的社会治理问题，及时通过公开宣告等方式向有关单位提出督促履职、规范管理的检察建议，并引入人大现场监督、纪委调查问责，使检察建议落实出现“回复更及时、采纳率更高、实际效果更好”的新变化。通过制发检察建议，联合环保、交警、国土等部门依法关停37家非法砂石厂，消除613省道黄墩段交通安全隐患，处置裸露工业垃圾1.92万吨，促使七年“垃圾山”变身“黑松林”，一批群众反映强烈的问题得到妥善解决。最高检、省检察院专题组织检察建议试点院到岚山区人民检察院进行观摩学习。

【职务犯罪惩治和预防】 突出查办大案要案，共查办各类职务犯罪案件19件19人，其中贪污贿赂犯罪14人，渎职侵权犯罪5人，涉案金额100万以上的10人，处级干部2人，科级干部8人，大要案率94.7%，通过办案为国家挽回经济损失2600万元，办案规模与质量创历年来新高。其中，原东港区政协副主席、教育局局长王××一审被判处有期徒刑五年并处罚金50万元，被省人民检察院评为“十大精品反贪案件”。

全力办好指定案件，举全院之力参与办理日照港集团系列腐败案，依法对日照港房地产开发有限公司原总经理王××等6人进行立案侦查，并从中挖出行贿犯罪5人。在重拳出击惩贪治腐的基础上，还对办案中发现的问题进行归纳总结，为企业提供有针对性的“门诊式”法律服务，帮助港口实现由乱到治、扭亏为盈。

结合办案开展职务犯罪预防，形成预防调查报告19份，向有关单位发出检察建议11份，惩防职务犯罪年度报告获区委主要领导批转学习。应邀为机关、企业、乡镇讲授警示教育课20场次，受教育人数达1100人次。针对社区（村）换届选举工作，派员同步介入并现场监督，营造了风清气正的换届环境。

【公正司法新渠道拓展】 拓展诉讼监督新途径，探索设立全省首个驻公安局检察室，并相继在法院以及派出所、基层法庭派驻巡回检察官，打破部门之间信息“壁垒”，为检察机关同步介入监督各项司法活动提供新的平台。依法监督侦查机关立案4件、撤案4件，决定不捕65人、不诉19人；纠正漏捕13人、漏诉13人，对认为确有错误的刑事裁判提出抗诉4件，提请抗诉的张××污染环境案被评为“全省优秀诉讼监督案件”。

履行刑执监督新职能，成立驻社区矫正中心检察官办公室，建立完善社区矫正检察监督机制，依法纠正脱管、漏管1人，发现监管活动违法情形6件次，办理监外执行罪犯又犯罪案件14人。加强羁押必要性审查，对不需要继续羁押的28名犯罪嫌疑人、被告人建议变更强制措施或释放。区人大常委会专题听取刑事执行检察工作报告，给予充分肯定。

构建民行监督新格局，扎实开展“基层民行检察工作推进年”活动，办理各类民事行政诉讼监督案件41件，同比增长105%，成功办理新修改行诉法实施后全国首例获判决行政公益诉讼案，被评为“全省检察机关精品示范案件”。探索完善督促纠正违法行政行为工作机制，先后被最高检和省人民检察院作为检察制度改革重大课题研究予以立项，并在全省第九届检察理论研究年会上作交流发言。区人民检察院连续六年被确定为“全国民事行政检察工作联系点”，年底被省人民检察院民行部门作为全省5个基层院之一申报推荐为“全国先进基层院”。

【工作创新】 积极配合国家监察体制改革，全力做好人员转隶、职能划转和线索移交、结案等工作，整体过程平稳顺利。加快推进司法责任制改革，人员分类管理、检察权运行新机制初步建立，办案质效明显提升。充分利用统一业务应用系统平台，实行随机分案，加强办案程序监控、办案质量评查，促进公正高效司法。

倾力打造“六型”标杆，根据全省“忠诚型、服务型、公信型、创新型、智慧型、学习型”基层检察院建设年活动部署，抢抓机遇、务实争先，努力争当全市检察机关排头兵，中共日照市委、市委政法委和岚山区委先后作出开展向区检察院学习的决定。区人民检察院被评为全省检察机关首批“六型”建设示范院，有关做法在全省、全市检察系统推广应用。

加快智慧检务建设，牢固树立“信息化+”、大数据理念，建立完善检察服务大厅，自主研发“掌上检察”系列服务平台，群众需要到现场办理的业务均可通过手机办理。全省首创检委会同步录音录像，引入“无人机”勘查设备，运行行政执法信息共享平台，为检察工作插上了科技的“金翅膀”，智慧检务建设成果先后5次获最高检官微转发。

【队伍建设】 始终用党的重大理论成果武装头脑、指导实践。深入推进“两学一做”学习教育制度化常态化，成立首届机关党委，丰富党建活动阵地，创新“主题党日”形式，研发掌上党建系统，使党员学习由“定时定点”变为“随时随地”，被区委表彰为“先进基层党组织”，全市区县机关工（党）委书记到院实地观摩，“公正监督 公信检察”连续七年保持“市级机关名牌”称号。

积极探索分类管理模式下的教育培训新模式，通过岗位培训、业务竞赛、创新争优以及与高校联合办班、承办全市公诉人论辩赛、组织检察官宣誓等形式，不断培养人才、提升能力、锻炼队伍，有43人次在市级以上竞赛、征文活动中获奖，有8起案件入选全国全省精品优秀案件，选送的1门课程被评为“省级优质课程”。

坚持以文化之力塑检察之魂，精心培育“向前一步解决问题”理念品牌，获评“中国检察官文化论坛三等奖”“全省检察工作创新奖”，并写入日照市第十三次党代会报告。鼓励文艺创作，推出的身边办案故事入围“平安中国微电影微视频比赛”和“全国检察机关微视频展播”，配乐诗朗诵《检察官之歌》登上央视新闻。

坚持把纪律和规矩挺在前面，在开展“转作风、抓落实、促发展”主题活动中，积极运用监督执纪“四种形态”，开展干部任前廉政谈话21人次，提出督察建议和整改要求23项，持之以恒纠“四风”，坚持不懈抓作风，确保检察队伍清正廉洁、司法办案严谨规范。

公　安

【概况】 日照市公安局岚山分局内设4室9队1站；民警179名，均属国家公务员行政级别，工勤2名。分局被表彰为省级文明单位、全省公安机关扫毒攻坚专项行动成绩突出集体、全省公安机关三年禁毒人民战争成绩突出集体、全市信访工作先进集体、日照市创建全国社会治安综合治理“长安杯”工作先进集体、日照市中共十九大安保维稳工作先进集体、日照市贸易融资风险化解和打击逃废银行债务行动先进集体。治安管理大队被省公安厅表彰为集体二等功、全省公安机关“迎接十九大忠诚保平安”主题活动先进集体；治安管理大队户政管理科被表彰为全省户口登记管理清理整顿工作成绩突出集体；岚山头派出所岚阳路社区警务室被表彰为全省公安机关基层基础建设三年攻坚战成绩突出集体。年内，分局4个单位和18名个人分别被表彰为市级以上先进集体或先进个人。

【服务中心工作】 配合区纪委开展日照港集团整顿专案“利剑1号”行动；抽调精干警力，成立昌华、铸福、阿掖山三个企业专案组，开展打击逃废银行债务“利剑2号”专项行动；积极与海洋渔业、盐务等部门探索建立联勤联动机制，侦破“10·24”特大污染环境案；采取果断措施依法处置区人民医院医闹事件；妥善处置各类劳资纠纷，为30名员工讨回工资20余万元，有力地维护了务工人员的合法利益。既当文明创建的推动者，又当文明创建的实践者，为全市争创“全国文明城市”增添了公安色彩。紧紧围绕公安部“三个不发生”、省委“五个不发生”的目标，全警动员，全力以赴，综合采取多项精准措施，确保岚山区安定平稳。其间，对6名涉嫌犯罪的闹访缠访人员依法采取刑事强制措施；对落实制度不严格的寄递物流企业、加油站、网吧处以警告、罚款处罚，开出全市首张寄递业罚单；对不落实实名登记住宿的海源大酒店，开出10万元高额罚单，以超常措施、确保一方平安。

【平安岚山建设】 始终保持对各类违法犯罪的高压态势，快速破获“8·23”故意杀人案，专案组鏖战67小时，将犯罪嫌疑人李善明（男，45岁，山东省临沭县人）抓获归案，“8·23”故意杀人案成功告破。摧毁恶势力团伙5个，打掉“盗抢骗”犯罪团伙4个，侦破“4·07系列海上敲诈勒索案”等一系列犯罪案件，其中，5月18日市委书记刘星泰在市打黑办呈报的《我市打掉一充当“海上保安队”的跨省恶势力犯罪集团》呈阅件中作出批示，并对分局专门提出表扬。

深化禁毒人民战争，开展“天目”铲毒行动、“护航青春”宣传活动，参与破获2起毒品走私案，收缴可卡因68千克。集中开展公共娱乐场所整治行动，打掉卖淫嫖娼窝点5个，查处了2起有偿陪侍案件，根治、清除了公共娱乐场所涉黄赌毒等丑恶现象。年内，治安处罚不法人员911人，行政拘留492人；刑事拘留犯罪嫌疑人357人，提请逮捕160人，移诉363人；各类刑事发案同比下降11.5%，前八类案件同比下降32.5%，“盗抢骗”案件下降15.24%。

【规范化建设】 主动适应以审判为中心的诉讼制度改革，全力打造精准、规范执法品牌。投资200余万元，建成1000余平方米的执法办案管理中心，供各业务大队和城区派出所使用。选派基层民警到业务大队轮值轮训，组织召开法制员培训会、主办民警旁听庭审、公诉人模拟对抗、举办专题讲座；出台《案件主办民警制度》等多个内部执法规范性文件，编纂印发常用执法手册，对执法动作和幅度进行规范；成立执法监督管理委员会，制定《案件质量考评规定》，倒逼执法质量提升，强化执法监督刚性。省公安厅受立案制度改革、市政府法制办“执法三项制度”、市公安局执法规范化建设3个现场会相继在分局召开。

【队伍管理】 加强党风廉政建设，持续开展纪律作风整顿活动，给予1名违纪民警纪律处分。从严规范“三会一课”制度，全面深化“两学一做”学习教育；加大教育培训力度，分两批组织全局民警到山东警察学院学习培训，组织民警业务能力培训和兼职技术员轮训；坚持以警为本，走访慰问在职民警50余人、困难民警15人、退休干部13人；为部分派出所民警争取到乡镇补贴。举办民警荣休暨新警入警宣誓仪式，进一步增强民警的荣誉感、归属感。

【户政人口】 2016年，全区总人口数432301人，总户数153091户，其中城镇人口201674人，农村人口230627人；男性220019人，女性212282人；0~17岁84594人，18~34岁91789人，35~59岁160733人，60岁以上95185人；出生10016人，死亡6275人。

【公安基层基础建设】 严格按照省公安厅、市公安局基层基础建设三年攻坚战的部署要求，结合分局实际，挂图作战、集中发力；搬迁、启用新业务技术楼，升级、完善办公、生活设施设备；推动经费保障下倾基层，向派出所增拨食堂补贴等，保障公安派出所基本满足工作需要；深化完善情报信息全警收集制度，新增情报信息员900余名；进一步壮大平安志愿者队伍，招录并培训使用警务助理420余人次，弥补了警力的不足；成立特巡警大队，进一步提升快速反应能力；推动警力下沉，实现派出所警力占分局总警力的46.6%；对全局63名民警进行轮岗交流，同时将考核项目从36项压减到10项，升级完善实战型指挥中心、合成作战中心，建成技侦基础信息采集系统，提升科技防范水平；推动经费保障下倾，推动警力下沉，压减考核项目，最大限度地激发基层活力。

消防工作

【概况】 日照市公安消防支队岚山区大队为副团级建制，辖轿顶山路中队、沿海路中队、化工园区中队、中楼中队和碑廓中队5个中队，共有现役官兵52人，政府专职消防员88人，配备灭火、举高、专勤等各类消防车25台。大队团总支被山东省公安消防总队表彰为全省公安消防部队“五四红旗团总支”，大队党委被日照市公安消防支队党委表彰为“优秀基层党组织”，大队沿海路中队被山东省公安消防总队表彰为全省公安消防部队“先进中队”。

【落实消防安全责任】 积极发挥党委政府参谋助手作用，先后45次就区域性火灾隐患、重大火灾隐患和消防队站、消防装备建设以及消防工作开展情况向区委区政府作专题汇报，获得各级领导充分肯定。先后印发全区消防工作“法治维安年”活动、夏季消防检查、创建消防安全社区、高层建筑消防安全综合治理、电气火灾综合治理等各类文件37份；召开全区消防工作会议、国务院消防工作考核推进会、消防安全形势分析会等各类部署、推进、专题会议25次。按照“管行业必须管安全、管业务必须管安全、管生产必须管安全”的要求，对消防安全委员会成员单位进行调整，明确职责任务分工。联合安监、质监、民政、住建等部门相继开展石化企业转型升级，中小学、助学园，养老院、群租房、涉旅企业、涉氨制冷、消防产品等执法行动300余次，检查单位600余家，行业系统消防监管职能进一步增强。督促各有关单位强化消防安全责任意识，加强对消防安全责任人、管理人以及专兼职管理人员、控制室值班操作人员的培训，落实火灾隐患法人承诺整改制度；督促高危单位落实消防安全评估制度，各石化企业、高层建筑企业、涉氨制冷企业严格落实火灾防控措施。先后召集召开社会单位消防安全座谈会、交流会15次，约谈、座谈社会单位260家。

【消防设施】 如期完成碑廓消防中队建设，10月12日启用；完成巨峰消防站施工、监理单位招投标工作和奠基开工，主体建设有序推进。根据石化企业灭火抢险对车辆装备的需要，争取专项经费573万元，购置4部消防车，其中3辆8吨泡沫水罐消防车已完成交付使用；争取地方财政经费60万元，用于碑廓消防站装备器材专项建设。积极推进消防取水平台建设，向区财政部门提请投入200万元建设4处取水平台，已完成选址及论证工作；与区住建、水务等部门就市政消火栓、供水管道的增补、维护等工作商讨，新建、补建市政消火栓61具。投入21.3万元，完成《岚山化学工业园区消防安全专项规划》并通过区政府会审和专家论证。根据山东省公安厅、山东省公安消防总队基层基础建设三年攻坚战任务要求，投入16万元完成了对执勤中队营区外观标识设置。

【应急力量建设】 开展企事业单位“六熟悉”300余次、消防实战演练339次、修订预案94份。与大型石化企业专职消防队开展联勤联训、联合演练34次，多次参加区政府组织的危险化学品火灾事故、海上溢油事件和船载危险化学品以及中石化日照油库等应急处置联合演练。共接处警462起，出动车辆691辆次，出动警力4694人（次），抢救被困人员42人，疏散被困人员312人，抢救保护财产价值1.5亿元，成功参与处置了“6·5”临沂金誉石化爆燃事故，赢得了各级党委政府和人民群众的充分肯定。同时，参与涉氨制冷整治、各级“两会”等消防安保50余次，为“平安岚山”建设提供了有力保障。

【消防安全排查】 总结冬春火灾防控工作经验做法，部署夏季消防大检查活动，先后开展高层建筑、石化企业转型升级、涉氨制冷企业、电气线路等消防安全专项治理工作，采用“白+黑”模式不间断对全区各人员密集场所和易燃易爆场所进行消防安全监督检查，共检查单位2156家，查找各类火灾隐患和违法行为2522处，督促整改2486处，下发《责令改正通知书》1381份、《临时查封决定通知书》47份，责令“三停”单位39家，提请政府挂牌重大火灾隐患单位2家，罚款171.65万元，拘留16人，起到了明显的震慑效果。制定印发《岚山区联防联治实施方案》和《岚山区消防区域联防实施细则》，并召开区域联防联席会议，全面部署开展“消防区域联防”工作。创新推行“九小”场所“多户联防”工作模式，建立互助消防安全组织，提高火灾防控能力。在区委、区政府大力支持下，积极推进区域性火灾隐患和久拖不改的重大火灾隐患整改。

【消防宣传】 先后组织35批次47个单位、3000余人参观消防主题公园、消防科普教育基地；招募消防志愿者150余人，组织消防志愿者开展消防宣传赶大集、进地头、入社区等活动55次；组织对企事业单位、高层建筑行业、石化企业、木材加工园区以及学校、宾馆饭店、歌舞娱乐场所等开展培训100余次，疏散演练80余次，直接受训人员达1.5万余人；同时，通过报刊、电视、微博、LED电子屏等载体传播消防安全知识，发送消防宣传短信、微信5000余条，发放消防宣传彩页1.5万余份，从根本上提高市民发现隐患、消除隐患、抵御火灾能力。

边防检查

【概况】 岚山区边防大队下设安东卫、岚山、王家海屋、韩家营子4个边防派出所单位，负责岚山区沿海一线的治安管理、人口管理、海上船舶管理。年内获日照市安保维稳工作先进集体、文明单位。

【沿海管控】 深入开展打击“盗抢骗”“沿海整治”等专项行动，全力维护辖区治安稳定。成功破获“3·13海上系列盗窃案”“4·06海上敲诈勒索案”和“9·15系列盗窃案”，带破案件30余起，打掉盗窃团伙2个、敲诈勒索团伙1个，抓获犯罪嫌疑人23名，起获被盗电瓶200余块，摩托车8辆、电动车1辆、平板电脑1台，涉案金额80余万元。

【中共十九大安保】 为破解两省三界、船舶码头分散、危化品集散等的管理难题，大队党委组建岚山快反机动队，夯实鲁苏边界及辖区社会面管控和海陆反恐维稳工作，推进“固边”系列行动深入开展。岚山快反机动队先后出动警力460人次，警车70台次，盘查车辆1000余台次，盘查人数1600余人次，整治安全隐患50余处，有效维护了社会治安稳定。

交警工作

【概况】 日照市公安局交通警察支队岚山大队下设办公室、交通管理科、事故处理科、车管所等7个科所室，城区一、二中队2个城区中队和汾水、巨峰、黄墩3个乡镇中队，共有正式民警35人，辅勤员116人，负责岚山区城区道路、1条国道（204国道）、4条省道（342省道、341省道、222省道、613省道）和8条县乡道（疏港大道、日夏线、青赵线、后涛线、汪黄线、巨碑线、文黄线、孟双线）等道路共计1500余千米以及14.9万辆机动车、9.7万名驾驶人的交通安全管理工作。以“防事故、保安全、保畅通”为总体目标，大力提高依法科学治理交通的能力，为全区经济社会发展做出了突出贡献。

【科技建设】 积极践行“精准警务”理念，按照上级部门要求，派员赴青岛、临沂等地考察学习公安交通管理基层基础攻坚暨乡镇交警中队、数字化警务室建设先进工作经验，率先在巨峰镇建成日照市首个数字化警务室。坚持问题导向，大胆探索尝试，研发出“两客一危”车辆源头安全监管系统，利用大数据强化车辆源头管理工作，已纳入监管危化品车辆15720台，客运车辆129台，建立被处罚企业、驾驶人黑名单制度，危化品运输车辆违法行为得到有效遏制，重点车辆管理实现有序可控。11月18日，省道路交通安全综合治理委员会办公室刊发专报，以《日照市岚山区打造“两客一危”运输车辆源头安全监管体系》为题，全面介绍了岚山区利用大数据加强重点运输车辆源头管理的经验做法。

【打赢十九大安保维稳和创城攻坚决胜战】启动一级勤务，安排警力在省际交警执法站24小时值班，全力推进“三个不发生”创建活动，打好“四场攻坚战”，加大对“两客一危”、大货车等重点车辆的检查力度，严查严处“三驾”“三乱”“两闯”“两牌”等严重道路交通违法行为，其间共出动警力1200余人次，出动警车210台次，查处各类交通违法行为9047起。加大对机动车违停等显见“六大不文明交通陋习”的查处力度，先后开展了“文明一号”——创城非机动车违法停车专项整治行动、机动车违法停车专项整治行动等，现场开具违停告知单4000余张，增划优化道路停车泊位1235个。

【规范城乡道路交通秩序】 先后开展了春运、治超治限、“七类重点车辆”、“四项整治”行动等重点道路交通违法整治行动，始终保持对大货车、危化品运输车、客车、校车、农村面包车及农用车等重点车辆的严管态势。全年共查处各类交通违法行为110988起，其中酒后驾驶363起，超载1598起，涉牌涉证1975起，客车超员227起，疲劳驾驶2951起。进一步发挥缉查布控系统作用，升级指挥中心、交通警察执法站专用设备，抓拍各类交通违法行为10万余起，利用缉查布控系统拦截并查处违法行为444起。

【隐患排查治理】 对重点道路进行全面摸排，共排查出道路交通隐患23处，全部整改完毕；排查校车行驶路线共计61条，排查校园周边隐患路段共8处。积极落实每季度例行检查制度，进一步明确监管单位、企业、驾驶员、押运员的责任，建立被处罚企业、驾驶人黑名单制度，对10家危化品企业，16名驾驶员做了相应的处罚。积极发挥区交安委办公室的组织协调作用，召开岚山区道路交通安全暨深化“平安行·你我他”行动工作会议，与辖区有关部门单位签订《道路交通安全责任书》，明确各部门职责，形成各负其责、齐抓共管的良好局面。

【农村道路交通管理】 积极完善农村“两站、两员”（乡镇交管站及农村交通安全劝导服务站，乡镇专职交通管理员及农村交通安全协管员）网格化管理模式，建成覆盖全区6个乡镇371个村的两站体系，成立了拥有12名农村管理员371名农村协管员队伍。积极组织开展交通安全示范镇、村创建活动，巨峰镇尚家庄村、新华村等村居创建活动，得到省、市交安委的充分肯定。下发《关于建立岚山区农村“两站两员”微信工作群组的通知》，建立区级、乡镇两级微信工作群，通过高效快捷的微信工作平台，实现网上网下互通、互动、互补、互联。加强各乡镇村组宣传阵地建设，积极协调当地党委政府，在辖区每个行政村建设固定宣传栏，已建成39处，42处在建。全面落实农村交通协管员经费补贴，同时，积极协调、筹集资金解决“两员”的装备、服装的发放，确保“两员”队伍稳定。

【车驾管工作】 大队车管所以提升车管服务水平、加强车管队伍建设为重点，努力构建人民满意的服务型车管所。共办理各类车驾管业务5万余起，其中机动车注册登记3657台，转移登记2362台，检验机动车10268台。全区共注册登记机动车14.9844万台，驾驶人9.7610万名。深化机动车号牌管理改革，应用全国统一版机动车号牌选号系统，实现了自编自选和随机选号；建立车辆购置税完税证明、机动车销售发票信息共享及核查工作机制；开通委托银行代办机动车抵押、解押登记业务；开通牌证邮寄绿色通道，依托互联网交通安全综合服务管理平台试点开展邮政网点代办部分车驾管业务。加强重点车辆和重点驾驶人管理，针对客货运、校车、危化品运输车等重点车辆和驾驶人逾期未审检等问题，车管所实行交通安全管理业务办理提前告知、电话通知及上门查找服务。

【交通事故处理】 共受理交通事故5500起，死亡106人，受伤970人，经济损失1155万元。与2015年同期相比，事故起数上升10%，死亡人数上升16.5%，受伤人数上升12%，经济损失上升15%，全年未发生一次死亡3人以上的特大交通事故，交通安全形势总体平稳。建立道路交通事故现场模拟及分析研判平台，对事故现场进行模拟再现，强化对事故成因的分析研判，及时有效地提供预警信息。建立人民调解员调解道路交通事故机制，最大限度方便群众的需求，有效接待事故当事人咨询113人次，共受理调解交通事故案件85起，成功调解结案60起，全部理赔到位，积极做好交通事故社会救助基金申请发放工作。积极争取与岚山分局刑侦、治安、行动技术、网监等相关警种的支持和配合，建立逃逸案件联动机制，共侦破交通肇事逃逸案件96起。

【队伍正规化建设】 积极转变观念，强化队伍正规化建设，努力塑造交警的良好形象。大队民警分别被公安部、省安委会、省公安厅等单位授予全国优秀人民警察、全省安全生产工作先进个人、全省优秀法制员等荣誉称号。以党建工作引领各项公安交管工作，召开队伍突出问题集中教育整顿动员会议，开展“迎接十九大忠诚保平安”主题教育实践、岗位技能练兵等活动。结合队伍建设和工作实际，制定《交警岚山大队目标管理绩效考核办法（试行）》，严格落实民警包保责任制，加强辅警管理。结合“两学一做”学习教育，完善党支部学习制度和大队民警集中学习制度，开展常态化的政治理论学习，提高思想认识。完善思想政治廉政教育制度，认真开展廉政思想、观看警示教育片、签订“一岗双责”责任书等形式的廉政教育，促使民警增强廉洁自律意识，自觉规范执法行为。健全投诉处理机制，完善志愿服务管理制度、设置志愿服务岗，残疾人通道，将举报电话通过电视、微信、微博等渠道向群众进行公布公开，广泛接受群众的意见及建议。

司法行政

【概况】 日照市岚山区司法局加挂岚山区社区矫正管理局牌子，为正科级政法机关。内设办公室、律师公证管理科、基层工作科、法制宣传教育科、社区矫正工作科5个科室，另设岚山区法律援助中心和岚山公证处2个直属事业单位；下设8个乡镇街道司法所。有行政编制38人，其中，政法专项编制37人，行政工勤编1人，实有31人；事业编制6人，实有8人。

岚山区司法局以深入推进公共法律服务体系建设为重点，全力推动司法行政各项工作落地落实，荣获“全国人民调解宣传工作先进单位”称号，区公共法律服务中心被省司法厅命名为“全省公共法律服务示范基地”，凤凰山法治文化园被评为“全省法治文化教育示范基地”，碑廓镇大湖社区被评为“全省民主法治示范村”（社区）；中楼镇人民调解委员会被评为全省优秀人民调解委员会；岚山头、高兴、中楼3个司法所被市司法局任命为“日照市五星级司法所”。李顺春被评为“全国优秀人民调解员”、周加德、魏茂莲被评为“全省优秀人民调解员”。山东德与法律师事务所被评为第四届山东省优秀律师事务所。

【“一村（社区）一法律顾问”工作】 9月13日，岚山区司法局专题召开了全区“一村（社区）一法律顾问”工作推进会，对该项工作作进一步动员部署；9月28日下午，岚山区“一村（社区）一法律顾问”工作签约仪式首先在碑廓镇辛兴社区举行。截至12月10日，全区421个村（社区）与筛选确定的55名法律顾问全部签订了聘任合同，真正做到法律顾问工作“无缝隙、全覆盖”。为确保该项工作做实做细，制定出台了法律顾问工作规范和法律顾问考核办法，严格实行法律顾问工作日志台账制度，健全完善“一村（社区）一法律顾问”工作信息化系统，实行法律顾问管理系统化、专业化，不断提升法律顾问工作科学化水平。

【法治宣传教育】 认真做好“七五”普法规划和普法要点制定出台工作，制定下发《关于在全区公民中开展法治宣传教育的第七个五年规划（2016—2020）》和《日照市岚山区2016—2020年依法治区规划》，为全年普法工作打下基础。印发《关于公布普法责任清单的通知》和《在全区建立以案释法制度的实施意见》，在全区建立普法责任清单制度和“以案释法”制度。扎实开展“法治岚山”宣传月、国家宪法日等集中宣传活动。全年开展法治讲座45场，集中宣传40余次，发放宣传资料1.2万余份，为全区60多个部门单位订购“七五”普法读本3000余本。

【普法教育阵地建设】 建成凤凰山法治公园并申报全省“法治文化建设示范基地”，对金牛岭法治公园增添、更换了部分宣传版面，在城市社区全部建立了普法教育室，定期举办法治讲座、文艺演出、法律咨询服务等活动。利用微博、微信、岚山普法头条号做好普法新闻宣传工作，全年在今日头条等媒体发送稿件140余件，阅读人数达20余万人次。

【律师队伍建设和公证管理】 组织律师为岚山区科技孵化器电商创业园举办法治讲座，帮助企业预防和化解法律风险。组织律师积极参与全区涉法涉诉信访案件工作，共参与涉法涉诉信访案件值班76天，解答各类咨询120余人次。公证工作积极服务大项目建设，为区委、区政府重大决策及时提供法律建议。扎实落实公证改革，12月，经区政府批准同意公证处变为自收自支体制；5月，区人社局批准区司法局上报的绩效工资方案。共办理公证业务834件，其中国内民事类619件、经济类141件、涉外类41件，出具执行证书29件、登记证书4件，办证数量和营业收入稳步增长。

【社区矫正和安置帮教】 共接收社区服刑人员208人，期满解除矫正人员229人；共完成审前社会调查评估42件，其中法院委托的13件，检察院委托的1件，监狱委托的28件；办理社区服刑人员居住地变更4件；对违反监督管理规定社区服刑人员给予警告60人次；先后对3名社区服刑人员提请撤销缓刑建议。6月29日，组织开展司法所专职社区矫正工作人员业务培训和业务考试，全面学习社区矫正工作流程及相关法律法规。8月，5名社区矫正专职工作人员参加全省统一组织的执法证考试，全部取得执法资格。至年底共有12名专职社区矫正工作者取得执法资格。5月至10月，开展社区矫正、安置帮教安全隐患专项整治活动，对重点社区服刑人员、安置帮教对象采取严控措施。

【全区社区矫正基地建设】 为加强对全区社区服刑人员的监督管理，落实社区服刑人员集中教育学习和社区服务制度，区社区矫正劳动基地建设在幽尔崮森林公园建成集社区服刑人员集中监督管理、教育学习、公益劳动、法制教育宣传、心理矫治等为一体的综合性工作平台。岚山区社区矫正基地已完成投资1100余万元，建设标准业务用房面积1200余平方米，按照基地化运作模式，设置综合管理办公室、监督考核办公室、集中教育室、入矫（解矫）宣告室、训诫室、心理矫治室、心理宣泄室、电子监控室、档案室、报到室、安置帮教室、餐厅等功能区，专门从事社区矫正管理教育工作。该基地计划于2018年5月建成启用。

【法律援助】 法律援助中心成立法律援助案件质量评查领导小组及质量评估专家团，对法律援助案件的案件质量进行集中评查。在办案过程中做好法律援助工作“四统一”，即：由法律援助中心统一审查、统一受理、统一指派、统一管理法律援助案件。本年度，共受理法律援助案件228件，其中刑事法律援助案件19件，民事法律援助案件209

件，法律援助案件中诉讼案件占比为100%，接待来人来访850人次，为当事人代写法律文书46份。组织开展形式多样的法律援助宣传活动，解答法律咨询600余人次，发放宣传资料4000余份。

【人民调解工作】 全区共有人民调解委员会397个，其中乡镇级人民调解委员会6个，街道人民调解委员会2个，村居调委会385个，共有人民调解员1473人，调解案件671件，调解成功598件。区司法局下发了《关于进一步加强“智慧调解”系统运用的通知》，要求各司法所实时将调解案件基本信息录入“智慧调解”系统，注亘加强“智慧调解”系统在实践中的运用。积极推进基层司法所、基层法律服务所和村级司法行政工作室建设，截至12月底，全区共建有司法行政工作室128个。根据省级规范化、市级明星化司法所建设标准，全面加强基层司法所组织机构建设、队伍建设、制度建设、业务建设及基础设施建设，全区8个司法所已全部达到省级规范化建设标准，3个司法所被市司法局任命为“日照市五星级司法所”。

军　事

【概况】 岚山区人民武装部设军事科、政治工作科、保障科3个科室；在编现役干部3人，文职人员7人；民兵训练基地编制8人；编乡镇（街道）基层武装部8个。被山东省军区评为“先进团级单位”。

【党管武装工作】 严格落实党管武装工作制度，定期组织召开区委常委议军会和民兵营教导员述职会。3月组织召开民兵营教导员述职会，会议经验材料《念“融”字诀唱响“战”字歌在推动军民融合深度发展中提升党管武装工作质量》被日照军分区转发；8月组织召开了区委常委议军会，研究解决了民兵训练基地建设和人武部办公楼整修2个问题，区委拨款100余万元用于人武部办公楼整修，同时将民兵训练基地靶场建设提上日程。会议材料《学习开拓视野　教育明晰责任，在不断创新形式中提升议军兴武质量》被日照军分区转发。

【思想政治工作】 以“两学一做”学习教育和改革强军主题教育为着力点，紧紧围绕学习贯彻习近平主席重要讲话精神。坚持把学习党章、习主席系列重要讲话精神作为首要政治任务，积极开展“四个一”活动（即：读一本理论原著、写一篇体会文章、做一次专题调研、上一次专题党课）坚定对中国特色社会主义的道路自信、理论自信和制度自信。结合纪念建军90周年活动，积极开展“读红色书籍、看红色电影、读党史军史”配合活动和“人人上讲堂、大家受教育”活动，营造浓厚的学习氛围。是年，在省、市、区级报刊发表学术、新闻稿件31篇。

【军事训练工作】 牢固树立战斗力标准，坚持各项工作向打仗聚焦用劲。按照军事训练大纲要求，认真组织指挥技能和体能战术训练，积极参加上级集训，严格落实“三实”训练，训练基础得到显著提升。紧贴“任职必备、岗位常用、基层急需”的目标，编印《武装工作法规制度培训手册》《兵役登记培训手册》等8本教材，组织全体专武干部到岚山头街道武装部和海屋社区民兵连参观见学，采取“封闭式集训，实战化考核”，把抓训风考风放在比提高成绩更突出的位置。开展了“军事大考核、素质大排名”和“创纪录、破纪录”活动，提高专武干部军事素质和业务素质。经验材料《内强素质，外树形象，全力锻造一支素质优良、作风过硬的专武干部队伍》被日照市军分区转发。

【民兵整组工作】 按照军分区《民兵组织整顿工作指示》，制定本级年度民兵整组实施意见，及时总结阶段工作和经验教训；组织部分专武干部到东港区和莒县进行参观学习，重点打造了安东卫街道、巨峰镇、中楼镇3个基层武装部和8个社区民兵连规范化建设试点。加强基层武装部战备器材库建设，督导基层充实完善了器材装备，遂行维稳、处突、防火、防汛急难险重任务的能力显著增强。积极协调区委、区政府，把年纪轻、素质好、爱武装的人员选入基层专武干部队伍；对专武干部考核、轮训一遍，保证了专武干部队伍干事创业的活力和激情。

【征兵工作】 按照“一季征兵、全年准备”的要求，下大力抓好征兵调研、宣传教育和兵役登记等工作。针对兵役登记时间提前征集主体向高学历青年转移的新特点新要求，创新办法、充分协调、全力推进、跟踪督导，全区18周岁青年兵役登记率达到100%。军地联动，大力营造依法服兵役的浓厚氛围，严格落实体检政考标准和廉洁征兵工作纪律，深入开展行业风气清理整治，以“零容忍”的态度坚决纠治党员干部身边的“微腐败”。征兵工作中，班子成员带头签订廉洁征兵责任书，带头落实选定兵工作程序。8月下旬，对220名预征新兵进行了役前教育训练，使所有预定新兵真实体验军营生活、感受部队氛围，进一步端正入伍动机、打牢身体基础、提高适应能力。圆满完成208名男兵、3名女兵征集任务。

【安全管理工作】 严格落实安全管理制度，认真学习上级安全纪律要求，依据上级关于手机使用、饮酒、私家车驾驶等方面制度规定，制定机关工作日常行为规范，组织开展“严纪律、强作风，保安全”座谈讨论活动和集体大谈心，人人晒思想、谈感受，提高了干部职工的安全意识。通过积极开展“条令学习月”“百日安全竞赛”等活动，对保密室、办公室、宿舍、仓库、厨房等关键部位进行彻底清查整治，投入3万余元加强了机关楼安防设施建设，为门卫配备防冲撞路障，安装报警器，粉刷警戒线，增加了安全底数，确保了机关安全稳定。

【扶贫帮建】 积极参与林水会战、创建文明城市、大项目建设等重大任务，大力开展“手拉手助学”和“1+1”精准扶贫活动，专项拨款2万元用于支持包联村脱贫项目建设，包联贫困户脱贫率87%。4月12日，在扑救虎山镇黄泥沟村山火行动中，集结出动6个乡镇应急民兵队员155人次，受到各级领导和驻地群众的高度赞誉。

【基层武装建设】 坚持以《基层武装部规范化建设要则》等一系列文件为指导，深入开展创先争优、“双争”“双创”活动，不断夯实基层建设基础。部党委始终坚持“工作中心在基层、工作重点在基础”，一直把抓基层、打基础作为持续课题。党委机关围绕组织建设、专武干部队伍、挖掘动员潜力等课题到基层进行调研，对8个乡镇（街道）武装部普遍进行了帮抓。着眼担负的任务，紧贴实战要求，重点抓了民兵应急分队以维稳、灭火、防汛等为行动背景的紧急出动和应急处突训练，提高了民兵应急分队处置突发事件能力。

岚山年鉴 LANSHAN NIANJIAN 2017

经济管理与监督

JINGJI GUANLI YU JIANDU

嵐山年鑑

经济管理与监督

发展与改革

【概况】 日照市岚山区发展和改革局为正科级行政单位，内设办公室、综合规划科、行政服务科、项目管理科、诚信监管科、蓝办、公共资源交易综合管理办公室7个行政科室；下设1个行政机构日照市岚山区价格监督检查局和2个全额拨款事业单位日照市岚山区大项目服务办公室、日照市岚山区价格认证中心。主要承担全区发展和改革、经济运行分析、大项目协调推进、服务业规划指导、蓝色经济发展、诚信体系建设和价格服务等工作。共有干部职工34人，其中行政编制14人，工勤人员1人，事业编制17人，劳务派遣2人。先后获得全区目标绩效考核优秀单位，‘突破园区、聚力招引’先进单位，全区创建全国文明城市工作先进单位，服务园区和大项目建设先进单位等荣誉称号。

【经济运行】 创新实施全区经济运行季度分析联席会议制度，定期召开联席会议深入分析经济形势，全面掌握经济和社会事业运行情况，及时形成经济运行分析报告并提出合理化建议，为区委、区政府提供决策参考。到年底，全区实现地区生产总值（GDP）539.38亿元，同比增长14.1%，增速居全省第一；完成固定资产投资632.36亿元，增长12.6%，总量居全省第15名。圆满完成预定目标，其他各项经济指标也都位居全市前列。

【新旧动能转换重大工程】 及时启动全区新旧动能转换重大工程工作，制订岚山区新旧动能转换重大工程近期工作计划，明确专题调研内容，围绕全区的发展定位、重点项目和下一步措施，形成《岚山区加快新旧动能转换的调研报告》。开展《岚山区新旧动能转换重大工程实施方案》编制工作，确立先进钢铁制造产业基地、绿色化工产业基地、现代海洋产业、智慧物流产业等10个重大专项。汇集了13大类、39个小项72个拟建在建重大项目，建立起了全区新旧动能转换重大工程项目库。争取日照ESP锯片钢75cr1生产技术研发应用列入省第二批技术创新项目计划，日照钢铁精品基地、日钢3#-5#ESP无头带钢生产线、天泽冷链物流基地等8个省新旧动能转换项目初步纳入全省新旧动能转换项目库计划盘子。

【重点项目建设】 共安排区级重点项目48个，总投资1157.12亿元，年度计划投资279亿元。其中续建10个、新开工18个、拟开工10个、前期项目10个。成立区重点项目建设协调推进工作领导小组，大力实施“6+16”工作运作机制和“包项目、定目标、定时间、定责任”要求，将项目建设任务落实到责任单位和责任人。制订项目推进时间表，实行挂图作战，“倒计时”提醒。重点推进日照精品钢基地、日钢ESP无头带钢生产线、岚桥油品质量升级等12个钢铁、石化项目，加快推进华车新能源机车、泰东转炉渣处理利用、高性能磁性材料、岚致新型建材等19个新材料、新能源项目。先后组织开展重点项目建设线的开工仪式，重点项目工作线调度会议，集中研究重点项目推进工作，梳理存在的困难问题22条，并迅速落实到包保领导和有关单位。48个重点项目全年完成投资281亿元，超额完成年度任务目标。

【对上争引】 年初下发《关于做好对上争引工作的通知》，重点围绕新旧动能转换项目和国家重点支持的脱贫攻坚、保障性住房、交通基础设施、社会事业等领域，提前谋划好项目，力争使更多的项目挤进国家、省、市的盘子里。修改完善全区对上争引考核办法，以更加科学的方法确定各个单位的任务基数，充分调动各单位的积极性和主动性。全区对上争引获批项目246个，到位资金9.49亿元，同比增长49%，完成年度考核任务的1.5倍，区发改局对上争引首次突破亿元，创历年之最，其中，岚山区人民医院妇幼病楼项目争取中央和省无偿资金2270万元。同时，扎实做好上级预算内投资项目的管理和督查工作，确保项目建设规范、及时，争引资金用的合规、到位。

【蓝色经济发展】 积极学习研究国家、省、市“一带一路”有关政策，及时掌握区内参与“一带一路”有关企业情况和工作计划，引导企业积极参与到国家“一带一路”建设中。先后争取日钢公司、岚星化工等5家企业纳入市蓝色经济区转型升级重点企业，日照顺风阳光海洋牧场、岚桥100万立方米原油罐区工程、岚桥80万立方米原油罐区工程等5个项目纳入了市蓝色经济区重点项目。同时，全力做好区域专项资金项目监管，加强对中楼镇马亓小学建设、巨峰特色小镇基础设施建设、顺风阳光海洋牧场项目调度及现场评估。

【优化发展环境】 积极落实“放管服”和行政审批制度改革。在投资项目审批服务中，完成《岚山区投资建设项目模块化并联审批流程试行方案项目立项阶段实施细则》及《容缺受理+模块化并联审批工作方案》，梳理《公布投资项目开工前报建审批事项》，共计审批、核准、备案各类投资项目164个，总投资400.62亿元，群众办结满意率保持100%，发改行政服务窗口被评为全区“优秀服务窗口”。在“放管服”工作推进中，编制本部门权利清单、责任清单和公共服务目录，严格落实实施“双随机、一公开”抽查制度，制定工作方案和抽查细则，完善项目库，有效地推进了工作开展。在诚信体系建设中，先后制定《日照市岚山区社会信用体系建设工作方案》《社会诚信缺失问题联合整治活动方案》《日照市岚山区社会信用体系建设规划》等相关制度文件，优化信用建设环境，为信用岚山建设作出了有益探索。在招商引资优惠政策兑现中，完成天泽冷链物流、鲁圣电力器材、澳思柏恩公司等9家企业优惠政策兑现，总计扶持金额1.01亿元，助推了企业发展。

【价格管理】 积极清理规范涉企收费行为和督促明码标价，先后对21项涉企收费项目和景区门票、停车费、摊点及游乐设施的明码标价进行集中督导检查，共出动巡查人员150余人次，巡查市场主体250余家次，共发放明码标价签5万个、《民生价格服务指南》600余本、明码标价宣传常识等资料2000余份。及时办理各类价格举报和价格认证案件。共办理市长公开电话和“12358”平台价格举报案件69件，受理司法机关委托认定业务138件、标的额3850万元，群众满意率保持100%。同时，积极发挥价格服务职能，开展污水处理设施的建设、运营情况调研，形成岚山区重点镇的污水处理费的征收标准；形成《关于日钢集团工业天然气情况的报告》，协调重点企业用气价格，降低企业的生产经营成本；完成药品零差价“双随机一公开”的检查工作，进一步规范全区药品价格；规范全区公办幼儿入园收费标准；起草《全区公平竞争审查制度实施方案》，完善了全区市场体系的健康发展。通过一系列工作的开展，增强群众价格法律法规意识，为下一步营造良好的价格诚信氛围，维护全区价格秩序稳定奠定了坚实基础。

统计管理

【概况】 岚山区统计局下设办公室、综合核算科（加挂能源统计科牌子）、统计科3个科室和1个副科级事业单位岚山区经济社会综合调查队（加挂岚山区社情民意调查中心牌子）。编制19人，其中行政编6人，实有4人，事业编13名，实有12人。年内获全省农业普查先进单位、全省统计信息宣传先进单位、日照市文明单位荣誉称号。

【统计监测分析】 做好农业、工业、批发零售、住宿餐饮、房地产、服务业、投资等行业月度、季度、年度数据的报送、审核工作，及时反映经济运行的新情况、新特点。撰写《全区前三季度年经济运行分析及工作建议》《岚山区与周边五区县经济发展情况对比分析》《全区经经济运行情况分析及2017年展望》等领导参阅件，对外提供统计信息160余篇，及时反映各行业苗头性、趋势性问题，为区委、区政府科学决策提供参考依据。

【重大国情国力调查】 认真开展好第三次全国农业普查工作。根据第三次全国农业普查工作流程和上级普查机构的统一部署，认真做好农业普查机构人员场所经费“四落实”，有序开展入户正式登记、审核改错、光电输入、资料开发利用等工作，确保按时高质量完成农业普查的各项工作任务。认真开展非公有制企业人才资源情况调查、三新专项统计（三新：新兴产业、新型业态、新商业模式）、四众企业专项统计（四众：众创、众包、众扶、众筹）等统计调查项目。认真开展1%人口抽样调查工作。全区1%人口抽样调查涉及7个镇（街道）的26个村（居），已完成入户登记、数据收集整理、调查资料上传、资料开发利用等工作。

【经济社会综合考核服务】 认真研究全市“突破园区、聚力招引”考核办法和全市科学发展综合考核实施办法，配合区考核办制定区考核镇办方案，定期通报进度，确保数据平稳有序上报。加强与上级主管部门的汇报沟通，及时调度分析进度，为全市目标管理绩效考核做好准备工作。与区发改局、经信局、商务局、科技局等部门密切配合，及时准确了解产业、企业实际情况，确保GDP、工业、投资、开发区等数据及时准确上报。

【基层统计“四化”运作】 各乡镇统计站按照“五规范一加强”（规范组织机构、规范制度建设、规范工作流程、规范档案管理、规范网格体系、加强执法检查）的工作思路，深入开展基层统计规范化创建活动，全面落实“工作推进责任化、工作运行网格化、工作保障精细化、工作流程标准化”的统计工作运转新模式，全区8个镇办基层统计工作均达到省市规范化创建标准。

【统计宣传新媒体建设】 加强了“岚山统计”微信公众号建设，将其打造成数据通报、动态发布、经验交流、政策宣传的工作平台，7月以来，“岚山统计”微信综合影响力跃居全国统计调查系统266个公众号前20位、全省前2位。

【“三招三引”工作】 成功招引5000万元以上投资项目1个，完成投资额2300万元；从青岛科技大学成功招引2名海洋食品研究学科带头人，顺利完成招商引资、招才引智工作任务。

审计管理

【概况】 日照市岚山区审计局内设办公室、财政金融企业审计科、行政事业审计科3个职能科室，下设日照市岚山区经济责任审计办公室、日照市岚山区固定资产投资审计办公室2个事业单位，在编人员22名，获得省级文明单位、全省内部审计工作先进单位、日照市贸易融资风险化解和打击逃废银行债务行动先进集体等多项荣誉称号。

【经济责任审计】 推行人员“扁平化”管理模式，组建4个审计业务组，合力攻坚2015年以来积攒的60多个经济责任审计项目。共对全区21个部门（镇办）25名领导干部进行了经济责任审计。通过审计已查出违规和管理不规范资金4647.31万元，其中违规资金410.62万元，管理不规范资金4236.69万元；应由领导干部负直接责任444.03万元，负主管责任3596.77万元，负领导责任606.51万元。移交审计线索2起，实现多年来线索移交零的突破。

【村级财务审计】 按照全区实施村级审计建立村级工作督查制度试点工作安排，在区委组织部的直接领导和指挥下，审计、农林、财政等相关部门共同参与，积极开展村级审计督查工作。截至8月底，全面完成了全区村级财务审计督查工作任务，共对全区8个乡镇406个村居进行了财务审计，发现了村居财务管理工作中存在"债权债务管理、三资管理、建设项目招投标不规范"等4个共性问题和"违规举借债务、违规出借集体资金"等5个方面的突出问题，提出了12条审计意见建议，摸清了全区村级财务家底，为开展村级换届、规范村级财务管理提供了有力保障。

【预算执行审计】 以政策、预算、资金、效益为主线，加强对财政部门预算执行、地税部门税收征管等情况的审计监督。通过审计，督促89.9万元的非税收入上缴国库，追缴企业土地使用税301.76万元。核查并督促区水利局追缴12名财政供养人员违规领取了大中型水库移民后期扶持补贴9400元。

【固定资产投资审计】 根据全国人大常委会法工委《对地方性法规中以审计结果作为政府投资建设项目竣工结算依据有关规定的研究意见》和上级审计机关关于清理退出议事协调机构工作的要求，全面退出各种工程建设指挥部和各类议事协调机构，不再参与其日常工作和"六方"会签等，依法独立开展审计监督工作。在岚山国际航贸综合服务区建设项目复审和区政府土地收储工作中涉及的日照东方红食品有限公司、岚山斋心慈善协会2家单位地面附着物评估初审中，审减5000多万元，取得了较好的经济效益和社会效益。开展了全区重点工程项目招投标情况专项审计调查，报告得到了区政府主要领导的批示。

【"强基层、铸铁军"工程】 加强党的建设，深入推进"两学一做"学习教育常态化制度化，积极开展"主题党日"活动。加强队伍建设，招考4名事业人员和招聘5名协审人员，初步缓解了审计力量不足的问题。补缴2015年以来聘用人员社会保险费15万余元。组织实施了中层干部竞争上岗，激发干部职工的工作活力。加强业务培训，采取封闭培训方式，组织全局人员到临沂市临港区举办审计业务培训班，邀请市局业务骨干和区纪委领导授课，选派人员积极参加省厅、市局组织的各类培训班。加强规范化建设，修订完善了财务资产管理、业务管理、行政管理等方面的制度，解决了多年来局财务、业务不规范等问题，制定实施了"六条规定"，解决了被纪检机关明察暗访通报、请假次数过多、不履行请假手续、争创优秀审计项目等奖惩问题，以制度的刚性约束不断促进局机关规范化建设。

【配合参与工作】 抽调人员参与市区组织开展的三木集团、昌华集团、铸福实业、阿掖山集团打击逃废银行债务化解金融风险工作。组织人员对虎山镇东湖一村近12年的账务进行审计，及时化解了该村40余名渔民到市委集体上访活动，有力维护了社会稳定。

物价管理

【清理规范涉企收费】 全区涉企收费共涉及3个部门21项收费，对涉企收费项目进一步清理规范。对6家规模以上企业的缴费负担情况进行了调查摸底，同时对全区55个行政事业性收费单位的收费执行情况进行监管，及时上报收费统计报表和统计分析报告。

【整治旅游市场价格秩序】 对景区门票、停车费、摊点及游乐设施的明码标价进行集中督导检查，特别是对城区餐饮、宾馆等行业明码标价行为进行重点治理。仅上半年，共出动巡查人员80余人次，巡查市场主体130余家次。结合文明城市创建，对集贸市场明码标价开展了集中整治活动。活动中对全区22家商超、集贸市场及70家商务宾馆的明码标价行为逐户上门督导检查，共发放明码标价签5万个、《民生价格服务指南》600余本、明码标价宣传常识等资料2000余份。通过督导检查，各经营业主明码标价意识得到明显提高，市场明码标价水平有了明显改善。

【办理各类价格案件】 截至10月底，共办理价格咨询30件、价格投诉举报19件，办理市长公开电话转办件18件，纪委转办信访事项1件。受理司法机关委托认定业务95件，标的额190.38万元，所办理的认定业务均没有发生行政复议案件。

【收费指导】 组织住建、环保等相关部门，到乡镇调研污水处理设施的建设、运营情况，下发岚山区重点镇的污水处理费征收标准；形成《关于日钢集团工业天然气情况的报告》，帮助企业协调用气价格，降低企业的用气成本，为区委、区政府提供决策参考；起草并印发全区公平竞争审查制度实施方案，完善全区市场体系的健康发展；完成了全区药品零差价进行了“双随机一公开”的检查工作，进一步规范全区药品价格；印发规范全区公办幼儿入园收费标准；到周边区县询价土地青苗补偿标准，为国土部门出台新政策提供参考依据；对全区疫苗托运环节及乡村医生队伍的建设存在的问题进行调研，为一线医疗状况改善决策提供了基础资料。

【价格宣传】 积极对上争取，编辑出版《山东价格信息》岚山专版，宣传岚山的物价工作成绩，推介岚山区特色产业、特色产品。至2016年年底，已编印完成并已出版。

工商行政管理

【概况】 岚山区工商局成立于1993年7月1日，2014年4月完成职能转变和体制调整，是区政府正科级行政部门，省级文明单位。内设办公室、人事科、财务科、政策法规科、市场合同管理科、网络交易管理科、商标广告管理科、消费者权益保护科、企业信用监督管理科等9个职能科室，企业注册局、公平交易局2个副科级直属行政机构，在9个乡镇（街道）设基层工商所，下设个体私营经济服务中心、消费者投诉中心2个事业单位。全系统共有编制69名，共实有人员54人。其中行政编制55个，含机关工勤2个，实有在编人员43人；事业编制14名，实有在编人员10人。2人受到市级以上表彰，顺利通过了省级文明单位复审。

【商事制度改革】 涉企证照改革持续深化。全进推进“五十一证合一”换发工作，截至期末，全区企业、农合新版执照持有率达91.32%。推行住所登记“申报承诺+负面清单”制度，登记条件进一步简化、门槛降至最低。“互联网+政务服务”作用初显，整合再造办事流程，从审查、核准到发照，一人全程办理，实现内部审核“零流转”。依托“岚山工商”微信公众号每日公示名称预先核准情况，为群众提供在线咨询和服务。借助全市网上登记服务平台，实行“互联网+工商登记”，网上“键对键”服务让办事群众感受到实实在在的方便。企业简易注销全面启动，打通市场主体“便捷退出”通道，给创业者留出了“适应市场、方便掉头”的政策空间，共办理简易注销登记90余笔。全区期末实有各类市场主体继续保持旺盛增长势头。

【事中事后监管】 加强组织领导。先后3次召开全区推进“先照后证”改革后加强事中事后监管工作推进会议，代区政府拟稿《日照市岚山区人民政府关于“先照后证”改革后加强事中事后监管的实施意见》，牵头成立全区加强事中事后监管工作领导小组。突出年报公示，在巨峰镇召开全区年报工作现场会，积极探索常态化企业年报公示机制，全区企业、个体和农合2016年年报率分别为96.79%、98.97%和99.13%，完成年初制定的“高于去年平均水平、高于全市平均水平”的目标。扎实推进“双随机”，将847户市场主体与执法人员随机匹配，实现抽查任务落实率、按时公示率100%。与区人社局、统计局联合印发《年报公示联合抽查实施方案》，对159家企业社保、统计事项进行跨部门联合抽查，实现“一次抽查、全面体检”。强化协同监管和信用联合惩戒，严格规范经营异常名录列入、移出管理，依法将未按规定年报、弄虚作假、隐瞒真实情况等情形的438户市场主体列入经营异常名录，169户按程序申请移出经营异常名录。在非公经济人士综合评价、文明单位申报、人大代表和政协委员人选考察等环节，对失信被执行人、失信企业予以限制，信用监管的影响力、约束力明显增强。

【行政执法维权】 开展“红盾质量维权行动”，擦亮红盾维权金招牌。围绕与消费者日常生活密切相关的家用电器、服装鞋帽等商品开展质量监测，共抽检91个批次，对不合格经营行为进行了立案查处。强化重要物资的质量监管，抽检成品油78个批次、农资127个批次、煤炭31个批次，查处不合格商品经营案件15件。开展打击传销百日联合执法“迅雷”行动和“斩草”行动，开展“五进”普法宣传，发放宣传材料3000余份，与70余家宾馆饭店签订责任书。联合公安部门捣毁涉嫌非法传销窝点3个，教育遣散人员14人。取缔安化黑茶、老妈乐等非法会销12处，立案查处4起。严厉打击虚假宣传等不正当竞争行为，查办适用《中华人民共和国反不正当竞争法》案件14起。实行网络案件督办制度，案件线索分办与案件督办相结合，形成网络监管齐抓共管态势。查办网络案件20起，其中诉转案16起。加强电商行政指导，对70余位农村淘宝加盟者进行法律培训，对30余位电商创业者进行“3·15”消费维权行政约谈，架起了经营者和监管部门沟通桥梁。以“网络诚信、消费无忧”为主题，举办“3·15”系列宣传活动，发布消费警示信息22条，发放宣传材料6200余份，在安东卫大集、电商孵化创业园等人员聚集地摆放展板25个，收到了很好的社会效果。实行首接负责和即时处理制，快速调处旅游消费纠纷。共受理投诉、举报、咨询337件，为消费者挽回损失100余万元。

【服务新旧动能转换】 认真落实小微企业“双升战略”，引导小微企业建立现代企业制度，完成“个转企”98户。加大重点骨干企业扶持力度，指导通过兼并、联合、重组等方式组建企业集团，延伸产业链条，拓展发展空间，改制、新登记股份有限公司12户。适时开展上门服务、加班服务和跟踪服务，为新岚山、园区发展、城建发展、海洋发展等多家企业提供精细化服务50余次。深化助企融资化解融资困境，继续发挥“三押一推”职能，引导企业运用动产抵押、股权出质融资。搭好银企对接平台，积极畅通企业融资渠道。全年共办理动产抵押登记73笔，实现协议担保主债权42.9亿元；办理股权出质登记4起，助企融资3.42亿元。开展“守合同重信用”企业公示工作，有18家企业被公示为2015—2016年度“守合同重信用”企业。开展“商标助企大走访”活动，分管领导亲自带队，逐一走访全区31家重点扶持企业，深入了解企业商标品牌发展现状。组织“傍名牌”、商标侵权等违法行为专项执法，有计划、有重点的开展商标保护，共查处商标侵权案件6件。

【创城工作】 整合创城和卫生城市复审工作具体要求，印发创城农贸市场整治工作方案，挂起整治行动“施工图”。在保证机关运转最低人员需求的前提下，将机关其余力量全部抽调出来充实到一线，全面进入战备状态。每天对农贸市场的环境卫生、营业执照的悬挂、市场经营秩序等工作进行督导检查，发现问题立行立改。创城期间，出动执法人员500余人次，检查各类商户1000余户次，农贸市场得到进一步规范。投资180余万元，对汾水、南街、国际水产城等市场重新进行规范调整，改造摊位50余个，科学设置了可复合电路照明、业户信息公示、文明评价等公示栏60余处，改造升级公共厕所7座，开展市场外墙涂装粉刷、市场环境卫生保洁等整治工作。向综合行政执法、卫计、食药等部门下达限期整改落实意见建议27份，牵头召开现场办公会议6次，解决了宣传版面不全、消防器材检查记录不完善、门前三包落地广告牌杂乱、防鼠网不达标、市场内乱扯电线等50多项问题。

【队伍建设】 《人民日报》头版刊发文章《马上能办的事，决不能拖到年后》，对企业注册局刘煜、孟静2名同志"延时服务"、"容缺办理"的做法给予充分肯定，《大众日报》、《日照日报》相继进行转发，区纪委将工商窗口的作风建设作为典型在全区进行推介，工商部门的作风建设赢得了社会的肯定和赞誉。落实作风问题严督查，开展明察暗访10余次，将到岗情况、工作状态和执行工作纪律情况作为明察暗访重要内容。落实风险排查快整改，对各岗位廉政风险点工作进行全面梳理，建立个人排查台账52个，单位排查台账18个，相应建立整改台账。落实带班值班严要求，严格执行24小时值班制度，严禁迟报、漏报和瞒报，及时妥善处理各类紧急突发情况。严格按组织程序进行人事调整，提拔15名股级干部，对4个股级岗位进行了交流轮岗。人事调整后，党组书记第一时间对系统全体干部职工进行集体廉政谈话，随后对新提拔8名正股级干部和4名轮岗交流干部进行"一对一"点题谈，实现个性化廉政提醒。将每周五下午固定为活动日，扎实做好规定动作，创新做好自选动作，开展了"集体廉政谈话活动""义务拔草扮靓家园行动""企业登记专题业务培训""走访入户、情暖中秋""重温入党誓词""升国旗感党恩"等主题活动，真正把活动搬出了机关大楼，办进了党员心里。

【党建工作】 先后迎来全市区县机关工（党）委书记、市直机关工委、五莲县县直机关工委、东港区区直机关工委观摩指导，观摩团均对区工商局党建工作给予了肯定。因地制宜抓好阵地建设，强基础、创品牌、抓服务、树形象，着力提升基层党组织的战斗堡垒作用。依托党员活动室，促进党组织活动的经常化、制度化、规范化；依托廉政教育室，将党风廉政建设落在日常，将全面从严治党抓在实处；依托工商文化展厅，使系统全员在潜移默化的情感共鸣中获得教益；依托"清廉亭"主题长廊，打造工商人的廉洁"地标"。紧跟时代脉搏，引导党员干部自觉用习近平新时代中国特色社会主义思想武装头脑、指导实践、推动工作。强化廉政教育，在系统、机关等会议上，均把党风廉政建设作为重要内容，经常讲、重点讲、反复强调，始终绷紧责任和纪律这根弦。实施"党建+改革"，创新"窗口党建工作法"，在窗口一线设立党员先锋岗，亮身份、亮职责、亮承诺、亮服务。实施"党建+服务"，以服务型基层党组织建设为抓手，强化服务意识，推动从“重监管轻服务”向“监管服务并重”转变。实施“党建+执法”，把全面从严治党要求落实到依法行政、从严监管中，每周集体学法，每季度进行学法考试，与家属签订《家庭助廉承诺书》，构筑好“家庭助廉”的牢固防线。

质量技术监督

【概况】 岚山区质监局内设办公室（挂监督与法制科牌子）、综合业务科、特种设备安全监察科3个职能科室，在编人数7人；下设1个事业单位稽查队，在编人数7人。区质监局被市质监局评为全市质监系统工作先进单位；成功创建市级文明单位。年内有8人分别被市安委会、区委区政府和有关部门表彰，其中有4人被表彰为全市危化品工作先进个人、全区安全生产先进个人、全区应急管理工作先进个人、全区创建全国文明城市工作先进个人。

【质量管理】 组织区内8家企业申报山东名牌，其中2家企业成功获得山东省名牌产品。印发实施《岚山区质量发展十三五规划》。积极发动企业开展“市长质量奖”申报工作，其中岚山众山生物科技有限公司成功获得“市长质量奖”提名奖。全面加强和改进产品质量监督工作，将岚山区涉及3C认证、工业产品生产许可证产品和安全类产品的生产企业作为监管重点，逐家核对、建立企业数据库并全面开展企业“双随机”抽查。在全市质量考核工作中，岚山区获得第二名。

动员20余家企业参加标准体系内审员的培训，提高企业标准化意识。积极开展世界标准日等宣传活动，提高了全社会的标准化意识。积极参加省、市局组织的标准化培训工作，努力提高局机关标准化业务服务水平。培育日照市天目茶场成功争创日照市无公害绿茶示范区。指导日照钢铁控股集团有限公司成功争创了AAAA级标准化良好行为企业以及山东省工业标杆示范单位。同时，在全市各区县中率先制定并实施《岚山区标准化十三五规划》。

【特种设备安全监管】 认真组织开展危化品企业、气瓶充装单位、人员密集场所、木材加工企业、学校等特种设备使用单位特种设备安全检查活动。全年出动执法人员750人次，检查使用单位312家次，检查设备1032台次，检查发现隐患200处，下达安全监察指令书130份，督促全部完成整改。

对特种设备使用单位约谈70家。先后组织对全区气瓶充装单位（13家）、电梯维保单位（17家）、全区重点危化品企业（40家）进行约谈，签订安全生产承诺书，并由专家对各领域风险点进行了重点培训和讲解，推动企业进一步落实安全主体责任。

邀请日照市特检院专家在锦绣花园召开社区电梯安全宣传培训会议，对100余名社区工作人员进行了电梯安全培训教育。10月，为加强企业叉车操作人员管理，举办全区叉车操作人员培训班，全区有500多人参加。

在孚宝仓储有限公司和金石沥青有限公司召开岚山区特种设备安全形势分析暨约谈会议（共两期），30余家重点化工企业的特种设备安全管理负责人参加会议。由专家对企业逐个进行分析研判隐患风险点，对存在问题的企业进行挂牌督导督办，确保全区特种设备安全运行。

【涉氨制冷企业专项整治】 开为巩固前四批涉氨制冷企业关停整治工作成果，防止关停企业复工生产，从8月起，以涉氨制冷整治工作领导小组办公室的名义下发《关于对前四批涉氨制冷企业专项治理工作开展整改回头看的通知》，督促各乡镇街道开展涉氨制冷企业关停工作“回头看”活动。

9月，区质监局牵头在区委党校会议室举办了全区涉氨制冷企业管理及操作人员专题培训班，向涉氨制冷企业管理及操作人员详细讲解了特种设备法律法规、涉氨压力容器和压力管道知识、压缩机房操作及安全管理等内容并组织了考试，同时出台了《冷库管理须知6条》，切实加强全区涉氨制冷企业的安全管理水平。

持续推进涉氨制冷企业整治关停工作，组建了联合执法组和技术保障组，制定了实施方案，细化工作措施，通过采取液氨抽取、动力电强制关停、启动收储拆迁、制冷技术提档升级等有效措施，全区涉氨制冷企业专项整治工作取得了突破性进展。截至12月底，全区彻底关停涉氨制冷企业97家，尚余92家。

【行政执法】 制定《区质监局行政执法工作要点》，坚持突出重点与全面整治相结合，加大对重点行业、重点产品的查处力度。重点开展了“质检利剑”专项执法行动、农资专项打假、强制性产品专项检查、车用油专项整治、特种设备专项整治等专项执法活动，先后依法查处各类行政违法案件12起。

加强对市长热线、“12365”投诉举报等的处理工作，做到件件有记录、有处理、有结果、有回音，共成功办理质量申诉、投诉举报案件8起。对案件开展“回头看”，完善案件卷宗，对行政相对人进行回访，未出现一起行政复议或行政诉讼案件。

强化培训，积极组织干部职工参加全省行政执法资格考试和全省特种设备安全监察B证培训和考试，有3人成功取得全省行政执法资格证，有7人一次性通过全省特种设备安全监察B证。质监局正式在编干部双持证率达85%以上，在山东省质监系统中位列第一。

【党建工作】 推进“两学一做”学习教育常态化制度化，制定出台了《关于推进“两学一做”学习教育常态化制度化的实施方案》，明确学习内容和要求。结合每周主题党日活动，明确具体活动的学习内容、学习方式和学习要求，把集中学习和个人自学结合起来，充分利用“阳光岚山”、岚山党建等网站、微信公众号，加强网络自主学习、互动交流。

创新学习方法，举办“科长论坛”“局长讲座”、廉政教育专题讲座，学习先模人物和先进事迹，到革命圣地接受红色教育等形式，开展丰富多彩的学习教育活动，切实做到学习教育外化于形、内化于心。

认真扎实开展“三会一课”，召开支部大会对党支部进行调整，将党支部划分为2个党小组，组织党员开展活动，并于7月和12月召开2次组织生活会。

【工作创新】 建立了全区特种设备专家库，强化专家开展特种设备安全检查制度。积极探索并创建“专家查隐患、部门促整改、企业抓落实”工作模式。聘请了2名专业人士为质监局特种设备安全技术专家，指导全区特种设备安全生产。

主动服务大项目建设，与山东钢铁日照有限公司设备管理部建立了“互联、互通、互助”的工作机制，具体包含“季度交流制度、为项目及时服务制度、定期上门现场跟踪服务制度、人才专家交流制度、定期培训制度、专业技术互补互助制度”等6方面内容。坚持每两周抽出2天，组织干部职工和专家，主动到山钢日照公司工地现场服务。

优优化组织领导，调整班子分工，加强安全监管领导力量。争取领导支持，全年共新配备工作人员12名，壮大了质监队伍，解决了“有人干事”的问题。

制定完善各项规章制度，先后组织专项培训10余次，加强了干部职工的培训教育，工作理念得以根本转变，逐步锻造了一支“务实、高效、规范、文明、清廉”的工作队伍。

食品药品监督管理

【概况】 岚山区食品药品监督管理局（以下简称区局）为区政府组成部门，承担全区食品、保健食品、化妆品生产经营，药品、医疗器械生产、经营和使用的监督管理。内设行政科室6个，行政编制11人；设乡镇街道监管所（岚山头街道、安东卫街道、虎山镇、碑廓镇、黄墩镇、高兴镇、巨峰镇、中楼镇）8个，编制31人；事业编制16人，食品药品稽查大队（加挂投诉举报中心牌子）编制14人，不良反应监测中心编制2人。

全区监管对象4388家，其中食品生产企业114家，食品流通企业2729家，药品生产企业2家，药品批发企业1家，药品零售企业165家，医疗机构184个，计生服务机构9个，医疗器械经营企业12家，餐饮服务单位644家（其中学校食堂79家），保健食品经营单位165家，化妆品经营单位363家。全年以创建全国文明城市和山东省食品安全区为抓手，狠抓企业规范，食品药品安全监管工作取得明显成效。“日照岚山区北方绿茶”被评为山东省食品生产示范基地之一，岚山区被命名为山东省食品安全区，全区食品药品安全形势稳定向好。

【监督检查】 结合创建全国文明城市、全国卫生城市复审，山东省食品安全区创建，对全区“四品一械”监管企业进行拉网式规范指导，累计检查业户1.2万余家，排查整改安全隐患1300余处。现场发放或更换证件600余张，督办健康证1100余张，张贴文明餐桌宣传画5000余张。经过整治，95%以上的业户达到了管理规范要求，高质量通过了创城创卫、山东省食品安全区测评验收。新增食品生产企业23家、食品经营企业1761家。协助市局药品许可核查26家（次）。协助市局药品许可核查26家（次）。上报药品不良反应789例、医疗器械不良事件236例、药物滥用15例。圆满完成区委十三届二次全会、区十八届人大二次会议、全市全区科学发展观现场会等重大活动保障12次，保障就餐人员9000余人次。

【行政许可】 全区共办理食品生产许可48件，食品经营许可1836件。

【监督抽检】 全区累计开展食品快检2万余批次，监督抽检食品、食用农产品2360批次，合格率达96%；药品监督抽检60批次，合格率100%。

【专项整治】 针对群众关注的制假售假、非法添加、以次充好、保健食品非法宣传兜售、学校食堂、农村食品市场、含麻黄碱类复方制剂、疫苗等突出问题，开展专项食品药品安全整治20余项。同时，强化部门联动，印发《关于加强食品安全“三安联动”监管工作机制的实施意见》，建立起涵盖农安、食安、公安的“三安联动”机制，进一步完善部门间信息通报、联合执法、行刑衔接、隐患排查等协调联动。全年累计开展联合执法检查9次，立查食品药品违法案件166起，受理投诉举报272件，移交涉嫌犯罪案件11起。销毁假劣食品药械617个品种、规格，4.5万余盒，货值24.96万元，有效震慑了制假售假行为。

【亮点工作】 一是基础建设方面。累计投入资金200余万元，购进食品快速检测车、实验室仪器设备及办公执法装备3000余件。新建基层食品快检室8处，食品安全技术支撑水平获得较大改善。依托电信“青果”视频监控平台，初步建立起以50家食品生产、经营企业为试点的监控体系，积极推进了食品药品智慧监管。升级改造安东卫、汾水等5处农贸市场，安东卫大集建有全市最早一家大集快检室。岚山区第一中学、区实验小学率先在全市建成中小学校食堂快检室，指导全区8家农贸市场建设食品农残快检室，配备了统一的农残快检公示栏，督促指导市场完成197户食品经营单位（其中小作坊26户，小餐饮3户，食品摊点78户，食品经营单位90户）“三防”设施建设工作，补助资金19900元。

二是示范创建方面。累计打造示范点、示范企业400多个，培植省、市级“清洁厨房”262家、餐饮服务示范店（学校食堂）10家、食品流通示范单位25家。

三是普法宣传方面。全年为全区食安委成员单位、大型生产经营企业、协管员订阅《中国医药报》《医食参考》2万余份。编印、发放岚山特色食品安全宣传画、创先进区宣传折页12万余份。借助“12331”投诉举报宣传日、“安全用药宣传月”、“食品安全宣传周”等开展普法宣传活动24场次。在新闻媒体播放电视稿件44篇、刊登信息220篇。在城区主干道两侧、防护栏及公交站亭安装食品安全宣传板262块，喷装公交车体广告4路40辆。在各乡镇（街道）均设立食品安全宣传文化一条街、宣传文化大院。421个行政村循环播放《致群众一封信》，普及食品安全知识和山东省食品安全区的工作成效，有效提高了全区人民食药安全知识水平，推动了社会共治。

国土资源管理

【概况】 岚山国土分局以习近平新时代中国特色社会主义思想为指引，在市局党组和区委、区政府的正确领导下，认真贯彻落实中央、省、市、区决策部署，围绕中心，服务大局，各项工作取得了显著成效。岚山国土分局被区委、区政府表彰为目标管理绩效考核优秀单位、创建文明城市工作先进单位、服务大项目建设先进单位。连续多年被评为省级文明单位。

【土地规划】 完成了土地利用总体规划调整完善工作。为岚山区增加城镇建设用地规模9390亩，村镇规模13000亩。规划调整完善期间，广泛征求各相关部门和各乡镇街道意见建议，兼顾各方需求，为全区各项经济事业发展提供了用地保障，预留了发展空间。做好建设项目预审与审查工作。全年出具建设项目用地预审与审查16件，其中出具左岭220千伏输变电、化工园区东区工业集中供气工程综合调度服务中心等工程预审意见13件；出具日照港岚山港区南作业区#15泊位工程、S220日照港疏港路西延工程（岚山段）等建设项目审查意见3件。预审的拟新建项目均与规划调整工作做好衔接通过预审有力保障了我区重点项目及时报批落地。

【建设用地】 市下达岚山区建设用地指标500亩。通过积极争取．全年实际上报各类建设用地14个批次，面积5472.57亩，是下达指标的11倍。其中，单独选址项目争取使用省级新增建设用地指标7个项目、面积3235.68亩；使用市级分配岚山区用地指标2个批次、面积641.94亩；争取使用市级预留指标2个批次、面积636.28亩；争取使用省国土资源厅预留计划指标2个批次、面积502.32亩；使用存量建设用地1个批次面积456.34亩。通过积极争取协调，最大限度地保障了全区经济社会发展用地需求。

【耕地保护】 深入贯彻落实耕地保护法律法规，建立依法管地用地长效机制，认真落实耕地保护政府责任制，把耕地保护工作列入了各乡镇的目标绩效考核，圆满完成市政府下达岚山区的47.646万亩耕地保有量。完成全区永久基本农田划定工作，严格落实生态红线。共划定永久基本农田39.963万亩，基本农田保护率为83.87%，布局调整符合总体稳定、局部微调、应保尽保的要求，实现了永久基本农田“优进劣出”。

【土地供应和土地出让】 科学编制土地供应计划，土地供应总量1440亩。做好土地供应和出让，完成供地25宗，面积2445亩；出让经营性用地6宗，面积583宗，成交价款2.9亿元。完成了城镇基准地价更新工作，土地市场秩序更加规范有序。加大土地储备力度，收回存量土地24宗，面积803亩。完成了城镇基准地价更新工作，土地市场秩序更加规范有序。加大土地储备力度，收回存量土地24宗，面积803亩。

【土地综合整治】 深挖耕地后备资源。黄墩镇大株洲西片等2个市级土地整理项目已完工，完成土地平整翻耕32.27公顷，完成投资281.78万元，可新增耕地230亩。申报了2016年度黄墩镇崔家沟村、张家蒲旺村片等5个高标准基本农田建设项目，建设规模7766亩，拟建高标田7006亩，新增耕地305亩。落实政策支撑和资金保障。加大财政扶持力度，出台《岚山区城乡建设用地增减挂钩项目财政扶持暂行办法》，区财政对增减挂钩和废弃工矿项目扶持资金有较大幅度提高。

【城乡建设用地增减挂钩】 扎实推进城乡建设用地增减挂钩工作。完成中楼镇孟家西楼村增减挂钩项目，完成拆旧复垦规模106.55亩，实现新增挂钩指标106.16亩。完成黄墩镇草涧村增减挂钩项目，安置区建设已全部完成，正在全面开展旧村拆旧工作。

【工矿废弃地治理】 积极开展工矿废弃地复垦利用工作。完成巨峰镇纪家沟村、大王家沟村等7个废弃工矿项目的初验工作。

【不动产登记】 严格依法开展不动产登记工作。全年已办结业务5751件，其中，颁发不动产证书2242件，办法不动产证明1521件，注销登记774件，查封登记679件，解封登记535件。另外，完成档案查询2.3万余次。扎实推进农村宅基地发证工作。按照要求，稳步推进全区农村宅基地登记发证工作，全力维护广大农民合法权益，积极妥善解决农村宅基地确权历史遗留问题。全面排查不动产登记“中梗阻”问题。加强相关部门工作衔接，着力提高工作质量和办事效率，着力解决历史遗留问题。顺利完成房屋登记原始纸质档案移交工作。共接收岚山区房管所移交档案42901宗，彻底解决了业务部成立以来房屋登记历史纸质档案资料缺失的问题。

【依法行政】 建立国土资源执法监管共同责任机制。报请区政府出台《关于建立国土资源执法监管共同责任机制的通知》。开展危化品企业违法用地专项清查工作，对全区22家危化品企业进行了拉网式排查。年度卫片执法检查顺利通过各级验收，上报执法监管系统违法用地183宗，面积536.86亩，立案查处158宗，履职到位率100%，全区违法用地比例控制在4.92%。组织执法巡查240余次，下达停工通知51份，罚没款13万元，全区无重特大违法土地矿产案件发生。严格执行土地征收程序，维护社会和谐稳定。认真落实“三公告、一登记”制度，确保被征地农民的合法权益不受侵犯。开展清欠征地补偿费工作，及时把清欠的7096万元征地补偿安置补助费拨付到相关村居。

【矿山综合整治】 积极开展岚山区矿山开采秩序清理整顿工作。按照市委书记刘星泰的批示要求，区委、区政府高度重视，迅速成立矿山开采秩序清理整顿领导小组，制定《岚山区矿山开采秩序清理整顿工作方案》，并对全区14处矿山进行拉网式排查，取缔关停2处。岚山区成立了由区委常委、政法委书记为组长，分管副区长为副组长，相关单位为成员的领导小组，重新修订了《岚山区矿山开采秩序清理整顿工作方案》，强化措施，要求全区所有矿山先停产，再整顿，经检查合格后方可继续生产。由国土、安监、环保等部门组成联合检查组到各矿山企业检查64次，重点对全区矿山企业开采合同履行情况、企业纳税情况，无证、超期、超范围开采情况，破坏资源、破坏生态情况进行现场检查，确保清理整顿工作取得实效。积极开展蓝天保卫战集中攻坚行动——矿山开采加工扬尘整治集中行动。实行工作推进周报制度，发现问题及时上报，全程追踪监管。对城乡接合部已取得采矿许可证的矿山到期后不再延续，予以关停。制定石子加工企业扬尘整治标准，新建石子开采加工企业抑尘措施不配套或达不到要求的一律不得投产。

【党风廉政建设】 局党组切实担负统一领导、直接主抓、全面落实的责任，把反腐倡廉、党的建设，列入领导班子、中层干部目标管理中，并与业务工作统一研究部署、统一组织实施、统一检查考核。督办行风在线，及时办结回复。

【信访工作】 全年接待来人来访12人次，办理上级交办案件10个，办理市长热线366个，解决区政府督办局长主责的信访积案1件，解决历史遗留问题4起。

【地质灾害防治】 编制《岚山区地质环境保护规划》《岚山区地质灾害防治规划》，形成《岚山区地质灾害调查与评价报告》。深入开展地质灾害防治建设，加快推进地质灾害群测群防体系建设的规范化、标准化，深化地质灾害防灾机制和体制建设，提升地质灾害防治能力。不断强化地质灾害防治制度建设，实施了汛期值班、险情巡查、灾情速报等制度，最大限度保障了人民群众生命财产安全。

安全生产监督管理

【概况】 日照市岚山区安全生产监督管理局主要承担全区安全生产综合监督管理责任，依法行使综合监督管理职权，指导协调、监督检查区政府有关部门、各乡镇人民政府、街道办事处安全生产工作；负责危险化学品安全监督管理综合工作和烟花爆竹、非煤矿矿山、商贸企业安全生产监督管理工作。内设5个行政科室，分别是危险化学品安全监督管理办公室、办公室、综合协调科、工矿商贸安全生产监督管理科、职业安全生产健康监督管理科。下设3个事业单位，分别是岚山区安全生产监察大队、岚山区安全生产应急救援指挥中心、岚山经济开发区安全生产监察大队。全局在编在岗33人，其中行政编制9人，事业编制23人，工勤编制1人。区安监局被表彰为全市消防安全“法治维安年”活动先进政府部门。区安监局1人被表彰为全国安全生产先进个人、1人被表彰为全市维稳安保表现优秀干部、1人被表彰为全市系列攻坚行动先进个人、3人被表彰为全市危险化学品安全生产工作先进个人、1人被表彰为全市巾帼十杰和三八红旗手荣誉称号。

【落实监管责任】 开展安全生产大检查、百日攻坚、危险化学品综合整治、化工产业专项升级等专项检查。根据全区实际，组织开展“反三违”、危化品行业装卸作业、粉尘涉爆、职业健康等专项检查等20余次。先后迎接全国危险化学品安全生产工作督导、全省化工产业隐患大快严执法紧急行动第一轮执法检查、国务院安委会安全生产大检查“回头看”督查、全省企业全员培训专项检查、全省安全生产异地互查等省级以上执法检查活动10余次。积极推进“网格化”实名制监管工作，制定“四三二一”模式。全面推行“两个体系”建设工作，针对省政府安全生产巡查发现的问题，列出问题清单，制定整改方案，抓好整改落实。安监系统共检查企业3737家（次） 发现隐患3830余项，立案32起，立案违法行为73项，罚款133.3万元。

【创新监管模式】 以例会促落实，坚持每月召开安全生产工作例会，研究分析安全生产形势，安排部署相关工作，积极推行安全生产积分制和岗位职责一口清，为企业间提供更为直接的交流学习平台。以研判抓问题整改，建立安全生产形势分析研判工作联席会议制度，坚持每天下午4点通过视频会议听取8个乡镇街道、11个重点安全监管职能部门汇报当天包乡镇督查、突击检查、明察暗访、夜间检查发现的安全隐患以及整改情况。以夜查补监管漏洞，实现监管全天候、无缝隙监管，全区累计组织夜查180次，检查企业425家（次），加油站点74家（次），排查整改安全隐患349项。引入第三方安全监管技术服务，并在全区重点危化品企业推行重大作业活动备案制度。第三方累计检查企业621家（次），发现各类问题隐患1567余项，督促企业完成整改1549项，共接收重大危险作业报备73起，提出改进意见285条。创新做法先后10余次被《中国安全生产报》《大众日报》《日照日报》等媒体宣传推介。

【依法行政】 规范使用自由裁量权，成立案审委，对安全生产案件全部集体讨论研究，避免人情案、关系案，确保处罚公正、公平；加强内部规范，单独设置了法规科，严格审核，确保作出的行政处罚程序合法、文书规范。规范执法行为，制定《执法监察工作计划》，依法依规开展安全执法监察，严厉打击安全生产非法违法行为，共检查企业

282家次，下达责令限期整改指令书81份，查出各类安全隐患1330处。推行“痕迹化”管理，建立“一线执法工作日记、岚山区重点企业安全监管台账、重点工作办理情况登记台账”3本台账，做到检查有记录、安全隐患有台账、重点工作有提醒。提高政治站位，全力做好重要时期安全生产工作。

【安全生产宣传】 建立安全岚山之监管群、企业群、专家群和“安全岚山”微信平台，及时发布安全生产相关法律法规及行业标准、安全生产动态，传播安全知识，弘扬安全文化，营造全社会关注安全、参与安全的良好氛围。与中国石油大学（华东）签订合作协议，启动“12213”安全人才工程正式启动。邀请中国石油大学（华东）李自力教授作题为《构建双重预防机制，全力遏制重特大事故》的专题报告，全区乡镇（街道）、部门、企业主要负责人约200人参加学习。先后开展安全生产月、“7·16”安全警示日活动、职业病防治法宣传周、安全生产法宣传周等活动，组织开展七进活动，广泛宣传《中华人民共和国安全生产法》等法律法规，在全区掀起全民学法、知法、懂法、用法的高潮。12月，组织对全区所有负有安全生产监管职责部门的安全生产监管人员进行专题考试，并将考试成绩全区通报，进一步落实属地管理责任和部门监管责任，提升全区安全监管干部行政执法能力和水平。

【监管队伍建设】 强化规范建设，对班子成员做出合理分工，使其工作方向明确，职责范围清楚，形成了班子成员之间既有各负其责，又有协调配合的良好工作局面，促其在各自分管领域尽职尽力创新开展工作；捋顺科室，厘清职责，量化到人，重用3名正股级干部，突破全局“零科长”僵局，下发《关于局机关各科室及下属事业单位人员调整的通知》，明确全部科室负责人；投资5万元，新建了档案室，全部资料入驻档案室，安排专人保管，实现档案管理的系统化、专业化；理顺财会人员分散不集中问题，将会计、出纳人员统一调到办公室，修订完善《区安监局财务报销管理制度》，实施主要负责人“五不分管”制度。强化人员素质能力，在加强日常政治、业务学习的同时，先后开展安监系统安全生产专题培训、国家安监总局网络培训、安全生产讲座等活动，进一步提高安监工作人员的业务水平和履职尽责的能力；充分发挥执法能手业务能力强、熟悉法律法规知识、办案经验丰富等优势，实行“老将带新人”培养体制，传授新进人员执法检查、法律法规、立案处罚等方面的方法技巧。强化服务意识，紧紧围绕“转作风、抓落实、促发展”主题活动，全面提高安全生产监管和服务水平，全局执法人员严格按照公开、公正、公平的原则，坚持办事内容、依据、程序、结果、纪律五公开，更好地为企业和基层服务。

【党建工作】 扎实推进“两学一做”学习教育常态化制度化，加强组织领导，成立学习领导小组，召开专题工作会议，印发了实施方案和配档表，明确学习重点和要求，以“三会一课”、主题党日等为基本形式，坚持集中学习与个人自学相结合、党课辅导与专题研讨相结合，引领党员干部从思想上、政治上、行动上把学习教育落到实处。建立完善理论学习中心组学习制度，制定《党组工作规则》《区安监局党组中心组学习计划》，全面落实党组意识形态工作责任制。坚持贯彻民主集中制原则，认真执行局长办公会议制度，坚持“三重一大”决策机制，正确处理上级与下级、个人与组织、“班长”与成员之间的关系，不断强化团结意识，做到相互配合，坦诚相待。凡涉及重大问题，特别是干部任免、项目安排、大额度资金使用等，均实行民主决策，在议事和决策过程中，做到集体领导、民主集中、个别酝酿、会议决定，增强决策的民主性和科学性。投资5万余元新建了党员活动室，采取全员推荐和自愿捐赠的方式充实了阅览室图书量。加强党员管理，严格党费收缴工作，每月按时收缴党费；严格党员发展程序，发展预备党员2名，入党积极分子2名，党员队伍壮大到24名。

岚山年鉴 LANSHAN NIANJIAN 2017

财政·税务

CAIZHENG SHUIWU

嵐山年鑑

财政管理

【概况】 岚山区（岚山经济开发区）财政局有内设职能科室8个，属财政全额拨款事业单位7个，实有在编人员60人，其中行政编制8人，工勤编制1人，事业编制51人。按照中央、省委、市委和区委、区政府决策部署，不断深化财税改革，完善政策措施，加强收支管理，有力地保障了预算执行，促进了经济社会健康发展。

【财政收支】 全区地方一般公共预算收入累计完成30.80亿元，同口径增长38.8%。分部门为：国税部门完成20.81亿元，同口径增长99.9%；地税部门完成9.18亿元，同口径增长11.3%；财政部门完成0.81亿元，同口径下降77%。全区地方税收收入累计完成28.64亿元，税收占比93.0%，一般公共预算收入增幅和税收收入比重居全市第一。全区完成地方一般公共预算支出26.40亿元，占年初预算的116.5%，同比增长18.0%。

【财源建设】 继续实施财源建设扶持政策，规范支持企业发展方式，发挥财政资金的引导带动作用，灵活运用引导基金、贷款贴息等政策，拨付企业技改等项目资金11080万元，支持传统产业转型升级。引导扶持现代服务业和特色农业发展，拨付资金368万元，支持落实“旅游富市”战略；不断深化农业产业结构调整，拨付资金3974万元，积极推进“海上粮仓”建设；进一步加大对现代农业的支持力度，加快建立以绿色生态为导向的农业补贴制度，提高补贴政策精准度，拨付特色农业结构调整专项资金609万元，支持优势特色农业加快发展。全力支持“三招三引”工作，拨付专项资金2000万元，保障全区招引工作顺利进行。修订完善产业招商引资优惠政策，积极“筑巢引凤”，推动钢铁、化工等产业招商建链、补链，提升核心竞争力，努力培育新的经济增长点。清理涉企收费项目，积极构建公开透明的招商引资软环境。大力支持实体经济，继续设立10亿元过桥资金，全年共计使用2.04亿元，有效控制风险外溢，稳定金融环境。拨付就业补助资金324万元，积极支持大众创业、万众创新，落实众创空间等税收优惠政策。

【组织收入】 全区财税部门精心组织，依法征管，各级各部门密切配合，层层压实责任，提前完成全年收入计划。完善综合治税体系，成立区财源建设管理办公室，健全税收保障机制，逐步统一涉税信息平台，增强社会综合治税合力，切实做到依法治税、精准管税。全区地方税收收入中主体税种增长迅猛，累计完成21.5亿元，增长118.6%，占税收收入的75.1%。其中：增值税完成12.9亿元，增长62.1%；企业所得税完成8.18亿元，增长419.9%；个人所得税完成0.44亿元，增长39.1%。突出重点税源管控，加强重点行业、重点企业、重点税种的征管，切实堵塞税收管理漏洞，健全税源动态监控。全区重点行业、企业税收贡献突出，钢铁及配套产业重点企业累计实现地方税收22.71亿元，增长97.6%，仅日钢集团就实现地方税收20.99亿元，增长127.2%。扎实开展收入预算执行分析，建立季度经济运行调度分析会、重点税源通报等制度，制定分月、分季度收入入库计划，增强收入组织工作的主动性，努力实现收入均衡入库。区直、各乡镇街道收入入库进度实现历史性突破，收入进度与时间进度同步，税收征管逐渐趋向正规化、正常化。

【民生保障】 预算编制更加注重优化支出结构，着力改变支出项目只增不减的固化格局。认真落实中央八项规定，大力压减一般性支出，严格控制“三公”经费。坚持民生优先导向，加大民生政策配套资金筹措力度，确保民生支出稳步增长，全区民生支出规模达到21.60亿元，占财政支出81.8%。全力支持打赢脱贫攻坚战，整合各级涉农扶贫资金，完善产业精准扶贫帮扶政策，拨付资金2720万元，支持实施精准扶贫、精准脱贫，确保完成全年脱贫任务。建立长效稳定的财政支农机制，拨付补助资金1299万元，加快推进美丽乡村建设；拨付资金3789万元，保障全区421个村级组织正常运转。持续加大教育投入力度，拨付义务教育阶段生均公用经费2720万元，确保学校正常运转；拨付资金5597万元，继续实施“全面改薄”等重点工程，着力解决城镇普通中小学“大班额”问题，促进义务教育均衡发展。着力推进公共卫生服务建设，拨付资金674万元，落实公立医院综合改革财政补助政策；拨付资金7013万元，用于城乡居民基本医疗保险政府补助。全力提升社会保障能力，完善社会救助体系，拨付资金4040万元，落实最低生活保障标准动态调整机制。助推文体事业发展，拨付资金145万元，提升和改造文化基础设施建设，完成全民健身广场建设，支持全国群众体育先进区创建。支持宜居宜业生态环境建设，拨付资金658万元，支持城乡公共交通运营；围绕实施林水会战工程，加大政策引导和扶持力度，吸引社会资本，拨付各级专项资金7488万元，加大对造林投入，全面落实“河长制”，支持开展“清清河流行动”。

【资金运筹】 不断深化投融资机制改革，拓展财政职能、放大理财视野，千方百计筹集发展资金。做实壮大用好投融资平台，将城建投资公司和兴岚发展公司进行整合，组建新岚山财金集团公司。系统重组国有企业，增强市场竞争力，激活国有资产，优化国有资本布局结构。规范举债用好政府债券资金，做好政府债券争引工作，争取到位政府债券7.27亿元。加强合作用好社会资金，积极参加“PPP项目落地年”活动，助推项目落地。积极推进岚山高铁新城、岚山区龙王河综合治理、岚山区绣针河综合治理等PPP项目建设。政策激励用好信贷资金，加强与各政策性银行衔接工作，通过政府购买服务等方式，引导政策性贷款、商业银行贷款、社会资本等多渠道资金参与基础设施建设投入。拨付专项资金1.66亿元，争取银行优惠贷款17.88亿元，全力保障了棚户区改造等项目建设。增强承载用好融资贷款，支持国有平台公司融资48亿元，用于园区配套建设、城市基础设施建设等，并制定政府投融资风险防控措施，切实防范财政风险、政策风险、融资风险，确保政府投融资工作持续健康发展。

【财税改革】 深化综合预算改革，建立健全科学完备、动态管理的预算支出定额标准体系和资产配置标准，建立跨年度预算平衡机制。积极推进预决算公开，细化公开内容，扩大公开范围，健全完整、规范、公开、透明的预算体制。完善结余结转资金定期清理机制，督促预算单位加强重点项目管理，努力实现项目进展与资金拨付有机结合。夯实预算绩效管理基础，规范绩效管理流程，逐步建立完备的预算绩效管理制度框架。强化国有资产管理，出台国有公司监管制度，深化国有资产精细化和动态化管理，构建国有资本运营监督体制。强化政府采购监管工作，规范政府采购秩序。健全财政内控制度建设，提高内部管理水平。严格政府性资金监管机制，确保财政资金阳光安全高效运行。

国家税务

【概况】 岚山区国税局是日照市岚山区主管国家税收工作的行政管理机构，内设办公室、政策法规科、税改科、收入核算科、纳税服务科、征管科、财务科、人事教育科、监察室、税源管理一科、税源管理二科11个行政、业务科室，1个直属机构稽查局，1个事业单位信息中心，2个派出机构，即岚山头分局、巨峰分局。在职干部职工74人。主要负责增值税、消费税、企业所得税和车辆购置税等中央税和中央地方共享税的征收管理。

先后获得国家、省、市级荣誉50余项，其中全国巾帼文明岗、全国巾帼文明健身队、全国三八红旗集体、全国青年文明号等5项为国家级荣誉称号，省级文明单位、省级花园式单位等多项为省部级荣誉称号。

【党建工作】 对照“学懂弄通做实”要求，组织党组理论中心组专题学习、重温入党誓词、“书记上党课”等系列活动。制定《全面从严落实“主题党日”制度的实施方案》，与市局机关第一党支部开展党建共建活动，同5家企业发起了税企党建共建活动倡议，相关经验做法在《日照日报》头版刊发。全面加强党建基础工作，成立机关党委，配置1名专职副书记，换届选举7名党委委员，配齐配强6名党支部书记。在包联扶贫工作中，驻村“第一书记”将沂蒙精神和精准扶贫相结合，因地制宜推行特色农业扶贫项目，相关事迹被《人民日报》、中央电视台《新闻联播》报道，在《日照日报》头版头条刊发，被省国税局和市委主要领导批示表扬。制定基层党建和全面从严治党工作计划，对支部建设、党员队伍建设等5大项15小项工作任务进行细化分解，压实主体责任。切实履行“监督责任”，重点对照巡察和自查发现的9大方面121项重点工作内容开展了整改监督和“回头看”检查。

【税收收入】 共完成税收收入46.17亿元，增收25.6亿元，同比增长124.55%，其中区级收入完成20.75亿元，同比增加11.72亿元，增长129.77%。严格落实出口退税、小微企业、所得税减免等各类税收优惠16亿元，为地方经济发展注入强大活力。将47户重点税源企业列入动态监控，重点加强对日照钢铁控股集团及钢铁产业链的精细化监控管理，日照钢铁控股集团全年完成全口径收入36.48亿元，同比增收22.55亿元，增长161.88%。选取16户重点行业企业开展“一对一”风险监控辅导工作，引导企业开展风险自查和自纠，累计直接入库税款11860.6万元。

【税收征管】 扎实推进税源专业化管理改革，立足岚山地域特点和征管实际，分纳税服务、基础管理、风险管理和税收法制四个序列，制定《税源专业化管理改革实施方案》，并启动机构调整、定岗定责、人员调配工作。全面深化“放管服”改革，制作《简政放权事项目录清单》，梳理简化办税流程，进一步压缩审批办理时限，强化涉税公开。强化税种管理，完善非居民企业股息所得管理、源泉扣缴管理等7类台账，加强动态监控管理，累计入库非居民税收6712万元。

【规范执法】 扎实开展税收执法大督察工作，发现小微企业应享受未享受增值税优惠政策、达标小规模纳税人未及时登记一般纳税人等7大类共计684条疑点信息，退抵税款3437万元。积极开展法制示范基地争创工作，被评为基层分局法制国税示范基地。强化执法风险点排查，形成《岗位风险等级表》和《风险事项提醒书》，累计查找风险点18个。落实税务检查备案制度，对进户执法事项进行统筹安排，进户执法次数减少37%，效率提升29.35%。开展纳税人回访148户次，全面复审复查执法行为，规范各类执法行为9（次）。强化税警联动，对涉嫌偷逃骗税和虚开专用发票的风险纳税人立案检查10户（次），共计入库税款736.46万元。开展了红色预警、橡胶行业、成品油消费税等专项评查，全年评估入库税款5216.29万元，较上年增长400.66%。

【纳税服务】 设立分合式24小时自助办税厅，增加4个办税服务窗口，增加自助办税设备7台，专设导税员2人。设立“网厅业务直通车”，节省纳税人的排队时间，引导纳税人主动使用网上办税厅办理业务。预申请事项申请8932笔，普通发票代开非窗口办税率达92%。全面落实总局压缩办税时间20条措施，大力推行实名办税、无纸化办税、增值税专用发票网上申领等便民办税举措，涉税事项办理提速增效，营商环境不断优化。对接三招三引和山东钢铁集团有限公司精品钢基地建设，设立“绿色通道”，提速登记、票种核定、发票领购等流程，全力服务大项目建设。与岚山农商行结对开展文明礼仪培训、服务经验座谈会等活动，组织6期服务标准化培训，先后征集加强窗口管理和规范服务的措施、意见11条，全面提升前台人员服务素养。

【队伍建设】 结合“岗位大练兵、业务大比武”“两项测试”等活动，坚持“请进来、走出去、学练考”等方式，先后组织赴长沙税务学院、西南财经大学、井冈山教育基地等分类培训3期。深化数字人事挂钩应用，结合征管改革和梯队建设需求，民主选拔中层以上干部10人，轮岗交流22人，干部队伍素质能力、人员结构进一步优化提升。依托文化国税简报、道德讲堂、青年夜校等载体，加强“干在实处，追求卓越”核心价值理念的宣讲，队伍向心力、凝聚力进一步增强。成立组织收入、内部行政管理、依法行政和党风廉政建设4条工作线，制作《重点工作任务和绩效管理工作指引》，将组织绩效指标融入4条工作线和岗位指标体系，强化重点工作的督导考核，形成任务落实、指标应对、督导考评的工作运行机制。深化网络信息安全管理，建立信息管理员制度，“五零”工作法得到省国税局总会计师高萍批示肯定。

地方税务

【概况】 日照市地方税务局岚山分局（以下简称岚山区地税局）组建于1994年8月。截至2016年年底，内设办公室、法规税政科、征管和科技发展科、收入核算和财务科、人事科、监察室、税源管理科、机关党委8个科（室），辖稽查局、直属征收局2个直属机构，下辖岚山头中心税务所、安东卫中心税务所、经济开发区中心税务所、巨峰中心税务所、黄墩中心税务所5个中心所。有在职干部职工78人，其中党员73人，占93.6%；大专以上学历75人，占96.15%，其中注册税务师、高级会计师、司法职业资格5人。担负着全区9个乡镇（街道）4214家企业、6655户固定个体纳税户的地方税收征管工作。

【从严治党】 岚山区地税局把学习贯彻中共十九大精神作为首要政治任务，按照“学懂弄通做实”要求，综合运用集体学习、个人自学、党组中心组学习、领导成员讲党课、主题党日等各种形式。充分利用“两微一端”、“灯塔——党建在线”等新媒体平台，拓宽学习交流渠道。把理论学习与研究谋划地税工作结合起来，进一步摸清工作现状、理清工作思路，把学习成果转化成为推动工作的动力，取得实实在在的成效。坚持把管党治党作为重大政治任务、核心工作来抓，建立“清单+台账”模式，研究印发《全区地税系统落实全面从严治党主体责任工作任务》和任务清单，细化8大项66条具体任务，逐条逐项实行销号管理，把主体责任落到了实处。注重文化引领，创新实施“以所为家 爱所如家”的“小家支部工作法”和“永不褪色的旗帜”党建文化品牌，分别被表彰为“全省地税系统十佳支部工作法”“全省地税系统优秀党建品牌”，使文化建设与党风廉政建设、业务工作深度融合。进一步加大监督的力度，开展了规范党内政治生活、“两个责任”落实情况专项督导检查，对问题一一反馈并限期进行整改。扎实开展“纪律行动深入推进年”各项工作，健全制度体系，切实把纪律要求融入各个单位与环节，确保落到实处，有效规范权力运行。

【队伍建设】 岚山区地税局深入推进“两学一做”学习教育常态化制度化，坚持学做结合、知行合一，打牢“学”这个基础，抓实“做”这个关键，深入领会把握党章党规和习近平总书记系列重要讲话精神，进一步增强“四个意识”，为各项工作开展夯实了思想基础。实施分级分类分层次培训，深入开展“岗位大练兵、业务大比武”活动，组织干部职工到浙江大学、西南财经大学、山东税务学校等大专院校、培训基地，进行经济与税收、执法与防控等知识更新培训；鼓励干部职工积极参加学历教育、专业技术资格考试，多路径提高干部职工的职业素质和能力，切实提升履职尽责能力。加强精神文明和文化建设，积极投身创建全国文明城市活动，圆满完成了承担任务，顺利通过“省级文明单位”复审，促进了文明行业建设。加强标准化基层建设，持续深化“税润岚山向阳花开”特色文化品牌链，文化品牌被表彰为市级“2015—2016年度十佳机关名牌”。强化绩效管理，积极培育绩效文化，建立月提醒、季讲评、重点工作随时督办一体化工作机制，努力做到过程控制、实时改进。

【税收执法】 以法治基地创建活动为重要载体和有力抓手，深入开展法治地税基地创建工作，构建示范引领、以点带面、整体推进的税收法治建设格局，经济开发区中心税务所、黄墩中心税务所先后成功创建“市级法治地税基地”。积极落实重大税务案件审理办法，认真做好人大建议和政协提案的办理，全面开展执法人员资格培训，在区人大工作评议中，再次取得执法部门第一名的成绩。配合做好执法督察、征管审计工作，严格督促问题整改。坚决执行国家宏观调控和结构性减税政策，全年落实减免税企业备案申请55户次、小微企业税收优惠462户，减免税17198万元。落实2016年度开发新技术、新产品、新工艺发生的研究开发费用加计扣除4户，有力地促进了经济结构调整、产业转型升级和新旧动能转换。

【纳税服务】 深入开展“便民办税春风行动”，坚持疏通“堵点”、把握“亮点”、抓住“特点”，推出5类17项32条便民措施，实现纳税服务全面升级。推行实名办税，纳税人只需提供一次身份信息，便可无障碍享受办税服务。强化纳税信用评价与结果应用，共对全区1292户参评企业纳税人开展信用等级评价，通过评定筛选出诚信纳税人推荐给金融机构，优先提供金融服务，全区通过银税互动累计贷款32笔，累计贷款额5.7亿元，有效将企业税收信用转化为金融征信。深化“放管服”改革，落实简政放权，积极推行“容缺处理”“多走网路，少跑马路”等机制，有效降低因资料或相关手续不全导致反复办、来回跑、长久拖的问题，切实提高工作效率，减轻纳税人办税负担。大力开展税收宣传，动漫作品《“营改增”后纳税人需关注的九大变化》获山东地税第二届税收动漫大赛三等奖。

【征收管理】 紧紧围绕“征管基础建设年”活动这条主线，坚持问题导向抓征管，盯住税收征管薄弱环节，突出征管数据管理。以业务规范为指引，以实际企业为例进行全流程规范。成立集中执法团队，严格欠税管理、严格执法依据、严密执法程序。通过信用惩戒手段、强化司法协助等措施，督促73家企业清理整改税收违法行为，采集法院判决信息2条、公安信息84条，介入破产重整，采集信息4条，及时掌握情况，维护了税收权益。围绕深化国地税合作，深入落实《国地税合作规范3.0版》，与国税部门办税厅全部实现附加税费委托代征。组建专业化管理团队，对重点税源企业进行集中管理与服务，实现数据采集、纳税申报、税源监控、纳税评估、执行应对全流程管理，切实提升了重点税源管理水平。立足征管改革的实际，积极构建以防范税收风险为导向，以强化重点税源分类分级监管为重点，以科技信息化为支撑的税收风险集约化管理体系，加大纳税评估和风险任务的应对力度。

【税收收入】 面对结构减税、税源匮乏、税基萎缩等多重压力，在税收分析上精准发力、在税源控管上综合发力、在主观努力上深挖潜力，税收收入取得持续稳定增长。全区地税系统共完成各项收入101323万元，其中组织一般公共预算收入91814万元，同比增收9325万元，增长11.3%，增幅位居全市第二，顺利完成了公共预算收入任务。区地税局被表彰为“全市地税系统绩效管理优秀单位”“岚山区目标管理绩效考核优秀单位”“服务岚山经济发展先进单位”。

园区建设·招商引资

YUANQU JIANSHE
ZHAOSHANG YINZI

唐山年鉴

园区建设

【中澳（日照）产业园】 岚山作为创建中澳（日照）产业园的起步区和核心区，区委、区政府高度重视中澳（日照）产业园的规划、建设、招商等创建工作。调整充实了协调服务工作领导小组，统筹推进园区规划配套建设和项目招引，园区创建工作取得阶段性进展。

加强基础设施配套建设，提升园区功能。黄海路西延工程完成清表2.85千米，清表25.75万平方米，路基挖土方7.06万立方米，开挖排水沟3千米，回填风化砂800立方米，河道清淤7033立方米，开挖临时河道2834立方米，完成地面附着物清表2385万元，实际完成施工工作量投入1000余万元。山河路工程已成地面附着物清理0.95千米，完成路基开挖0.45千米，实际完成地面附着物赔偿480万元，施工工作量120余万元。342省道改造工程完成地面附着物清表3000万元，已融资到位3000万元。以上项目合计融资到位6985万元。

加快推进进口肉牛指定口岸申报工作。进口肉牛口岸申报的前提是有一个进口大型企业或港口部门作为建设主体，完成进口肉牛隔离场和屠宰场建设，再由市口岸港航局负责指导进境口岸建设；申报工作是在进境口岸、隔离场、屠宰场均满足建设要求后，通过市政府、省政府向国家质检总局提交有关书面材料，进口肉牛指定口岸采取一报一批式，以上条件成熟即可审批。根据以上程序，岚山区中澳（日照）产业园协调服务工作领导小组高度重视进口肉牛隔离场项目的推进工作，多次组织召开进口肉牛隔离场选址等推进会议。区委副书记、区长牟伟，区人大常委会党组书记、主任卢祥松带队与大连和升控股集团会商；9月14日组织市区有关部门、大连和升代表召开进口肉牛隔离场选址论证会，认定位于巨峰镇刘家沟村东北、500千伏变电站北侧300亩左右的地块符合“年进口10万头肉牛隔离场项目”建设要求，完成进口肉牛隔离场选址工作，10月20日，召开屠宰场建设论证会，项目建设正在推进中。

加强园区项目推进和招引工作。项目招引方面，委托毕马威公司编制了园区投资环境评估报告，并开展系列专题招商推介活动。大连和升集团澳牛进口加工等10个项目已落户园区，总投资额达32.3亿元人民币。天泽冷链和华澳食品项目加快推进，华澳食品公司6月20日正式开业试生产。湖南岳阳正派味休闲食品加工项目已建成投产，青岛澳新家贸有限公司、山东易丰海产品加工项目、日照金海蓝生物科技有限公司海藻资源综合利用提取海藻多糖系列产品项目、日照市润纳食品包装有限公司水产品加工项目等4个项目正在洽谈推进。安东卫街道按照“政府引导+村居集体入股+市场运作”模式，规划建设了盛安东（中澳）水产加工交易示范园项目8月23日开工建设，项目建成后，将加快传统水产品加工业转型升级，形成集加工、仓储、物流、电子商务、检验检测为一体的综合产业园区，提高园区竞争力。

中澳（日照）产业园协调服务工作领导小组加强园区招商引资工作的统筹协调工作，开展系列招商活动，澳大利亚江苏商会执行会长孙晓星、澳大利亚山东商贸联合会副会长陈广保、澳大利亚维克·斯托克农业集团首席执行官哈罗德·西姆等一大批客商到岚山考察，探讨经贸合作事宜。

招商引资

【概况】 岚山区招商局是岚山区政府直属的财政拨款事业单位，内设办公室、招商一局、招商二局、招商三局、招商四局5个科室，有在编人员17人，配备局长1名，副局长4名，科级领导干部5人，股级干部9人。主要职能为推进和发展区域经济联合与协作，负责组织、协调本区到国内各地举办和在区内举办的大型招商经贸活动，负责全区招商项目的招引、洽谈、签约等工作。

岚山区招商局作为市级文明单位，先后被评为日照市突破园区聚力招引先进集体、全区突破园区聚力招引先进单位、全区服务园区和大项目建设先进单位、全区创建文明城市先进单位、全区目标管理绩效考核优秀单位等多个荣誉称号。

【招引措施】 完善招商引资体制机制。出台《关于进一步整合专业招商力量推动产业招商的实施意见》，成立全区招商引资五人决策小组、招商引资项目专业评审工作领导小组。建立招商推进体制、部门与乡镇联动机制，通过副科级干部联系乡镇方式，推进乡镇街道与部门“一体化”招商理念；创新招商方式。创新实施驻点招商和委托招商相结合的招商模式，得到市委、市政府的充分肯定。全区与中金国泰、冶金工业规划研究院等商会协会和平台机构紧密对接，签订多项委托招商合作协议；强化以企招商和产业链招商。积极开展“企业大走访”活动，发挥山钢、日钢两大企业作用，安排专人跟踪服务，招引了石禾炉料等多个配套项目落地，积极开展产业链招商，承接北京、上海及周边地区产业转移，加强与日照钢铁上海、西安等各地办事处建立紧密联系，与钢企负责人携手“走出去”，共同拜访企业；完善产业政策。经过区委区政府研究通过，出台《岚山区产业招商引资优惠政策》《委托招商实施办法》等，增强政策竞争力和投资吸引力。注册《岚山招商》微信公众号，将岚山的五大优势、六大产业、六大园区及产业扶持政策进行全方位展示，进一步提升岚山对外宣传推介的深度和广度。制作岚山招商微信宣传片，实现了对外招商的快速推介，提高宣传推介的直观性和实效性。编制岚山区招商手册，实现全区招商队伍人手一册，做到人人熟悉招商工作、招商宣传人人有责；提升队伍素质。组织产业招商部门和各乡镇街道分管招商同志赴苏州参加招商引资实务操作与科技招商经验交流会，进一步理清我区招商引资的方向和思路，提升专业招商队伍的实战水平。围绕新型政商关系和新形势下招商引资的对策，配合党校等部门，积极做好股级及以下4个班次的干部培训工作，提高了全力招商、配合招商的积极性、主动性。

【招商活动】 7月6日，由区委书记带队，区主要经济部门赴重庆开展专题招商活动，考察两江鱼复工业开发区、长寿经济技术开发区等园区，鞍钢蒂森克虏伯汽车钢、长安汽车等企业。9月12日全区举行钢铁配套产业园区项目集中签约、开工仪式，集中签约的12个项目，总投资46.42亿元，都是围绕山钢日照精品钢基地和日照钢铁的产业链企业，涉及钢铁深加工与贸易、新能源新材料、环保、机械制造与维修等产业，经营关联度高、经济效益优。9月29日，区政府与上海中金国泰控股集团签订投资合作协议，拉开了委托招商的序幕。11月10日，接待枣矿物产集团考察，后期区政府与枣矿物产共同搭建了100亿元新旧动能转换基金，配套临港现代物流园区，招引智慧物流仓储、再生资源静脉产业园、海工装备等一大批优质项目落地。

【招引成效】 岚山区新招引符合考核范围的项目121个，其中：新兴产业3个、投资5000万元以上118个，中国500强、民营500强、行业10强项目5个，10亿元以上的项目5个。实际到位资金208.9亿元，累计外出招商290余次。岚山被评为经济社会发展综合考核先进区县，在市对区县招商招引考核中得分第一。

港口·交通·电力

GANGKOU JIAOTONG DIANLI

岚山年鉴

日照港集团岚山港务有限公司

【概况】 岚山港务公司，为国家一类开放口岸，地处中国南北海岸线的中间部位，是山东省区域重点港口。1977年开始新港区建设，1989年实行一类对外开放，原隶属山东省交通厅，2002年下放到日照市，2003年5月与原日照港务局企业部分联合成立日照港集团，现为集团全资子公司，主力生产单位之一。

公司经营的主要货种有：铁矿石、镍矿石、粮食、钢材、木材等，规划建设泊位27个。现拥有资产近60亿元，员工1200余人，1万到20万吨级生产泊位10个，库场面积近300万平方米，机械设备800余台（套），建有直通钢厂的亚洲综合能力最大的管状带式矿石输送机系统，以及技术先进的进境木材检疫除害处理区。公司实现持续快速发展，港口吞吐量不断攀升，完成6779万吨。公司已发展成为全国沿海港口最大的原木进口和加工物流基地、区域性重要的钢铁原材料和产成品进出口通道。

2016年，公司还获得了“山东省设备管理优秀单位”、“日照市人力资源社会保障诚信A级单位”荣誉称号，被确定为“日照市技师工作站”设站单位；公司机械一队维保一班获交通运输行业“质量信得过班组”称号。

【港口生产】 公司注重“现场吸引市场”，通过建立生产与营销联动机制、开展服务品牌争创，提高了现场服务质量，现场与市场结合更加紧密。注重大泊位作用，通过盯紧开普船减水“8小时”、缩短非作业用时，基本实现“一天靠泊一艘开普船”的生产组织目标，月度生产连续突破600万吨。注重拉长短板，通过改进工艺、优化流程，初步打造了木材装卸服务品牌，辐射松卸船效率6次刷新纪录，较年初提升13%，外贸钢材装船效率同比提高51%，实现连续保持2艘5万吨级外贸钢材船同时在泊作业的历史性突破。

【市场营销】 公司面对货源市场波动起伏、港际竞争日趋激烈等困难，通过片区专人服务、内外快速联动和“岚山公司贸易矿现货表”即时更新等一系列营销“组合拳”，盯紧盯牢每一个客户，一船一船地做工作，一票一票地去争揽，有力稳固了战略客户、支柱货源。通过积极对接山钢、日钢，加大沟通协调，保证了皮带传输业务的顺畅操作，进一步密切了与临港产业的协作关系。通过加大港口业务推介、实施“品牌营销”和“贴心服务”等，着力开发新客户、增加新货源。通过理顺商务机制，简化服务流程，努力提供更加方便快捷的集成服务，有效满足了客户诉求，进一步增强了市场竞争力。

【基础建设】 基建方面，南一、南二突堤货场陆域形成工程围堰基本完成，交付硬化货场200余亩；历时10年的佛手湾居住户拆迁全部完成；木材消杀区工程通过了国家质检总局的验收并投入使用。设备方面，1台堆料机到港安装，一艘5000马力拖轮投入使用，有效缓解了生产压力。信息化方面，完成海关散货监管平台、高清视频监控平台等信息化项目5个，提高了生产效率，简化了作业流程。

【企业管理】 基础管理方面，公司集中开展制度体系优化，大幅压缩文件数量，运行效率有效提高，全年共制定、修订规章制度180余项，合并减少100余项。财务管理方面，积极推动财务业务融合，加大对应收款项的集中清理。创新驱动方面，实施班子成员、职能部门基层调研制度，开展“深化改革创新、强化对标提升”活动，成立信息化建设和装卸工艺两个专项领导小组，进一步活跃了基层创新力。

【安全环保】 公司以“双体系”建设为抓手，推行公司级现场值班及微信化管理，坚持每天下午安全生产副经理带队现场巡查，确保现场生产安全可控。实施“由表入里”诊断式监管、明确岗位安全责任清单、强化应急处置等，努力形成了“全员参与、齐抓共管”的良好机制，全年无安全责任等级事故。以中央和省级环保督察迎查为契机，以问题整改和环境应急管理体系建设为抓手，进一步理顺了制度，明确了责任，切实提升了清洁生产水平，保持了良好的港区环境。

【党建工作】 公司深入开展“爱港如家、兴港有责”大讨论、优质服务月等活动，全面激发了广大员工热爱港口、艰苦奋斗、扎根基层、岗位成才的积极性和主动性。深化“四联系”工作，加大为职工办实事办好事的力度，努力改善了员工的工作生活条件。积极践行社会责任，为日照市“创城创卫创森”工作做出了积极贡献。

交通运输

【概况】 日照市岚山区交通运输局隶属于区政府序列，正科级行政事业单位，内设办公室、财务科、法规科、运输安全科、口岸管理科5个行政科室，下辖公路工程管理处（副科级）、区交通运输监察站（副科级）、区道路运输管理所、车辆维修管理所、客运管理所、路政管理所和8个乡镇交通管理所。

【党建工作】 成立中共日照市岚山区交通运输局机关委员会，下设3个党支部。年内全面落实机关党委抓基层党建主体责任，坚持党建工作和中心工作同谋划、同部署、同考核。严格落实“三会一课”制度，认真落实“主题党日”学习制度，推进“两学一做”学习教育常态化制度化，加强班子建设，强化队伍建设，积极开展“党员先锋岗”争创活动，发挥好战斗堡垒作用和先锋模范作用，推动全区交通运输事业实现跨越发展。新发展党员1人，吸收入党积极分子2人。

【农村公路概况】 积极推进全区农村公路从“村村通”到“村内通”纵深发展，截至年底，农村公路总里程1484.28千米，其中县道136.19千米、乡道237.01千米、村道1111.09千米；按技术等级划分，一级公路11.74千米、二级公路207.01千米、三级公路49.08千米、四级公路1216.452千米；按路面类型划分，有铺装路面1273.35千米（沥青路面275.10千米、水泥路面998.25千米）、未铺装路面（砂土路）210.93千米。

【交通基础设施建设】 新建、改建重点交通基础设施建设8项，概算总投资11.15亿元。其中，黄海路西延建设工程东起204国道，西至圣公山路，道路长约9.37千米，估算总投资5.1亿元；疏港大道G204以西段改造工程起于虎山镇204国道，止于碑廓镇东辛兴村与老S342相交，长约16.3千米，估算投资1.9亿元；银山三路起点为金山一路东段北侧，终点接钢铁大道，全长1.630千米，概算投资3598万元；巨碑线大修改造工程起于巨峰镇驻地西在河西村与341省道相交，止于碑廓镇南驻地与342省道相交，路线长15.8千米，项目总投资6100万元；日东高速龙山连接线工程（龙坪路）长约13.5千米，概算投资约1.26亿元；农村公路大修工程总里程约31.5千米，概算投资3800万元；村级公路“网化示范县”活动，据前期调查摸底情况及上级部门批复，计划完成村级公路网化工程209.01千米，涉及全区230个行政村（或社区），概算投资1.9亿元；厦门路山钢段、玉泉二路北延、钢城大道绿化工程，绿化面积约257781平方米，概算投资约1500万元。

【幸福公路规划】 实施乡村振兴战略，落实市委、市政府“一三五”总体发展思路，解决全区特别是岚西北、临港区域交通发展不平衡、不充分的短板问题，推进交通公路转型升级和绿色发展，打造“路畅、桥安、景美、规范、惠民”的“幸福公路”。按照“全市拟将岚山区作为幸福公路试点区域”的思路，积极响应号召，7月先行先试启动了幸福公路建设相关工作，积极开展“网化村级公路”示范县、“交通运输一体化”示范县活动。计划利用3年时间规划建设幸福公路约1000千米，估算总投资110亿元，其中农村公路约831千米，估算投资50亿元；港口集疏运公路约87千米，估算投资37亿元；国省干线约82千米，估算投资23亿元。

【城乡公交一体化】 大力推进城乡公交一体化建设，不断提高公交通达深度，扩大覆盖全区的城乡公交体系。全区有公交车辆166

辆（其中纯电动公交112辆，CNG、LNG等清洁能源公交车22辆，中级以上燃油公交32辆），共开通城区公交线路9条，城乡公交线路4条，公交线路总长393千米。全年营运里程394万千米，营业收入481.6万元，年客运量450余万人次，公交出行分担率6.2%。城乡道路客运一体化发展水平获得5A级评价。年初实现了残疾人免费乘车，年底实行城区公交线路维持1元不变、城乡公交全部调至为2元的惠民政策，有效减轻了群众出行负担。年底，将岚山经甲子山至黄墩镇公交线路延长至中楼镇峪子社区和白公山后村，加大岚西北扶贫村通客车密度和深度，解决贫困村群众出行“最后一千米”难题。运行补贴573万元、老年卡及优抚卡补贴87.8万元，保障全区城乡公交一体化平稳运行。

【运输企业发展】 全区共有65家货运企业（其中危化品运输企业8家），营运车辆1113台。完成公路货运量3880万吨、公路货物周转量229100万吨千米。努力实现道路货运物流化，构建高效集约的货运物流体系。促进重点道路货运企业向现代物流服务商转型，引导传统货运企业向上下游延伸服务，加快农村物流综合信息平台建设，提高物流运作效率。按照交通运输部印发的《农村物流网络节点体系建设指南》要求，正在加快构建覆盖区、镇、村三级的农村物流网络节点体系。

山东高速轨道交通集团有限公司岚山管理处

【概况】 山东高速轨道交通集团有限公司岚山管理处（以下简称“岚山管理处”），主要担负坪岚铁路运营管理职责。坪岚铁路是省“七五”重点建设项目，地处鲁东南鲁、苏交界处，西与菏（泽）日（照）铁路在铁牛庙站接轨，东至国家一类开放口岸—岚山港，正线全长35千米，跨临沂、日照两市。1986年10月开工建设，1990年4月全线拉通，7月开办运营。全线设4个车站，沿线有岚山港、岚桥港、日照钢铁、日照港油品码头有限公司、童海港业、黄海粮油、孚宝仓储、滨海石化、三木集团9家企业铁路专用线，形成了一线多支、环海分布的运输网络。企业已发展成为以矿砂、焦炭、成品油等货物运输为主、物流产业为辅的较为稳固的经营格局。完成货运量1973万吨，同比2015年增长23.6%，最高日装950车，开行列车19对，月运量183万吨，创历史新高。

【安全生产】 全面落实企业安全生产主体责任，广泛开展《中华人民共和国安全生产法》、《铁路安全管理条例》等法律、法规的学习宣传教育，深入开展安全生产隐患“大快严”集中行动、安全生产百日攻坚治理和安全生产大检查活动，开展冬季作业、施工、道口和路外及夏季作业安全专项整治活动及“安全生产月”活动，建成安全监控平台和调度指挥中心并投入使用。制定《车务系统应急预案》以及应急预案管理和演练办法，组织培训班21期，培训员工1131人次。全年组织开展2次消防演习、4次应急预案演练，实现连续无责任铁路交通事故3748天、无责任人身伤亡事故5022天。

【基建技改】 8月10日，岚桥港铁路专用线拉通；9月28日岚山站“三电”改造工程顺利通过验收并启用；12月26日，新建碑廓站完成主体工程。首次组织全线大机捣固50.2千米，更换焊接P60（P60指型号，每米质量60.643千克）钢轨2.3千米。

【改革创新】 深入开展“补短板、强素质、提能力、促发展”活动，修订完善规章制度，优化组织架构，明确职责；制定下发《岚山管理处“十三五”发展计划》，明确了企业发展方向、目标要求及保障措施。人才队伍建设成效显著，6名员工荣获行业技师称号，1名员工被评为日照市志愿奉献好青年，全年取得创新成果17项，其中完成省经信委立项非换轨条件下普通线路升级无缝线路技术、铁路安全管控系统创新课题2项。

【党建工作】 推进“两学一做”学习教育常态化制度化，开展“不忘初心、牢记使命”主题教育活动，打造党支部。加强党风廉政建设，营造风清气正的政治生态。管理处班子获公司党委“创建‘四好’领导班子先进集体”荣誉称号。

公路建管

【概况】 1956年，成立岚临路泉子庙后改岚兖养路工班，设岚山、砚台西、泉子庙、仁家村、潘庄五个小组，负责342省道（原017省道）的养护任务。1985年，易名为泉子庙分站，隶属于日照县公路站，设养护大队。1988年，成立泉子庙公路站，隶属于日照市公路管理局（县级局），岚山区境内设龙王河、碑廓、泉子庙三处公路站。1993年增设杨家庄子公路站。1994年12月，成立岚山办事处公路管理局，负责辖区内204国道、342省道和222省道（原348省道）干线公路的建设、养护、管理和辖区内汽车养路费征收。2004年12月，岚山办事处撤处设区，单位更名为岚山区公路管理局，原东港区所属巨峰公路站、岚山区划境内的222省道路段、341省道划归岚山区公路管理局管辖。公路体制改革后，有职工共42人，其中局长1名，党总支书记1名，纪检书记1名，副局长1名，下设7个职能科室（综合办公室、政工科、财务科、养护科、工程科、路政科、安全保卫科），养护公路86.519千米。

公路管理以“管理规范提升年”为抓手，认真贯彻落实市局、区委区政府系列决策部署，深化改革、攻坚克难、创新发展，重点项目建设、路域环境综合整治、林水会战、“突破园区、聚力招引”等各项工作扎实有效开展，为全区经济社会发展做出了重要贡献，被授予“日照市创建国家森林城市暨林水会战先进集体”“全区目标绩效管理先进集单位”“全区创建全国文明城市工作先进单位”“岚山区先进基层党组织”等荣誉称号。

【公路建设】

1. 日东高速中楼（龙山）连接线工程

龙坪线起于中楼镇月庄村西北与莒县交界处，向南经月庄村西侧，再向东南跨河，经井家沟东，柳黄沟西，五楼官庄东，然后向西南，经山庄东、大株洲西，向西南接日夏线，路线全长9.076千米。公路全线路基宽度18米，路面宽15米，道路采用二级公路标准，设计行车速度60千米/小时。

草涧子连接线起于柳黄沟南侧、五楼官庄北侧的龙坪线上，向东延伸至草涧子村水库南侧，即为本项目终点，路线全长3.700千米。公路全线路基宽度12米，路面宽8米，道路采用三级公路标准，设计行车速度40千米/小时。

工程估算投资6000余万元，4月开工建设，年底完成路面、附属工程施工。

2. G204疏港大道以南改线工程

G204疏港大道以南改线工程，起于岚山区虎山镇驻地西疏港大道与汾水大道相交位置，沿汾水大道向南到达342省道平面交叉处，向南新建接绣针河路向东接入G204，长约7.59千米，估算投资约3.1亿元。道路采用一级公路标准，设计速度60千米/小时，路基采用整体式断面。双向6车道，路基宽度为40米。5月初工程开工建设，计划2018年年底附属设施完成，全线工程完工通车。

3. 342省道养护中修工程

4月342省道养护中修工程正式开工，该工程为日照市今年重点公路建设项目，全线26.7千米，总投资7500万元，同步安装护栏等安全防护设施，7月底全部完成。工程完工后，道路安全通行能力进一步提升，对岚山区城乡一体化建设也将起到极大推动作用。

4. 204国道烟上线日照绕城段改建工程

全长32.3千米，按照双向四车道一级公路标准改建，预算总投资14.1亿元；岚山段0.462千米，估算投资3700万元。建设年限2016—2018年，计划2018年岚山段完成路基、路面工程，力争年底完工。

【养护管理】 养护体制改革后，加强与养护企业的协调沟通，加大管理和业务指导力度，督促承担日常养护的企业尽快组建队伍、完善制度，规范和落实养护施工各项工作，确保公路各项工作尽快进入正轨。不断加强公路预防性养护，路面坑槽、裂缝、车辙等病害进行针对性修复，推行公路养护机械化，全年完成路面坑槽挖补7700平方米，沥青灌缝5.6万米，辖区内公路技术状况评定好路率达95.5%。将公路日常养护与创城集中整治相结合，致力于精细化管理，不断强化路面保洁。结合创建文明城市，狠抓路面、桥梁、路肩、边沟、绿化等养护工作，累计清理绿化带垃圾及积土2200余立方米，路肩及公路边坡清除杂草15万余平方米。整理路肩40余千米，安装路缘石482米，行道树刷白130千米，优化了公路通行环境。按照“因路制宜、景观协调”的目标要求，深入开展“林水会战”攻坚行动，打造景观公路，2016年重点对204国道、222省道沿线绿化缺损路段和公路两侧边坡绿化进行提档升级，同时结合人文景观、自然风貌，对204国道鲁苏界、虎山公路文化园、342省道莒南界、S222与S341路口等重要交通节点进行绿化改造提升。至2016年年底，累计栽植各类苗木18万株，总投资176万元。积极打造错落有致、舒适优美、乔灌花草合理搭配的绿色景观公路长廊。深化安全隐患排查整治，着力打造安全出行环境。完善安装道口挡车柱700个，维修安装中央隔离栅2300米，对204国道城区段公路两侧路口铺设人行道板硬化，共计铺设道板3800平方米，同时加强部门协调联系，做好雨雪冰冻等恶劣天气下应急保障工作，提升突发事件的应急处置能力。

【路政管理】 加强《中华人民共和国公路法》《中华人民共和国公路安全保护条例》《山东省公路路政条例》等法制宣传教育和普法依法治理工作，精心组织开展“公路路政宣传月”活动。创新推行路村、路镇、路厂、路港共建活动，坚持依法行政、效能服务，结合辖区重载车辆多的实际情况，建立“路政员分线包干、路政科长负总责，分管领导督查”的路政巡查机制，保持了依法治路的高压态势。一是开展“路企共建”，与沿线污染企业、矿山经营业主签订协议，让其自扫门前雪，负责好各自出口前后的道路卫生保洁。二是开展“路警联动”，与交警部门协同配合，畅通信息反馈渠道，以204国道、222省道等漏洒污染严重的路段为重点，加强道路执法力度，进一步提高路域环境整治效率。三是定期组织干部职工学习培训，进一步提高我局路政执法人员的政策理论和业务水平，进一步规范公路执法行为。全年路政巡查10万千米，查处路政案件61起，结案47起，涉路工程3件，收取路赔费约36万元，国有资源有偿使用收入约38万元。有效维护了路产路权。结合创城工作部署，全力推进公路沿线积存垃圾、废弃物料、违法建筑的清理工作。不断规范道路标志标牌，对占道经营现象、车辆漏洒开展专项整治。目前已清理占道经营80余处，加拆除违章建筑440平方米，清除乱摆乱放摊点210处，清理非公路标志牌60块，清理垃圾2700余吨。有效净化了公路通行环境，提升干线公路环境。

【安全廉政】 坚持“安全第一、预防为主、综合治理”方针，认真落实“党政同责、一岗双责、失职追责”的责任制，组织开展了百日攻坚治理、安全生产月、“大快严”等活动，确保安全生产落到实处，全年安全生产实现“零事故”。落实“一岗双责”，将安全责任落实到每一位职工，层层传导压力，从上而下层层签订安全生产责任书，让安全意识入脑入心，加强廉政建设，认真落实党风廉政建设责任制，把法纪教育、廉政教育和警示教育纳入日常学习工作，实现职责明确、守岗有责。持续组织开展党性教育，观看《永远在路上》等廉政主题教育片，增强拒腐防变能力，加强阵地建设，充实更新了党建展览室、廉政教育室的内容，进一步深化党建工作，在单位营造了反腐倡廉的良好氛围。

【精神文明】 认真组织省级文明单位复验工程，强化材料审核报送和氛围营造工作，进一步巩固提升创建成果，连续14年顺利通过全省文明单位创建复核验收。组织全体职工开展一年一度的健康查体，提升职工的归属感和幸福指数。“三八”节期间，单独为女职工进行体检，把组织的关怀送到女职工的心坎里。积极参与“牵手关爱”“慈心一日捐”等公益活动。开展丰富多彩的文体活动，组织干部职工开展“保护青山绿水、共建美好家园”植树活动、“公路魂·端午情”、中华经典诵读“庆十一·迎十九大”职工趣味运动会等活动，活跃机关氛围。

电 力

【概况】 日照供电公司岚山客户服务分中心原名岚山供电部，2012年10月更名为岚山客户服务分中心，主要承担着岚山区18.58万客户、8个乡镇的供电服务工作，下设营业班、装表接电班、安东卫供电所等11个班组（供电所），有员工202人，其中管理人员31人，主要负责日常抄表收费、业扩报装、配电运维等工作。

管理专变用户1845户，低压用户18.4万户，辖区内管理维护220千伏变电站3座，110千伏变电站6座，35千伏变电站4座，负责运行维护10千伏线路81条，完成售电量9.3亿千瓦时，电费回收完成6.51亿元，回收率100%。综合线损率累计完成3.63%，较2015年同期下降0.05个百分点，其中低压线损率累计完成6.08%，较2015年同期下降0.02个百分点。年度新增、增容配变115台、1.15万千伏安，新建10千伏线路4.15千米，0.4千伏线路23.75千米，调整配变档位176次，调整台区三相不平衡76处，消除重过载、低电压台区96个、低电压用户697户，月度电压合格率达99.18%，同比提升1.15个百分点。

【安全生产】 认真贯彻落实国网公司、省公司安全生产重要指示精神，组织开展“安全大整顿”专项学习讨论32次，突出安全生产“九条硬措施”，压力层层传递到位，提高安全思想认识；严格作业现场风险辨识，按照现场作业安全管控及“5+1”要求，强化落实安全交底、工作许可、现场实施、现场视频监控、到岗到位各环节安全措施，抓典型违章行为，力推本质安全落地；以保供电工作为契机，强化危机意识，落实责任分工，加强线路设备隐患排查整治，切实提升线路设备整体水平。

【配电运维】 常态化开展线路设备全寿命周期运维管理，组织线路巡视467次，特巡76次，进行设备红外测温379次，编制安全生产月报11期；核查自动化开关734处，调整开关定值71处，处理自动化缺陷42处，公司范围内率先完成自动化开关定值核查，基本消除开关误动作现象；春检、秋检期间，登杆检查574基，发现并消除隐患38处，完成清理树障20362棵，清除鸟巢498处，年度实现10千伏线路紧急故障和故障总数公司最少；实现工程改造与专项治理协同互补，利用农网工程、低电压专线治理、轻空载及拆迁村配变再利用等方式，新增、增容配变115台、11500千伏安，新建10千伏线路4.15千米，0.4千伏线路23.75千米，调整配变档位176次，调整台区三相不平衡76处，消除重过载、低电压台区96个、低电压用户697户，11月月度电压合格率达99.18%，同比提升1.15个百分点，年度实现抢修工单总时长公司最短、运检类投诉公司最少、低压电压采集覆盖率实现公司最高；服务区域发展大计，年内完成1000千伏临沂站到临沂换（换流站）、1000千伏临沂站500千伏特高压配出工程路径协调；加快增量配电工程建设，先后完成厦门路、碑澳Ⅰ、Ⅱ线及金山一、二路线路配出工程施工建设及验收送电，为碑廓木材园区、澳思博恩项目落地及钢铁配套园区建设提供坚强电力保障；加强业扩及光伏工程服务管理水平，累计完成高压新装增容134项、23070千伏安，光伏工程132项、1920千瓦；提前部署，在公司范围内率先实现10千伏线路全联络，区域电网负荷转供能力取得新突破，年度实现过载线路条数公司最少。

【营业收费】 不断推进营业抄表结算全自动、智能缴费全覆盖，实现自动抄表比率、周期核抄比率100%目标。完成14.9万户居民智能缴费推广，由年初30%提升至79.2%，其中巨峰、黄墩、高兴率先实现居民费控100%目标；严格执行“八条硬措施”，深入开展供电服务风险隐患排查百日行动，完成电费电价、业扩报装、供电质量等服务隐患整改32处；严格投诉调查及风险管控，成立营业、计量、配电联合管控小组，落实“四不放过”原则，制定全年投诉预控措施培训节气表，分批次、分专业组织《投诉预控措施》学习考试16次，实现全员普考、人人过关，客户投诉回访满意率100%。开展“优质服务大讨论”12次、典型案例学习大讲堂8次，优质服务水平大幅提高；开展营配基础档案数据治理。截至11月，箱表关系普查率达到99.35%，低压“变-户”关系一致率达到99.62%，实现公专变标示一致率、营配公变线路一致率100%目标；扎实开展园区“三定”服务。协助完成黄海粮油集团、岚桥石化集团等34户符合条件客户直接上平台交易，建立“一户一档”，现场发放“企业版电e宝”宣传手册400余册，编制用能分析报告13户，有效降低企业用电成本、提升服务效能。

【指标晋位争先】 截至11月，岚山分中心营销服务专业公布指标15项，列A段指标14项，非A段指标1项，其中装表接电班1项指标由E段提升至A段。岚山分中心整体排名较三季度有大幅提升。做好班组指标的改进提升工作。针对A段指标，按照分中心专业班组牵头，供电所改进提升的原则，在不发生其他兄弟单位失误的前提下，确保A段不失分，其中营销班组的3项弱势指标，已有2项恢复到A段。

创新创效取得新突破。有2项QC成果分

别获市公司一、三等奖，2项成果获日照市总工会职工技术创新一三等奖，推广应用成果4项，按照省公司指标公示，岚山分中心创新成效指标位列A段，达到历史最好水平。

【党建工作】 认真落实“党建基础年”各项工作要求，推动党建工作转型升级。扎实推进“两学一做”学习教育。从严落实“三会一课”等党员日常教育管理制度，确定每月15日为党员固定活动日，使党内组织生活制度化、规范化。在坚持把学习习近平总书记系列讲话作为“必修课”、加强党章党规学习作为“基本功”的同时，把组织观看《将改革进行到底》专题片。加强党支部建设，通过创建“电网先锋党支部”“小亮·先锋之家”建设等活动，扎实做好抓基层、打基础的工作，更好地发挥党支部的战斗堡垒作用，中心支部在公司电网先锋党支部的发布中获得第一名；完善线上线下党建学习平台，运用“网络+党建”信息化方式，推动党建工作“线上”“线下”同步开展，以彩虹云党建微信公众号和党员工作群为支撑，上好微党课，抓好网上组织生活，推动“碎片化”时间学习。开展“党建+服务”活动，先后组织共产党员服务队45人次走访岚桥石化、金石沥青等大客户16家，帮助客户排查并消除隐患缺陷30余处；为岚山港务局开展供用电知识培训；为客户提供精准用电分析，截至10月底，通过暂停、减容、峰谷分时、两部制电价等措施，累计为客户降低用电成本416万元。开展“党建+安全”活动。加强安全文化建设，发挥党员以点带面的先锋引领作用，实现“要我安全”到“我要安全”的转变。开展安全主题党日活动，征集、分享、讨论“我的违章故事”，用“身边事教育身边人”。开展“党员身边无违章”和“党员双休日安全稽查”主题活动，用“硬手段”解决“老问题”，营造浓厚安全氛围。建设“小亮”青年党员安全示范岗，将配电运维班的安全文化建设向供电所推广。

【工作创新】 认真贯彻公司党委1号文件，严肃组织生活，严格执行《中国共产党廉洁自律准则》《中国共产党纪律处分条例》，适时学习省、市纪检通报，促进全体员工梳理规矩意识和纪律意识，自重自省。关心、关爱员工，尊重员工的价值和愿望，为员工发展提供机遇和舞台，全年有5名青年员工走向副所长、技术员等重要岗位，先后输送有3名业务骨干到公司相关部门（单位）工作，进一步调动员工的积极性、主动性，赢得员工对企业的忠诚，实现员工与公司共同发展。

实施“典型示范、全面铺开”方案，以黄墩、高兴为试点，运用移动作业终端、现场抄录“双模式”全面开展核查整改，截至11月底，累计完成箱表关系核查4.9万个表箱18.5万户，完成率达到99.35%；建立标准工作流程，优化新表箱投运、旧表箱退出机制，融合日常高低压新装等营销业务，实现箱表数据动态更新；建立质量核查机制，编制《箱表关系核查绩效考核办法》，成立专业核查小组，对已完成台区进行随机核查，核查结果直接在月度绩效体系。落实公司工作部署，加强农电员工队伍管理，先后二批次交流农电员工31人，异地交流率达到27%。

对外开放

DUIWAI KAIFANG

口岸管理

【概况】 日照市口岸港航局岚山分局为市口岸港航局派出机构，主要职责是承担岚山港区的口岸港航行政管理职责，核定事业编制10名，在岗人数10人，负责人王树平。年内被日照市口岸港航局机关党委表彰为“先进党支部”。

【港口生产】 岚山港区完成港口货物吞吐量1.73亿吨，同比增长11.21%，其中，外贸货物吞吐量1.51亿吨，同比增长12.71%。其中，原油吞吐量4593.5万吨，同比增长8.73%；成品油吞吐量1256.95万吨，同比增长13.05%；金属矿石吞吐量6482.31万吨，同比增长7.18%；钢铁、木材、煤炭吞吐量也均超过700万吨，岚山港区已成为我国重要的原油进口中转基地、江北重要的液体化工品集散地。

【港口规划】 岚山港区北作业区规划调整方案已多次修改完善，完成征求意见稿。

【港口建设】 岚山港区生产性泊位达到32个，年通过能力1.07亿吨。岚山港区30万吨级矿石码头、北作业区一期工程投入运营，第3座30万吨级原油码头基本建成，第4座30万吨级原油码头待核准批复。LNG接收站配套三个项目前期工作启动，大船锚地、深水航道工程、进港铁路线等一批港口重点项目也正加紧推进。

【安全管理】 以企业安全生产主体责任、安全双体系建设为抓手，认真贯彻《中华人民共和国安全生产法》《危险化学品安全管理条例》《中华人民共和国港口法》《港口危险货物安全管理规定》《山东省安全生产条例》等安全法律法规，突出危险货物作业安全，深入开展“危险化学品安全综合治理”、安全生产隐患“大排查、快整治、严执法”“安全生产月”行动，持续推进港口危化品作业区封闭管理，狠抓“两会”等重要时段、重要节点安全监管，岚山港区安全生产形势保持稳定。全年开展各类安全检查121次，发现问题隐患287项，参加检查人员380人次。

海　关

【概述】　日照海关驻岚山港办事处于1989年3月7日经海关总署批准筹建，1992年7月10日挂牌，1992年12月26日对外办公，下设综合业务、通关、监管3个科室，有关员10人。全年共监管进出境货物1.3亿吨，涉及关税及进口环节税201亿元；监管进出境船舶3738艘次，征收船舶吨税2.02亿元。获得2个市级口岸先进单位、2个市级口岸优质服务窗口、1个区级先进单位等荣誉称号。

【口岸监管】　结合三级监控指挥中心应用，自主开发“大宗散货信息化系统”辅助现场实货监管，实地调研10余次，开展系统开发集中工作60余次，八小时之外加班500多小时，攻克内外网数据交换、视频流与数据流对接等技术难题20余项，实现对岚山口岸及监管作业场所全天候、全范围监控；结合监管信息化平台、视频监控平台、总署智能监控实战系统，加强对危化品监管作业场所的专项检查；利用监管信息化平台对重点船舶逐船核实航行轨迹记录、航海日志等数据，防止企业伪报品名、原产国等监管风险；全年共登轮检查45艘次，监装监卸24艘次，船边值守8艘次，查发各类走私违规案件19起，通过“两简”立案查处15起，移交缉私立案4起，有效维护岚山口岸良好营商环境。

【优化服务】　加强各岗位衔接配合，对下班后及周末节假日捕中查验货物加值班完成查验，减少影响通关时效因素；落实“日清、周审、月查、季评”制度，坚持当日发现、当日处置，建立查验报关单跟踪制度，指定专人对查验报关单各时间节点登记跟进，确保提高通关效率，降低企业通关成本；全年共查验报关单157票；验放船舶备件、燃料油、润滑油等共计2038票，验放供退船物料3701票。

【推动新旧动能转换】　优化口岸主要出口货物钢材的监管模式，降低钢材制造企业物流成本；加强与内陆海关的联系配合，优化保税原油等液化品通关一体化模式，吸引更多内陆原油和液化品进口企业过境岚山口岸；以课题为引领，深化进口原木风险提前研判、实货快速疏港通关、后续系统自动复核监管模式，节约通关储运和检尺成本，吸引更多木材进口和加工产业链企业入驻岚山木材产业园；支持油气液化品监管作业场所海关监管储罐内外贸货物兼营，提高仓储利用效率和周转效率；扶持岚山孚宝仓储有限公司PMDI洗舱业务，节省大量空驶、靠泊和作业成本；全年共进行原木调研、油气液化系统应用、PMDI化工船舶洗舱、锚地监管等5个关级课题研究，助力岚山经济发展。

【政策宣讲】　利用“微信”等网络新媒体，宣传海关政策法规6次，策划并制作《海关船舶监管“以案说法”》系列微信通过“日关风采”公众号和“日关岚办船管交流群”对外发布，普法对象250余人，以查发的真实案例为题，对企业进行政策法规“微普法”，提升进出口企业守法自觉性。

【推进口岸“三互”】 落实“国门利剑”行动要求，重点做好固体废物、原油、成品油、木材、粮食、钢材监管，与缉私、检验检疫等执法部门联系配合，严密查堵固体废物进口，与山东检验检疫局岚山办事处联合到青岛检验检疫技术发展中心送样鉴定1票高风险铁矿砂；在日常工作中协同边检、公安、海事等部门，通过搭建“绿色通道”对发生的多起船员伤亡事件提供及时帮助，急事特办，依规快速通关放行，受到企业好评，获赠锦旗1面、表扬信1封。

海　事

【概况】 岚山海事处成立于2001年2月，为日照海事局正处级派出机构。内设综合办公室、海事监管科和岚山港海巡执法大队、岚桥港海巡执法大队、岚北港海巡执法大队，编制56人。有在编在岗职工45人，平均年龄42.9岁，其中本科及以上学历40人，副科级以上干部19人，中共党员30人。作为岚山区海上交通安全与防治船舶污染主管机关，岚山海事处贯彻和执行国家海洋管理、环境保护、水上交通安全、航海保障等方面的法律、法规和规章，具体负责辖区通航环境管理、现场监督管理、海事政务许可、非税收入征收等工作。

【安全监管】 岚山海事处辖区海域面积约2100平方千米，海岸线25千米，有岚山港、童海港、油品公司、实华公司、岚桥港、岚北港等6家港口生产单位，生产泊位32个，其中30万吨级矿石泊位1个（另有1个在建），30万吨级原油泊位2个。岚山辖区货物流向主要是国外进口和内贸出港，种类以金属矿石、原油、木材、粮食、成品油、钢材和化工品为主，进口货物占80%以上，外贸航线主要有中韩、中澳、中美。岚山辖区港口发展形势向好，辖区进出港船舶11469艘次，货物吞吐量1.49亿吨，同比分别增长20.4%和10.1%，危险品船舶4434艘次，同比下降17%，危险货物7389.1万吨，同比增长2.9%；VLCC船舶384艘次，同比增加0.5%；非税收征收7.9亿元；FSC检查138艘，滞留率20.03%，PSC检查140艘次，滞留率11.4%；实施行政处罚175件，罚款114.321万元，同比分别增长15.9%和21.9%。

【危险品监管】 深化船载危险货物安全管理“四联机制”，与港口、货主、船公司等共同制定《岚山港区船载危险货物选船机制实施方案》和《岚山港区危险品运输船舶风险评估与管控工作暂行程序》，公布重点关注船舶名单，推动企业科学选船。严抓小型油类作业船舶管理，集中开展专项检查，循症举措，解决监管难题，有效避免“小船闯大祸”。有序推进危防监管模块化研究，以学促管，促进监管团队专业化。突出危化品监管“岚山特色”，按照局部署安排开展“链紧基牢，险控危安”监管品牌创建工作。汲取事故教训，实施专台监控，把控船岸界面安全监督，强化应急管理建设。督促航运企业落实安全主体责任，处罚5起未按《船舶安全监督规则》开展开航前自查的违法行为。共查处危防类违法案件47件，同比增长24%。

【内部管理】 不断完善安检组工作机制，用新举措擦亮老品牌，影响力在系统内外得到持续提升。严格执行选船标准，精准选船助力打击低标准船舶。严守廉政红线和政治底线，“双随机、一静默、全程留痕”的经验做法获得山东海事局领导高度认可并推广应用。积极打造船舶安全信息共享平台，借助“管理与服务直通车”“开放式安检”等形式，主动加强与航运公司、船检机构和船级社的互动交流。岚山海事处对重点跟踪船“菊荣1”轮和“格雷西亚”轮连续实施滞留，按程序将“明通”轮、“长庆1”轮等3艘低标准船舶列入黑名单。先后有挪威STOLT航运公司、美国ABS船级社等多家国际知名国际航运企业和船级社主动到岚山海事处交流业务，承诺共同做好海上安全工作。

【数字化监管】 深化“数字化+现场”监管模式，强化专台监控措施，深入开展精细化管理，进一步扩大数字化监管应用范围，提升监管效能。开展碍航渔船专项整治活动，通过加强信息通报和集中座谈等方式，引导港口单位落实安全生产主体责任，破解港池渔船非法作业难题。全面分析施工船存在的安全隐患，开展施工船超载和船员“点名”专项检查，严格船舶配员要求，规范船舶作业秩序。高温季节开展危险品船岸界面集中整治活动，严查危险品船无人值班、作业期间不关舱盖、船员甲板拨打手机等不规范行为。在寒潮大风和台风多发季节，突出对钢材船装货末期吃水情况的连续监控，通过动静联席执法，严厉打击船舶超载现象。全年共发现船舶超载、未开启AIS、渔船港池内非法作业等违法违规行为314起，实施行政处罚13起。

【党建工作】 制定支部专题学习计划并抓好落实。开展支部书记讲授专题党课、“移动课堂”学习报告原文、观看《不忘初心 继续前行》政论片等系列学习活动，集中学习时间达28学时。贯彻落实上级关于“两学一做”学习教育常态化制度化工作部署，开展“建设‘五型’党员队伍，争当‘两学一做’标兵”活动，继续推行“六个一学习法”，紧密联系中心工作开展“党员示范岗”“党员服务联系点”创建，引导党员争做“忠诚型”“学习型”、“廉洁型”“创新型”“服务型”合格党员。深化“清海安岚”文化品牌和“岚海清风”廉政品牌，及时更新完善一园、一馆、一厅、一片、一册的“五个一”多元海事文化展示载体。持续提升新闻宣传力度，发表外宣稿件42篇，多篇稿件在中国水运报头版、中国海事杂志等媒体发表，有效提升了岚山海事影响力。组织开展海事家属看海事、迎新春等文体活动，用心做好困难职工帮扶，组织凝聚力进一步增强。

【廉政建设】 总结提炼责任、制度、文化"三位一体"基层海事廉政工作模式。在船舶安检工作中实施"双随机、一静默、全程留痕"廉政制度，被山东海事局推广应用。充分发挥海事管理与服务"直通车"机制的源头管控作用，与15家船舶所有人经营人签订共建协议并定期开展回访。制作中英双语版《岚山海事处廉洁执法告知书》，在山东海事局打击非法中介专项活动中，查处一起代理假借海事名义向船舶索要服务费的典型案例。坚持"日汇报、月统计、季分析"制度，定期研判廉政形势，开展廉政约谈43人次，岗位交流19人次。组织干部职工到鲁南监狱接受廉政警示教育，组织撰写廉政家书、制作家属廉政嘱托微电影，深化"家庭助廉"活动。10月，岚山海事处被授予"全国海事系统廉政文化建设示范单位"荣誉称号。

出入境检验检疫

【概况】 山东检验检疫局岚山办事处（以下简称岚山办事处）负责岚山港区检验检疫执法把关工作，包括岚山港区出入境人员、货物及交通工具的检验检疫、鉴定监管和签证放行业务。共设置办公室、检务与综合业务科、卫生检疫科、动植物检验检疫科、化矿检验科、鉴定业务科、财务科7个科室，有在编干部职工28名。共检验检疫出入境货物2898批231.5亿美元，签发出入境通关单2978份，同比增长20.62%。人均检验检疫业务量103批，人均货值8.27亿美元，是山东检验检疫人均货值的11倍。年内先后获得山东检验检疫局科技进步奖、山东检验检疫局优秀科技论文奖、山东检验检疫局口岸传染病排查处置技能竞赛团体三等奖、日照口岸工作先进集体、日照口岸优质服务窗口等荣誉称号。

【卫生检疫】 加强口岸卫生检疫。4月15日，在某巴拿马籍入境货轮发现一例船员水痘病例，并对其进行了妥善处理，此为山东口岸首次发现入境人员水痘病例。成功处置两起船员不明原因死亡事件，重点加强对鼠疫、霍乱、黄热病、寨卡病毒病等传染病的疫情防控；强化出入境船舶卫生监督，在入境船舶上截获白纹伊蚊等病媒生物；完善口岸核心能力建设，协调岚山港、岚桥港、实华码头等新开放口岸严格按照口岸核心能力建设验收标准进行建设，确保3个港口共6个泊位符合建设要求；加强防控物资储备，强化检疫能力提升；改革工作模式，探索实行进境船舶"无疫通行"制度和船舶检疫"无纸化"办公模式，有效提高通关效率；与口岸相关单位联合举办疫情防控应急处置演练，提高口岸应急反应能力。

【动植物检疫】 检验检疫入境植物产品941批，19.96亿美元，同比分别增长3.07%和-0.28%。强化植物疫情防控和检疫处理，在进境木材检疫中首次截获杂草籽，检出检疫性有害生物4种，52种次，发现检疫性有害生物活虫5船次，并对其16万立方米原木进行有效熏蒸除害处理。岚山木材检疫处理区启用后，检疫并熏蒸进境木材9万立方米；在进境大豆中检出检疫性有害生物15种1309种次；开展口岸植物疫情本底监测设置检疫性实蝇、舞毒蛾等林木害虫监测点72个，与地方林业部门进行有效沟通和协作。

【进口商品检验】 检验检疫进口铁矿砂6368万吨，货值40.5亿美元，同比分别增长16.7%、47.5%；检验检疫进口原油4276万吨，货值163亿美元，同比分别增长12.4%、43.2%；持续开展“口岸天平行动”，做好检出重大短重案例上报及索赔工作，共计检出短重923批次，重量17.1万吨，货值3185.9万美元；开发原油轮船电子计量软件，大幅提升检验工作效率；重量鉴定试点开展采信第三方水尺计量工作；严格检验防止洋垃圾进境，检出4.397万吨以烧结铁矿名义进口的国家禁止进口固体废物，通过鉴定确认为钢铁冶炼过程产生的含铁尘泥或泥尘与类似物质混合物，该批货物申报货值277.15万美元，为近年来山东口岸查货的重量最大、货值最高的一批“以废充矿”非法入境固体废物；检出不符合远距离运输要求的煤炭10批次110万吨，有效维护国家和企业的利益。

【口岸开放】 岚桥港通用3#泊位通过验收开放，通用5#和液化3#、4#泊位进入试运行阶段；实华码头建成第三个30万吨级泊位；岚桥港建成自动化卸船机及矿石初级取样塔；岚山港20万吨级矿石泊位自动化取样设施完成考察论证，进入工程招标阶段。

【“放管服”工作】 推行“单一窗口”和“一站式”服务，出口检验检疫业务实现100%“无纸化”申报；创新采取“即报即放”“在线取样”“零待时”等工作模式，水尺鉴定、船舶检疫等工作实行24小时预约服务，进口矿产品、原油等通关时长缩短50%；停征检验检疫行政事业性收费，全年为企业减少费用支出约5000万元人民币；贯彻质检总局取消进口木材检尺法定检验政策，推动成立山东检验检疫协会木材检尺分会。

【服务大项目建设】 推进岚山木材检疫处理区建设，8月质检总局批复同意岚山木材处理区投入使用，岚山办事处组织相关部门单位开展木材熏蒸处理应急演练，提升应急处置和协调配合能力；服务日照中澳产业园项目建设，与岚山区政府、口岸港航局、畜牧局等有关部门积极对接，完成肉牛隔离场选址、肉牛屠宰厂规划以及与大连和升集团的合作签约等工作。开展对进口澳大利亚驯化驴项目的前期调研，稳步推进岚山天泽冷链物流园区申报备案。

对外贸易

【概况】 岚山区商务局设行政科室3个，分别为办公室（挂行政服务科牌子）、招商促进科（挂外商投资管理科牌子）、商贸综合科；下设事业单位3个，分别为商务综合执法大队、对外劳务合作服务中心、中国国际商会岚山商会办公室。在编人员17人，其中行政编制6人，事业编制11人。圆满完成了外经贸、招商引资、外资工作、商贸流通等各项目标任务，先后争创国家级出口食品农产品质量安全示范区、山东省电子商务示范县，荣获岚山区“突破园区 聚力招引”先进单位、岚山区质量品牌创建工作先进单位等荣誉称号，区商务局党组书记、局长孟凡全获“日照市创建全国文明城市工作优秀奖”。

【外贸进出口】 岚山区外贸进出口完成317.38亿元，同比增长18.8%。其中，出口134.54亿元，同比增长28.7%；进口182.84亿元，同比增长12.4%。进出口总额、进口总额、出口总额在全市均列各区县首位，进出口总额占全市1/3多。外贸实绩企业共61家，其中出口企业49家。主要出口商品为钢铁、水产品和药品等。主要进口商品为铁矿石、煤炭和木材等。

国际市场方面：全区对亚洲、非洲、拉丁美洲、欧洲、北美洲和大洋洲分别出口99.7亿元、18.3亿元、12.2亿元、2.7亿元、9305万元和6246万元，其出口额占比分别为74.1%、13.6%、9.1%、2%、0.7%和0.5%。其中，对亚洲、非洲、拉丁美洲、北美洲和大洋洲的出口有所增长，同比分别增长21.3%、43%、153.2%、11.9%和1.5%；对欧洲的出口有所减少，同比下降15.3%。全区对大洋洲、拉丁美洲、亚洲、非洲、北美洲和欧洲分别进口99.2亿元、24.5亿元、20.9亿元、17.9亿元、11.4亿元和8.9亿元，其进口额占比分别为54.3%、13.4%、11.4%、9.8%、6.3%和4.9%。其中，对大洋洲、非洲和北美洲进口有所增长，同比分别增长31.8%、85.4%和1.3%；对拉丁美洲、亚洲、和欧洲的进口有所下降，同比分别下降22.4%、13.9%和15.9%。

重点商品方面：全区出口额位居前三位的商品分别为钢铁、水产品和药品，出口额分别为126.7亿、2.5亿和1.3亿元，同比分别增长35.4%、下降11.2%和增长9.6%，其中，钢材出口额占全区出口总额的94.1%。全区进口额位居前三位的商品分别为铁矿石、煤炭和木材，进口额分别为123.1亿元、23.4亿元和6亿元，同比分别增长24.6%、24.8%和36.1%，占比分别为67%、13%和3%。石油沥青、塑料原料、豆油、橡胶等商品进口增长幅度较大，同比分别增长16.5%、115.3%、919.3%和69.3%。

企业方面：全区有外贸实绩的企业共61家，其中出口企业49家。进出口额过亿元的企业共10家，分别为日照钢铁、瀚坤能源、新宇矿业、圣达尔实业、广信化工、孚宝仓储、星光沥青、黄海粮油、生化制品和京华新型建材，10家企业的进出口额占全区的97.5%。进出口额过千万元的企业共35家。

【利用外资】 全力推动落地项目，推进重点利用外资项目11个。其中，大华和沣增资项目400万美元外资等待注入；山东华澳食品项目200万美元审批手续完备，并已开工建设，等待外资注入；路加养老服务项目600万美元已办理外商投资批准证书和工商注册，正在办理项目建设手续，等待外资注入；泰圆食品加工121万美元项目已办理外商投资批准证书，正在办理工商注册手续、项目建设手续，等待外资注入。

全面跟进在谈项目，全区在谈总投资3000万美元以上的项目共3个，分别是赢创集团硅烷系列项目、新加坡金鹰集团液化天然气（LNG）接收站项目、乙烷制乙烯项目。其中，德国赢创集团计划投资1.5至2.5亿元人民币在岚山区化工园区重新选址，开展原厂区搬迁、扩增新上项目，主要生产橡胶硅烷偶联剂，其外资约合3900万美元。新加坡金鹰集团计划投资200亿元人民币建设清洁能源综合利用项目，其中一期建设一个年周转量200万吨的LNG接收站，一个10万吨级的LNG码头，两个16万立方米的LNG储罐，一座拥有2台9F级燃气发电机的热电联产电厂，后续还将扩大建设规模，并进行LNG冷能综合利用。由松陆资本与日照港集团、东明石化和奥德集团联合投资140亿元开发的100万吨乙烷制乙烯项目，计划从美国进口乙烷，是与美国公司合作的国内最大的战略性基础化工项目。

【招商引资】 根据市、区“突破园区、聚力招引”工作部署，聚力招商引资工作。新招引项目3个，其中1亿元以上项目1个，5000万元以上项目1个，5000万元以下项目1个。其中，新招引的日照港晨华输油项目成立于3月7日，注册资本1.5亿元，法人代表任生，项目建设内容主要是以瀚坤能源作为首站到莒县海右为末站，建设DN700的原油管线及配套的泵站等相关设施，建设距离约90千米。所招引的国启石油交易平台项目，主要负责运营石油交易中心和电子商务交易平台，共招引65家企业，缴税505万元，注册资金合计29亿。成功招引调味酱龙头企业——山东烟台的易丰食品整体搬迁至岚山区。获全区“突破园区、聚力招引”先进单位。

【电子商务】 电商主体明显壮大。涌现出岚商、鲁宁、博学、八亩七、星辰等一大批优秀的电商企业；建成了区科技孵化器电商创业园、区供销电商创业孵化基地、“电小青之家”青年电商创业基地、安东卫南街社区电商基地等电商孵化基地；在盛安东水产加工示范园内规划建设区级电商产业园区。

农村电商稳步推进。大力发展农村淘宝项目，全区建成区级服务中心1处，村级服务站120个，年线上交易量约2100万元；注册“岚品汇”和“岚山煎饼”等区域公共品牌，依托联美食品包装类SC认证，组织本土农产品资源实现线上销售。

电商扶贫成效凸显。打造“特色产业

带+电商基地+村淘服务站+贫困户”的电商扶贫生态链，在岚西北区域考察建设电商扶贫基地；开展电商扶贫系列公益活动，在安东卫南街农贸市场显要位置设立电商扶贫公益点，先后帮扶高兴镇合庄村、黄墩镇刘家沟村、中楼镇崔家峪村销售滞销桃、苹果等，解决当地农民的销售难问题。

物流体系全面完善。依托日照岚商电子商务有限公司成立自有物流公司，设立区级农村物流中转中心1处、镇级物流配送中心5处，以现有120余个村级电商网点为基础，形成区、镇、村三级物流配送体系。

人才培育渠道拓宽。凭借人社局、团区委、电商孵化基地、专业培训机构及电商公司、农村淘宝等多种载体开展电商人才培训；规划建设区级创客基地，配套建设物流仓库，为创业者提供优质平台；组织启动日照市首届电商创业大赛，招募选拔优秀电商团队和人才入驻岚山。

【中澳（日照）产业园建设】 规划编制情况。商务部国际贸易经济合作研究院按照各相关部门、乡镇街道的意见，对产业发展规划进一步修订，已完成全部规划并定稿。区规划分局已完成中澳（日照）产业园控制性详细规划并通过专家评审会，按照山东省控制性详细规划编制技术导则要求进行文本、图则、说明书的相关编制。

项目招引情况。共有大连和升集团澳牛进口加工等9个项目落户园区，总投资额达32.3亿元人民币。其中，湖南岳阳正派味休闲食品加工项目、天泽冷链物流项目、华澳食品项目已建成投产；进口澳牛屠宰深加工项目、山东雅林食品深加工项目、易丰水产加工等项目即将开工建设。安东卫街道按照“政府引导+村居集体入股+市场运作”模式，规划建设的盛安东（中澳）水产加工交易示范园项目已于8月23日正式开工建设，盛安东水产加工示范区已签约山东蓝仓食品、日照长泽水产、澳洲君卫、日照阿婆山食品、日照卓海食品、广东雅林等7家食品加工企业，其中广东雅林在岚山区注册山东雅林并签订合同；另有20余家企业有入园意向。

园区配套建设情况。投资2亿多元，规划建设黄海路西延、山河路北延和342省道绿化提升工程。其中，黄海路西延工程已完成清表面积25.75万平方米，路基挖土方7.06万立方米，开挖排水沟3千米，河道清淤7033立方米，开挖临时河道2834立方米；山河路工程已完成沥青底面层、西侧雨污管道及东侧部分雨水管道施工；342省道绿化提升工程已完成部分地上附着物清表。

双方经贸交流情况。澳大利亚维克·斯托克农业集团首席执行官哈罗德·西姆一行前来考察，探讨经贸合作事宜，为园区招引工作打下坚实基础。

【商贸流通】 重点加强商贸流通领域安全生产监管和安保维稳工作。制定《岚山区商贸流通领域安全生产管理办法》，督促企业落实主体责任，对区内重点商场超市开展消防安全、防汛、侵权售假等专项检查15次。坚持把创建活动作为重要工作任务来抓，共投资7万多元对明珠时代广场商业街公益广告牌进行了更换，并制作了高档次的公益宣传牌，对全区4家大型商场超市室外公益广告宣传进行了统一的设计、制作和安装。

【国家级出口食品农产品质量安全示范区创建】 建立健全出口食品农产品质量安全体系，努力做到“推行一个标准，统筹两个市场，打造岚山模式，促进产业提升”，示范区建设水平不断提升。9月15日，国家质检总局公布岚山区为国家级出口食品农产品质量安全示范区，产品品种为贻贝、茶叶、板栗。近年来，

【争创山东省电子商务示范县】 岚山区加快实施电子商务发展战略，区政府主要领导担任电子商务建设工作领导小组组长，整合部门职能，设立区电子商务服务中心；将电商工作纳入绩效考核，列入重点民生工程，财政专项资金支持；多角度发展电商主体，广渠道培育电商人才，全方位完善物流体系，深入发展农村电商，新建农村淘宝服务点、岚商便民智慧超市64处，全区电子商务发展不断实现新突破。12月22日，在“齐鲁电商节”荣耀盛典上，省商务厅领导为岚山区等第三批山东省电子商务示范县授牌。岚山区电商运营中心、岚商电子商务有限公司分别被主管部门评为最受欢迎电子商务服务机构、山东优秀网商。

农村经济

NONGCUN JINGJI

农　业

【概况】 全区坚持稳定发展粮食，不断优化农业内部结构。全年粮食播种面积30.53万亩，粮食单产433.34公斤，粮食总产达到12.23万吨，分别增长5.48%。夏粮平均单产381.46公斤，总产4.63万吨。

【农业技术推广】 在全区范围内大力推广丰花1号、花育22、山花9号等花生品种。推广金海5号等玉米品种，推广玉米秸秆还田、机械化收获等技术。指导适期播种，科学防治病虫害。开展小麦播量实验、玉米品种对比试验等大田作物田间实验等，对农业生产中个别出现的出苗率低、生长发育不良等问题提出技术指导意见。

【农村土地承包经营权确权登记颁证收官】 2013年以来，按照中央和省、市要求开展农村土地承包经营权确权登记颁证工作，全区辖8个乡镇街道，421个行政村，其中有确权任务的6个镇，332个行政村。截至2016年底，全区已有330个村完成土地承包经营权调查，330个村完成确权登记工作，330个村合同书、经营权证书发放到户，占应确权村数的99.4%，累计测绘确认家庭承包土地面积26.73万亩，确权面积完成率99.2%。农村土地承包经营权登记颁证档案电子化扫描已完成招标，共计需扫描207.54万页。

【农业产业经营化】 培育新型农业经营主体，继续深入开展示范创建活动，着力促进家庭农场健康发展、农民合作社规范运转，发展区级以上农业产业化龙头企业5家，新规范区级农民合作社示范社10家，家庭农场示范场10家。支持农业龙头企业创新农业产业化经营，鼓励引导龙头企业、家庭农场、农民合作社等多主体联合合作，促进一、二、三产业深度融合，拉长农业产业链。碎化问题。开展农民合作社、家庭农场示范创建活动，引导龙头企业、农民合作社、家庭农场、农户之间建立利益链接机制，培育市级示范家庭农场6家。

林　业

【林水会战】　岚山区以创建森林城市为牵引，贯彻落实日照市委、市政府林水会战第一轮三年规划的安排部署，不断丰富内涵，提质增效，进一步提高林水会战生态效益、经济效益和社会效益。岚山区委、区政府结合岚山实际制定了林水会战实施方案。全区各单位，上下齐心，咬定目标，坚持挂图作战，创新筹资机制，突出重点，聚力打造退耕还林还果工程、通道连绿工程、水系扩绿工程、荒山披绿工程和镇村兴绿工程五大工程。圆满完成了林业会战任务，全区共完成造林23500亩，完成投资1.65亿元。

其中退耕还林还果完成14800亩，黄墩镇在云雾山流域发展以板栗为主的经济园林6000余亩；中楼镇在白公山流域栽植榛子、板栗等干鲜果3000余亩。巨峰镇以扩大提升王沟万亩茶园片区为重点，新发展茶叶2000余亩。对青赵线等重要道路，开展专项规划。完成道路绿化136千米，折合绿化面积2100亩。完成巨峰河二期绿化工程、龙王河二期绿化工程、陈家沟水库林带等景观林建设1500亩。完成幽尔崮流域和阿掖山流域等疏林地补植与森林抚育3100亩。中楼镇等完成荒山绿化3000亩。黄墩镇、马家湖、薄家口、辛家庄已申报省级森林镇、村，重点打造碑廓镇垛子山流域、玉峰岭、王家庄等村居绿化工作。

【林业有害生物普查监测和防控】　制定《岚山区重大林业食叶害虫防控实施方案》。组织专业人员进行林业有害生物普查监测。全年完成林业有害生物普查监测面积130.09万亩，发生面积1.84万亩，其中虫害1.64万亩，病害0.2万亩，防治1.84万亩，圆满完成林业有害生物防治目标责任书规定的防控目标（无公害防治率达到91%，测报准确率达到92%）。

【森林防火保持良好态势】　坚持从宣传教育入手，通过制作森林防火宣传牌、防火警示旗，印发《致全区中小学生的一封信》，在《新岚山》、《岚山发布》刊发《森林防火倡议书》等方式开展集中宣传活动。区防火指挥部在11月组织开展全区森林防火动员大会，并进行森林防火实战演练。成立8个督查组在春节、清明、五一期间，深入乡镇街道、村居山场督查，排查隐患，督导整改，共下发整改通知8份；在全区各个景区、进山路口设立森林防火检查站，对进山人员严格检查，杜绝火种进山；区森林防火大队和各乡镇街道森林防火中队严格实行24小时值班和领导带班制度，加大防火设施建设力度，提高火灾防控能力，为全面提升全区森林火灾的防控能力，全区新建护林房16座。整个防火期间，面对严峻的森林防火形势，全区没有发生重大森林火灾，无人员伤亡。

【全民义务植树活动掀起新高潮】　林水大会

战开展以来，通过大力宣传，和实实在在取得的成绩，“绿满齐鲁多彩日照”国土绿化行动业已深入人心。全民义务植树活动的积极性逐步提高。在全区设立义务植树基地17处。3月9日，在碑廓镇西辛兴村绣针河大道路南的义务植树基地，区级领导、区级各单位主要负责人及干部职工、碑廓镇等1000余人参加义务植树活动。各镇绿办、有关社会团体组织义务植树活动10余次。义务植树期间全区共调苗350万株，新造林5300亩，全民共义务植树95余万株，人均植树2株。

【发展高效优质林果产业】 扎实做好果树生产任务落实和果品安全质量监管，切实提升全区果树建设标准、产品质量安全水平。全区新发展板栗、黄桃、苹果等果品面积8038亩。加快推进苗木花卉产业发展，新发展苗木花卉1020亩。

【林下经济带动新发展】 因地制宜，充分利用林地资源，发展多种形式的林下经济，甲子山茶叶有限公司、岚山区中楼镇为民果蔬种植专业合作社、山东百满茶业股份有限公司3家岚山辖区企业获批为林下经济示范基地，甲子山茶叶有限公司总经理赵炳冯被评为省级林业科技乡土专家。

农 机

【概况】 截至年底，全区农机总动力达到73.8万千瓦，农机总值6.363亿元，分别比去年增长了2.73%和3.25%；拖拉机达到2.9万台，农用配套机具12万台，分别比上年增长0.16%和0.43%；共完成机耕作业面积24.46万亩，机播面积36.26万亩，机收面积34.3万亩，全区农作物耕种收综合机械化水平达到87.4%；年底，全区农机户达到3.89万户，乡村农机从业人员达到3.95万人；共实现农机作业和维修服务产值3.21亿元，增加值1.79亿元。

【农机购置补贴】 争取国家补贴资金420万元，全年农机购置补贴机具1633台，其中谷物联合收获机20台，使用补贴资金50.5万元；大中型拖拉机46台，使用补贴资金108万元；茶叶加工机械318台，使用补贴资金57万元；捡拾压捆机5台，使用补贴资金3.75万元；耕地机械1213台，使用补贴资金92万元。

【农机科技推广】 着重围绕土地深松、秸秆综合利用、玉米联合收获、茶叶机械化生产加工、水肥一体化等重点推广技术，开展示范推广。一是开展秸秆综合利用示范园区建设。召开了小麦秸秆切碎还田、秸秆打捆现场会，设立示范园区1000亩，全区年加工万吨以上大型秸秆收储点2个，小型收储点达到10余个，秸秆打捆机械30余台。二是大力推广经济作物机械化生产新技术。针对我区花生生产机械化程度较低的现状，大力推广花生机械覆膜播种和机械收获技术，努力提高全区花生生产的机械化程度。引导茶叶机械生产厂家研制新型茶叶加工机械，倡导茶业加工企业购买使用清洁化茶叶加工生产线、远红外热风杀青机、红茶发酵机、大型茶叶色选机等机械。三是全面做好土地深松工作，2016年全区重点在巨峰镇、碑廓镇、高兴镇、中楼镇实施农机深松作业补助试点工作，深松面积1.4万亩。

畜　牧

【概况】 全区大牲畜存栏8.09万头，出栏0.75万头；猪存栏22.27万头，出栏36.73万头；肉羊存栏2.8万只，出栏5.92万只；家禽存栏336.58万只，出栏738.88万只。全区肉类总产3.74万吨，蛋类总产1.49万吨，奶类总产0.75万吨，畜牧业产值12.8亿元。

【畜牧业绿色发展机制初步建立】 出台《岚山区畜禽养殖粪污资源化利用工作实施方案》，确立了“农户蓄积、公司集运、集中处理、财政补助、资源化利用”的畜禽养殖粪污资源化利用模式。在黄墩镇新建病死畜禽无害化处理厂1处，全区病死畜禽无害化处理率100%，病死猪专业无害化处理场集中处理率达100%；改造粪污处理设施养殖场户1867户，建设田间蓄粪池500立方米，新建发酵床养殖场177处，新增发酵床面积2.14万平方米。

【畜牧业标准化程度进一步提高】 按照“畜禽良种化、养殖设施化、生产规范化、防疫制度化、粪污处理无害化、监管常态化”六化要求，采取宣传引导、政策扶持等办法，大力推进标准化规模养殖场示范创建。全区新创建国家级标准化养殖示范场1个、省级示范场1个、市级示范场7个，分别达到3家、14家、42家。

【重大动物疫病防控工作扎实稳定】 面对周边国家和国内部分省市发生的高致病性禽流感等疫情，全区上下高度重视重大动物疫病防控工作，周密部署，认真落实免疫、消毒、检疫等措施，继续保持了无重大动物疫病发生的良好局面。

【饲料质量管理规范建设成效明显】 创建饲料质量管理规范企业国家级1个、省级1个。全区饲料（含单一饲料）总产量126.15万吨，总产值33.67亿元。

烟草专卖

【概况】 岚山区烟草专卖局（分公司）主要负责全区9个乡镇（街道）的专卖管理、卷烟销售、烟叶生产收购工作，下设综合办公室、财务科、法制科、内管派驻办、卷烟营销科、专卖管理科、烟叶生产技术科、烟叶生产综合管理科等8个部门和城区、黄墩两个专销基层服务站、黄墩1个烟叶工作中心站。共有从业人员94人。辖区共有1886户卷烟零售客户，33户烟农。获得全区纳税“先进企业”荣誉称号。连续10年保持市级精神文明单位的荣誉称号。

【烟叶生产】 共种植烟叶0.12万亩，收购烟叶0.31万担，比上年下降48.74%。下降的主要原因是受行业政策调控影响，烟叶种植计划分配数量同比大幅下降。投放资金325.45万元，公斤均价21.16元，实现烟叶特产税71.6万元，产后扶持资金28.98万元，烟农总收入354.44万元。

为进一步提升烟叶的内在品质，按照“控制总量、优化结构、降本增效、完善体系”的要求，将有限的计划资源向土壤原始性结构较好、水源充足、交通便利、无病害史的土地集中，通过“请进来、走出去”等措施，克服经验不足，设备不全等困难，实现由传统的托盘育苗向漂浮育苗的转型升级。尝试将大田移栽期后延，较往年有效减少了烟田病害。大力推行“井窖式”移栽500亩，占全部移栽面积的41.6%。由合作社牵头为全体烟农购置保险，进一步了降低植烟风险。充分发挥初分预检工作的作用，及时纠正收购等级偏差，提升了等级质量。行业累计投入3225.15万元，建设项目数量996项，主要用于建设烟水、烟路、烟机、育苗及烘烤设施、基本烟田土地整理和生态村建设等，满足全区烟叶生产需要。

【卷烟营销】 共销售卷烟8.6亿支（1.71万箱），比上年减少3.90%；实现销售收入5.02亿元，比上年减少6.33%；卷烟人均销量10.71条，比上年减少0.43条。通过开展“夯实基础工作、强化品牌培育”双提升和“严格规范、基础提升”集中整治活动，在全区打造4条精品线路，明码标价达到100%，客户卷烟库存整理达到90%以上；狠抓客户拜访服务质量，月度实地拜访客户覆盖面达到100%，电子结算成功率达到95%以上，网上订货成功率达到94%以上；创新品牌培育自选动作，构建了涵盖鲁产三类以上卷烟和省外重点规格（共计39个规格）的监控目录，全区鲁产卷烟人均条数高于全市平均指数1.85个百分点。

【专卖管理】 查办各类涉烟案件105起，查获非法卷烟80.97万支，案值58.4万元，其中案值5万元以上大要案件3起，1万~5万元案件9起。拘留6人，取保候审2人，1起“国标级”网络案件框架基本形成。坚持把

80%~90%的精力放在自身市场监管上，以“齐鲁之盾”为主线，先后开展“烟叶烟丝非法经营集中整治”“依法严管卖烟大户”“夏季旅游市场专项整治”“两节烟草市场监管”等专项整治行动，通过多维布局，管控堵防，主动搜集沿海沿边、农村集贸及特类市场的情报信息，实现集中打击与经常性打击、专项整治与日常管理的有机结合，保持打击涉烟违法犯罪行为的高压态势。依法依规压缩审批时限，承诺时限由先前20个工作日压缩为7个，切实为群众打通行政服务的“最后一千米”。

【综合管理】 抓好“两学一做”学习教育的常态化和制度化，全面贯彻党风廉政建设，推进全面从严治党主体责任落实。组织开展“机关党支部包片区、机关党员包线路；机关联系基层、党员联系群众”的“双包双联”活动，举办了“抓党建聚合力”、职工趣味运动会、“党旗领航、聚力发展”拓展训练和“粽叶飘香·浓情端午”等活动，推进党建与业务工作的深度融合。以建设“全面精益管理基层单位”为龙头，带动企业管理、科技创新、队伍建设等工作齐头并进，同步提升。以课题为带动，持续精益改善。有2个QC课题荣获“全市精益十佳QC成果”。搭建历练平台，注重人才培养。通过开展“客户服务明星”“营销技术能手”“中队长轮值”等活动，鼓励干部职工争做工作的“行家里手”。定期更新四德榜，组织“道德讲堂”，认真开展“身边好人”和“我们的节日”等主题活动，大力弘扬中华民族传统文化，提升干部职工思想道德修养和文明素质。

【公益活动】 积极宣传引导干部职工参与全国文明城市创建工作，组织干部职工到包联社区、路段进行卫生清理。定期组织志愿者到包联路口执勤，劝导路人车辆遵守交通规则。开展专项扶贫活动，对中楼马家峪村、巨峰官家湖村进行结对帮扶，向两个村分别发放2万元扶贫款；对巨峰镇小王家沟、小官庄、山峪3个村的27个贫困户开展“1+1”帮扶。参与黄墩镇“林水会战”，组织志愿者开展义务植树活动。

桑 蚕 业

【概况】 日照岚山圣宇丝绸有限公司隶属于日照市东港海通蚕茧有限公司，注册资金300万元。设高兴、黄墩、碑廓、巨峰、虎山、安东卫6个蚕业技术服务站，负责桑蚕生产经营和技术指导工作。（暂不包括中楼镇桑蚕生产，中楼蚕茧站暂由莒县海通蚕茧有限公司管理）共有干部职工21人及村级技术员158人，形成公司加茧站加村技术员的三级技术服务网络。高兴镇和黄墩镇被山东丝绸协会评为“山东省桑蚕之乡”。

【桑蚕收购】 区政府桑蚕生产收购工作会议

召开后，丝绸部门按照会议下发的《关于加强蚕茧收购和市场管理的通知》（日经信发44号）要求，加强服务，精心组织，确保全年桑蚕生产的顺利进行和与蚕农订单合同的顺利实施。共产茧80余万公斤，产值4000余万元，所产蚕茧全部供应日照海通制丝有限公司，为日照第一个“中国名牌”“三维牌”生丝提供原料。

【桑蚕生产】 努力提高桑蚕生产服务水平，进一步加强了乡镇蚕茧站及村级蚕业服务体系建设，技术员驻村包点，服务上门，提高对蚕农产前、产中、产后的服务水平，确保日照市国家级优质茧丝基地和中国蚕桑之乡品牌的影响力。加强技术培训，大力推广桑蚕新品种和技术研究，重点在大棚养蚕省力化技术上下功夫，自动化上蔟和省力化养蚕技术受到了国家桑蚕产业技术体系首席科学家鲁成院长的肯定和表扬。全区共有桑园面积1.08万亩，分布在7个乡镇（街道），185个行政村，2300余户桑蚕生产经营户。

【保险服务】 积极推行蚕桑养殖保险。全区养蚕户投保率达到93.2%，全年理赔金额35.3万余元。4月7日凌晨，岚山区发生严重的桑树霜冻灾害，受灾面积达795亩，在经信委的组织协调下，太平洋保险公司出资购买化肥31.8吨，价值53424元，连同圣宇丝绸公司筹集的价值10.7万元的救灾物资一并发放给受灾蚕农进行救灾施救，增强了蚕农抗风险能力，产生了很好的社会影响。

茶　业

【产业概况】 岚山区是山东省最大的产茶区，也是“南茶北引”最成功的地区，自1966年成功引种以来，先后引进了鸠坑、白毫早、龙井43#、黄金芽、金萱等10多个有性、无性系茶树良种，形成了北垛山、白云山、圣公山等8个山系为主的八大流域，涵盖7个镇街道的茶叶产业格局，使茶业成为岚山主要经济园林。全区现有茶园面积14.3万亩，其中成龄茶园13.4万亩，无性系茶树面积发展到4500亩，年干茶产量9925吨，种植业产值11.39亿元，平均亩产值超过8500元，茶产业销售收入达到19.3亿元，面积、产量、产值均居全省首位。面积、产量、产值分别占全省的42%、47%和52%

2016年，全区有茶叶企业140余家，其中省级农业龙头企业4家、市级农业龙头企业19家；茶叶专业合作社403家，其中国家级示范社3家、省级示范社9家、市级示范社13家；茶叶协会5家、茶叶研究所3家；SC认证茶叶企业47家；国家有机认证茶叶基地19处；无公害认证40家60个产品，认证面积44379.9亩；绿色认证14家20个产品，认证面积5510亩。全区有19处基地被授予省级标准化茶园示范基地，11处基地被授予市级高效生态示范园，7家企业获得市级茶叶清洁化加工示范基地称号，12处被授予市级标准化示范基地，淞晨生态茶园被农业部评为国家标准园，浏园被农业部确定为茶叶生态栽培技术集成与社会化服务示范项目基地。在种植、加工、销售一体化的产业链模式基础上，以“百里绿茶长廊”为重点，开发出茶叶生态游等多种产业，丰富和发展了茶产业内涵。全区现有1个中国驰名商标、6个山东著名商标、6个山东名牌产品和4个山东十大名茶产品，在组团参加的第十二届“中茶杯”全国名优茶参选工作中获得特等奖7个，一等奖11个，自第七届参评以来有70多只茶获得“中茶杯”大奖。岚山区先后被评为国家无公害茶叶标准化示范区、山东省优质绿茶生产基地和山东省高效特色农业先进单位，被中国茶叶流通协会评为“全国重点产茶县”、“全国（十大）特色产茶县”和“全国（十大）茶产业发展示范县”，被中国茶叶学会评为“中国名茶之乡”，列为国家茶产业体系示范县，被全国茶叶标准化技术委员会、中华全国供销合作总社杭州茶叶研究所评为“全国茶叶标准化建设示范县”“全国茶叶科技示范县”，被山东省现代农业产业技术体系茶叶创新团队评为“山东省茶叶六次产业化示范区”（其中，岚山区荣获“全国重点产茶县”“全国茶叶标准化建设示范县”称号）。

【茶业发展】 以建设高产、优质、高效、生态、安全的茶产业为目标，以推进高效特色农业与一、二、三产业融合项目为助力，以稳定面积、提升质量、打造品牌、拓展市场为工作重点，推动岚山茶产业向规模化、标准化、良种化、生态化、产业化、科技化、市场化发展。

推动茶叶产业优质发展。按照稳步膨胀产业规模，综合建设精品片区的原则，在全区成片开发建设茶园4000亩，其中建设王沟流域、卜落流域2个千亩精品标准化示范片区，并聘请市茶科所专家对生态园区进行了综合规划，初步完成生态防护林、水利、电力、道路等设施的配套；进一步完善了淞晨、御园春、冠清茶叶智慧农业良种繁育基地建设，成功出苗500万株；与山农大合作，开展茶树引种试验示范，建设淞晨、百满、林泽、浏园4处无性系茶树良种推广示范基地，成功引进和推广龙井43#、中茶111、中茶108等优良茶树品种200余万株。

加快提升茶叶质量水平。实施茶产业质量安全提升工程，通过技术指导、宣传和示范带动等有效措施，在全区推行茶园管理和茶叶生产标准化。邀请中茶院专家尹祎、唐小琳就岚山茶产业标准化发展及相关技术的熟化应用进行了培训。在全区开展茶树病虫害绿色防控技术培训12场次，印发绿色防控技术明白纸3万份，组织质量安全科技下乡6场次。根据日照市统一安排，对全区茶园面积及绿色防控用品数量进行统计，区财政投入338万元，完成粘虫板、茚虫威、藜芦碱三种绿色防控用品的采购、分发及统防统治工作。结合2016年现代农业项目，在淞晨、冠清、御园春建设“智慧农业”茶叶质量追溯系统，配套茶园智慧“稻草人”9台（套），并与省质量追溯平台链接，确保了产品从“茶园”到“茶杯”的质量安全。

大力推进茶叶市场、品牌建设。先后组织6家企业参加由市政府组团的杭州国际茶叶博览会，组团参加济南、烟台、北京等地的茶叶博览会；组织重点茶叶企业参加在内蒙古包头市举办的第十八届中国绿色食品博览会、在西藏日喀则举办的第十五届珠峰文化旅游节；组织召开中国·岚山“春满茶园 品韵岚山”日照绿茶品牌营销暨茶产业发展论坛，聘请中茶所党组书记姜仁华、研究员姜爱芹及日照茶科所所长袁洪刚等国内茶叶知名专家就世界茶产业发展现状及中国茶业发展方向、茶叶品牌推介与市场营销、“日照绿茶”公共品牌使用与管理等方面进行培训，邀请北京、济南、临沂、潍坊、淄博等地茶叶经销商50余人，全区16家重点茶叶企业参加，全市500余名爱茶市民参与，全省17个地市大众网记者及茶友开展茶园采风活动，不断提升岚山茶叶企业在省内的品牌知名度及影响力；组织11家重点茶叶企业参加第十二届“中茶杯”全国名优茶评比大赛，其中特等奖7个，一等奖11个。

抓好招才引智与招商引资工作。在2016年度山东省高效特色农业（茶叶）发展平台项目实施过程中，日照淞晨茶业工贸有限公司与日照市御园春茶业有限公司与复旦大学无锡研究院及济南天楚科技有限公司签订合作协议，共同研制茶园智能化物联网技术，同时与省农业厅物联网平台系统实现了对接连线；会同科技局组织举办了“茶叶科技示范县”揭牌仪式暨招科引技项目集中签约活动，淞晨茶业、御园春茶业、盛华机械、乡村之光农业科技有限公司与中茶院签订协议，分别在资源跨界应用技术开发及共建茶资源跨界应用技术开发、茶叶质量安全检验检测点建设、自动复干机研究与开发、日照茶资源精深加工技术等方面开展合作。会同冠清茶业与浙江大学农业与生物学院茶学系屠幼英教授对接，计划在茶叶深加工、速溶茶、纯茶饮料制作等方面开展合作。对上争引现代农业项目资金300万元。

海洋与水产业

【概况】 岚山区海洋与渔业局内设办公室、规划财务科、渔业科、环境保护科、海域管理科5个职能科室，在编人员为73人。获日照市市级文明创建先进单位、全市安全生产工作先进单位及农业部“亮剑”系列渔政专项执法行动工作成绩突出集体荣誉称号。区海洋与渔业监督监察大队争创为全省海洋渔业文明执法窗口单位，入选岚山区第一届“最美岚山人”集体奖。

【项目建设】 区海洋与渔业局积极对上争引，获上级无偿资金1.5亿元；虎山（松虎湾）渔港经济区和岚山一级渔港经济区完成投资4亿元；农业部批复岚山东部万泽丰、顺风阳光国家级海洋牧场示范区2处，前三岛、群奥省级海上牧场2处；新建深远海综合养殖平台1座、自升式海洋牧场管护平台3座，总投资3638万元；完成东潘渔港结构修复2期工程、阳光海洋牧场“一室一厅”建设工程、前三岛海洋牧场“一室一厅”建设工程，完成投资1800万元。推进蓝色海湾多岛海柽柳公园建设项目，开工建设松虎湾沙滩岸线整治工程、东潘渔港结构修复三期工程等一批重点岸线修复项目。投资6520万元对龙王河岸线、绣针河岸线以及岚山一级渔港岸线开展重点修复，完成前期工作。

【产业结构调整】 区海洋与渔业局积极开展水产品禁用药物残留快速检测室创建活动，分别配置快速检测设备和检测试剂，培训检测人员。全区快速抽检样品50个，品种主要为海、淡水养殖产品，海水的有大菱鲆、对虾类、梭子蟹和牙鲆等，淡水的有鲢鱼、鳙鱼、乌鳢、中华鲟等。承担农业部、省级及市级水产品监督和监测任务139个。其中农业部水产苗种监督抽查1个，部级质量安全监督抽查5个，省级海洋贝类产品卫生监测72个，省级海洋捕捞水产品风险监测40个，省级安全监督抽查抽样3个，市级水产苗种监督抽检4个，市级养殖水产品监督抽检4个。市级养殖水产品风险监测10个。获得无公害产品产地证书5家，分别是海参2个，紫菜1个，大菱鲆1个，半滑舌鳎1个。并有14人取得无公害内检员证书。增殖放流6个品种（海水：大泷六线鱼43.145万尾、黑鲷248.775万尾、许氏平鲉52.24万尾、魁蚶625万尾；淡水：鲢鳙鱼60万尾），总任务约1030万苗种单位。全市召开食用水产品合格证首发使用仪式，区海洋渔业局带领全区工厂化20多家养殖户参加活动，并领取水产品合格证。根据国家、省、市调查办统一安排部署，5月正式启动了全国海洋经济调查工作，各项工作正稳步推进。

【渔业安全生产】 落实安全生产责任制，共签订责任书8380余份。开展安全生产月、《中华人民共和国安全生产法》宣传周等宣传活动，提高渔民安全产意识。印发《安全生产法部分重点涉渔条款解读》《中华人民共和国渔业船员管理办法》等2000余份，《山东省安全生产条例》《中华人民共和国安全生产法》、安全生产宣传手册等1000余本。组织完成钢制渔业船舶船长渔业安全生产教育培训活动11期，参训390人，历时11天。伏季休渔期间举行渔业船东船长安全生产教育培训共25期，参加人数4100人，历时25天，职务船员和普通船员培训考试完成16班次，普通船员培训考试发证646人。机驾长发证147人（证）。加强监督检查，组织开展渔业安全生产“百日攻坚”行动、渔业安全生产大检查等各项检查活动，全面整治排查渔业安全生产隐患。共检查渔港4处，渔船修造厂6家，渔船3300余艘，发现安全隐患514余处，全部按照规定限期整改完毕。伏季休渔期间，共检查渔港30批次、检查在港停泊渔船1800余艘，海上巡航检查97艘次，出动执法人员1455人次，查获违规渔船182艘，其中涉渔“三无”船舶9艘。区海洋与渔业局通讯管理站为全区1549艘捕捞养殖渔船安装超短波新型渔用801对讲机设备。

【渔业巡查执法】 对所辖区域渔船修造厂进行安全巡查，全年检查50次，检查渔港码头以及渔船停泊点15处，渔船修造厂6家。检验船舶1092艘，共年审捕捞渔船1261艘

(136414.6千瓦);捕捞特殊渔船503艘(10484.2千瓦)。联合工商、安监、质检、公安、边防、海事等部门，结合“创城”工作，对岚山渔港内所有“三无”吊车、“三无”汽车全部清查清理，彻底排除“三无”隐患。全年共参加各类执法190余天、参加人员2700余人次、出航180余航次、航程5400余海里，共检查渔船800余艘、处理违规渔船217艘，对各类违法违规行为分别给予警告和行政处罚等处理。共执行海上清网行动2次，清理地笼网50余个、流刺网800余米。全年共处罚人民币160余万元，有力打击了各种渔业违法行为，维护了正常的渔业生产秩序，保护了全区渔业资源和渔业生态平衡。

【党建和廉政建设】 8月30日，成立中共日照市岚山区海洋与渔业局机关委员会，下设机关党支部、监督监察大队党支部、渔业通讯管理站党支部、退休干部党支部。以创先争优活动为载体，以开展规范化建设年活动为契机，扎实开展党建工作，将业务工作与党性教育相结合，加强基层组织建设，努力提升基层党建科学化水平。坚持以制约和监督权力运行为核心，认真制定年度党风廉政建设和反腐败工作方案，深入开展岗位廉政风险防控活动。认真落实好中央八项规定和区委制定的行业作风及机关效能建设规范。全面推行党风廉政责任制、执法错案责任追究制和党组成员包联责任制，完善党内信访监督体系，将党风廉政建设纳入全年目标管理。建立健全内部岗位目标责任制和考核奖惩机制，切实纠正工作责任不明确、监督约束不力、纪律涣散、工作无章法、不作为、慢作为、乱作为等懒政怠政现象。11月，区委巡察组二组进驻海洋与渔业局，对局党组在党的领导、党的建设、全面从严治党方面开展专项督察工作。全局坚持边督边改，立行立改，在督察巡察推动下，全局强化党政同责和一岗双责，上下工作作风得到进一步改善，廉洁从政、依法用权、干净务实干事有了长足进步。

【“三招三引”及对上争引】 全年对上争引仅项目争引资金约达11073.69万元；招商引资方面，成功与鸿川海洋科技有限公司签订投资意向书，达成投资1.5亿元综合立体养殖海洋牧场项目协议；2016年招引企业日照市景昌渔业有限公司投资1.8亿元新建4艘远洋鱿钓船；成功举办“中国岚山‘七彩海洋’采摘节暨休闲渔业推介会”，会上签约企业8家，达成千万余元投资意向；为养殖户牵线与大连海宝集团达成合作意向，实现海带、裙带菜等远销新模式；参加第96届成都春季全国糖酒商品交易会并开展食品药品产业招商；与山东鑫环实业集团有限公司签订《离岸型深水智能升降抗风浪网箱研发制造项目投资意向书》、日照顺风阳光海洋牧场与龙口中集来福士海洋工程有限公司签订《自升式多功能海洋牧场平台建设项目意向书》；在12月11日举行日照市“海上粮仓”强强联合战略合作签约仪式，日照市景昌渔业有限公司、日照天泽冷链物流股份有限公司、日照市万泽丰渔业有限公司、山东美佳集团之间签署了战略合作协议；与荣成市好当家集团有限公司就到岚山区从事海水养殖、产品加工等方面初步达成投资意向。招科引技方面，山东联美食品有限公司与青岛崂好人海洋生物技术有限公司签订《北纬35度海藻茶制备项目投资意向书》，签订技术转让合同；山东辰亚生物科技有限公司与日照职业技术学院就南极磷虾油项目开发达成战略合作。招才引智方面，成功招引中国海洋大学高层次创业团队1个，教授级高层次创业人才2人。

水利

【概况】 区水利局设办公室（挂人事科、计划财务科牌子）、水政法规科（挂行政审批科、安全监管科牌子）2个职能科室，机关行政编制6人，配备局长1人，副局长3人，股级职数2人；下设农水站、防汛抗旱指挥部办公室、水土保持委员会办公室、巨峰水库管理所、土山河水库管理所5个事业单位；共有在编人员35人；年内获省级高效节水灌溉示范县、日照市创建国家森林城市及林水会战先进集体等称号。

【林水会战】 计划开工建设的216处各类水利工程已全部完工，计划投资27017万元，实际完成投资47135万元，形象进度174%。列入全市重点的10项工程共完成投资43903万元，其中巨峰河二期工程、龙王河综合治理工程、绣针河综合治理工程共完成投资36200万元，治理河道22.9千米。“清清河流行动”工程重点实施了巨峰河二期治理工程、龙王河治理工程、绣针河二期治理工程，共完成投资3.8亿元，治理总长度22.9千米。农田水利项目县工程完成投资2200万元，发展高效节水灌溉面积1.39万亩。移民后期扶持工程完成投资1323万元，完成了河道治理、道路硬化、新建大口井等33处移民工程，完成移民人口核查清理工作，开展了移民联络员培训班，加强移民服务工作。农村饮水安全巩固提升工程完成投资2000万元，新建、改造集中供水工程3处，解决了巨峰镇、中楼镇48个村庄，4.08万人饮水安全问题。小微型水源工程完成投资440万元，实施小微型水源工程20处。水利脱贫攻坚工作，加大对贫困村饮水工程的提质改造力度，投资120万元新建、改建16处小型水利基础设施工程。加大对贫困移民村的产业扶持力度，投资179万元，实施贫困村光伏发电项目，涉及4个贫困移民村799人。

【农田水利项目】 林水会战以来，岚山区以提高水安全保障能力为目标，重点实施河道综合治理、农田水利项目县、农村饮水安全巩固提升、移民后期扶持、水利风景区、小微型水源工程等“兴水工程”，全区水安全保障能力和水生态环境建设水平明显提高。计划开工建设的216处各类水利工程全部完工，计划投资27017万元，实际完成投资47135万元，形象进度174%，未列入规划项目5处，完成投资451万元，共计47586万元，自查得分10分。截至8月31日，龙王河治理工程、绣针河治理工程、巨峰河治理工程完成投资3.6亿元，开挖疏浚河道22.9千米。投资2200万元的新增农田水利项目县项目完成并通过了市、区验收；农村饮水提质改造工程全面完成，完成投资2000万元，新建集中联片供水工程1处，改造集中联片供水工程2处，解决了48个村4.08万人的饮水安全问题；33处投资1323万元的实施移民后期扶持项目已全面完成；建设小微型水源工程37处；开展浔河峪库区移民综合治理项目，带动社会资本投资，打造水利风景区1处。农田水利项目县项目投资2200万元，发展高效节水灌溉总面积1.39万亩，主要完成巨峰镇、黄墩镇、中楼镇项目区3处高效节水灌溉工程。工程主要为新建泵站12处，新建塘坝1处，新建蓄水池6处，新建大口井2眼，维修1眼。10月24日，项目进行市级验收，建设质量符合规范要求。岚山区荣获省水利厅颁发的“省级高效节水灌溉示范县”称号，这是岚山区在发展高效节水灌溉的道路上的突破性进展。岚山区连续7年实施了高效节水灌溉工程，共发展高效节水灌溉面积21.52万亩。

【防汛抗旱】 修订完善防汛、抗旱、防台风、气象四部预案；开展水工程安全隐患大检查，加强物资队伍储备，坚持专群结合；落实了防汛常备队、抢险队和后备队；组织全区山洪防治任务的村居、水利站业务骨干240人培训，提高防汛、减灾、救灾能力；争取区财政专项资金15万元，对全区的山洪防治监测预警设施进行检修检测，确保数据测量准确、信息传输及时；完成视频会商终端和雨水情信息发布电子平台建设；完成投资80万元，建设巨峰水库防汛抗旱物资仓库等生产用房。重视山洪灾害防御工作，投资80万元，在区委党校十楼新安装视频会议终端，投资17万元建设全区雨水情电子信息发布平台，投资40万元对全区2011年度安装的自动雨量站、水位站进行升级改造。做到对各种数据测的出、测得准、传的及时，能为领导防汛、防山洪决策提供科学依据。

【水土保持】 岚山区属于省级水土流失重点治理区，在省级水土保持规划中处于鲁中南低山丘陵土壤保持区，在日照市水土保持规划中处于西部—中部低山丘陵蓄水保水治理片区。为加快日照市水土流失综合治理进程，扶持地区脱贫，响应省水利厅相关文件要求，选定岚山区巨峰镇绣球崮小流域作为省级小流域水土流失综合治理项目区。4月编制实施方案，5月3日，日照市水利局行文批复，批复投资122.49万元。其中省补助资金100万元，项目区受益单位配套22.49万元。综合治理水土流失面积245.31公顷，其中整修梯田工程68.48公顷，新建谷坊6道，整修生产路1.1千米，栽植经果林8.80公顷，封育治理168.03公顷。项目实施后，每年增加水资源入渗5.68万立方米，减少土壤侵蚀量0.35万吨，人均粮食产量将增加75公斤，农民人均纯收入增加333元，年产生直接经济效益61.44万元；进一步改善了农业生产条件，增加了经济作物面积；大大减少下游河道清淤的工作量。

【小型水库除险加固】 全区共有9座水库列入灾后薄弱环节小型病险水库除险加固任务，分2批实施，第1批为黄墩镇草涧南、草涧西、葛疃水库，中楼镇于家沟、崔家峪、房家岭水库；第2批为黄墩镇草涧东、草涧北水库，中楼镇对子沟北水库。9座小型水库除险加固初步设计报告批复总投资687.41万元，区政府成立了小型水库除险加固工程建设指挥部，加强了对工程建设工作的领导和协调。根据省水利厅提倡“一县一法人”的要求，专门组建“日照市岚山区水利工程建设处”作为全区水利工程建设的项目法人，对建设的工程质量、工程进度、资金管理和安全生产负总责。严格建设标准，全面实行项目法人负责、监理单位控制、施工单位保证和质监部门监督的质量保证体系。

【河长制】 按照河长全覆盖的要求，岚山区细化梳理全区每一条河道，并按照河流长度与流域面积进行划分，将全区河道分为4条市级河道6条区级河道51条镇级河道，于4月底前全面建立起区、镇、村三级河长体系，共落实区级河长11人，镇级河长69人，村级河长359人。分段河长人单在区政府网站进行公示，并在区、镇两级设立了总河长、副总河长进行统筹协调，区级总河长由区委书记和区长担任。全面建立“河长制”管理制度，在按照上级相关规范的基础上，制作河长制公示牌，设立监督电话，接受群众监督。全区共设立区级河长公示牌13块，镇级河长公示牌341块。按照“全面排查、系统整治、巩固提高”三步走的要求，区河长办安排部署河道问题排查、综合整治方案编制、岸线利用管理规划编制工作。截至10月底，6条区级河道已全部完成问题排查、综合整治方案编制与河流岸线规划等方案编制工作。根据市河长办要求，8月24日，区河长办印发《日照市岚山区“清河行动”实施方案》。8月底，8个乡镇、街道均出台了“清河行动”实施方案，并着手开展了河道管理保护范围内违法事项清理整顿。全区河道违法建筑及违法活动共计229处，完成清理219处，形象进度95.6%。剩余10项未完成事项，区政府已出具承诺书，确保5月31日前整治完成。12月10日起，实行“清河行动”日通报制度。在全面推行河长制工作基础上，区河长办大胆创新，综合考量河道、水库的管理制度，将河长制的实施范围延伸到岚山区重要的水源地——巨峰水库，使已有的水库管理机制和河长制实现了无缝对接。河道“河长制”管理成效显著，在全区8个乡镇、街道开展了河道管理保护范围内违法事项清理整顿，清除河道违法建筑及违法活动共计219处。

【放管服改革】 推进行政审批制度改革效能和承接权力下放工作。根据省水利厅和市区人民政府下放管理权限的通知要求，对局取水许可等4项行政许可合并为2项。修改行政审批目录清单、编制行政许可服务指南和业务手册；下放乡镇行政许可权限。进一步推进水利简政放权，将在江河、湖泊新建或者扩大排污口审查和占用灌溉、灌排工程设施审批2项行政许可，以委托的方式下放给8个乡镇（街道）。实行行政许可事项办理效能周通报制度。编制局公共服务事项目录和部门、单位证明、盖章类材料目录，共编制公共服务事项16项、部门、单位证明、盖章类材料目录16项；做好投资项目容缺受理+模块化并联审批工作。共编制了10项行政审批事项容缺材料清单。使行政许可事项容缺材料容缺率达到了60%以上，使审批时限在原有承诺期限上大大缩短。全年共办理审批业务23个，其中取水许可14个，水土保持方案9个；编制公布了“零跑腿”事项2项、“只跑一次”事项2项清单，方便了群众办事；组织开展“双随机一公开”检查。制定和完善“双随机一公开”市场主体人录表、部门随机抽查事项清单表、执法检查人员人录表、检查表，并适时对企业进行随机抽查。

【重点河道治理】 投资2.5亿元，实施龙王河、巨峰河二期、绣针河综合治理工程。龙王河综合治理工程通过PPP模式与市水务集团合作，治理范围自车箱水库溢洪道至沿海公路桥共15千米，预计投资3.2亿元，分2期实施，主要建设内容包括河道开挖疏浚，新建、整修两岸堤防，新建生态护坡，新建拦河坝，堤顶道路硬化，沿河景观绿化林带及休闲广场建设等。已累计投资2.5亿元，完成河道治理8千米，新建拦河坝22座，修筑堤顶道路8千米，绿化沿河景观700余亩，沿河建成竹文化公园、人工湖公园、湿地公园、龙河公园等5个景观公园。龙王河湿地公园位于玉泉二路以西、龙王河以北，规划占地面积8.2万平方米，概算总投资3000万元，按照海绵城市的设计理念设计，建设景观绿道1000米，建设了篮球场、小型足球场、门球场及健身广场等运动娱乐设施。工程建设做到四个结合：与防洪减灾相结合，河道治理后防洪标准达到20年一遇，提高河道行洪能力；与城市景观相结合，通过河道治理改善环境和交通，为青日连铁路站前广场、沿河社区及镇驻地西迁的建设打基础；与生态旅游相结合，沿河景观路直通幽尔崮岚山植物园，为岚山生态旅游提供有利条件；与工农业生产相结合，拦河坝及护岸的建设，增加地表水蓄水量20万立方米，补充了地下水，为周边的农业和日钢生产提供了水源储备。

巨峰河综合治理工程巨峰河二期综合治理工程计划投资5300万元已完工，完成了河道疏挖、整治6.17千米，险工护砌1.3千米，新建拦砂坎3座，新建管理道路8.7千米，新建亲水台阶10处等。绣针河综合治理工程计划投资2.18亿元已累计完成投资1.6亿元，完成河道治理5千米，堤防截渗2千米，堤防筑堤5千米，新建4座输水建筑物，堤顶道路硬化4千米，完成车庄橡胶坝工程主体建设，完成景观公园绿化100亩，形象进度70%。

【水资源管理】 水资源用水总量指标控制在市下达控制指标以内，万元GDP用水量比2015年下降7%，万元工业增加值用水量比2015年下降7%；加强水资源论证、计划用水和节约用水管理，3月，区水利局、区发改局、区住建局和区审计局联合制定下达了区域内非居民用水计划，并严格执行规模以上取水户“年计划、月调度、季考核”三项管理制度。共下达用水计划49家，下达水量448.39万立方米，计划用水实施率100%。组织开展了水资源论证报告和取水许可调查工作，9月已初步完成自查。查处未办理取水许可（公共管网除外）或水资源论证报告的园区和单位分别为5家和73家，并下发督办通知。严格按照岚山区入河排污口整治实施方案，对入河排污口进行拉网式排查，逐一建立台账，对查出的15处非法入河排污口，年底前已全部依法整治。定期开展了入河排污口日常监督巡查，积极开展水利、环保联动执法检查，对发现新问题，及时依法处理，完善入河排污监管制度体系建设；定期开展了水功能区巡查，严格按要求对国、省、市级水功能区设置标志牌，共设置11处；完成了岚山区饮用水水源地保护区划工作，制定了岚山区饮用水水源地突发环境事件应急预案，岚山区供水保障突发事件应急预案等一系列应急处置机制，开展重要饮用水水源地安全达标建设，在各饮用水水源地设立隔离防护设施、警示标志，并在取水口等重要部位安装监控设备，对重要饮用水水源地进行水质监测，水质均达目标值；实施水生态环境重点治理工程，加大对重点污水排放企业、饮用水源地流域（区域）环境监管。被评为区环保攻坚先进单位。实施地下水超采区综合整治，保障地下水采补平衡。制定《岚山区城区地下水专项整治行动工作实施方案》，并联合相关成员单位组织实施。共排查出各企业单位和个人共158处自备井，自行封闭158处，逐步关停城市公共供水管网覆盖范围内的自备水井，压缩地下水开采量，实现地下水采补平衡。加强水质水量监控能力，提高水资源在线监控能力。水资源在线监控点新增7处。推进水资源税改革试点工作，科学核定取用水户水量。按照省政府水资源税改革试点实施办法要求，积极稳妥配合做好取用水户水量核定等水资源税征收基础工作。根据水资源费改税“零点行动”工作要求，加快推进零点水量系统录入工作，共录入取用水户19家，按照前期核定的取用水户信息和纳税人提报的水量申请，合理核定、审批取水用量，并于1月20日前将取用水户零点数据全部录入水资源税信息管理系统。围绕重点水源、水系连通和水生态保护与修复工程，科学谋划水网建设，其中水源工程包括巨峰水库增容工程、新建罗川沟水库工程、新建粮山口水库工程和新建车庄橡胶坝工程；水系连通工程包括陡山水库、粮山口水库和巨峰水库水系连通工程和连云港向日照调水工程；水生态保护与修复工程包括河道综合治理工程和水库水源地保护工程。

【农村饮水安全巩固提升工程】 推进农村饮水安全工作，紧紧围绕以人为本、保障民生的目标，继续加大农村饮水工程特别是贫困村饮水工程的提质改造力度，采取新建、改造等措施，对已通自来水但运转不正常的村实施自来水提质改造工程，全面提升农村自来水供水水平。投资2000万元，实施岚山区2016年度农村饮水安全巩固提升工程，新建集中供水工程1处，改造集中供水工程2处，涉及巨峰镇、中楼镇，解决48个村庄，4.08万人饮水不安全问题。整个工程于6月底完工，10月通过了市级验收。全区集中联片供水工程达到7处，覆盖311个村，集中供水覆盖率达74%，村村通自来水普及率100%。扎实开展水利行业扶贫工作，根据《岚西北区域性扶贫开发规划方案》的要求，结合岚山区水利局扶贫实施方案，大力加强农村基础设施、农村饮水安全、移民后期扶持建设，初步取得了改善水短缺、水环境和水生态保护与扶贫攻坚、脱贫致富双赢的良好局面。实施岚西北区域贫困村及贫困户饮水安全工程，整合区扶贫办专项资金共完成投资600万元，涉及巨峰镇、黄墩镇和中楼镇3个乡镇，解决15个村庄1.25万人的饮水不安全问题。到年底，全区40个贫困村全面完成村内管网提质改造，实现自来水“村村通”，符合条件建档立卡的贫困户实现安全饮水全覆盖。

【移民工作】 1月8日，省水利勘测设计院田启中一行3人在市移民局局长王宁陪同下对岚山区大中型水库移民后期扶持政策实施情况进行巡察。1月9日，山东省民生改革与发展研究中心主任赵西军一行3人在市移民局局长王宁的陪同下进行岚山区贫困移民脱贫攻坚绩效评价工作。8月5日，市水利移民管理局组织专家对移民项目实施方案进行评审，市移民局副局长王春雷及专家一行9人查看项目现场并召开评审会。8月31日，市水利移民管理局组织专家对中楼镇美丽移民村及蒋家峪道路硬化项目进行现场查看并对实施方案进行评审。11月27日，省水利移民管理局委托中喜会计事务所张聪聪一行4人对岚山区2015年度水库移民项目进行审计。11月19日，省水利勘测设计院一行3人在市移民局局长王宁的陪同下，对岚山区2016年度水库移民项目进行督查，具体查看2016年度及移民项目现场及小额贷款贴息资料，并抽查移民直补资金发放情况。

水库移民项目共22个，分布在虎山镇、高兴镇、黄墩镇、巨峰镇、高兴镇5个乡镇，涉及20个村的14556人，其中移民人口4133人，批复总投资1017万元。项目建设内容主要包括道路硬化、河道治理、塘坝加固、自来水改造、节水灌溉、美丽移民村建设、贫困移民扶持项目建设等。所有项目均在建设中，已完成投资600万元。项目建成后将新增道路硬化面积12157平方米，治理河道310米，加固塘坝3座，解决中楼镇王家峪村260户610口人的饮水问题，保障项目区812亩农作物灌溉用水。

中楼镇马家峪村通过美丽移民村项目建设，进一步完善、改造、升级、新建部分基础设施的道路建设，吸纳和吸引部分城镇投资者再次投资创业，对旅游业的发展提供了有力支撑，并可能大量吸收周边村庄的剩余劳动力的就业。贫困移民扶持项目为茶叶加工厂房建设，位于巨峰镇薄家口村，项目的实施，解决了附近茶农无标准化茶厂可制茶的严重问题，对带动茶叶生产走出传统加工模式，带领茶农增收起到了引导作用，同时，可以增加近百人的就业机会。

工 业

GONGYE

唐山年鑒

工业

概　述

【概况】　岚山区经济和信息化局（以下简称经信局）为岚山区政府工作部门，下设综合办公室、经济运行科、企业管理与技术改造科、信息化管理科、安全监管科、区资源节约综合利用室6个科室，在编人数16人。年内获山东省油区和管道保护工作先进集体荣誉。

工业经济运行　加强全区工业经济运行调度分析，对工业总产值、增加值、主营业务收入、工业利税等主要经济指标实行动态跟踪监测，建立企业风险预警管控机制，认真落实“工业强市”计划和“12+1”实施方案，积极培育新的增长点，有效推动了稳增长、促转型工作。全区规模以上工业总产值预计达到1006亿元，首次突破1000亿元大关、同比增长52.4%，实现规模以上工业企业增加值200.15亿元，增长26.5%，超过年初制定的20%的增长目标，增量、增速全市排名第一。完成主营业务收入1050.62亿元，增长48.3%；利润总额95.97亿元，增长458.3%；利税合计118.36亿元，增长240.5%。完成工业转型和重点技改项目投资211.2亿元，占全年任务的121.16%，18项市百项重点工业项目完成投资63.98亿元，占年度计划106.6%。日照钢铁精品基地、万泽丰渔业公司等11个项目列入全省新旧动能转换重大项目库，日钢ESP3#-5#无头带钢生产线、岚桥石化重质油及油品质量升级等33个项目列入市新旧动能转换重大项目库。日照钢铁集团年产值突破770亿元，增长70.2%，位居全国钢铁企业竞争力第一梯队。

钢铁及其配套产业　钢铁及其配套产业是对岚山区其他行业拉动影响较大的支柱产业。实现产值829.9亿元，同比增长58.1%；实现销售收入680亿元，同比增长73.3%；实现净利润74亿元，同比增长477.2%；上缴税金72.6亿元（其中海关税30.6亿元），同比增长101.7%；出口钢材463.6万吨，同比增长2.9%；出口额25.5亿美元，同比增长39%。

日照钢铁集团累计产铁1431万吨，同比增长5.6%；产钢1498万吨，同比增长8.1%；产材1456万吨，同比增长9%。ESP产品通过了TS16949汽车行业质量体系认证，市场占有率100%（国内独有），国外占有率75%。

至年底，山东钢铁集团日照有限公司已建成1号5100平方米高炉、炼铁公辅、1号500平方米烧结机、球团工程、原料场工程大部分、1号和2号焦炉、1号和2号210吨转炉及其精炼和连铸机、2050毫米热连轧工程、2030毫米冷轧工程等。前述主要设备、生产线建成并具备热试车条件，一步设计产钢425万吨。

化工产业　石化产业是我区第二优势产业，实现产值107.5亿元。石化产业发展环境进一步优化，产业链条向绿色精细化工延伸。岚山化学工业区认定工作逐步开展，为化工产业集约集聚、高端高效、安全绿色发展打造了承接载体，拓展了发展空间。

日照岚桥港口石化有限公司下半年获得90万吨的原油使用权，并于9月开始采购。公司各套装置保持平稳运行，累计加工各类原料油226.11万吨；产出主要产品柴油57.03万吨，加氢石脑油11.29万吨，轻质燃料油21.13万吨，石油焦21.99万吨。实现主营业务收入135亿元，同比增长43.6%。

山东金石沥青股份有限公司完成沥青系列产品产销115180吨；石脑油产销22385吨，2#燃料油产销61031吨，3#燃料油产销38953吨。

中海外能源科技（山东）有限公司公司资产总额61.78亿元，较年初增长28.37%；其中固定资产17.4亿元，较年初基本持平；流动资产41.78亿元，较年初增长49.92%。

高端装备制造业　高端装备制造产业园是日照市钢铁配套园区的组成部分，市钢铁配套产业园发展规划委托冶金工业规划院编制，6月完成规划草案，确定了岚山高端设备制造产业园区规划范围，明确了产业招商产业目录及政策指导意见。

按照全区“6+13”工作运行机制要求，认真筹建高端设备制造产业园推进机构，理清职责定位和年度目标。委托冶金工业规划院编制了《日照市钢铁配套产业园发展规划》，结合高端设备制造产业园水、电、路、通信、燃气、热力等需求状况，出台了产业园基础设施配套建设工程三年（2017—2019年）方案，配电、给排水、燃气热力等给予充分规划论证，基本满足项目建设“入园进区”落户需求条件。研究制定钢铁配套产业园区招商引资优惠政策和产业招商扶持政策，在土地征用、产业扶持、税收减免、公用设施配套等方面有了较大突破。积极寻找招商线索，开展点对点招商，共参与对外招商30人次，接待外来客商55人，签约项目1个，达成投资意向项目3个。

【民营经济】　企业主体培育　制定出台了区级领导包联企业制度，区级领导和区直责任单位对全区82家重点企业开展定点帮扶，建立外聘专家“把脉会诊”机制，选聘11名优秀企业家担任政府经济顾问，积极构建“亲清”新型政企关系，举办“政金企”合作洽谈会8次，与6家金融机构签订战略合作协议，授信资金135亿元；6家企业与金融机构签订贷款合同22.2亿元。实施企业家队伍建设“125”工程，组织90余名企业家参加境内外高层次培训，组织开展企业家培训12期、“聚力发展大讲堂”3期130人次，22次组织重点企业参加省企业家协会、省级技术中心培训等省级培训班，年内培训各类营管理人才1000人次以上，成功举办全省中小企业“发展新经济、培育新动能”岚山专班。深入实施中小微企业培育工程，新增中小微企业1232家，规模以上工业企业23家，净增14家，超额完成年度净增10家任务目标。创建“一企一技术”研发中心7家、中小企业“隐形冠军”4家、创新转型优胜企业3家、新旧动能转换优秀企业2家、“一企一技术”创新企业1家、中小微企业双创示范基地2家；高兴镇、巨峰镇列山东特色产业镇动能转换20强，日照钢铁控股集团获“中国民营企业500强”第123位。全区企业研发投入5.5亿元，增长44%，授权发明专利31件，新增高新技术企业5家，新注册商标188件，培育省著名商标14件，争创山东名牌产品2个。加快推进企业改制上市，完成规范化改制企业23家，新增区域性股权交易市场挂牌企业6家，超额完成市下达6家的年度改制任务目标。

省级“专精特新”企业培育　“专精特新”，即专业化、精品化、特色化、创新型发展，代表了岚山区经济发展进入质量时代，中小微企业告别粗放型发展、迈向“隐形冠军”发展的必经之路。区经信局新培育省级“专精特新”企业3家，分别是日照浏园生态农业有限公司、山东成基饲料股份有限公司、日照盛华茶业机械股份有限公司。概言之，在经济进入增长趋缓、产能相对过剩的形势下，中小企业凭借“船小好调头”的优势，加快转型升级，尝试“专精特新”发展路子，对经济增长的支撑作用逐渐显现。

【企业科技创新】　积极引导企业加大研发投入，落实企业研发费用加计扣除712.16万元，申报省级技术创新项目15个，市级技术创新项目8个；成功申报山东省首台（套）技术装备及关键核心零部件项目2个。推动产学研深入合作，组织“产学研”西安行活动，鲁圣集团、山东圣安泰装备制造有限公司、黄海明珠智慧能源有限公司3家企业与西北工业大学科技、西安交通大学、西安电子科技大学等高校建立对接机制，组织日照钢铁40余项产品赴第二十六届山东省产学研展洽会参展。

省、市级企业技术中心培育，以省级企业技术中心等重点企业技术创新平台为依托，以制造业创新中心为引领，为实现“产业链协同，产学研结合”、打造企业创新新模式、不断促进更多的中小企业掌握核心技术，提高核心竞争力，新培育省级企业技术中心2家（山东华源索具有限公司技术中心、日照广信华工科技有限公司技术中心），市级企业技术中心3家（日照市万泽丰渔业有限公司技术中心、日照盛华茶叶机械股份有限公司技术中心、日照市伟业工具有限公司技术中心）。

【信息化建设】　深入实施两化融合，完成两化融合评估企业15家，筛选上报国家级贯标试点企业5家，组织实施市级两化融合重点项目8个，完成投资28.8亿元，黄海粮油工业有限公司成功入围省级两化融合管理体系贯标试点企业。加快“机器换人”进程，新三明化工投资500万元新上2台ABB工业机器人，可替代操作工人80人以上，日钢公司购置工业机器人100余台，基本实现生产加工传输的自动化智能化。

【产业转型升级】 出台扶持企业转型升级创新发展17条举措，设立了4000万元的企业发展专项资金，出台扶持企业发展17条，对企业主体培育、技术改造、节能降耗、品牌建设等方面给予帮扶，助推企业转型升级。年内组织实施技改项目42项，较2015年增加19项。日照钢铁精品基地年内投资121.9亿元，一期一步工程试车投产，一期二步全面开工。泰东环保、盈达气体等配套项目加速推进，千年舟定向结构板材、聚兴聚合材料、华澳食品等项目建成投产，日照钢铁ESP3#无头带钢生产线、岚桥石化重质油及油品质量升级、盈达气体制氧项目分别完成投资15.5亿元、10.6亿元和5.2亿元，有效拉动了技改投资需求。日钢集团荣获中国tnPM设备管理创新一等奖，“磐磊”牌水泥中标打入鲁南高铁重点工程包件成为主要供货单位，山东华源索具有限公司船海工程特种高性能索具产品研发及智能自动化生产线升级列入全省第四批重点技改计划，岚山区电商运营中心获得“山东优秀网商”荣誉称号。6月，岚桥集团获批每年180万吨的进口原油配额使用权。

【节能降耗】 强化目标导向，以目标考核促节能降耗，对节能减排目标进行分解落实，纳入镇办、部门经济社会发展综合评价体系，严格考核目标，完善监察、监测和督查机制，确保节能降耗工作高效、有序进行。加大工业节能服务指导力度，组织开展了工业节能宣传月、工业节水进企业、工业节能专题培训等系列活动，认真开展重污染天气企业限产和错峰生产，积极实施燃煤锅炉综合提升工程，组织黄海粮油进行锅炉超低排放改造，岚桥石化新上锅炉湿式静电除尘器2套，对日照东方红食品有限公司、日照天然食品有限公司、山东海益达食品有限公司3家企业进行“煤改气”改造，组织实施日钢高炉冲渣水余热综合利用、岚桥石化废气回收再利用等10个重点项目，完成投资4.49亿元，日照钢铁控股集团有限公司获得“山东省节能突出贡献企业”称号，奖励100万元。加快太阳能集热系统推广应用，组织巨峰镇大坡小学和虎山镇官山小学等实施太阳能集热项目，争取上级专项补贴56.25万元。深入开展散煤清洁化治理，出台《散煤清洁化治理和煤炭清洁高效利用工作方案》，关停城市建成区、城乡接合部散煤销售点4家，取缔农村散煤经销点72家。通过政府购买服务、公开招标方式引进山东德泰电力能源有限公司构建清洁煤经营、配送体系，建成大型煤炭物流配送中心1处，镇办设立配送点8个。经营流通长效机制初步建立，全年清洁煤替代及推广应用4万吨左右，有效支持了大气污染防治计划的实施。

【安全生产】 按照“党政同责、一岗双责”和“管行业必须管安全”的要求，严格履行行业监管，督促企业落实安全主体责任和“双体系”建设，对直管的205家企业全部实行“网格化、实名制”管理，在危化品、长输管线、铁路道口、民爆器材、电力运营等重点领域持续开展安全生产“大快严”集中行动，全年组织检查155次，查出安全隐患238处，按期整改率达到95.3%。牵头编制石油天然气管道、电网大面积停电、春运、通信保障等4项应急预案，进一步提高突发事件应急处置能力。牵头组织全区化工企业安全生产转型升级专项行动，制定印发《岚山区化工产业安全生产转型升级专项行动实施方案》，督促引导企业转产、兼并重组，金石沥青与中天能源股份有限公司、石大科技与中海外控股集团签署重组协议，12月份顺利实现恢复生产；严格落实省、市八项断然措施，关停“差”评化工企业15家，对全区353家化工生产、存储、经营及管道运输企业开展拉网式检查和安全隐患治理，启动了化工园区重新认定和“四评级一评价”工作。

【“三招三引”工作】 按照“突破园区、聚力招引”总体部署，年内招引总投资5000万元以上项目2个，与北京交通大学物流学院签约合作筹建国家应急物流基地，成立日照市兴德物联信息技术有限公司，注册资本5000万元。积极引进中天能源集团与金石沥青实现强强联合，中海外能源对石大科技完成兼并重组，对接长联石油、湖北能源、三峡集团等上市企业洽谈能源合作，创建省级技术中心2家、市级技术中心3家，引进全日制硕士人才3名。对上争引项目8个，累计对上争引各类扶持资金1423.26万元。

【外资企业】 全区新增外国投资企业1家；全区合同利用外国投资13400万美元，实际到账4000万美元。

【港澳台投资企业】 全区新增港澳台投资企业1家；合同利用港澳台投资3121万美元，实际到账2083.2万美元。

钢 铁

钢铁及其配套行业是对全区其他行业拉动影响较大的支柱产业，实现产值829.9亿元，同比增长58.1%；实现销售收入680亿元，同比增长73.3%；实现净利润74亿元，同比增长477.2%；上缴税金72.6亿元（其中海关税30.6亿元），同比增长101.7%；出口钢材463.6万吨，同比增长2.9%；出口额25.5亿美元，同比增长39%。

日照钢铁控股集团有限公司作为区钢铁龙头企业，是一家集集烧结、炼铁、炼钢、轧材、酸镀、发电为一体的大型民营钢铁企业。先后获得“中国企业500强”“全国两化融合典范企业”“全国科技创新质量管理先进单位”“全国质量和服务诚信优秀企业”“中国儿童慈善奖”“中华慈善奖”“公益明星企业”“中华十大慈善企业”等多项荣誉称号。

日照钢铁集团累计产铁1431万吨，同比增长5.6%；产钢1498万吨，同比增长8.1%；产材1456万吨，同比增长9%。集团ESP产品通过了TS16949汽车行业质量体系认证；船板钢通过了九国船级社认证；型钢产品、常规热轧板卷通过了欧盟、韩国、澳大利亚、东南亚等多国认证及API Q1体系认证；型钢、棒材产品获得“实物质量达国际先进水平金杯奖”。集团产品畅销全国并出口世界70多个国家和地区，普板、花纹、低合金产品在华北、华东、华南等主流地区市场占有率为18%；耐候钢市场占有率达到25%；汽车用钢主要覆盖山东地区，占有率为25%；小型钢占有率为10%，大型钢占有率为26%。ESP产品市场占有率100%（国内独有），国外占有率75%。

集团独家引进的ESP技术能够批量轧制0.8毫米超薄热轧钢卷，在7分钟内实现从钢水到卷取机上热轧卷的全连续生产，被誉为继氧气转炉炼钢、连续铸钢之后的钢铁工业第三次技术革命，代表了当今世界热轧带钢技术的最高水平。与传统工艺相比，该技术节能50%~70%，节水70%~80%，省地2/3，生产效率提高50%，从钢水到热轧卷成材率高达97%~98%，经过消化吸收和再创新，ESP生产水平和产品质量已经处于世界领先水平。凭借技术先进性，日钢集团ESP生产线连续两年被写入“中国钢铁行业十大事件”；ESP生产线被列为山东省首批智能制造试点示范项目，ESP薄规格产品被列入山东省第一批重点新产品（技术）推广目录，入选国家工信部、国家开发银行发布的工业强基工程重点产品、工艺“一条龙”应用计划示范企业和示范项目。ESP4#线于3月1日开工建设，总投资约30亿元，总占地面积约40000平方米，设计年产能100万吨。项目计划于2018年3月建成投产。

山东钢铁集团日照有限公司成立于2009年2月19日，注册资本30.20517998亿元。企业主要原材料是铁矿石、铁矿粉、煤炭、废钢、合金等，主要产品是生铁、钢坯、钢材、焦炭及炼焦化产品等。公司产品定位于生产中高端薄板和中厚板产品，主要在强度和品质上实现突破，产品高质高端。其中高强钢强度可达到980兆帕。至年底，已建成1号5100平方米高炉、炼铁公辅、1号500平方米烧结机、球团工程、原料场工程大部分、1号和2号焦炉、1号和2号210吨转炉及其精炼和连铸机、2050毫米热连轧工程、2030毫米冷轧工程等。前述主要设备、生产线建成并具备热试条件，一步设计产钢425万吨。

石化产业

石化产业是全区第二优势产业，实现产值107.5亿元。石化产业发展环境进一步优化，产业了链条向绿色精细化工延伸。岚山化学工业区认定工作逐步开展，为化工产业集约集聚、高端高效、安全绿色发展打造了承接载体，拓展了发展空间。

日照岚桥港口石化有限公司是以石油化工为主业，集石油炼制、产品批零、仓储中转、国际贸易为一体的大型企业。公司现有原油综合加工能力350万吨/年。企业现运营350万吨/年常减压，100万吨/年延迟焦化、80万吨/年加氢精制、1.5万标立方米每小时制氢、1.5万吨/年硫磺回收等5套生产装置，配套100万立方米油品罐区等附属设施、公用工程。岚桥石化公司于下半年获得90万吨的原油使用权，并于9月开始采购。公司各套装置保持平稳运行，累计加工各类原料油226.11万吨；产出主要产品柴油57.03万吨，加氢石脑油11.29万吨，轻质燃料油21.13万吨，石油焦21.99万吨。实现主营业务收入135亿元，同比增长43.6%。

山东金石沥青股份有限公司主要加工的原材料为燃料油和重质油，主要产品包括沥青系列产品，及副产品石脑油、2#燃料油、3#燃料油。完成沥青系列产品产销115180吨；石脑油产销22385吨，2#燃料油产销61031吨，3#燃料油产销38953吨。产品均在国内市场销售。沥青升级改扩项目已于4月完成建设项目备案批复手续；根据项目方案，其中500万吨/年基质沥青装置、100万立方米原油保税储罐、200万吨/年溶剂脱装置及其配套工程建设周期为一年六个月，180万吨/年蜡油加裂、100万吨/年连续重整、160万吨/年柴油精制装置及其配套工程建设周期为一年八个月，项目建成后，一次加工能力500万吨/年、综合加工能力为1140万吨/年，年产值可达350亿元以上，年利税可达80亿元以上。

中海外能源科技（山东）有限公司主要生产原料为原油、甲醇等，公司主要生产汽油、柴油、液化气、石油焦、道路沥青、石脑油、燃料油、硫磺、MTBE、苯、甲苯、丙烯、丙烷等。公司资产总额61.78亿元，较年初增长28.37%；其中固定资产17.4亿元，较年初基本持平；流动资产41.78亿元，较年初增长49.92%。

国有企业

日照市岚山融资担保有限公司

【概况】 日照市岚山融资担保有限公司是岚山区政府直属大型国有政府性融资担保机构，2014年9月经山东省金融工作办公室批准设立，注册资本为3亿元，系山东省融资担保企业协会会员单位和山东省再担保体系成员单位。公司现有领导班子2人，员工7人，依法设有股东会、董事会、监事会和高级管理层，内设担保项目评审委员会、投资决策委员会和综合管理部、业务发展一部、业务发展二部、风险控制部、合规管理部、资本财务部等部门。主要经营借款担保、发行债券担保等融资担保业务和投标担保、工程履约担保、诉讼保全担保等非融资性担保业务，以及与担保业务有关的咨询等服务业务。公司与区内外多家银行业金融机构、非银行业金融机构、岚山区人民法院、岚山区政府采购管理机构等部门单位建立了业务合作关系，与山东省再担保集团、齐鲁股权交易中心和浙江省、安徽省、重庆市等地国有融资性担保机构建立了联络交流机制，被山东省财政厅评为金融企业绩效评价良好单位。

2016年，公司资产总额30677.07万元，负债总额227.11万元，所有者权益30449.96万元。实现营业收入535.97万元，同比增长88.31%；实现利润总额394.61万元，增长125.74%；净利润291.9万元，增长125.04%；实现所得税102.7万元，增幅为127.72%。

【增资扩股目标基本实现】 年内新增注册资本金2亿元，国有资本回购2家民营股权，实现了注册资本金3亿元目标，成为全市实力最强的区县级融资担保公司。健全完善公司法人治理结构，依照《中华人民共和国公司法》《中华人民共和国担保法》和《融资担保公司监督管理条例》调整股东会、董事会、监事会和经营管理层。“融资担保机构经营许可证”得到省地方金融监督管理局审批，公司迈入大型政府性融资担保机构行列。

【担保业务结构逐步优化】 全年完成担保业务163笔，担保总额10791万元，在保业务159笔，在保责任余额8681万元。积极为小微企业、“三农”和创业创新提供融资担保服务，重点支持临港工业和五金、绿茶、橡塑、水产品养殖业等特色农业发展。支持“破圈解链”，帮助基本面良好的企业平稳续贷，维护区域经济和金融稳定。健全财产保全担保、投标担保、履约担保等非融资性担保业务体系，是全市担保业务体系最健全的融资担保公司。

【业务品种和模式持续创新】 创新业务品种，推出住房公积金贷款担保、创业贷款担保、消费贷款担保、政府应收款质押担保等担保业务。创新运用优质股权质押、应收账款质押、商标权质押、专利权质押、农业项目补贴收益、土地指标收益、土地手续办理前的阶段担保等方式，帮助缓解小微企业融资困境。业务创新做法和成效被多家新闻媒体报道，为公司快速健康持续发展奠定了坚实基础。

【内部控制制度逐步完善】 担保业务风险控制体系日趋健全，实行项目受理、评审和决策过程管理，形成了责任分解、互为因果、系统控制、集中决策的制衡机制。修订落实《担保业务管理暂行办法》《担保业务操作细则》《担保业务尽职调查工作暂行办法》《担保业务风险管理工作暂行办法》等基本制度，连续两年担保业务实现零代偿。

【国企党建工作切实加强】 深入贯彻全国、省、市国有企业党建工作会议精神，把党建工作写进公司章程，明确党组研究讨论是董事会、经理层决策重大问题的前置程序。认真贯彻落实“三会一课”、党务公开等基本制度，推进“两学一做”学习教育常态化制度化。全面落实党组从严治党主体责任，强化作风建设和职业操守，实现“服务企业零距离、作风优良零投诉”。

日照市新岚山建设发展有限公司

【概况】 日照市新岚山建设发展有限公司是经岚山区人民政府批准成立的首家区政府直属的国有有限责任公司，成立于2015年11月，注册资本金7.8亿元。12月29日，以新岚山建设发展有限公司为基础组建成立新岚山财金投资集团，是岚山区第一家国有集团企业，注册资本金10亿元，资产规模160余亿元。设党群工作部（董事会办公室）、纪检审计部、综合管理部、计划发展部、财务部、投融资部、工程部、招标采购部、成本控制部等9个内设机构。由日照市新岚山置业有限公司、岚山区城市建设投资有限公司、岚山区兴岚发展有限公司、日照市新岚山人力资源有限公司、日照市新岚山现代农业有限公司、日照市新岚山能源公司、日照市新岚山建设发展有限公司组成。截至年底，新岚山财金投资集团共有员工41人，其中班子成员4人，职业经理人1人，普通员工32人，劳务派遣员工4人。

公司主要职责为代行区政府投资主体和区财政出资人职责，管理授权范围内的股权投资，实现国有资产保值增值；积极运用银行融资、债券发行、资产证券化、ppp等多种融资措施开展投融资业务，支持全区重点项目建设；根据区国资局授权，承担棚户区改造等政策性专项贷款工作；发挥区级股权投资引导基金，响应供给侧结构性改革；拓展国家政策鼓励的经营性金融类、类金融和互联网金融等新业态业务；完成区委、区政府交办的各项工作任务等。

【工作成果】

1.成立新岚山财金集团。

根据区政府工作安排，区国资局牵头组建日照市新岚山财金投资集团，注册资本金10亿元，于12月29日挂牌成立。

2.企业融资

在区委区政府及上级主管部门的正确领导下，在相关单位的帮助支持下，新岚山建设发展有限公司积极开展投融资工作，大力争引上级政策性贷款、无偿资金，充分利用财政、金融政策，全力推进项目融资工作，为相关工程提供有力的资金保障。新岚山公司成功融资33.12亿元，新岚山公司至年底已累计融资67.6亿元。

3.重大工程建设

（1）官山社区项目

工程建设情况。官山社区项目共建设255栋建筑，其中一期项目已进入收尾阶段；二期项目完成106栋主体封顶。

（2）锦绣花园三期

工程建设情况。项目规划建设27栋高层、2处地下车库及社区办公服务中心、医疗服务中心、会议服务中心。已开工建设24栋，并于年底完成主体竣工。

（3）岚山区碑廓消防中队综合楼已于10月12日交付使用。

（4）安东卫片区棚户区改造项目

安东卫片区棚户区改造项目分绣针河社区（二期）与凤凰山社区（二期）两个项目；绣针河社区（二期）项目规划总建筑面积53.8万平方米，计划总投资17.2亿元，建设工期36个月；凤凰山社区（二期）项目规划总建筑面积47.5万平方米，计划总投资15.5亿元，建设工期36个月；以上两个社区五项审批工作现已于底完成，现正推进后续工作。

4.重点能源项目

（1）光伏发电。一期光伏扶贫项目共建设40个村级电站，总装机容量2.5兆瓦，已全部并网发电，可帮扶491户贫困户；二期光伏扶贫项目共建设133个村级电站，总装机容量6兆瓦，已于年底竣工；项目预计年均发电量约1100万千瓦时，年收益992万元。

（2）碳晶取暖。新岚山建设发展有限公司在岚山各乡镇农村、敬老院、村镇卫生室、学校进行全面推广，已在岚山区安装26132片，取暖面积为6万平方米。

5.通勤车和保障公务用车

保障车改后区级干部公务用车和区机关事业单位上下班通勤车，全年通勤车累计乘坐量约12万次。

6.招商引资成果

共招引完成注册资本金5000万元以上企业3家；推进与中石化合作成立中石化新岚山有限公司前期准备工作；推进与大连和升控股公司合作成立新岚山和升澳牛有限公司前期准备工作；推进与省财金公司海绵城市建设合作前期准备工作。

7.党建工作

坚持党的领导，将党建工作纳入新的公司章程，明确党组织在公司法人治理结构中的法定地位，切实发挥党组织政治核心和领导核心作用；努力加强党组织和党员、干部队伍建设，扎实推进“两学一做”学习教育常态化，深入推进“转作风、抓落实、促发展”活动，树立“关键少数”标杆，抓好“绝大多数”教育，发挥党员先锋模范作用，继续做好党员关系理顺管理，积极接转新党员，壮大党员队伍，共接转党员4名，发展党员3名，年底已拥有党员11名。

日照市岚山区园区发展有限公司

【概况】 日照市岚山区园区发展有限公司（以下简称园区公司）是经日照市岚山区人民政府批准于2016年5月成立的国有独资公司，公司控股股东为岚山区国有资产管理局，初始注册资本为1亿元，经多次增资后，公司注册资本变更为5.55亿元。公司职能是围绕化工产业园区、钢铁产业园区、木材产业园区、物流产业园区、食品药品产业园区、中澳产业园区六大产业园区的基础设施配套进行规划、开发、管理和建设，依法开展园区征地拆迁和土地储备。公司紧紧围绕“突破园区、聚力招引”头号工程，充分发挥国企优势，在党建、投融资、园区基础设施配套建设、招商引资等方面深入开展各项工作。

【党建工作】 把党的领导融入公司管理各环节将党建工作写入公司及子公司的章程，发挥好公司党组织的领导核心和政治核心作用；增强领导干部“四个意识”，严格落实“三会一课”，推进“两学一做”学习教育常态化制度化；认真落实中央“八项规定”要求，积极推进公司的党风廉政建设。

【拓宽融资渠道】 充分挖掘融资潜能，积极拓宽融资渠道，对接日照银行、岚山农商行、市财金集团等金融机构，通过项目贷款、流动资金贷款、基金融资等多种融资方式，建立多元化、可持续的资金保障机制，为园区快速发展吸引更多的资金支持，确保重点项目建设顺利推进。与日照银行深化合作，通过流动资金贷款方式，实现融资共4.5亿元；围绕嘉银物贸城并购项目，采用项目贷款模式，在岚山农商行实现项目贷款融资9535万元；继续加强与市园区产业发展基金对接，采用基金融资模式，实现股权融资共1.1亿元；与国融证券、中盈融资租赁公司等金融机构确立了合作意向，在项目收益债、融资租赁等新型融资方式上获取新的突破。

【园区基础设施配套建设】 聚力重点工程项目建设，扎实开展了园区基础设施配套建设提升年活动，提升园区基础设施配套水平。完善园区路网，新建钢铁配套园区道路5条约5.53千米，实施山河路续建、黄海路西延等道路工程建设；熟化园区土地，收储钢铁配套园区土地共688.7亩，为招引项目落地提供了有力保障；加快园内棚户区改造进程，大湖社区棚户区改造项目一期工程全面开工建设，为园区集约发展腾出空间，满足项目落地需求；加强推进能源配套，启动化工园区油气公共管廊工程，全长24千米，试验段已建设完成，建设化工园区东区集中供汽工程，工程量已完工95%，与水务集团、天壕环境合作，采用PPP模式，建设圣公山路污水处理厂。园区基础设施配套建设三年规划实现良好开局。

日照市岚山区城市建设发展有限公司

【概况】 日照市岚山区城市建设发展有限公司（以下简称区城建发展公司）是经区委区政府批准成立的一家国有独资公司，注册资金3亿元整，于2016年5月19日注册成立，有资产5亿多元。公司设综合部、财务审计部、工程技术部、融资部、采购部、工会、妇联、内审室等职能部门，下设日照市岚山区市政工程有限公司、日照市岚山区城建置业有限公司、日照市海洲湾绿化工程有限公司、日照市海洲湾文化旅游有限公司、日照市海洲湾停车场管理有限公司5家全资子公司及日照市宝岚新材料科技有限公司1家控股合资公司，是岚山区融资担保公司第一大股东。至年底，公司共有员工160余人，其中班子成员3人，大中专以上学历130人，有丰富路桥、建筑安装施工经验的项目经理20余人。

【创城工作】 区城建发展公司创城期间承担着全区的市政基础设施的巡查维护维修任务。对岚山西路等共44个路段进行维修提升，对汾水商场，凤凰庄等区域进行维修整治，对砚台山生活区等进行三线改造，参与人工约2万人次，完成市政维修任务2000余万元。

【社区建设】 开工建设虎山镇虎山社区一期、二期、龙河社区一期、二期、岚山头街道金牛岭社区杨家庄子安置区共55栋商住楼，完成主体封顶49栋，已有14栋达到入住条件，完成投资2.28亿元。

【高铁新城项目建设】 该项目位于日照市岚山区城区及虎山镇，项目总规划面积约2500亩，总投资约8亿元，包括3个子项目，广场及道路配套项目、安置房及社区配套项目、城市公共服务配套项目。公司投资1.9亿元实施了观海路改造及地下管廊工程、甜园路工程及西护城河部分工程，并于11月底启动高铁广场及3条道路、桥涵建设工作。

【城市基础设施建设】 完成安东一路道路工程、玉泉四路、太平岭路、玉泉三路北延道路和绿化工程、官山社区景观工程，完成投资7000余万元。完成204国道、厦门路、黄海路、342省道等观摩会路线绿化提升工程，完成苗木绿化投资1200余万元。完成18处旅游公厕方案设计，投资400余万元，开工建设13处。

【自有项目建设】 在原住宅产业基地项目的推进过程中，经过充分的调查论证，及时调整投资方案，与山东岚化化工合资成立宝岚新材料科技有限公司，主要生产加气混凝土大板、加气混凝土砌块，项目设备基础浇筑已完成，正全力推进设备制造及厂房建设。进一步完善项目施工产业链，打破施工原料短缺瓶颈，完成了联美商混站、尧天矿业石子厂两公司的收购。

【融资、注资、担保及金融风险化解】 完成融资授信11.99亿元，资金到位8.31亿元，最大程度的完成了融资目标任务，为各重点项目建设提供了资金保障。承担向区担保公司注资任务，向日照银行贷款2亿元，注入区担保公司，成为担保公司第一大股东。

【公益性项目运管】 岚山区文化服务中心共接待团体参观及大型活动512场次，来访人数44000人次，成功举办了多场大型演出活动及大型会议，社会影响力不断增加。

【党的建设工作】 全面落实国有企业基层党建工作要求，有力促进公司党组织的领导核心作用。健全完善全体党员干部学习培训等制度，引导党员干部用新发展理念武装头脑、指导实践、推动城建工作。始终把提高党性觉悟和政治站位作为做工作的根本和基础。组织广大党员干部充分利用“主题党日”活动形式，组织集中学习26次。充分发挥党员干部的表率引领作用，做好党员发展工作，规范党员发展程序，全年新递交入党申请8人，发展入党积极分子2人，发展党员2人，年底共有正式党员35人。

日照市岚山区海洋发展有限公司

【概况】 日照市岚山区海洋发展有限公司是经日照市岚山区人民政府批准设立的国有独资有限公司，2016年5月成立，注册资金1亿元人民币。有领导班子3人，员工21人，劳务派遣2名。设综合管理部、财务部、工程部3个内设机构。主要业务范围承担全区海洋与渔业基础设施、海岸带综合整治、海洋生态环境修复等项目的建设、管理；负责海洋与渔业综合开发、休闲渔业发展、海洋生物工程、海洋生态环保、海洋文化及滨海休闲旅游等项目的建设、管理；负责渔港经济区项目建设、管理；从事授权的其他经营活动。

【党建工作】 认真贯彻落实国有企业党的建设及改革发展工作会议精神，完善公司治理结构，健全公司管理体系，将党的建设工作纳入国有企业章程，明确国有企业党组织在公司法人治理结构中的法定地位。根据要求，每周五下午认真开展“主题党日”活动，继续开展“两学一做”学习教育，坚持集中学习制度，领导干部带头自觉践行“三严三实”，全面贯彻落实党中央提出的改进工作作风的八项规定，强化务实高效意识，切实改进工作作风，厉行节约，严格遵守廉洁自律的各项规定。

【融资工作】 积极发挥国有独资企业的信用和政策优势，吸引社会资本投入开展项目合作，前期对接上海景域集团、北京航空航天大学进行多岛海项目规划设计工作，对接东方园林、岭南园林等社会资本方进行前期项目接洽，对接多家银行进行项目融资洽谈工作。日照市岚山区绣针河综合治理PPP项目到位资金1.2亿元，龙王河二期项目到位资金1.06亿元，农商行扶贫贷款已到位1.41亿元，化解嘉银商贸城金融风险到位资金8000万元，柽柳绿化生态修复项目上级资金2500万元，绣针河口生态湿地保护区海岸生态整治项目上级扶持资金1014万元，农商行贷款1800万。完成了日照市岚山渔港管理有限公司的注册，负责岚山渔港等相关业务；日照市岚山通用机场有限公司的公司注册工作，负责通用机场项目及相关业务。完成日照市兴德物联信息技术有限公司的注册，和北京龙德时代技术服务有限公司共同成立公司承接北京交通大学物流研究院与国家科技部合作研发的应急物流关键技术研发与应用技术项目。

【推进重点工作】 航空小镇项目的通用机场机场跑道、停机坪全部完成，航管楼、机库及办公用房工程主体完成，机场区域绿化基本完成，完成投资6000万元。日照市蓝色海湾整治行动-柽柳绿化生态修复项目实施方案通过国家海洋局专家评审，初步设计通过省海洋与渔业厅专家评审，完成立项、环评等前期手续，水系开挖已基本完成完成，完成投资400万元。海洋牧场建设项目累计申请海域800公顷；完成海洋牧场相关海域本底调查；接收报废渔船110余艘，拆解完成后进行海洋牧场投礁；海洋牧场一期项目投放人工鱼礁8100空方，投放沉船礁约8000空方。完成官草汪最美渔村申报，官草汪村被农业部评为休闲渔业最美渔村。多岛海滨海旅游项目已完成旅游策划及概念性规划，即将完成多岛海旅游管理权交接工作。美丽乡村建设已完成编制可行性研究报告和环境评估报告，完成编制实施方案，配合农工办完成各乡镇前期规划工作，年内完成社会资本方招标工作。后山旺村民俗旅游项目已委托山东不负文化旅游发展有限公司进行规划，依托特色乡村旅游资源，打造后山旺小型茶文化文旅综合体民宿旅游项目。岚山一级渔港经济区项目已委托中交天津港湾工程设计有限公司编制《山东省日照市岚山一级渔港整治维护项目实施方案》，已通过专家评审。

【队伍建设】 根据企业发展需要，进一步加强领导班子建设和人才队伍建设，对新招聘的7名员工进行岗位培训。由区国资局、区人社局和海洋发展有限公司共同组织实施了中层副职岗位财务部副经理和工程部副经理的竞聘上岗。同时，为提高公司业务能力，积极组织公司干部职工参加各类教育培训和考察活动，学习航空小镇、渔港渔村规划基础配套设施建设、审计、PPP项目相关业务，提升干部职工业务能力和整体素质水平，适应现代化企业的管理要求，加快建立健全国有企业集聚人才的体制机制。

商业·服务业

SHANGYE　FUWUYE

嵐山年鑑

商务流通

【商贸流通】 全区社会消费品零售总额完成109.1亿元，占全市社消零总额的15.2%，同比增长9.6%，增幅居全市各区县第一。重点加强商贸流通领域安全生产监管和安保维稳工作。制定《岚山区商贸流通领域安全生产管理办法》，督促企业落实主体责任，对区内重点商场超市开展消防安全、防汛、侵权售假等专项检查15次。坚持把创建活动作为重要工作任务来抓，共投资7万多元对明珠时代广场商业街公益广告牌进行了更换，并制作了高档次的公益宣传牌，对全区4家大型商场超市室外公益广告宣传进行了统一的设计、制作和安装。

【贸易促进】 采取发放调研问卷、召开座谈会等多种形式，开展全方位、深层次的调研活动，帮助企业读懂政策、把握机会，为企业积极争引上级政策提供项目储备。共组织20余家企业走出去参加中国山东出口商品博览会、美国国际五金工具展、德国科隆五金展、俄罗斯国际建材展、韩国釜山国际食品展等20多场国际重点展会，组织区内外贸企业积极申报中央、省、市各级在国际市场开拓、国际品牌建设、进口贴息等方面给予的扶持政策，在企业参展、出口信用保险等方面加大补贴力度，有效推动全区外贸企业走出去开拓国际市场。

【商品市场】 加快提升城市服务业品质，引导传统生活配套商业向购物中心、大型连锁超市、电商等新型城市服务业转型；结合基础配套商业、社区商业中心和城市商业综合体的三位一体化思路进行科学谋划，提高城乡居民的生活便利度和消费满意度。

全区商品市场网点布局进一步优化，形成以岚山银座商城、新天地影城为中心的城区商业网点群和以观海路、明珠路、海洲路为代表的商业街。为优化城市环境和改变商品市场布局分散状况，对安东卫大集等综合类农贸市场进行整体搬迁，逐步突破传统商品市场规模，由单一农副产品市场向多类别、多品种、全方位市场发展。

粮油购销

【概况】 岚山区粮食局为参照公务员法管理正科级事业单位，内设办公室、调控储备科（挂行政服务科牌子）、监督检查科3个科室，编制10名，实有干部职工10人，其中正科级干部3人、副科级干部3人，其他人员4人。

下辖区粮食储备管理中心，为区级国有企业单位，有干部职工23人，共有7个库区，主要库区有朱曹、虎山2个，储备粮食能力达4万余吨，储备油品能力达15144吨。其余5个库区分布在碑廓、巨峰、高兴、黄墩4镇。在全省粮食应急体系建设和粮食主食产业化考核验收中，被评定为优秀等次，在全省15个验收单位中名列前茅；在全市粮食安全行政首长责任制考核中取得优秀成绩、排名第一，区粮食局被命名为市级文明单位和市级优秀卫生单位。

【粮食安全责任制】 围绕粮食生产、收储、供应、流通、配送、监管等环节，加强督促协调，分解传递责任。粮食、农业等8个牵头部门和17个配合单位，紧紧围绕目标任务，稳定和发展粮食生产，建设仓储基础设施，强化粮食流通监管，提高粮食应急保障能力。6月2日，市粮食安全责任制考核小组对岚山区落实粮食安全责任制工作情况进行全面考核，岚山为优秀等次，位列全市第一。

【粮安工程建设】 储备库二期工程建设全面完工。累计投资550万元，新建了5＃、6＃高大平房仓2座，新增仓容1.4万吨。主要硬化地面5＃、6＃标准仓库内地面2800平方米，室外水泥晒场3500平方米，墙体防潮3250平方米，并对室外消防管网、电缆、智能防控处理设备等进行了建设。投资160多万元建设粮食安全应急管理体系，建成了占地840平方米的成品粮储备应急仓库，可储存30多吨应急用粮；购买了2辆应急配送专用车辆、3台叉车，配备了1套粮食检测器材及办公设施；组织开展了2次应急演练，提升了粮食安全应急保障能力。7月，省、市通过第三方验收，岚山粮食储备应急体系建设和粮食主食产业化建设被评为省级优秀等次，在全省15个验收单位中名列前茅。

【农户科学储粮“小康仓”建设】 区争取省、市科学储粮“小康仓”建设3300套，重点对省、市级贫困户以及2800个非贫困储粮大户实行政策倾斜，采取现场制作加工、现场发放的办法，制作了3300套小康仓，在省定贫困村中楼镇、黄墩、巨峰发放农户科学储粮示范仓500个，为贫困户免除费用2.5万元，指导贫困户科技储粮，有效避免粮食腐烂发霉、虫鼠危害，实现了“减损增收、藏粮于民”目标。至年底，全区累计投资2939余万元，制作“小康仓”49400余套。

【粮食储备轮换】 协调区财政局、发改局、农业发展银行等部门，筹备资金，腾仓并库，积极做好收购各项准备。夏粮收购工作启动后，充分利用各种媒体、各种形式开展宣传，让广大农民及时、全面、准确地了解小麦收购政策。同时，要求各收购网点公开新的小麦国家标准和粮食质价政策，优化服务，积极开展预约收购、错峰收购、有序收购等。各收购网点自觉做到“五要五不准”，并设置防晒棚和茶水点，提供晒场、清杂、烘干、检化验等服务和便利，让农民卖放心粮、舒心粮，年度轮换小麦2750吨。

【“放心粮油提升”工程】 坚持依法行政，紧紧围绕“放管服”，加强行风建设，优化许可流程，严格市场监管，推进“放心粮油”工程，维护全区粮油供应安全。简化行政许可程序，优化服务流程，降低市场准入门槛，核定了7个具有粮油收购资格资质，新审批通过1家粮油收购企业。完善粮食事中事后监管制度，指定专人对粮油的价格、库存等情况进行监测，每周上报一次情况，密切关注粮油市场动态，要求粮食加工、供应企业也按照粮食应急预案的要求，保证必要的粮油库存和质量，增强市场供应能力。搞好保障，提供放心粮油，按照区委、区政府为民办实事项目安排，以配送中心为龙头，以各示范加工企业为节点，以各销售网点和岚山驻军单位为终端，在配送中心的统一调度下，将区内外放心粮油产品按网点和驻军部队需求进行有序配送。供应军粮120余吨，配送粮油190余吨，为全区的粮油消费者提供安全健康产品。

【“三招三引”工作】 密切关注省、市产业招商政策，积极主动搞好粮油产业调查对接，与食品药品监督管理局等单位密切协同，做好重大专项产业发展调研现场会准备。5月11日，市人大常委会主任刘加顺、副主任郑加贵和副市长高月波带领市重大专项协调领导小组成员一行13人，到岚山区调研市级领导重大专项（粮油食品产业提升计划）产业发展和重点项目推进情况；抢抓国家对粮油规划的布局、市级实施粮油食品企业“退城进郊”等重要机遇，及早规划粮油食品产业园。高兴镇一期1500亩、二期2500亩粮油食品产业园，进入市级决策并开始制定规划。区粮食局抓取粮食食品类项目线索17个，落实投资4亿元以上的项目1个，确定从省外招引品牌大米加工、食品加工、品牌植物油小包装、粮油食品包装和食品机械加工项目各1个。其中，日照粮食物流集团计划投资4.28亿元，本年度内将实现投资8000万元。充分利用闲置国有资产，开展“三招三引”，结合乡镇“茶香漫城”文化旅游小镇等创建活动，与供销联社等有关单位合作，积极争引国家、省专项扶持资金，发展特色产业，实现资产、资金与资源有机结合，进一步盘活国有资产，确保保质增效。

【安全生产】 推行安全责任清单，逐步建立安全生产教育、分析、隐患排查、责任追究等系列长效机制，实现安全工作的网格化管理。紧紧抓住区储备中心、黄海粮油（委托代储植物油）2家企业两个重点，“一把手”带队深入企业开展一线检查督查4次，其他分管负责人共开展专项巡查、现场办公累计

9次，即时发现问题、督促指导企业改进具体事项13个；分管安全生产、监督检查的负责人每周一次常规巡查，每半月一次入企检查，共开展检查活动6次，共发现6大类、17个具体细项，提出整改意见、整改标准和时间要求，并明确整改责任人、具体负责人，确保整改落实到位。9月27日，省粮食局副局长李伟带领省粮食系统“大快严”集中行动省级联合抽查工作组，对岚山区落实粮食安全两个主体责任、捋清安全风险防控及实施安全生产应急处置等工作抽查并给予了充分肯定。

【精神文明建设】 深入开展“我与道德模范同行”活动，集中组织学习“感动中国十大人物”，省、市善行义举四德榜及日照市、区涌现出的各类“道德模范”等先进典型事迹；积极参与创建国家级文明城市，全员参与“礼让斑马线、我为你点赞”活动，节假日、周末干部职工主动到金牛岭南路义务劳动，积极协助村居社区打扫卫生、清除垃圾及小广告。深入开展精准扶贫、解难济困活动，协调包联村居黄墩镇上大峪村发展光伏发电、冬桃种植等产业，投资24万元引进32千瓦光伏发电设施设备，年发电量可达到45000千瓦时，为村集体和贫困户增收4万余元；协调村居利用扶贫资金投资10万元，流转80亩土地发展冬桃种植，年度分红可达1.5万元。协调日照市淞晨茶业有限公司每年出资6万元，组织贫困户成立10人保洁队，专门负责村里卫生整治，每月为贫困人员增加工资性收入5000元。先后从办公经费中挤出5万元，帮助村集体改善办公条件；协调区财政、交通、卫生等部门扶持4万元，整修700多平方米破旧路面，新建了医务室。该村顺利完成脱贫攻坚年度任务目标，49户、96口贫困人口全部脱贫。开展“爱心一日捐”及“1+1”包联活动，累计捐款捐物8000余元，逢年过节走访慰问，送政策、送技能、送温暖，让贫困群众充分体会到党和政府的殷切关怀。

【党建工作】 认真履行党风廉政建设和意识形态建设党组主体责任，深入开展“转作风、抓落实、促发展”主题活动，重点查摆了在思想观念、工作思路、工作作风、制度建设等6个方面存在的15个问题，列出了21个问题的负面清单，制定了整改措施，明确整改时限。严格落实岗位责任制、首问负责制、限时办结制、绩效管理制、责任追究制等制度，重点整治“懒、散、庸、拖、奢”现象，充分利用“主题党日”活动这一有效载体，紧紧围绕“增强党性，提升素质”，集中组织学习习近平总书记系列讲话精神，通过多种形式，全面加强党员理想信念教育和党性修养教育。8月29日，日照日报B2版推广了开展“主题党日”的经验做法。

供销合作经济

【概况】 日照市岚山区供销合作社联合社（以下简称岚山区供销联社）是参照公务员管理的事业单位，下设2个基层供销社，内设科室3个，分别是办公室、业务科、基层工作科，在编人员11人。一年来，岚山区供销联社以深化供销社综合改革为统领，坚持为农服务的根本宗旨，加快推进农业农村现代化，促进农民增收致富，不断创新为农服务方式方法，注重提升服务质量，全力服务乡村振兴战略，成为党和政府做好岚山区三农工作的重要载体，先后被授予全省供销系统先进集体、全市供销系统先进集体称号。其中田德坤被山东省供销合作社联合社评为全省供销系统先进个人，记三等功。

【农业服务】 岚山区供销联社用活、用足供销社综合改革政策、资金，不断完善综合性、规模化、可持续为农服务体系，扎实推进“新网工程”建设，拓展和发挥供销社在农村现代流通体系、农业生产经营服务的职能作用。重点推进为农服务中心建设，建成了总投资约2000万元、建筑面积约7500平方米的高兴、巨峰、黄墩、碑廓4处镇级为农服务中心并投入使用，可为周边农户提供智能配肥、农机服务、农资直供、烘干仓储、统防统治、农民培训等系列化服务。积极推进巨峰茶山公社为农服务中心、中楼为农服务中心2个项目进展，确保按要求高标准高质量组织施工。依托为农服务中心，积极探索农业生产服务新模式。在高兴、巨峰创办了镇级农民专业合作社联合社，依托镇级联合社的组织体系以及为农服务中心的服务功能，围绕耕、种、管、收、加、贮、销等农业生产环节，大力推广“保姆式”“菜单式”等土地托管服务模式。针对岚山区特色茶产业，围绕茶叶产销环节提供“八统一”社会化服务，即统一供给种苗、统一测土配肥、统一田间管理、统一病虫害绿色防控、统一鲜叶收购、统一加工制作、统一市场营销、统一品牌塑造，以农业服务的规模化推动农业经营的规模化发展，共托管半托管茶园约2万亩。积极探索智慧农业生产模式。依托高兴为农服务中心，与复旦大学无锡学院建立战略合作关系，引进无公害茶业全溯源系统，合力打造“智慧农业”技术项目。通过该系统生产的茶叶，消费者通过扫描外包装二维码，可以全面了解茶叶的灌溉、施肥、除虫、采摘、物流等信息。

【电子商务】 加快发展农村电子商务，推动互联网、大数据、人工智能和农村实体经济深度融合，努力打造供销合作社新的竞争优势。岚山区供销联社大力推进电子商务“村村通”工程，积极打造“网上供销社”。通过自有网上平台鲁宁商城，借助培训上岗的农村电商推广员，实现网络代购约12万笔，交易金额800余万元。依托全国总社“供销e家”电商平台以及淘宝、京东、1号店等第三方平台，通过自开网店、代运营、牵线搭桥、展示展销等途径积极宣传推介岚山绿茶及海产品，承办了首届山东“供销e家”农产品现场推介会，提升岚山优势特色农产品知名度，拓展区外销售渠道。

【精准扶贫】 依托高兴、巨峰、黄墩3处为农服务中心，面向贫困户开展农资便利供应、技术零距离提供、供货零延迟送达的生产服务。春耕期间免费向83户贫困户供应3万余元农资，现场为100余名贫困人口解决农业生产技术难题，充分调动了贫困户生产积极性。在中楼镇推广“企业+专业合作组织+贫困户”养兔脱贫模式，吸纳中楼镇贫困户加入日照市岚山区中楼镇兔业专业合作社联合社。为解决贫困户自我发展能力弱的难题，由联合社为贫困户提供三项优惠政策：以成本价向贫困户提供兔舍及母兔；免费为贫困户提供统一技术指导、统一供种、统一防疫、统一购销的“四统一”养殖服务；承诺贫困户当市场价过低时，以每斤6元的保底价从贫困户手中购兔，解除贫困户的后顾之忧。共带动88户贫困户从事兔业养殖，户均收益1000余元。

【特色工作】 立足海产品资源丰富的特色区位优势，借力全国供销总社区域特色农产品交易中心的布局规划，积极申报日照海产品交易中心项目。该项目定位以国际化、信息化、规模化、产业化、自动化的优势，

打造冷冻食品、海产品、速冻食品、冷链相关设备等产业集群，构建集冷链物流、电子商务平台、金融结算及线上线下交易于一体的现代化冷链商贸物流平台。该项目位于日照市岚山区安东卫街道岚山中路西段，由山东联美食品有限公司组织实施，规划占地100余亩，概算投资1.2亿元。中国供销集团经过前置评估、初筛、实地调研等阶段后，决定一期对山东联美食品有限公司股权注资3000万元，后期将根据项目运营情况确定追加投资额。项目建成后将形成日照地区绿色、安全、生态的一级农海产品现代物流枢纽中心与智慧冷链中心，为鲁西南及山东的“菜篮子”供应和食品安全提供有力保障。

城建·环保

CHENGJIAN　HUANBAO

唐山年鉴

城乡规划

【概况】 日照市规划局岚山分局主要职责：协助市规划局做好辖区内各类规划的编制、研究工作；负责辖区内的规划咨询服务工作；负责受理辖区内建设项目申请，做好现场踏勘、资料复核等前期工作；负责辖区内建设项目的放线、验线工作和竣工验收等工作。按照“规划引领、产城融合、城乡统筹、一体发展”的思路，分局细化落实城市功能定位和发展布局，统筹编制城乡规划，健全城乡规划管理一体化模式，改革、简化行政许可审批流程，推进城乡规划管理工作跃上新台阶。年内日照市规划局岚山分局局长宋应来被授予全国住房城乡建设系统先进工作者荣誉称号。

【完善规划编制】 加快推进重点专项及片区规划编制工作，为区委区政府部署的“6+16”分线重点工作运行提供规划保障。配合市规划局开展《日照市轨道交通线网规划》《日照市交通体系规划》等涉岚山部分规划修编，统筹考虑岚山城区发展。积极推进《岚山城区南部片区控制性详细规划》《岚山城区绿地系统专项规划》《岚山区城市停车场专项规划》《中澳产业园控制性详细规划》等规划修编工作，进一步完善了规划编制体系。

【推进村镇规划】 按照城乡一体化发展要求，积极推进《岚山区县域乡村建设规划》以及村庄规划编制。筛选高水平的设计团队，编制安东卫街道、岚山头街道共34个村居27个片区的城中村改造修建性详细规划，深入分析山、海、城特色风貌，强化建筑色彩设计，为城中村改造保质保量按时推进提供规划保障。协助指导中楼镇、高兴镇等开展总体规划修编，为城乡一体化发展提供规划服务。

【配合重点项目建设】 配合区直相关部门，积极推进厦门路、黄海路、油气公共管廊、污水处理厂等重大基础设施项目的规划选址、编制等工作，进一步促进产城融合，提升城市载体综合服务功能。同时，常态化服务各类项目建设，立足工作职责，围绕“突破园区、聚力招引”工作，积极主动为招商引资、重点工程及各类建设项目开展上门服务。

【严格规划管理】 严格落实“社会监督、市民参与、集体审批”的规划决策机制，提升规划管理水平，确保项目审批履行市、区城建会审批程序，截至年底，岚山区城建专题会议共召开9次，完成了147个项目的选址及规划审查工作。深入落实放管服、审批联动机制改革，完善各项工作制度，简化审批程序，推行阳光审批，提高审批效率，共办理行政许可82项，许可用地面积494.567公顷，建筑面积228.744万平方米。

住房公积金管理

【概况】 日照市住房公积金管理中心岚山管理部（以下简称管理部）是日照市住房公积金管理中心（以下简称市中心）在岚山区的直属分支机构，正科级事业单位，负责岚山区行政区域内的住房公积金管理工作。有主任1人，在职部职工7人，其中党员4人。实现新增住房公积金缴存职工1780人，完成计划的105%；归集住房公积金2.58亿元，完成计划的112%，同比增长34%；为职工提取住房公积金1.58亿元，完成计划的123%，同比增长50%；为655户家庭发放住房公积金贷款1.86亿元，完成计划的101%，同比增长2%；当年未发生不良贷款，连续13年实现贷款“零逾期”，确保了资金的安全完整。

【住房公积金扩面】 一是通过电视、报纸、网络、微信公众号等各种传播媒介，宣传住房公积金政策形成多位一体的住房公积金宣传格局，营造了良好的社会氛围。二是上门宣传动员和催建催缴工作，共走访企业30余家，引导督促未建缴企业建立住房公积金制度，切实维护职工的合法权益。实现全年新增25个单位建立了住房公积金制度，新增缴存人数1780人。

【住房公积金提取】 全年共计提取住房公积金1.58亿元，同比增加1560万元，增长12%。其中：因购建房提取5333万元，占比33.7%；因归还住房公积金贷款提取5830万元，占比36.8%；因归还商业住房贷款提取1772万元，占比11.2%；因大病提取102万元，占比0.6%；因离退休提取2544万元，占比16.1%；租房等其他原因提取129万元，占比0.8%。还房贷提取占提取总量的比重达到48%，住房公积金已成为还款资金的重要来源，有效减轻了职工还款压力，提高了职工的住房消费能力。

【住房公积金贷款】 一是推进房产抵押担保、开发商阶段性担保业务，解决了大部分缴存职工贷款担保难问题；二是加大公积金贷款发放力度，不断满足全区房地产市场贷款资金的刚性需求，全年为655户家庭发放贷款1.86亿元，全年回收贷款6026万元，年末贷款余额7.1亿元。

【住房公积金服务】 深化“放管服”改革，公积金服务工作提速增效。一是开展“委托按月还贷提取”“当日提取次日到账”“异地转移接续”“一窗受理岗”办结等9项便民措施，方便缴存职工办理各项公积金业务。二是推出“我来替你跑”上门服务活动，全年共计8次深入偏远乡镇社区为职工提供业务咨询和业务办理服务。三是畅通12329服务热线、市长热线、信箱等渠道，限时恢复投诉、咨询等事项。

【住房公积金运营】 开展资金安全和廉政风险点防控自查自纠活动，定期开展内部审计和专项检查工作，加强对资金运作重点环节的管理和监督，有针对性地采取措施进行整改防范。强化内部控制，杜绝岗位风险，科学设置岗位，明确岗位职责，建立岗位AB角和定期轮岗等制衡机制。防范违规提取和骗贷公积金行为，加大宣传力度，营造良好的诚信环境。

【自身建设】 以“两学一做”活动为契机，以“心系公积金、情寄住房梦”的服务理念，深入推进党组织和党员干部思想政治建设。加强党风廉政教育和业务技能培训活动，全面提高干部职工思想道德素质和服务水平，先后获得市级“青年文明号”、区级“巾帼文明岗”“优秀分中心”等荣誉称号。

城区供水服务

【概况】 岚山供水服务中心是日照市水务集团供水有限公司下设负责岚山供水服务工作的一个职能部门，下设客户服务、查表收费、管道维修等职能科室，共有职工25人，具体负责岚山区域查表收费、客户服务、业务受理、供水管道安装维修等工作。服务居民用户约4万户、人口12万人及学校行政办公、商业企业用户930家，岚山供水服务中心实现供水958万吨，水费收入3561.42万元。

【水质保障】 为进一步完善质量管理体系，全面提升水质检验能力和检测技术水平，确保实现《生活饮用水卫生标准》（GB5749-2006）的106项水质检测任务。为水质检测中心购置多台高端水质检测设备，主要有高效液相色谱仪、离子色谱仪、气相色谱仪、石墨炉-原子吸收分光光度仪、总有机卤素分析仪、气质联用仪、“两虫”检测设备等，实现了106项检测指标全检测。

投资3962万元对岚山辖区的岚山水厂、碑廓水厂、戴家庄子等7个水厂及加压站进行设备技术改造、改善厂容厂貌及改进制水工艺，为保障安全优质供水打下了坚实的基础。新制水工艺流程为：机械混合→网格反应池→平流沉淀池→V型滤池→二氧化氯消毒→清水池→加压→用户，同时设置了粉末活性炭和高锰酸钾投加。

【规范化管理】 以“规范化管理年”活动为契机，推动规范化管理水平全面提升，制定了“规范化管理年”活动方案，完善措施，注重落实，从规范劳动纪律、文明用语、环境卫生、工作秩序等重点环节带动整体服务水平再提升；组织实施职工周工作汇报制度，将重点环节细化分解，责任到人。开展“周一业务学习培训”活动，把文明用语学习经常化、业务学习常态化。

表务管理、业务受理安装工作推行“首问负责制”“限时办结制”和“AB”角负责制，妥善处理用户在水质、水压等方面的投诉，热线办结率100%。工程施工按照“接得快、修得快、清场快”的工作要求，做好供水管网抢修维护工作，保障安全供水。

坚持“向前一步”把服务做在前，注重服务细节，做到定期到生活区、用水企业了解水质、水压情况，对供水管网末梢通过定期排放等方式改善水质。“向前一步”解决了无效漏水给用户造成的水费损失，同时解决了因漏损造成水费难收的问题，拉近了供水企业与用户的距离，提高了水费回收率。始终坚持供水公司“用户至上、服务无限”的服务理念，在夏季供水高峰期间，岚山港务有限公司内部施工，连续几次造成内部供水管网破损，岚山供水服务中心接到求助电话，总是第一时间赶赴现场，帮助抢险，岚山港务有限公司将一面印有“心系企业排忧解难　畅送甘泉情深意浓”的锦旗送到了岚山供水服务中心。

“金牌职工”评选，成立了议事会为主体的“金牌职工”评选方式，实现“全员参与、民主管理”评价机制，让职工自己评自己，每月评选情况及时公示。通过“金牌职工”的评选，广大职工的在卫生、劳动纪律、工作规范、服务质量等方面养成了良好的习惯和自觉性，有效推动了各项工作的开展。

环境保护

【概况】 岚山环保分局在区委、区政府和市环保局的正确领导下，以迎接上级环保督察为契机，立足问题导向，着力强化环保措施落实，点面结合，重点突破，综合施治，各项工作取得积极进展。获“日照市环境综合整治攻坚行动先进集体”、“全市环保系统保障中央、省、市环保督察先进集体”等荣誉称号。岚山环保分局内设科室11个，在编人数31人。

【水污染防治】 深入推进水污染防治工作。印发《岚山区重点流域水体限期达标实施方案》，层层分解任务指标，严格落实乡镇街道属地管理责任和网格化管理责任，按照日照市水污染治理推进会要求，提请区级各河长分别多次组织赴包保河流进行现场调研，对各河流环境整治和河长制落实工作提出明确要求，实现重点流域水质的进一步改善。

组织对绣针河、巨峰河、浔河等重点河流沿河违建环境脏乱、企业污染偷排漏排、畜禽养殖无序排污、生活污水雨污不分流等环境突出问题深入开展水污染整治，共关闭搬迁禁养区养殖场户1093户，配套建设粪便雨污分流及污水贮存、处理、资源化利用设施1867户。提请区政府修订《日照市岚山区畜牧养殖业布局规划》，将巨峰水库水源地汇水区区域全部纳入禁养区，确保饮用水源地水质安全。全面清查城区污水直排口并实施截流纳管，扎实做好黑臭水体治理工作。

全面开展集中式饮用水源地进行规范化建设，提请区政府印发《岚山区集中式饮用水水源地环境保护规范化建设实施方案》。巨峰水库等重要集中式饮用水源地保护区增加设置了19处界标、交通等警示保护标志，建设隔离围网3000余米，设置禁止水源地道路车辆穿越限行设施，完善饮用水源地执法巡查制度。按照“一源一案”印发了《岚山区集中式饮用水水源地突发环境事件应急预案》。结合国家千吨/万人集中式饮用水源地调查，印发《关于划定农村饮用水水源保护区范围的通知》，水源地环境保护措施进一步强化。

督促住建部门等责任单位全面实施城市污水管网配套和多项河道沿线截污工程，加大对岚山城区东、西护城河的整治力度。制定印发《岚山区加油站地下油罐防渗改造工作实施方案》，已完成改造29个。不断强化近岸海域污染，重点排查入海河流、非法排污口和近岸重要风险企业，确保近岸海域环境安全。

【大气污染防治】 以蓝天保卫战为主战场，全面优化环境质量。2月15日起，组织对全区大气污染源进行调查，共调查企业450家，精准掌握全区大气污染源现状。5月初，提请区委、区政府印发《日照市岚山区蓝天保卫战集中攻坚行动总体方案》，并组织召开了岚山区蓝天保卫战集中攻坚行动动员会议，突出扬尘、燃煤、工业、机动车船和面源等5个重点，全面开展蓝天保卫战集中攻坚行动。全区环境空气PM2.5、PM10、SO_2、NO_2四项污染物平均浓度分别为53μg/m³、92μg/m³、23μg/m³、38μg/m³，同比分别改善10.2%、5.2%、36.1%、2.6%，空气环境质量综合指数改善幅度达10.4%。

加快推进燃煤锅炉淘汰及超低排放改造。印发《关于推进10蒸吨/小时及以下燃煤小锅炉淘汰工作的通知》，并督促各乡镇街道和相关企业加快燃煤小锅炉淘汰进度和超低排放改造进度。全区淘汰各类燃煤小锅炉180余台，10蒸吨/小时以上工业燃煤锅炉超低排放改造完成3台，拆除关停7台。

积极开展VOCS综合治理。印发《关于开展石化行业和有机化工行业挥发性有机物综合治理的通知》，对辖区内石化、有机化工等所有异味污染源进行拉网式排查，逐一制定异味整治方案，着力解决异味污染问题。顺利完成第二轮LDAR（泄漏检测与修复）工作。印发《关于开展全区加油站三次油气回收治理的通知》，16家加油站完成三次油气回收改造任务。

【重污染天气应急】 重新修编《岚山区重污染天气应急预案》。督促各重污染天气成员单位编制了重污染天气应急响应实施方案和列入限产、停产、错峰生产企业备案。并积极做好重污染天气应急响应工作。

【总量减排与排污许可证管理】 全区共梳理5个大气减排项目，包括岚桥石化锅炉超低排放改造项目、黄海粮油超低排放改造项目、岚山区燃煤小锅炉关停项目、工业燃煤锅炉拆除项目、日照钢铁控股集团有限公司15#烧结机脱硝项目，已全部完成。落实水污染物减排，积极推进化工园区西区污水处理厂及乡镇驻地污水处理站建设工作，化工园区西区污水处理厂及巨峰等4个乡镇驻地污水站已开展前期工作，预计2018年开工建设并发挥减排效益。

制定了《岚山区排污许可证管理工作实施方案》，明确排污许可证核发流程，并以技术规范等为依据指导企业进行填报。除山钢集团延期投产外，完成全区火电和造纸行业、钢铁水泥行业、石化行业的排污许可证发放工作并按证排污，焦化行业即将核发。

【建设项目审批】 坚持敢于说不、善于说行，严把环境准入关。全年共审批项目62个，拒批不符合环保要求及“两高一资”项目15个。推进市工业废物资源利用处置中心项目，环评已通过专家评审，已开工建设。积极配合做好化工园区重新认定工作，对木材产业园区、中楼塑胶园区和安东卫水产加工业等影响地方和企业发展的环境问题逐一提出解决方案，努力提升项目质量，增强园区可持续发展动力。顺利通过市行政效能建设督查一组权力下放“回头查”专项检查，实现了分局行政审批事项的全部入驻，实行一个窗口受理、后台转办。

【生态环境保护】 制订了《生态环境保护目标责任书》，明确各级各部门环保任务目标。积极组织生态创建。组织岚山区安东卫北街社区和岚山头环海路居委申报第六批省级“绿色社区”单位参加评估验收，验收工作顺利通过。积极对上争引，共争引中央、省农村环境综合整治和省定贫困村应用水源地保护项目资金271万元，涉及34个村。

【固废与土壤污染防治】 对全区33家产废物企业进行了“拉网式”检查与考核工作。制定《岚山区电子废物、废轮胎、废塑料、废旧衣服、废家电拆解等再生利用行业清理整顿工作实施方案》，并对全区企业进行摸底排查。对全区33家涉危企业进行危险废物管理计划备案，完成涉危企业“一企一档”档案整理工作，做好涉危企业的危废转移联单审核和发放工作，完成涉危企业的月报、季报、年报和全国固废系统的录入核查工作。

制定并发布《岚山区土壤污染防治方案》，组织开展土壤污染状况详查。开展全区农用地土壤污染状况详查布点和核实工作，完成全区9个详查单元和76个点位的布设、核实和属性添加工作。根据《污染地块土壤环境管理办法》，对全区地块进行初步筛查，做好疑似污染地块的确定和系统录入工作。

【迎接各级环保督察】 深入推进各级环保督察交办问题整改落实，针对上级环保督察交办的各类问题，举一反三，触类旁通，督促相关部门、镇办分行业、分类型、科学制定整改落实措施，全面抓好同类问题的整改，着力解决群众合理环保诉求。中央、省、市环保督察交办问题129件已办结122件，剩余7件已列出计划正在整改，责令限期整改企业74家，关停取缔违法企业36家，问责约谈35人。

【日常监察、专项执法与环境信访】 印发《日照市岚山区环境监察计划》和《日照市岚山区重点污染源日常环境监管随机抽查工作实施方案》。坚持问题导向，集中攻坚，全面开展辖区突出环境问题整治，共出动执法人员1100余人次，检查企业570余家次，移交公安机关涉嫌环境违法案件8起、涉嫌环境污染犯罪案件4起，查封扣押57起，立案处罚73起，累计罚款745.3236万元。

组织各类专项执法活动。开展木材行业专项整治活动，制定木材产业整治方案，按照“整治一批、入园完善一批、淘汰一批”的原则，将木材加工项目整合入园。处罚环保手续不完善的木材加工企业14家，督促木材烘干企业燃煤锅炉改造为生物质锅炉，在整合入园并实现集中供热前过渡性使用。开展非法加工石子及洗砂企业专项整治工作，对排查出的33家非法洗砂和石子加工企业全部进行关停，其中机械拆除生产设备13家，断水断电、切割部分生产设备14家，查封5家，责令停产1家。开展中楼镇塑胶企业专项整治工作，督促中楼镇加快推进塑胶企业入园工作，正对排查出的51家无环评手续企业进行立案处罚。

做好环境信访工作，维护群众合法权益。共接到各类环境信访585件，均已全部按照办理期限及时查处并上报处理结果，案件处结率100%。

积极开展辖区“散乱污”企业整治，已排查出94家，已取缔92家、整改提升2家。

【应急处置与排污费征收】 先后参与了“岚星化工企业闪爆”“玉泉二路车辆侧翻溢油”“临沂金誉化工爆炸”“鹏达冷库漏氨”“沿河路车辆侧翻溢油”等事故的应急工作，圆满完成了事故环境应急处置任务，维护了环境安全。

全面强化排污费征收工作。收缴排污费563万元，完成全年计划的108%。与税务部门多次对接，做好“费改税”前期准备工作。

【环境监测】 完成大气环境质量监测和区域饮用水源地及地表水环境质量监测，共获得成果数据858个。做好每季度全区重点污染源监督性监测工作和污染源自动在线设备比对监测工作，出具成果数据4856个，及时掌握了重点污染源排放和污染源自动在线设备情况，为污染源监督和环境管理提供技术支持。

建成投运日钢厂界、鲁苏边界2个环境空气自动监测站，官山东侧、万斛路北段环境空气自动监测站正在建设中。

【环境宣传教育】 开展各类宣传活动，组织撰写各类环保类信息220余篇，在大众日报、中环报、日照日报、黄海晨刊等发布信息21篇。扎实做好岚山环保网站、环保微信、微博管理工作。联合岚山广电分局在日照科教频道《市区播报》开设“环保在行动”电视专栏，定期报道岚山区治污工作动态。组织开展了环保宣传进社区、进企业、进学校“三进”活动，全面做好六五世界环境日、港城环保世纪行宣传。启动了普法宣传教育基地建设。市级文明单位顺利通过复查。积极参与创建全国文明城市，共发动志愿者300余人次，组织志愿活动10余次，整理档案材料20余卷。全面做好安东卫砚台西居创城包联、创城志愿交通服务和创城宣传氛围营造等工作。

综合行政执法

【概况】 岚山区（岚山经济开发区）综合行政执法局设办公室、政策法规科、督查科、“扫黄打非”科4个职能科室，设立综合行政执法大队，为隶属区综合行政执法局管理的公益一类科级财政拨款事业单位，设有执法科、信息化指挥调度中心、举报投诉受理中心3个职能科室，并向岚山头街道、安东卫街道、虎山镇、碑廓镇、黄墩镇、高兴镇、巨峰镇、中楼镇派驻综合行政执法中队。全局有在编人员85人，其中参照公务员管理人员45人，单位事业编制40人。年内共获得市级以上荣誉14项，来永法获得市委、市政府颁发的“创建全国文明城市优秀奖”，岚山区综合行政执法大队被评为全市综合行政执法系统违法建设治理工作先进集体。全年共办结各类行政处罚案件102起，其中农业执法11起，林业执法6起，水利执法3起，文化执法23起，规划执法12起，市容管理执法47起。罚没收入72余万元，立案件数较上年增长8倍，罚没款增长近10倍。

【城市管理】 围绕市、区两级关于创建全国文明城市、森林城市、卫生城市复审“三城”同创等工作系列部署，建立完善城市网格化管理。录制《日照市城市管理条例》（以下简称《条例》）宣传音频分发到全区400余村居和社区，发放《条例》宣传册、明白纸3.5万余份，组装宣传车10台。强化执法力度，严格执行《条例》，行政执法立案27件，处罚1.5余万元；严格落实“门前三包”责任制，组织召开由住建、工商等部门单位和相关乡镇街道参加的“门前三包”责任制落实专题会议3次，制定“门前三包”责任制落实考评办法，探索建立将“门前三包”责任落实与文明单位、文明商户评选挂钩的管理办法，设置“门前三包”责任制落实曝光公示栏6处，聘请“门前三包”责任制落实督导员、市容环境协管员60余人，联合乡镇街道扎实推进老旧小区改造，拆除残垣断壁、私搭乱建等违法建设272处，疏通小区道路22处；联合工商等部门开展农贸市场专项整治，通过错时延时管理、固定值守与流动巡查，清理路边市场、探头市场等7处，顺利完成了安东卫大集、虎山大集等集市的整体搬迁任务；认真开展道路沿线整治，拆除大型户外广告6处，清理路边店外经营、占道经营、路边修理等323处，规范进店进屋洗车29处。

【违法建设治理】 探索建立违建管控“一网两线三制度”体系。“一网”即明确岗位目标、责任，形成区、镇、村三级无缝隙管控网络；“两线”即群众监督第一线、执法中队处置第二线，阳光执法，阳光治违，并线发力、协同推进违建治理；“三制度”即村居信息日报告制度、执法中队立即处置周通报制度、乡镇街道及专业部门单位的专项督查督办制度，通过“日报告、周上报，月督办”三制度提升违建管控实效。按照村居自摸自查、乡镇街道普遍排查、部门全面调查、社会公示、群众监督等方式步骤，确定全区违法建设3137处，建筑面积77万平方米，其中仅安东卫街道违法建设2779处，建筑面积71万平方米，占全区违法建设治理任务的92%。对违法建设进行建档立卡，一处一编号，一户一建档，拆除一处，销号一处；落实高压态势，执法无间断，流动巡查无盲区，并利用无人机航拍，立体巡查，全年组织100人以上的重大联合执法行动15次，共治理存量违法建设1774处，建筑面积累计53.9136万平方米；拆除新增违法建设0.543万平方米，实现“零”增长。违法建设势头全面遏制，实现新增违法建设零增长。

【文化执法】 把2016年作为文化市场执法年，扎实开展好“清源、净网、秋风、固边”专项行动，出动执法人员1000余人次，检查各类文化市场经营单位500余家次，共立案查处文化违法案件23起，取缔城区“黑网吧”2家，取缔非法演出活动、马戏团表演10余次，查扣没收非法出版物1300余册，拆除卫星地面接收设施68套；在安东卫实验中学、碑廓镇宋家岭村建设“扫黄打非”进基层工作站，首次举办“扫黄打非”进农村文化演出，与区教育局联合开展“小手拉大手”扫黄打非行动；发放《致学生家长的一封信》《致城区经营业主的一封信》6000余份；与辖区19所中小学、幼儿园创建合作共管机制，扣存校园周边书店、文具店违规网络书籍140本，口袋书100余本，违规赠品书籍120本，对15家民办非学历培训教育机构下达整改通知书，对10家无证办学机构强制关停整顿。

【“农林水”执法】 林业执法受理群众投诉举报12起，立案处罚6起；农业执法扎实开展禁限农药专项执法检查，出动执法力量1500余人次，专项检查农药经营门店、农资市场及农产品生产企业等550余家次，查处违规销售百草枯等违法行为13起；水利执法以认真开展地下水专项整治行动为载体，联合水利、供水、公安等部门单位开展执法检查行动30余次，发放依法取水用水节水宣传材料3500余份，立案处理违法取水行为3起，责令整改、强制整改违规打井擅自取水行为27起。

【生态环境综合治理】 开展扬尘污染整治活动，与交通、交警等部门联合执法，在全区范围内采取不定时、不定点的方式对运输车辆进行检查，共查处违规撒漏渣土、砂石运输车辆25辆，对相关司机进行批评教育并督促其按要求整改；开展“土小”企业整治活动，配合岚山头、安东卫、碑廓、巨峰等相关镇办开展塑料小颗粒、小淀粉等“土小”企业专项整治工作，责令有关企业限期拆除设备，对于拆除行动缓慢的，果断采取强制措施，关停小锅炉企业10家；开展油烟污染治理活动，深入开展餐饮行业排查工作，切实摸清新增及未安装油烟排放净化设施的企业、食堂等底数，对未安装或未整改单位及个人下达限期整改通知书，建立责任追究机制，共完成对建成区内394户饭店、宾馆、食堂等餐饮业单位及烧烤业户的拉网式排查，签订承诺书300份，对没有安装环保油烟炉具的进行了督导安装。

【办理群众投诉举报】 严格落实24小时值班制度，做到了接到投诉举报20分钟到达现场、2小时对违法现象进行调查处置、24小时将处置情况反馈给投诉举报人。办理市长公开电话、群众来访来信（来电）、上级转办等共计646件，其中，市长（省长）公开电话（信箱）、人民网网友留言、区长热线、行风在线等446件，信访局转办1件，人大建议1件，政协提案2件，受理群众投诉举报电话196次。各类群众投诉举报、来信、来访及省长（市长）公开电话（信箱）等办结率均达到100%，群众满意度达到97.7%。

【自身建设和行政执法改革】 深入推进“两学一做”教育常态化制度化。深入学习习近平新时代中国特色社会主义思想，不断坚定党员干部政治理想信念。坚持“三会一课”和局班子中心组学习、干部自主学习制度，开展中心组理论学习8次，认真做好党员网上在线学习，全年共开展“主题党日”活动25次，全力抓好党风廉政建设主体责任和监督责任，做到“一岗双责”，认真完成区委巡察问题整改并建章立制。通过开展具有时效性的党建活动，使局党组抓党建的主业意识逐渐增强，党内组织生活有序开展并长期有效坚持，

严格落实省、市、区关于综合行政执法改革的部署要求，完成对城市管理、文化市场、农业、林业、水、人防等11个方面、13个类别、832项行政处罚权、32项行政强制权的划转，快速实现行政执法由整合到融合、由探索到主动作为的转变。

【包联走访和精准扶贫】 “七一”、中秋节、春节等重大节日期间走访老党员、困难群众等30余户，走访单位困难职工10余人，面对面、一对一，帮扶贫困村群众46户，帮扶中楼镇集后村5余万元，引进光伏发电、蔬菜大棚和兔子养殖等特色扶贫产业。

岚山年鉴 LANSHAN NIANJIAN 2017

邮政·通信

YOUZHENG TONGXIN

嵐山年鑑

移动通信

【概况】 中国移动通信集团山东有限公司岚山分公司隶属于中国移动通信集团山东有限公司日照分公司，成立于1999年7月，下设5个职能部门、7个乡镇营业厅、2个城区营业厅，在编职工95人。主要经营移动电话通信、手机终端、宽带、网络电视、企事业信息化等业务。年内先后被授予山东省消费满意单位、日照市消费者满意单位、全市普法依法治理工作先进单位等荣誉称号。

【业务发展】 岚山分公司坚持以客户服务为主导，积极响应国家“提速降费”号召，为用户提供最优质的通信服务。在集团业务上，岚山分公司紧紧围绕“智慧政企”的理念，积极推进“企业上云”建设。客户达到28万户，4G用户累计达到17万户，有线宽带累计发展2.4万户，移动有线电视业务累积计发展1.3万户。

【网络建设】 持续夯实网络基础，持续保持网络领先，为全区居民提供全方位的网络信息服务。无线网投资1200万元，4G基站完成382处，G网基站完成30处，极大地完善网络覆盖；加快落实国家“宽带中国”战略，移动启动6批宽带建设，全部采用光纤到户，FTTH共计新建设站点274处，其中农村站点235处；小区39处；聚类站点24处；薄覆盖扩容247处；新增加端口17280个，城区小区覆盖率93.95%，农村覆盖率93.82%，总体覆盖率93.87%。

【党建工作】 深入贯彻落实集团公司、省公司党委各项党建文件精神，切实履行党支部主体责任，严格落实全面从严治党要求，认真落实做好“六好”党支部建设的具体工作要求，积极开展“两学一做学习教育专题”“提能力、强执行、促发展”“党员先锋岗”“百分努力换您十分满意”等活动。充分发挥党支部战斗堡垒作用和党员先锋模范带头作用，以发展进步和经营业绩作为党建工作成效的检验标准，坚定不移地落实好“发展第一要务”，带领广大员工攻坚克难，助力公司经营业务持续健康发展。

【职工文化建设】 中国移动通信企业文化核心内涵是“责任”和“卓越”，即要以“正身之德”而“厚民之生”，做兼济天下、善尽职责、不断进步的优秀企业公民。岚山移动积极落实“员工满意工程”，积极加强职工文化建设，设立职工书屋、健身室、乒乓球室、休息室等活动场所。并利用微信平台、门户网站等多渠道宣传职工文化和企业文化，全力打造职工文化基地。

【社会公益】 积极配合参与各项政府公益活动，并积极参与和谐创建工作，不忘初心，扶贫助贫、高考志愿服务、创城志愿服务、礼让斑马线志愿服务等各类志愿活动的开展。为社会文明进步、和谐发展做出应有的努力。

联通通信

【概况】 中国联合网络通信有限公司日照市岚山区分公司（岚山联通公司）是中国联通在岚山的全资分支机构，下设综合部、政企客户中心、市场营销中心、建设维护中心及岚山城区、岚山南区、岚山北区3个营服中心，共有员工104人，服务网点43个，遍布岚山城区及所有乡镇。

岚山联通全区拥有固定电话用户2.1万余户、移动用户7.2万余户、宽带用户3.7万余户，自有营业网点10处，

年内实现业务收入3200余万元。同时投资510余万元，新建基站25处，铺设光缆120皮长千米，实现全区4G覆盖率98.5%，新增FTTH宽带端口3200个。

【经营与建设】 公司拥有覆盖全国、通达世界的现代通信网络，主要经营GSM、WCDMA和FDD-LTE制式移动网络业务，固定通信业务、数据通信业务、网络接入和各类电信增值业务及与通信信息业务相关的系统集成业务。作为国家基础通信运营商，拥有全业务通信运营牌照。

已建成日照市首个“全光区”，光缆覆盖全区所有街道乡镇。经过不断升级改造，互联网出口带宽到达50G，宽带接入能力达到20万线（户），上网速率由10MBPS提升到200MBPS，并具备千兆级传输能力，可为全区各级机关部门、企事业单位和个人提供全方位的语音、数据、多媒体通信及系统集成服务；拥有移动通信基站327个，“沃4G”网络实现全覆盖。

【混合所有制改革】 岚山联通根据集团公司混合所有制改革精神，进行部门机构调整：公司领导3人；分公司下设综合部、政企客户中心、市场营销中心、建设维护中心；下设3个区域营服中心：城区营服中心（包含环海路营业部、安东卫营业部），南区营服中心（包含碑廓营业部、汾水营业部、虎山营业部、巨峰营业部、大坡营业部），北区营服中心（包含高兴营业部、黄墩营业部、中楼营业部），由3个营服中心分区域负责各营服中心辖区内的市场开拓、业务发展及障碍查修等工作。

【基层党建】 党委下设3个党支部，共有党员22名。深入学习贯彻习近平总书记系列重要讲话精神，巩固党的群众路线教育实践活

动成果。加强党纪党风建设，不断改善提升服务水平和能力，提高党员综合素质，让党员在工作中充分发挥了先锋模范作用。

电信通信

【概况】 11月，新年度划小经营工作启动。按照市公司要求，划小后，岚山电信设立综合组、市场组、网络组三个后端支撑部门；在岚山范围内按区域设立八个支局，分别是岚山头支局、虎碑支局、卖场支局、安东卫支局、营业支局、政企支局、巨峰支局、日钢支局。年内岚山电信公司被评为“山东电信全省十强区县公司”。

【业务发展】 全年各项业务综合考评列全市第一名，其中移动网放号3.2万户，宽带累计发展0.5万户，电信电视0.3万户。岚山区域内，城区居民小区90%完成B改H，投资约35万，农村光进覆盖30余村，投资约60万元。实现了宽带网速的提升。

【助力岚山建设】 岚山电信在市公司的支持下，认真配合参与区政府道路整修工程，其间参与岚山疏港路管道改迁、厦门路改迁、341省道线路落地等工程，共计约投资40万元。

民政·人社

MINZHENG RENSHE

嵐山年鑑

民政工作

【概况】 岚山区民政局共有在编人员31人，核定公务员编制13人，实有11人，2人离岗；核定事业编制18人，实有18人；副科级以上干部10人，其中党组班子成员6人，有党支部3个，党员30人。内设办公室、区老龄工作委员会办公室（合署办公机构）、区残疾人联合会办公室（与民政局合署办公）、救灾救助科、社会福利科、优抚科、安置办、基层政权和社区建设科、区划地名科、婚姻登记处、民间组织管理科12个科室。年内岚山区民政局被授予全区先进基层党组织、全区目标管理绩效考核先进单位、创建全国文明城市工作优秀单位等荣誉称号。

【精准扶贫】 通过低保政策性兜底、建设爱心超市、敬老互助食堂、扶贫定点医院“0”付费就医等措施，发挥民政部门在精准扶贫攻坚战中的生力军作用。全年累计发放低保金4386.2万元，拨付供养资金445.4万元。投入资金811.2万元，开展医疗救助、临时救助、教育救助等救助活动；发放电费补贴136.9万元。在全市率先开展“综合减灾示范区”创建工作并通过验收。

【养老服务】 鼓励社会力量参与公办养老机构改革，大力发展公建民营、社会办养老机构。将岚山区社会福利中心委托给民营企业经营管理，社会力量运营的养老床位达350张。建成农村幸福院6处，投入12.2万元为城区老年人提供1万余小时的居家养老服务。统筹推进敬老院建设，整体办院水平及综合实力得到显著提高。全年办理老年证873个，为60周岁以上老年人城区内免费乘公交车提供便利。

【基层政权及城乡社区建设】 搞好全区第十二次村民委员会（社区居委会）换届选举前期调研、规程修订、政策指导和信访答复工作，利用20天全面完成村委会换届选举工作。开展社区协商工作，建成农村社区民主协商示范点16个。加强对“村改居”、社区服务中心“三年计划”工作的督导，起草完成《岚山区城市社区规划方案》。先后到30个社区对农村社区运转情况进行督导，对发现的问题通报到乡镇，限期整改。社区工作进展顺利，轿顶山试点社区主题为“乐享生活”的社工服务成绩明显，新增持证社工4人，新增3名日照和谐使者。

【拥军优抚】 筹集30万元牵头开展了全区春节“八一”拥军优属大走访活动。全面落实重点优抚对象抚恤补助标准自然增长机制，发放各类抚恤金2091.4万元。连续17年圆满完成海训部队后勤保障工作。做好退役士兵调查和权益保障落实工作，成立工作专门班子，为符合省“十一条”规定的退役士兵逐人建立权利保障台账，对照台账落实任务清单，完成“清零”目标。接收退役士兵自主就业人员249人，发放自主就业一次性补助654.3万元。对符合政府安排工作条件8名退役士兵落实安置政策。积极开展退役士兵免费职业技能培训工作，对经过培训取得技能鉴定合格证书的发放生活补助费。

【慈善福利帮困解难】 加强孤儿和困境儿童权益保障工作，建立了一对一联系帮扶走访机制，联系孤儿22名；发放孤儿生活费34.1万元，发放困境儿童基本生活费41.3万元；做好留守儿童关爱保护工作，印发了《岚山区留守儿童关爱保护实施意见》，设立4处留守儿童关爱保护服务中心。健全高龄津贴发放制度，全年发放高龄津贴695.6万元；发放失能老人护理补贴37.8万元。发放困难残疾人两项补贴819.7万元。推进爱心超市建设，接收捐赠物资2.6万余件。组织开展“慈心一日捐”活动，接受各界捐赠款50.8万元，建成启用流浪乞讨人员救助。

【有效保障残疾人权益】 协助做好残疾人补贴申报工作，办理残疾证1600余本。按时完成区、镇两级残联换届工作，选举产生参加市残联第七次代表大会代表。将福利中心东楼二、三层改建成区级残疾人康复中心，开展全区残疾人康复服务工作。对全区150名贫困精神病患者实施免费服药救助，对9名残疾人实施免费住院救助；对29名儿童实施康复救助，完成轮椅、拐杖等康复器械等配发工作；将404户贫困残疾家庭纳入精准扶贫系统，投资14万元帮助70户建档立卡残疾人就近就便增收脱贫；投资30万元对全区30名残疾人进行创业扶持，在巨峰镇北卜落村培育1处残疾人养殖扶贫基地。成功举办了4期板栗、茶叶种植技术培训班，累计120余名农村残疾人受益。广泛开展残疾人宣传文体活动，切实维护残疾人合法权益。

【基本公共服务】 提升婚姻登记和收养登记规范化水平，倡导婚嫁丧娶移风易俗新风尚，结合林水会战活动，对阿掖山区域坟墓大规模搬迁；完成全国第二次地名普查信息采集数据整理上报，更换了苏鲁线界桩并迎接了民政部的检查验收；开展《日照市古镇名村》编撰及《国家地名词典》编纂和省典采词工作。出版《岚山区地名图集》，对10条新修道路进行命名；规范社会组织管理，组织开展行业协会商会脱钩及社会组织集中排查整治工作；及时救助城市流浪乞讨人员76人次。

人力资源和社会保障

【概况】 区人社局内设办公室、人才开发办公室、公务员管理科、专业技术人员管理科、工资福利科、社会保险科、规划财务科、区劳动人事争议仲裁院、区劳动就业办公室、区社会劳动保险事业处、区社会医疗保险事业处、区机关事业单位社会保险事业处、区农村社会养老保险事业处、区人才交流服务中心、区劳动监察大队、区职业技能鉴定所、区基金核算中心等17个科室单位，在编人员59人。

紧紧围绕"民生为本、人才优先"的工作主线，突出重点，狠抓落实，圆满完成了各项目标任务，获得了全省人社系统宣传工作先进单位、全市信访工作先进集体、全市妇女儿童工作先进集体等荣誉称号。

【政策研究与法制建设】 经认真研判，充分调研，组织编写《制约人才发展情况分析报告》《开展精细化社会保障服务 打造"一站式"供给服务平台》等3篇调研报告。

利用《日照日报》《新岚山》、中国岚山门户网站、"岚山发布"、"岚山人社"、"岚山就业"等新闻媒体、简报、微信公众平台、电子显示屏等载体进行宣传，发表、转发新闻宣传稿件260余篇，编报政务信息90余篇。

积极开展各类政策法律法规宣传活动，深入乡镇集市、企业和人口集中的地方进行宣传，向企业职工、农民工、失业人员和用工单位免费发放《中华人民共和国就业促进法》《中华人民共和国劳动合同法》《"春风行动"企业招聘岗位信息》《居民基本养老医疗保险政策》等宣传材料，为农民工提供职业供求信息、职业指导、政策法规宣传、技能培训等相关服务。

依法行政，建立健全行政执法责任制、执法过错追究、考核奖惩等相关制度，把法定职责分解落实到科室和行政执法人员，明确执法标准和要求，严格评议和考核。严格落实行政执法要求，做到"持证上岗，亮证执法；着装规范，文明执法；用语文明，礼貌待人"。准确行使自由裁量权，健全和完善行政执法程序。坚持重大具体行政执法行为审查上报制度。

【财务规划】 规划财务科积极与相关业务科室、社会保险经办机构衔接，汇总整理相关数据信息，统一数据传送。完成年度基金决算报表、人员工资统计和统计年报等有关报表数据的统计核查工作，完成本年度社会保险基金的决算和2017年度社会保险基金的预算，科学、规范编制2017年度部门预算，做足做实项目资金，按时完成部门决算。积极配合纪检、审计部门完成审计工作，严格执行财经纪律和收支两条线管理，不断加强非税收入的征收和对社会保险基金的监督管理，严格执行政府采购程序和审批制度，切实加强国有资产的管理。

【基金监督】 制定了《岚山区社会保险基金运行内部控制制度》等六项制度，及时比对并处理省市下发的疑点信息，配合审计、纪检部门完成各项审计工作。对发现的问题及时整改落实、完善到位，对违反规定享受待遇人员的冒领基金进行追讨，确保基金储存安全、划拨及时、安全运营。

【招才引智】 加大招引力度，共引进落地创业人才（团队）4个，创新团队19个，创新人才74人。人才和团队带头人中院士2人，千人计划专家2人，泰山学者及泰山产业领军人才7人，国家百千万人才工程2人，长江学者2人，为岚山区实现“发挥两大优势，突出三个重点，实现两大突破，争当县域经济发展排头兵，加快建设美丽岚山”战略目标提供强有力的人才和智力支撑。

强化引智平台建设，日照圣谷山茶场有限公司申报的无性系有机茶树新品种引育、开发与示范推广被国家外专局列为引智示范推广项目；美国农学会会长shock教授到岚山区中楼镇为市级特色马铃薯优质高产试验示范推广基地揭牌。

【就业促进】 全区新增城镇就业3931人，完成全年任务的103.45%；实施职业技能培训1666人（其中统筹各部门培训271人），完成全年任务的79.3%；推荐发放创业担保贴息贷款4516万元；失业保险参保17800人，征缴失业保险金586.33万元；城镇登记失业率为2.8%。城镇失业人员再就业431人，完成全年任务的107.75%。就业困难人员实现再就业65人（其中公益性岗位安置就业困难人员28人），完成全年任务的65%。全年审核发放各类就业资金1195.51万元，其中就业专项资金309.12万元，省市创业带动就业扶持资金541.02万元，扩大失业基金支出范围257.32万元，其他渠道支出创业担保贷款贴息资金88.05万元。

以创业带动就业，加大就业创业政策宣传力度，以进城务工农村劳动者、就业困难人员为重点，共组织22期春风行动、就业援助月、每月18日人力资源招聘会等各类招聘活动，全力以赴促进创业带动就业。安东卫街道、碑廓镇2个乡镇（街道）为创建省级创业型乡镇（街道）、中楼镇为创建市级创业型乡镇（街道），岚山头街道王家海屋等10个社区被评选为省级首批“四型就业社区”，入选数量均列全市第一。针对企业初创、发展、壮大的融资需求，设立1056万元创业担保贷款基金，采取推荐发放创业担保贷款及贴息的方式进行扶持。全区创业担保贷款担保基金提高到1056万元，发放贷款总额4516万元，发放贴息584万元，支持各类初创期自主创业小微企业，提高创业成功率和存活率，创造更多就业岗位。积极落实一次性创业补贴、创业岗位开发补贴、房租补贴等创业补贴扶持政策，发放各类补贴10.4万元。

促进重点群体就业，针对退役士兵开发公益性岗位367个，实际安置退役士兵218名。开发互助养老扶贫公益岗位45个，岗位补贴标准最高700元/人，就地就近解决社区内建档立卡贫困人员的“贫”和“困”两个难题。打造省级示范就业扶贫车间2处，吸纳36名贫困人口就业，实现在家门口就业脱贫。年度新增就业困难人员113人，实现再就业65人，全区实现就业的新增就业困难人员享受社会保险补贴292人，发放社会保险补贴194.65万元，公益性岗位补贴288.55万元，有效发挥了失业保险“稳定器”作用。

加大就业创业培训力度，全面推行“培训+就业+服务”工作新机制，由日照创业大学承担全区创业培训，整合优质培训资源，提升创业培训水平，全面提升劳动者职业技能。共实施就业创业培训1395人，其中技能培训884人，创业培训511人。扩大创业培训范围，坚持把创业培训作为扶持创业的关键环节，将免费培训范围扩大到被征地农民、返乡农民工、大中专毕业生、复转军人等人员，培训内容由创业意识培养向创业能力培训转变，有效提高创业培训的质量和实效。全区用于职业培训补贴的资金65.2万元，实际支付866人职业培训补贴，人均补贴752.89元。

【毕业生就业】 高校毕业生总体就业率达97%。有两家高校毕业生就业见习基地计划接收见习大学生126人，实际接收76人，其中32人留用。招募4名“三支一扶”大学生服务于基层单位岗位。有7名有就业愿望的应届困难家庭高校毕业生通过重点推荐、重点指导，通过公益性岗位、政府购买服务等方式实现就业。引领大学生创业170名，完成市人社局下达发展计划的103%。推荐3人参加省市组织的大学生创业活动，其中2人获得创业奖补资助各3万元。

【人力资源配置】 按照国家、省、市的有关规定规范，有序开展事业单位公开招聘工作，全年为机关事业单位招考141人，其中招考公务员19人，事业单位人员46人，高层次急需紧缺人才72人，财政局下属事业单位人员4人；公开招考招聘高中、职业中专、小学教师138人；卫生类招考招聘专业技术人员119人。

【职业能力建设】 突出抓好高技能人才的培养与评价。积极对接企业进行高技能人才培训，完成高技能人才培训236人，圆满完成市局下达任务目标。不断完善技能人才培养与评价的长效机制，继续开展省、市首席技师的选拔推荐工作，岚山区首席技师推荐评审工作，1人被评为市首席技师，10人被评为区首席技师。对获得“区首席技师”荣誉称号的人员，发放政府津贴4.8万元。组织开展“金蓝领”技师培训项目，技师、高级技师的社会化考评和技师、高级技师推荐评审工作，18名高级工晋升为技师，2名技师晋升为高级技师。积极引导符合条件的企业申报市技师工作站，鲁圣电气设备有限公司成功获批。积极组织各类高技能人才参加日照市第二届技能大赛，勇夺大赛机修钳工组第一名；积极组织协助区总工会筹办全区第一届职业技能大赛，取得圆满成功。

【职业技能鉴定】 坚持为劳动者服务、为用人单位服务，紧跟就业技能培训和经济转型大局，以企业高技能人才评价和新职业拓展为重点，规范鉴定过程，提升管理和服务水平，提高鉴定质量，由扩大规模、注重质量向质量第一、兼顾数量转变，由社会效益与经济效益兼顾向更加突出社会效益转变，全区职业技能鉴定工作取得一定成效。组织开展日常职业技能鉴定考试考核20场次，鉴定人员728人，获证660人。

【军转干部安置】 按照全市军转干部安置工作会议精神，结合全区实际，依据《军队转业干部安置暂行办法》和《山东省自主择业军队转业干部安置管理暂行办法》的有关规定，坚持公开、公正、公平、择优的原则，采取“考试考核、公开挑选、双向选择”的方式，安置军转干部2名，自主择业军转干部5名。为自主择业军转干部申请医疗保险13.4万元、各项地方性补贴41.3万元，积极争取优惠政策，年内组织免费查体1次。

【公务员管理】 全区设置19个岗位，参加报名405人，通过资格审核389人。经考试、体检、政审，录用公务员19人。组织举办公务员初任培训班，对新考录的公务员全部进行初任培训。登记公务员23人。圆满完成全区机关事业单位工作人员的年度考核工作。在全区29个单位组织干部考察和竞争上岗工作，选拔调整股级干部126人次。

【专业技术人员管理】 职称推荐申报工作中，推荐申报副高级任职资格125人，中级任职资格133人，初级任职资格203人。先后组织职称外语、卫生、经济等20个专业共计882人次的考试报名审核工作；完成卫生、经济、统计、审计等专业技术资格证书和一级建造师、执业药师、注册安全工程师等执（职）业资格证书的办理工作，共办理证书203本。为岚山区管理的有突出贡献的中青年专家19人发放政府津贴共计6.84万元。

【事业单位人事管理】 全区核准公布事业单位岗位设置方案19个，涉及人员1986人。按照《关于印发日照市事业单位工作人员竞聘上岗试行办法》文件要求，根据有关单位的申请，组织实施了区委党校等8家单位的竞聘以及教育系统、卫计系统等46家单位的职称聘任备案工作。核定全区40多家企事业单位专业技术人员继续教育学分，部署安排专业技术人员公需科目培训及考试工作。

【机关事业单位工资】 对全区年度考核合格的在职人员进行工资年度晋级晋档；审批因职务、技术等级、学历、岗位、工作单位变动调整工资367人次，对本年度新招录的大中专毕业生试用期工资进行确定，对去年招录的大中专毕业生工资进行转正定级，对3000余名符合享受乡镇工作补贴的人员进行审批。对10名受处分人员的工资福利待遇进行处理。对18名符合职级晋升条件的人员进行审批，同时调整工资福利待遇。审批到龄退休人员退休工资157人次；审批死亡人员一次性抚恤金46人次。机关事业单位年休假计划进行年度备案，完成法院、检察院员额法官、检察官工资改革，规范机关事业单位精神文明奖发放办法，制定《区属国有企业负责人薪酬管理办法》。

【企业养老保险】 保险征缴与发放。全区参加企业养老保险的企业职工和灵活就业人员共37660人，新增549人（含被征地农民养老保险)。征收养老保险费2.4322亿元,其中企业职工和灵活就业人员缴纳2.1018亿元,被征地农民缴纳3304万元。为28937名企业退休职工、被征地农民以及原城镇未参保集体企业超龄退休人员调整基本养老金,最低调增96元,最高调增675元。调整后每月增发养老金约348万元,月人均增资120元。市外转入264人,同比下降29%;转入基金1248万元(其中退役士兵156人转入1013万元),同比增长24.3%。转出79人,转出基金239万元,同比下降20.6%。为全区30474名离退休人员及遗属发放基本养老金、丧葬抚恤补助等各项养老待遇51784万元,按时足额发放率和社会化发放率均保持100%。

保险稽核。要求企业提报有职工签字确认的工资表等资料,每月核实职工缴费基数,确保企业职工全员参保、按实际工资缴费,避免单位按低于工资的最低缴费基数缴费,保障职工社保权益和社保基金安全。严格按国家规定的项目和标准支付各项待遇,财务支出和业务经办实现一体化办公,避免多支、少支或漏支。在依托本区乡镇、街道人力资源和社会保障所开展企业离退休人员及遗属生存认证工作的基础上,首次实行全市统一认证。对未及时参加认证的暂停发放养老金,认证后再予以补发,较好地避免冒领养老金,保障养老保险基金安全。

【失业保险】 全区参加失业保险17800人,参保单位467家;收缴失业保险金526.69万元;发放失业保险人数为2209人,失业保险金待遇支出达到273.84万元,失业保险待遇标准由950元/月提高到1030元/月,自11月1日起施行。建立预防冒领制度,确保基金使用安全,充分发挥失业保险"缓冲器"作用,为稳定就业水平、扩大就业岗位提供强有力保障和支持。

【机关事业单位保险】 保险征缴。全区全年机关事业单位参加社会保险9066人,其中在职职工6700人,退休人员2366人,征缴养老保险基金14157万元,养老保险参保率100%。

待遇发放。加强工资调整与养老保险改革政策的配套衔接。7月调整了机关事业单位退休人员退休费待遇,此次调待与企业同步调整,严格按照调整办法和标准,定额调整、挂钩调整和适当倾斜相结合,对岚山区相应范围内退休人员的待遇调整部分进行了集中测算。工作中积极协调财政部门按程序申请、划拨资金,保证养老金待遇能够按时足额发放到人。全区全年共为退休人员2366人发放养老金13760万元。

信息采集。集中开展全区机关事业单位在职人员信息采集工作。根据市人社局统一部署,以在职人员身份证号码、出生日期、参加工作时间、连续工龄计算时间和改革前工资待遇为重点,采集了全区在职在编人员的基本信息及2014年9月工资信息,为改革后养老保险待遇新老办法对比计发工作夯实了数据基础。

【居民社会养老保险】 根据《日照市人民政府关于建立居民基本养老保险制度的实施意见》文件规定,合并实施新型农村社会养老保险与城镇居民社会养老保险，建立统一的居民基本养老保险制度。全区居民基本养老保险参保对象为23.2万人，参保率达到99%以上，收缴保费4236.59万元，养老金待遇发放6万余人7058.42万元，发放率达到100%。全年收缴被征收土地社会保障资金3112.22万元，发放被征地农民养老保险政府补贴1810人次1267万元。

【医疗保险】 医疗保障与审批。扎实做好医保扶贫工作，实现建档立卡人员应保尽保。同时，建立扶贫绿色通道，简化贫困人口急诊备案手续，方便贫困人员外地就医，在此基础上，拟定《区人社局建立绿色通道聚力脱贫攻坚的实施意见》。顺利完成年度居民医疗保险征缴工作，参保人数比同期增加6000多人，创历史新高。申请增加特保统筹金5000元达到2.1万元，保障特保人员按时享受医疗待遇。对169名退役军人的医疗保险费进行核算，申请区财政资金143.6万元，保障退役士兵医保权益。加强药品经营单位管理，开展定点药品经营单位专项稽查，严格执行定点协议，维护定点单位药品经营秩序，确保个人账户专款专用。优化经办流程，梳理精简28项业务流程，减少申报材料，实现大部分事项成为“零跑腿”和“只跑一次”事项。加强内控制度建设，实现基金审批环节全程监控，基金支出全部3人以上审核，重点环节重点监控。

保险征缴与发放。全区职工基本医疗保险基金收入1.26亿元，基金支出1.05亿元；全区城乡居民基本医疗保险基金收入2.03亿元；基金支出2.38亿元。

【工伤和生育保险】 工伤认定。全年申请工伤认定134件，同比增加7件；受理101件，其中认定94件、不予认定4件、不予受理1件、中止2件；在工伤认定结案的案件中，个人申请11件，单位申请83件，认定率100%。

劳动能力鉴定。全年申请劳动能力鉴定31件，经市劳动能力鉴定委员会审核鉴定30人，其中鉴定为7级伤残的2件、鉴定为8级伤残的2件、鉴定为9级伤残的10件、鉴定为10级伤残的13件、不构成伤残等级的2件、康复治疗1件。

工伤保险征缴与发放。全区参加工伤保险的企业职工26970人，新增400人，征收工伤保险费1007万元；为157名（其中工亡4人）工伤职工及供养亲属支付工伤待遇699万元。共有73个项目26793人参加建筑业工伤保险，征缴建筑业工伤保险费349.02万元。910名公务员及参公人员全部纳入工伤保险范畴。

生育保险。全区参加生育保险的企业职工20180人，新增653人，征收生育保险费437万元。全年为749名生育职工支付生育待遇931万元。实行生育补助政策，对参保的女性居民计划内生育发生的医疗费用补助500元。

【退休审批】 全年申请退休人员1523人次，经审查批准符合退休条件人员1489人。其中正常退休938人、失地参保退休525人、特殊工种退休10人、因病退休16人。

【劳动监察】 全年共受理举报投诉、市长公开电话（信箱）、12333服务热线等涉及劳动保障方面的案件139起，补签劳动合同510份，处置突发性事件27起，共涉及劳动者1430人，为劳动者追讨劳动报酬、补缴社会保险费1085万元。申请区人民法院强制执行行政案件34件，涉及劳动报酬和社会保险201.23万元；拒不支付劳动报酬涉嫌犯罪案件1件，涉及金额21.66万元。

日常巡查工作坚持以服务为主，做到宣传劳动保障法律法规在前，依法行政在后，提高企业法人守法意识和增强劳动者维权意识。纠正用人单位违法行为，实现社会保险应保尽保。积极为企业发展出谋划策，对企业用工管理提出合理的建议，规范企业劳动用工。检查各类用人单位35户，涉及劳动者1.3万人，责令用人单位补发劳动者工资68.3万元。

组织开展农民工工资支付专项检查，制定《日照市岚山区就业与农民工工作联席会议治理拖欠农民工工资问题工作规划及职责分工》，加强对全区解决拖欠农民工工作的统筹协调和指导，形成各司其职、密切配合的工作合力。按照市监察支队工作部署，落实属地管理责任，对山钢集团日照有限公司开展农民工工资专项检查，摸清了山钢集团日照公司发包的311项工程名单，重点检查11家总包企业。创新工作机制，会同岚山区检察院民行科到山钢集团日照公司，将涉及中国三冶、莱钢建设260余人近380万农民工工资问题妥善处置，并监督发放到位。

劳动年检自5月2日开始，对全区有关用人单位组织开展了2016年度劳动保障书面（网上）审查工作，重点审查用人单位遵守劳动用工、劳动合同、劳动工资、社会保险等法律法规规定的执行情况。全区共书面（网上）审查企业和个体工商户330家，其中网上审查用人单位41个，共涉及劳动者13329人，对存在违法行为的55个用人单位下发了《劳动保障监察责令改正指令书》。

【调解仲裁】 全年受理各类劳动人事争议案件332起，时限内案件结案率为100%，成功处置群体性信访案件3起，共涉及劳动者380人，涉及金额1200余万元。加强仲裁庭建设，严肃仲裁庭纪律，严格依法、依程序开庭审理劳动人事争议案件，严格做到办案程序规范化、文书标准化、管理制度化，提高仲裁办案质量和效率。劳动争议处理坚决以调为主，既依法维护劳动者合法权益，又促进企业健康发展。加强对乡镇街道和岚山港区劳动人事争议调解中心的业务指导，切实发挥其调解职能，达到便民、务实、高效的目的。加强与工会、司法、企业代表组织及主管部门的联动，充分发挥各部门在预防调解劳动人事争议方面的职能作用。开展劳动争议仲裁“巡回庭下基层”活动，在乡镇街道调解仲裁室和港区劳动争议调解中心仲裁派出庭开庭审理各类案件，就近、方便服务仲裁当事人，保障劳资双方的合法权益。

【行政服务】 公开审批范围、审批程序、政策依据、申报材料、收费标准、承诺时限。出台《关于深化“放管服”改革工作实施方案》和《深化“放管服”改革加强事中事后监管工作分方案》，梳理公布区人力资源和社会保障行政权力事项清单，行政许可类4

项、行政处罚类65项、行政强制类5项、行政征收类4项、行政给付类18项、行政确认类12项、行政奖励类1项、行政监督类8项、其他权力类30项。进一步优化行政审批流程、规范审批行为、提高审批效能。

【信息化建设】 按照阳光政务的要求，将政务信息及时上传岚山政府网站、岚山人社微信平台等，使人民群众就近享受到便捷的人力资源社会保障服务。社会保险、就业服务、劳动监察等各项人力资源社会保障业务统一在全市联网的社会保险信息系统和劳动保障信息系统上办理，使人力资源和社会保障各项业务之间相应衔接和协同办理，推动人力资源和社会保障工作向精细化、一体化、科学化、规范化转变。

【党风廉政建设】 全面落实从严治党主体责任，组织系统党员干部扎实推进"两学一做"学习教育常态化制度化，召开局党组扩大会议强化各类研讨学习，认真开展民主生活会、组织生活会，深入开展批评与自我批评，全面加强和规范党内政治生活。加强干部队伍建设，提高干部职工"用宽肩膀担当、靠真本领成事"的综合素质，充分调动工作积极性。12月21日，组织全区人社系统中层以上干部到鲁南监狱开展了廉政警示教育学习活动。深入开展"人诚事公、阳光人社"廉政文化品牌创建活动。大力推行"阳光政务"，加大党务、政务工作公开力度，对群众关心的招考、社保待遇、基金管理、公务接待等热点问题做到过程全透明，不断提高全局预防腐败工作的科学化、规范化和法制化水平。

教育·卫生计生·科学

JIAOYU WEISHENG JISHENG KEXUE

唐山年鉴

教育事业

【概况】 区教育局内设科室13个，分别为办公室（挂安全管理科牌子）、人事科（挂行政服务科牌子）、计划财务科、基础教育科（挂职业教育与成人教育科牌子）、日照市岚山区教研室（岚山区教师培训中心合署办公）、日照市岚山区人民政府教育督导室、日照市岚山区招生委员会办公室（岚山区高等教育考试办公室）、日照市岚山区电教站、日照市岚山区电大站、日照市岚山区托幼工作领导小组办公室、日照市岚山区青少年校外活动中心（挂勤工俭学办公室、图书发行管理办公室牌子）、日照市岚山区教育财务结算中心（加挂岚山区学生资助中心）、日照市岚山区教师管理服务中心，有正式在编人员55人。被授予“省级文明单位”称号，获得全国中小学电脑制作活动优秀组织奖、日照市高中教学工作先进单位、全市工会工作先进单位、全市信访工作先进集体、全市人民防空先进集体、日照市“喜迎十九大 唱响新日照”第十届合唱艺术节一等奖、日照市中学生运动会（初中组）团体总分第二名等荣誉，在教育新闻宣传工作中表现突出，被《中国教育报》报社授予教育新闻宣传先进单位。

全区各级各类学校共48所，其中高中2所，初中9所，小学36所，职业学校1所，在校生40907人，其中高中4888人、初中15466、小学18422人、职教2131人。中小学在编教职工3072人，职教在编教职工119人。其中，招聘新教师138人。

有各类幼儿园124所，幼儿园教职工1096人，其中在编教职工139人，采用政府购买服务形式招聘的幼儿园教师30人，在园幼儿11132人。全区学前三年幼儿毛入园率99.1%，小学适龄儿童入学率、巩固率100%，残疾儿童入学率95%；初中适龄少年入学率100%；高中段教育普及率达90%；职业教育年培训规模达4000多人次。

有省级规范化学校4所，市级规范化学校24所，区级规范化学校10所；省级文明校园1所，市级文明校园7所；省级电教示范学校3所，市级电教示范学校5所；有省级十佳幼儿园1所，省级示范幼儿园11所，有市级示范幼儿园9所，市级一类幼儿园9所，全国职工教育培训示范点1所。

中高考情况。全区初中生建档学生3610人，精心组织了初中学业水平考试，包括信息技术考试、文化科考试。文化科考试包括初三考生3575人，初二考生3553人。中考成绩全区各校600分以上学生586人，比上年增加34人，700分以上30人，比上年增加13人。全区最高分为实验中学路鹏752.19分。岚山区共有1489人参加高考，本科过线969人，过线率为65.1%。文科最高分582分，理科最高分610分。

【办学条件】 全面改善薄弱义务教育学校办学条件，规划15个“全面改薄”项目，包括14个新建项目和1个续建项目，设计总建筑面积28638平方米，规划总投资4431万元。截至12月底，巨峰镇初级中学综合实验楼已完成工程主体，完成投资750万元；岚山头街道海州湾小学塑胶操场已交付使用，完成投资300万元；虎山镇初级中学整体新建工程，4栋教学楼已完成开槽，包括征地已完成投资1200万元；虎山镇中心小学学生餐厅、艺体楼项目已完成主体建设，包括征地已完成投资1600万元；高兴镇尧王小学食堂和厕所工程已竣工，完成投资72万元；安东卫街道仁家村小学食堂已开槽，完成投资15万元；安东卫明珠路小学报告厅已完工，完成投资50万元；黄墩镇中心小学教学楼项目已完成地槽开挖，完成投资100万元；中楼镇马亓河东小学教学楼续建工程共完成投资680万元，并于8月底交工。

解决“大班额”问题，全区规划了3个解决城镇中小学大班额问题建设项目，其中，岚山区一中启动新建1幢综合楼、1幢教学楼，总建筑面积23500平方米，总投资7800万元，教学楼计划于2018年5月交付使用，综合楼计划于2019年9月投入使用；巨峰镇柳古庄小学于9月开槽动工，实际开工面积4130平方米。为进一步优化城区中学学校布局，彻底清除中小学“大班额”问题，计划在岚山区轿顶山路以南，玉泉三路以西，玉泉四路以东新建玉泉实验中学，项目占地70亩，总规划建筑面积19229平方米，建设费用及内部配套总投资约8000万元，11月启动拆迁。

幼儿园建设落实学前教育第二期三年行动计划，全区投资2542万元，建设9所幼儿园，其中新建5所、改扩建4所，新增建筑面积10310平方米，新增学位1290个。按时完成2所贫困村幼儿园建设。6月，区实验幼儿园、虎山镇中心幼儿园、虎山镇中心幼儿园官山分园、巨峰镇中心幼儿园、巨峰镇中心幼儿园大坡分园、中楼镇中心幼儿园6所乡镇中心幼儿园顺利通过了省级示范性幼儿园验收。至此，全区所有乡镇街道中心幼儿园全部成为省级示范性幼儿园。

【教育科研】 确定为“课程建设年”，稳步推进课程教学改革。2月22日，邀请省教科院首席专家张斌博士，齐鲁名校长、淄博市晏婴小学校长孙镜峰为岚山中小学领导干部、骨干教师近400人做课程建设专题讲座，拉开了课程建设年序幕。全区新申报市级以上课题近百项，其中省基础教育规划课题28个，市规划课题13个，市小微课题46个，区教研室牵头申报了关于改革教师培训模式的研究课题，以期从区级层面创新研训机制，激发研训活力。此外，全区共有119篇论文、76个教学案例在市级评选中获奖。有8门课程在全市第五批优秀校本课程评选中获奖，有7门课程获全市社会主义核心价值观优秀校本课程奖。作为整体教改项目，岚山区新教育实验走在了全市前列，有1个班级获“全国新教育十佳完美教室”称号，8个班级获全市新教育“完美教室”称号，7人获全国新教育先进个人称号，7所学校获全国新教育优秀实验学校称号。区教育局参加全国（北川）新教育实验区工作会议，并作题为《握手十新，提升内涵，推进区域教育高位均衡发展》的发言。

5月4日，召开全区课程建设年推进会，邀请省特级教师、市教科研中心副主任李清季作“课程与育人”专题报告。继续开展“一师一优课、一课一名师”活动，教师全员参与创课、亮课、赛课，促进课堂教学与现代教育技术有机融合，提升自身的专业技能。各校在广泛晒课的基础上认真组织初评，共向区级平台推荐优质课458节。其中，有10节课获得省级“优课”，获奖数量全市第一。

【教育信息化建设】 完成电脑、多媒体平台和网络中心信息化添置，年度各类重点建设项目投入约183万元。第一批省级教育信息化试点学校岚山区第一中学、岚山区实验中学、中楼镇中心小学3所学校顺利通过验收，日照三中、碑廓中学、区实验小学和区实验幼儿园申报为第二批省信息化试点学校。开展全区教育教学信息化交流展示活动，各中小学报送作品通过筛选，共推荐55件参加市级评选。电脑制作评选活动中，2件作品获得国家级一等奖。全区100%的教师和70%的学生在日照教育云平台实名注册，共上传教学资源99756个，理论研究11804篇，上传教学视频8067个，开展课堂评课68次，教师空间建设4714个，学生空间13809个。

【教育扶贫】 实施教育“精准扶贫”，做好免除学前教育保教费和高中学杂费工作，为188名贫困幼儿免除保教费64.12万元；为232名贫困高中生免除高中学杂费31.2万元。做好建档立卡贫困家庭学生补助生活费、交通费工作，办理建档立卡贫困学生的补助费1270人，其中高等教育176人、高职35人、中职171人、普通高中158人、义务教育730人，共计发放生活费、补助高等教育学费423.96万元。做好高等教育阶段贫困家庭学生优先办理生源地助学贷款工作，共办理生源地信用助学贷款1405人，发放助学贷款1097万元。做好工会妇联救助扶贫工作，开展教育系统“爱心两元捐”“爱心一日捐”、金秋助学、“爱心妈妈小屋”等活动，救助贫困职工59名、困难群众3名，特殊困难学生1名，救助资金10.28万元；一对一资助贫困生61名，资助金额4.88万元；举行“岚山斋心慈爱捐资助学仪式”，资助学生104人，资助金额8.32万元。大力推进驻村“第一书记”扶贫工作，为中楼镇于家沟村引进投资190万元，建设“惠丰湖旅游采摘项目”；筹资30万元建设服装加工车间，解决贫困户家门口就业问题。

【队伍建设】 3月，根据日照市第一批次教师资格认定工作公告要求，完成168名初级中学、小学和幼儿园教师资格认定。6月，根据日照市第二批次教师资格认定工作公告要求，完成232名初级中学、小学和幼儿园教师资格认定。

9月前，为进一步提升学校师资水平，切实解决大班额和幼儿园教师短缺问题，全区教育系统共招聘138名中小学、中专教师，30名政府购买服务幼儿园教师。根据《日照市岚山区义务教育学校校长、教师交流轮岗的实施意见》文件精神，共安排151名教干教师参与乡镇（街道）、学校之间挂职、交流。

12月，共有1名教师通过正高级教师评审，58名教师通过高级教师评审，65名教师通过中级教师评审，177名教师通过初级教师评审。

学校选介

岚山区第一中学

【概况】 日照市岚山区第一中学，位于岚山城区万斛路北段，是一所公办全日制高级中学。占地143亩，建筑面积5.4万平方米，按国标配备的图书馆、实验室、探究室18所。教职工230人，其中高级教师61人，有硕士学位的教师16人，市级以上教学能手、学科带头人30人；在校学生2704人，有53个教学班。近年先后被评为全市高中教学工作先进单位、日照市绿色学校、山东省体育传统项目学校、山东省课改定点联系学校、山东省文化名校、山东省规范化学校。

【德育工作】 学校以“为学生终身发展奠基”为宗旨，“以人为本、创新发展”为教育理念，把德育教育、习惯养成、知识传授寓于教学活动之中。4月，举办了经典诵读大赛，由高一、高二36个班近2000名学生参加。5月，举办成人礼仪式，年满18岁的1000多名同学参加宣誓，加入成人行列。9月，举行封闭式新生军训，历时10天，有900名新生参加。12月底，举办了3场迎新春联欢会，50多个班级100多块节目参加才艺比拼。注重学生全面的个性成长，在山东省中小学生校园艺术节舞蹈比赛中获省级二等奖，在山东省中小学生校园艺术节器乐比赛中获省级三等奖。

【教育教学】 学校积极打造“高效课堂”，教学质量稳步提升。6月，907名学生顺利毕业；883人参加高考，本科上线665人，上线率达75.3%；627人升入本科院校，苗力匀、陈志刚等32名优秀学子考入“985”、“211”名校。

【教学科研】 围绕“高效课堂”“有效教学”，积极开展各种形式的教学教研活动。5月，举办全市物理学科教学骨干会商会，30余名物理学科的骨干教师参加了研讨，有5人交流发言，2人展示“示范课”。9月，举办全市高一数学研讨会，130余名教师参加了研讨，有3人讲授研讨课。同月，举办全市高三生物一轮教学研讨会，90余名教师参加了研讨，有3人交流发言，2人讲授研讨课。全年开展“汇报课”“研讨课”等各类公开课达210余节。

鼓励教师承担实验课题，开展课题研究，全校有实验课题市级12个，省级12个，国家级5个（其中结题2个、在研3个），参研教师80余人，形成了科科有课题，人人搞“课研”的浓厚氛围。

【教师成长】 实施“青蓝工程”“名师工程”，开展“拜师学艺”活动。4月，举行高二、高三青年教师座谈会，50余多名新教师参加了座谈；5月，高一历史、地理等学科开展了老教师和新教师同课异构活动，14名新老教师同台竞技；9月，21名青年教师各拜一位市级骨干为师，“一对一”传授教学技艺；期末组织了青年教师汇报课讲课比赛，24名教师参加讲课比赛。通过多措并举，一批中青年教师脱颖而出，滕兆青等6名教师获“日照市高中教学工作先进个人”称号；陈红蕾等6名教师获第七批“日照市教学能手”称号，刘国庆被推选为“山东省中小学幼儿园青年教师教学素养比赛”参赛选手，徐继宏被山东省援疆指挥部授予“援疆支教优秀教师”。

【党建工作】 学校有87名党员，5个党支部。4月，党总支召开“两学一做”动员会，82名党员参会，书记孙金生做动员讲话，“两学一做”逐步落实，“三会一课”规范展开。

8月，设立中共日照市岚山区第一中学委员会，孙金生任党委书记。

9月，补选了第一支部，王振峰当选书记；改选了第三支部，滕玉田当选书记。

开展“主题党日”活动，深入学习贯彻“党的十九大精神”，党委成员包支部，上党课。集中宣讲十九大报告3次，共有500多人次听会，其中入党积极分子和青年教师180多人次参加。集中上党课3次，听课党员240多人次，其中入党积极分子和青年教师150多人次参加。结合“1+1包联贫困户”活动，17名党员干部3次赴中楼镇马家峪、刘家峪、白宫山前等村的贫困户家中，开展帮扶活动，受到当地干部群众好评。

【学校建设】 崇尚“环境育人”，力求“建筑乃文化，草木皆学问”，不断美化教育环境。修剪、修补草坪1.29万平方米，养护花园3处，其中名贵花木20余种，保持三季有花，四季常青。8月，采用爆破方式拆除教学楼一栋。同月，在原址开工建设新教学楼。11月主体竣工。总投资1800万元，建筑面积7600平米，其中教室29个，活动室20个，室内安装全市最先进的多媒体教学一体机。建筑采用装配式，按抗震8度设防；内安中央空调、消防自动喷洒及报警系统。

日照市岚山区实验中学

【概况】 日照市岚山区实验中学是全额拨款事业单位，隶属岚山区教育局管理。位于岚山区文化路366号，占地面积138.65亩，建筑面积3.43万平方米，总投资1.2亿元。工程于2011年1月开工建设，2012年9月全面启用。学校有51个教学班，2600余名学生，教职工191人，其中市级以上的骨干教师10人，区级骨干教师33人。

学校建设依据《山东省普通中小学基本办学条件标准》以及省级规范化学校建设标准，本着科学规划、合理布局的原则，坚持高标准、高规格的建设要求，进行校舍建设和内部基本配套，同时体现岚山教育的特色。学校内部设施配套1千万元，建设了数字化校园。学校实施“绿化、亮化、美化”工程，建设了园林化校园。

实验中学组建以来，全体教干教师团结拼搏，教育教学质量稳步提升，驶入了学校发展的快车道。学校先后获得了全国亿万学生阳光体育冬季长跑活动优秀学校、省级卫生先进单位、市级规范化学校、市师德建设先进集体、市级平安和谐校园、市教育科研工作先进单位、市文化示范学校等43项荣誉称号。2016年中考，实验中学过市重点高中分数线138人，位列日照市乡镇级中学第一。

山东省日照第三中学

【概况】 山东省日照第三中学（简称日照三中），创建于1957年7月，寄宿制普通高中，省级规范化学校。学校占地140亩，建筑面积3.36万平方米，有教学楼1幢，科技楼1幢，艺术楼1幢，体育馆1个和400米标准塑胶跑道，教职工宿舍楼3幢，学生宿舍楼2幢，餐厅楼1幢。有教学班38个，在校生2100人；教职工171人，专任教师学历达标率100%；高级教师47人，一级教师64人；省级优秀班主任1人，市级以上优秀教师、优秀班主任、优秀教育工作者等36人。

教育教学成绩突出，取得了高考本科录取219人的好成绩，被日照市教育局授予“日照市高中教学工作先进单位”称号。

【办学理念】 学校坚持“成人加成才”的办学理念，秉承“严谨治学，诲人不倦”的教风，依靠“精细、有效”的管理工作要求，实施“看得见的德育”工程，实现跨越发展。日照三中继续采取“德育引领、分层教学、多元发展”人才培养战略。高一年级一方面着手注重行为习惯养成教育，通过军训、远足励志、会操比赛等活动，让学生快速适应高中生活；另一方面注重学习兴趣的培养，做好初高中教材衔接，降低教学起点，夯实基础，补足短板；高二年级实施多元发展、分层教学，做到文化课学习和专业课学习并重，在抓好学业水平考试的同时，依据学生的爱好特长，针对性的进行艺术类高考专业学习指导；高三年级分阶段做好专业课和文化课的学习，确保更多的学生专业课和文化课双过线，提高本科录取率。

【文明校园创建】 根据教育部、中央文明办《关于深入开展文明校园创建活动的实施意见》文件精神及市区教育局要求，日照三中制订出创建文明校园具体落实方案，根据细则分解任务进行自创、自评、自查、自改，逐步完善软硬件条件，有重点地开展文明创建工作。同时以创建文明城市为抓手，根据创建文明城市测评体系分工要求积极开展相关活动，落实单位创城任务，并按要求及时提报相关测评材料。文明校园的成功创建全面提升了校园精神文明水准，扎实推进了学校精神文明建设，学校办学水平再上新台阶。

【德育建设】 学校制订了《日照三中德育课程纲要》，大力实施全员育人工程，从一日常规抓起，提高学生品德修养，取得校风严谨、校貌朴实的良好成效。结合新版《中学生守则》，组织学生学习并认真执行，并号召学生做文明学生、文明三中人。通过学科德育工程的推进，使学生节节受教育、天天有进步。利用国旗下讲话、召开班会等机会，向学生讲解校园文明交往等各项校园规范。学生会自主管理与班主任无缝隙管理相结合，学校领导每天带班值班，做到大门口、餐厅、公寓楼时时有人管、处处有人负责。

【教育科研】 积极开展校本研训活动，搭建教师个人专业成长及展示平台，促进教师专业素质和教师工作的积极性提高。通过开展“常规管理提升月活动”，努力推进教学规范化、精细化，提高教师教育教学质量。共有5名青年教师获公开课奖，40名教师获优秀教案奖，10个教研组获优秀组织研训活动奖。为教师提供各种校内、外培训机会，共组织教师外出培训学习达280余人次。

发挥学校骨干教师的传帮带作用，积极开展“骨干教师示范课”。定期开展“新教师汇报课”“青年教师公开课”“实验教学公开课”等校本研训活动形式，研训结合，提高青年教师业务能力。共举行各类公开课32节，要求本学科教师、关联学科教师、教龄未满3周年的教师必须参加听课。

【教师队伍建设】 坚持以《中小学教师职业道德规范》为准绳，建立师德个人档案，定期不定期组织教师认真学习师德规范。严格教师考勤，签订禁止有偿家教承诺书和落实“三严三实”杜绝不作为问题责任书，提高教师自身素质，规范教师言行举止，注重师德修养。积极组织青年教师参加网络文明志愿服务活动。

制定并全面实施《日照三中班主任例会制度》，定期安排优秀班主任通过例会平台，交流班级管理的心得体会。组织召开班主任专题会议6次，外派18人次班主任参加各级各类培训，各年级继续实行班主任周例会制。

【平安校园建设】 聘请法制副校长对学生进行法制教育。实行大星期节假日开学到校人数上报制度、学校封闭式管理下严格的请假制度，确保学生来校家长知情、学生离校班主任知情。各班级成立了微信群，方便了学生与家长的联系，构建起校园安全的防线。

各班利用主题班会讲解防火、防震常识，每月一次学生公寓楼消防安全疏散演练或防震疏散演练，进一步提高了全校师生的安全自救能力。学校定期开展管制刀具的收缴专项整治活动，平时进行隐患排查，建立台账，做到及时整改、消除隐患。由于制度落实到位，管理扎实，学校安全责任事故为零，学校被日照市教育局授予“全市学校安全工作先进单位”荣誉称号。

【后勤制度建设】 完善财务管理制度和物资管理体系，规范了公物出入库管理制度，完善了公务管理制度，落实了工作派遣制度和购物审批制度，补充完善了餐厅管理的各项规章制度和档案建设，实现了后勤管理制度化、规范化。

加强安全检查和维修改造工作，总务处会同安保科对校舍、设施每月一小查，每学期一大查，认真排除安全隐患，做到了及时维护、维修。加强对学生餐厅食品卫生安全工作的管理，规范了进货、台账、索证管理，强化日常的留样管理，并定期组织学生给餐厅提意见和建议。

【党建工作】 严格落实中央八项规定，认真形式展“三严三实”教育活动，注重加强领导班子和教职工作风建设，定期学习中央八项规定精神；加强校务公开、党务公开，把教职工关心的热点、难点、焦点问题作为公开内容，重点解决；严格财务纪律，规范收费和支出行为，“三公”经费使用情况及时上传平台；严格落实党风廉政建设主体责任，实行领导带头、一岗双责。

岚山区实验中学

【办学理念】 学校坚持“理念引领，文化奠基，课程保障，机制创新”的发展策略，以“博学日新，德美天下”为校训，以“成就师生炫丽人生”为宗旨，引领教师“博取精修，博育善导”，体验教育幸福，引领学生“博闻广趣，博知乐行”，促进学生生动活泼地发展，逐步形成了学校办学思想体系。以规范办学行为为切入点，扎实推进素质教育；以提高教育教学质量为核心，全面提高学生的综合素质；以“让学生快乐成长，让家长放心，让社会满意”为承诺，全面提升管理水平；以“全线抓管理，重点抓质量，突出抓课改，关键抓课堂，科学抓评价”全面提高教育质量；以“高效快乐课堂”为主阵地，全面提高教学质量，实现学校的和谐科学发展。

【师生队伍建设】 学校共有51个教学班，2600余名学生，教职工191人，其中市级以上骨干教师10人，区级骨干教师33人。学校教师本科达标率97%，其中研究生8人。高质量组织开展各种研修活动。课题研究向内涵发展，被教育部教师发展基金会确定为校本建设实验单位，被山东省教科所确定为校本教研先进单位，“以校为本的课程资源开发”重点研究基地，课程整合重点研究基地，山东省教育信息化试点单位，山东省翻转课堂实验基地。省级课题结题3件，市级课题结题6件，区级课题结题1件。有正在研究中省级课题3项、市级课题5项、区级课题4项，全年参与课题研究的教师100多人。有90余人次参加了各级各类培训活动。

全校660名毕业生中，中考700分以上11人，600分以上141人。其中，路鹏同学752.19分，获全区第一名、全市第二名。音体美特长生日照一中过线2人，岚山一中过线23人。过市重点线599分141人，被日照一中录取87人，被岚山一中录取210人，被日照三中录取120人。

【校园安全建设】 将创建平安和谐校园工作列为学校头等大事，与学校德育工作紧密结合，坚持以防为主，积极开展各类安全知识培训、教育活动，落实各项防卫措施，制定了重大安全事故各项应急预案，使创安工作得到全面、深入、有效地开展。

建立安全保卫工作领导责任制和责任追究制。由学校党总支书记、校长负责，将安全保卫工作列入各有关处室的目标考核内容，并进行严格考核，严格执行责任追究制度。

学校与处室和班主任层层签订责任书，明确各自的职责。与学生家长签订了安全责任书，明确了家长应做的工作和应负的责任。将安全教育工作作为对教职员工考核的重要内容，实行一票否决制度。

建立学校安全保卫工作的各项规章制度，建立健全定期检查和日常防范相结合的安全管理制度，以及学生管理、门卫值班、巡逻值班、防火防灾、食品卫生管理等规章制度。严禁私自组织学生集体服用药品和保健品、参加商业性庆典活动、从事不符合国家有关规定的危险性工作，严禁教师个人利用假期（日）私自带学生外出。对涉及学校安全保卫的各项工作，做到有章可循，违章必究，不留盲点，不出漏洞。

【加强德育建设】 以活动为载体，落实德育实效。各种运动队、学生社团活动开展正常，管理规范有序，良好体现了学校“六艺竞彩”的办学目标。

年内，学校在全区阳光体育运动会上获得总分第四名，全区田径运动会获得总分第三名，日照市青少年排球锦标赛第二名，日照市青少年排球锦标赛男子初中组第三，日照市青少年排球锦标赛“体育道德风尚奖”，全国青少年足球特色学校，岚山区中学生篮球联赛初中组男子第四名，日照市青少年赛艇锦标赛第三名，日照市输送体育后备人才突出贡献奖，岚山区中学生经典诵读一等奖，日照市中学生经典诵读三等奖，日照市国防教育知识竞赛二等奖。在全区文艺大赛上均取得优秀成绩。

【后勤保障建设】 学校以“加强后勤保障体系建设，推进精细化、专业化、智慧化服务，全面提升学校后勤保障能力和服务水平”为目标，扎实做好各项基础性后勤保障工作。在饮食服务方面，着力于“安全、实惠、营养、美味”的八字经营方针，以食品安全为关键点，严格规范操作流程，强化服务质量，建立了食品原材料检测室，从源头上严把食品安全关；成立了技术研发组，开发新菜品，改善伙食结构，降低伙食成本；开设了特色菜窗口；建立了质量与价格综合评标体系；开通了透明食堂，接受实时监督；修订了毛利率核算标准，控制成本，确保饭菜质量、价格的稳定。在教学楼管理方面，着力于“安心工程、温馨工程、成长工程”三项工程建设，以安全稳定为基本点，抓好日常服务、巡查、保洁和值班工作，为学生提供一个安全卫生、温馨舒适的学习生活环境；在水电保障方面，以运行安全为支撑点，抓好设备的巡查、维护、更新和调试工作，满足日常教学和师生生活需求。在物业管理方面，以构建优美环境和和谐校园、社区为出发点和落脚点，抓好校园保洁、绿化、卫生防疫等工作；创新维修服务模式，实行四班三运转的工作制度，保证维修岗位24小时有人值守，确保维修的时效性；强化物业服务监管机制，使物业管理由粗放型向精细化方向发展。

【加强党建工作】 健全了基层党组织机构，调整了总支及支部机构设置，配齐了党组织成员。

建立了政治学习制度，重点学习中央八项规定、习近平总书记一系列重要讲话精神和中共十八届六中全会精神，做到了集中学习和分散学习相结合，人人有学习笔记，有心得体会。

健全了以民主集中制为主要内容的有关规章制度，坚持重大问题由党组织或教代会讨论决定，坚持了每季度一次的民主生活会。

做好了干部聘任和考核工作、党员民主评议工作，支部战斗堡垒作用和党员先锋模范作用得到了进一步体现，积极要求进步的积极分子大量涌现，有2位积极分子被吸收为中共预备党员。

日照市海洋工程学校

【概况】 日照市海洋工程学校是日照市岚山区唯一的一所普通中等专业学校，隶属于岚山区政府管理，面向全市招生。学校实行“三校合一”体制，与中共日照市岚山区委党校、日照市岚山技工学校合署办公。学校独立校区占地10.67公顷，建筑面积6.5万平方米。另有汽修实训基地占地约0.67公顷，建筑面积2000余平方米。设办公室、总务与安全保卫处、教务处、学生管理处、招生就业指导办公室、培训处、网络信息中心、督查室8个职能处室和机电化工系、财经信息系、高职升学部3个专业系部，开设机电技术应用、会计电算化、计算机平面设计、物流服务与管理、汽车运用与维修、化学工艺、电子商务、港口机械运行与维护、社会文化艺术等9个专业，拥有电工电子、焊接、物流、汽修、机械加工、会计电算化、会计手工、化工等30多个实验实训室，实训设备总值达1500多万元；学校有53个教学班，在校生2152人，教职工157人，其中专任教师135人，专业教师87人，“双师”型教师72人，具备讲师以上职称50人。年内顺利通过全省第二批规范化中等职业学校建设工程项目验收，获全国新教育实验优秀实验学校、全国国防教育特色学校、日照市五一劳动奖状、日照市五四红旗团委、日照市信息化教学先进单位、岚山区教育管理先进单位等荣誉称号。

【师资培养】 努力为每一位教师提供“没有天花板的舞台”，提升学校的办学水平。积极改善教学条件，为教师教学水平提升提供保障。投资38.6万元建设信息化教学录播室，投资25.8万元建设了数字化教学资源平台；在每个教室安装了多媒体教学设备，全部配备电子白板教学系统；设立信息化计算机教室10个，共配备计算机652台，其中学生用计算机499台，1台/5人；教师用笔记本电脑160台，1台/1人；各专业均有专用实习实训室，全部配备多媒体教学设备，满足教育教学需要。积极组织教师培训，鼓励教师钻研业务，提升教学效果，同时，通过“传、帮、带”等方式促进青年教师专业成长。学校共组织教师参加省级培训12人次、市级训培60人次、信息化专项培训20人次，校级培训达到360人次。同时，以信息化教学大赛为抓手，不断强化信息化教学理念，在2016年的信息化教学大赛中，学校获省二等奖2项、省三等奖1项，市一等奖2项、市二等奖3项、市三等奖3项；在中等职业学校“创新杯”信息化教学说课大赛中，学校获国家二等奖2项、国家三等奖1项，省一等奖3项、省三等奖1项；在全市公开课评选中，学校获一等奖6项、二等奖7项、三等奖4项。同时，在中国职业技术教育学会举办的教学改革与教材建设课题申报中，学校的《液压与气动课程》入选省精品课程，学校1名教师代表全区参加日照市“技能之星”职业技能大赛获一等奖第一名，并获市技术能手、市五一劳动奖章荣誉称号。

【学生培养】 学校秉持“本色做人、出色做事、特色发展”的培养目标，着力培养具有良好职业道德、较强专业技能和适应能力的高素质技能型人才。创新德育工作，把学生的思想品德和职业道德教育放在教育教学工作首位。学校先后开展了“感恩”系列主题教育、“道德讲堂”、“经典文化诵读”、国旗下演讲、“晨读时光”等活动，努力打造校园文化活动平台，从理想信念、职业道德、发展观念加强对学生的文化浸染、熏陶和灌输；通过组建的阳光Smile志愿服务队，组织学生参与中国海钓盛典、区人民医院志愿引导、“礼让斑马线　我为你点赞”文明劝导、多岛海志愿服务等活动，培养学生的志愿服务精神；通过组织芬芳艺术社团、百花手工社团、青春书画社团和各类专业兴趣小组，丰富学生的业余生活，同时增强学生的自我管理能力。学校有1个班级被评为市级优秀班集体，1名学生被评为市级优秀学生干部，5名学生被评为市级三好学生；在山东省职业教育宣传周海报创意设计大赛中，1名学生获一等奖、2名学生获二等奖、2名学生获三等奖；在全国中等职业学校“文明风采”竞赛中，1名学生获视频类赛项优秀奖。

以技能大赛为抓手，提升学生专业技能水平，分专业成立了兴趣活动小组，引导师生利用课外活动时间互动比赛，达到以赛促练的目的。学校有3名学生在“物流传奇全国邀请赛”中获三等奖，2名学生分别在全市职业技能大赛中获影视后期制作赛项获二、三等奖；1名学生获工业CAD赛项三等奖；一个团队获得市职业英语技能大赛一等奖，并继续在省职业英语技能大赛获得第二名。同时，全国最美中职生、2014级物流班牟钊龙同学毕业后被岚山一家德资企业聘用并选派赴德国进修三年。学校体育代表队获日照市中学生运动会中职组团体总分第一名，高中段团体总分第三名。

【合作办学】 积极探索合作办学模式，与高校、企业对接合作办学事宜，提升学校综合实力。自2014年开始，学校探索与日照职业技术学院联办了化学工艺“三二连读”五年制高职大专班，拓宽了毕业生继续升学深造学习渠道。与潍坊职业学院签署联办汽车运用与维修、化学工艺、机电技术应用3个专业“三二连读”五年制高职大专班协议，与山东理工职业学院签署联办电子商务、计算机平面设计、会计电算化3个专业“三二连读”五年制高职大专班协议，与山东水利职业学院签署联办物流服务与管理专业“三二连读”五年制高职大专班协议，共同构建深度合作的课程体系，有效促进优质教学资源共享，拓宽学生升学渠道。积极拓展校企合作。根据专业需求分别与岚山港务有限公司、山东岚桥集团、日照双驱机械制造有限公司、华仁药业（日照）有限公司、山东鲁圣集团等30多家市、区重点企业建立了校企合作关系，定期组织学生赴校外实训基地参加阶段性实习和顶岗实习，共享实训资源，增强学生岗位适应能力。

【升学就业】 学校本着“高考抓成绩、就业抓技能”原则，有针对性地开展教学任务，确保升学就业双提升。在升学方面，认真组织春季高考“知识+技能”考试。根据春季高考考试大纲、考试政策，制定周密的高考辅导方案，强化教学管理，保证教学效果。学校共有109名学生参加山东省高职院校单独招生和春季高考，其中有58名同学顺利通过单招考试升入高职院校，51名同学参加春季高考，3名同学被本科院校录取，48名同学顺利升入专科院校，升学率100%。在就业方面，进一步加强就业指导和服务工作，全面提高毕业生就业安置工作。学校共有毕业生566人，就业人数551人，就业率97.35%；对口就业人数465人，对口就业率84.39%。从专业情况来看，财经商贸类毕业学生141人，就业学生人数134人，专业就业率95.04%，对口就业人数124人，专业对口就业率92.54%；加工制造类毕业学生229人，就业学生人数229人，专业就业率100%，对口就业人数212人，专业对口就业率92.58%；石油化工类毕业学生29人，就业学生人数29人，专业就业率100%，对口就业人数13人，专业对口就业率44.83%；交通运输类毕业学生人数56人，就业学生56人，专业就业率100%，对口就业人数25人，专业对口就业率44.64%；信息技术类毕业学生111人，就业人数103人，专业就业率92.79%，对口就业人数91人，专业对口就业率88.35%。

卫生计生事业

【概况】 岚山区区卫生和计划生育局（挂区中医药管理局牌子）设7个职能科室，分别是办公室、人事财务科、政策法规宣传科（挂综合监督科牌子）、疾病预防控制科（挂卫生应急办公室牌子）、医政医管科（挂妇幼保健与科教科牌子）、基层指导科（挂计划生育服务科牌子）、中医药管理科。在编人数35人。

区卫计局被省人社厅、省卫计委、省公务员管理局、省中医药管理局联合表彰为全省卫生计生系统先进集体，被区委、区政府表彰为全区目标管理绩效考核优秀单位，获得全区创建全国文明城市工作突出贡献奖，区卫计局、区人民医院、区疾控中心、区卫生监督所、岚山头街道、安东卫街道社区卫生服务中心被区委、区政府表彰为全区国家卫生城市复审工作模范集体，区人民医院、虎山卫生院、高兴卫生院、巨峰中心卫生院被区委区政府表彰为全区创建全国文明城市工作先进单位，碑廓中心卫生院、巨峰中心卫生院被区委、区政府表彰为安保维稳工作先进集体。巩固省级文明单位创建成果，区卫计局顺利通过了省级文明单位复审，区人民医院、区疾控中心、碑廓中心卫生院、高兴卫生院争创了市级文明单位，黄墩中心卫生院、巨峰中心卫生院争创了区级文明单位，虎山卫生院通过了市级文明单位复审，区卫生监督所、区妇保计生中心、岚山头社区卫生服务中心通过了区级文明单位复审。

【医改工作】 一是综合改革取得新进展。深入推进公立医院综合改革，区人民医院、区妇保计生中心全面实行公立医院法人治理结构，构建起内部激励机制和外部监督制约机制。二是探索建立“医共体”模式。8月初，区人民医院和6处乡镇卫生院、2处社区卫生服务中心组成以医疗服务和医疗技术为纽带的医疗共同体。同时成立区人民医院巨峰分院，打造全区医疗服务次中心，辐射带动北四镇医疗服务能力提升。三是巩固和完善了基本药物制度。对纳入省级平台的药品器械以及医疗设备等招标采购，安排由“医共体”牵头单位区人民医院承担，更好地为各基层医疗机构提供药品和医疗耗材方面的服务。四是建立绩效考核激励机制。制定出台了《岚山区基层医疗卫生机构绩效考核指导意见》，充分调动医务人员工作积极性，提高服务质量和效率。

【公共卫生工作】 一是基本公卫工作有序开展。深入推进“基本公共卫生服务项目规范管理年”活动，联合区财政局出台新的基本公卫绩效考核办法，聘请第三方对各基层项目执行机构进行了严格考核，把考核结果与公卫资金拨付相挂钩，奖优罚劣，大大的促进了全区基本公卫水平的提升；加快推进首诊在基层的分级诊疗制度落实。在各乡镇街道全面开展家庭医生签约服务工作，共与78292名居民签订服务协议，其中867人签订有偿服务包，让居民了解并逐步接受这种新型的医疗卫生服务模式。全区共建立城乡居民电子健康档案34.39万份，电子建档率85.20%；已对全区3.59万名65岁以上老年人进行了健康管理，随访0~6岁儿童2.55万人，孕产妇早孕建册7443人；累计管理高血压患者3.19万人，管理糖尿病患者1.11万人，管理率分别达到40%和30%。二是做好重大公卫妇幼项目。全年累计发放叶酸8623瓶，2239人次；发放分娩补助4623人，144.7万元；完成新生儿疾病筛查4676人，发放补助资金70.14万元；全面推进农村妇女“两癌”免费筛查工作，共筛查8146人；完成孕检3578对，婚检1941对，婚检率92%。全区第16轮“复明工程”共完成手术676例。

【人口和计划生育工作】 扎实做好全面两孩政策实施工作，进一步加大出生人口性别比综合治理力度。全区共出生8584人，出生率为19.62‰，自然增长率为13.50‰，出生人口性别比为106.05，各项指标均控制在市下达的责任指标范围内。全年共办理一孩、二孩生育登记9214例，三孩再生育审批158例，全部在法定时限内办结。全年救助贫困大学生16人，救助计划生育特殊困难家庭共151人。狠抓计生服务管理，成功创建为“全省计划生育药具管理示范区”，虎山镇和巨峰镇成功创建为“市级计划生育药具管理示范站”。

【基层医疗服务工作】 聚力实施“三招三引”，努力实现服务质量更安全，服务能力上水平。在区级，不断加强区人民医院重点科室建设，加大人才招引力度，妇幼保健楼开工建设；区妇幼计生中心门诊病房综合楼于11月份搬迁启用。在镇级，以“创建群众满意乡镇卫生院”为抓手，开展医疗质量核心制度落实年活动，加强与上级医院技术合作，完成黄墩、巨峰两处“国医堂”建设任务，实现“一院一品”，各基层医疗卫生机构医疗技术水平进一步提升，岚山头街道社区卫生服务中心争创为“全国优质示范社区卫生服务中心”，中楼卫生院争创为“全国群众满意乡镇卫生院”。在村级，完成全区最后60处村卫生室标准化建设。加强卫生专业技术人才引进和培训力度，全年共招聘各类专业技术人员123人，其中研究生5人。巩固农村“网底”，招聘乡医33人充实到村卫生室，全年举办乡医业务培训班6期约600余人次。联合区总工会举办全区首届中医药适宜技术竞赛，全面提升基层医疗机构中医药服务能力。

【疾病预防控制工作】 一是强化免疫规划管理。制定二类疫苗采购制度，实现疫苗温度储存、运输全程监控。全年全区扩大免疫规划疫苗共计接种11万人次，疫苗全程接种率保持在95%以上。二是加强重点传染病防控。开展了H7N9流感、结核病、艾滋病等重点传染病防控工作，规范疫情报告，共报告法定传染病20种1288例，发病率10万分之313.98，无重大传染病暴发流行。三是做好严重精神障碍患者服务管理工作。坚决贯彻上级要求，加强部门协调联动，明确职责分工，实行责任包干，确保不发生影响安全稳定的事件。四是积极推进实验室改扩建项目。完成区疾控中心首批实验室设备招标采购工作，采购设备62台，合同金额305.85万元，实验室改扩建项目开工建设。五是做好慢病防控和涉企服务。开展了碘缺乏病监测行动，完成学生健康查体3.2万人、公共场所卫生监测273家、生活饮用水检测321份；为35家厂矿企业开展职业健康查体6729人次，为宾馆、饭店、商场等从业人员办理健康证1.4万个。六是完成国家“人体生物监测”项目。在3个村居按年龄、性别分层随机抽取3~79岁常住居民144人作为调查对象，顺利完成国家级监测任务目标。

【依法行政工作】 加快推进区卫生计生执法监督信息平台建设，投入5万元配备配齐执法记录仪，手持执法移动终端稳步推进。全年立案查处“两非”（非医学需要的胎儿性别鉴定、非医学需要的人工终止妊娠）案件4件、非法行医12件、传染病防控案件14件、公共场所无证经营9件、生活饮用水案件1起。结合文明城市创建活动，规范“四小行业”（小旅店、小浴室、小美容美发店、小歌舞厅）行为，累计出动执法人员510余人次，督导检查“四小行业”342家，下达监督意见书422份，免费发放皮肤病专用工具箱144个。

科学技术

【概况】 岚山区科技局为区政府组成部门，与区科协合署办公，主要承担科技、科协、地震、知识产权等工作职能，下设办公室和科技地震科2个行政科室，下属区知识产权局和区科技馆2个全额拨款事业单位，有在编在岗人员14人，其中行政编制5人，事业编制8人，行政工勤1人。被省知识产权局表彰为“全省知识产权系统先进集体”，被省科协表彰为“全省优秀科技调查站点”，被市文明委表彰为“市级文明单位”；协助区政府成功创建了“全国茶叶标准化示范县”。

【创新环境】 牵头修订《岚山区招科引技考核办法》《岚山区科技创新扶持政策》《岚山区科技成果转化风险补偿资金管理办法》《岚山区知识产权质押融资风险补偿资金管理办法》等文件，进一步优化创新政策环境。认真落实《岚山区科技创新扶持政策》，对引进技术、科研平台、研发投入、高新企业、发明创造等创新活动给予补助奖励，兑现区级科技扶持扶持资金550.34万元。顺利完成全区第十届科技进步奖评审，评选表彰优秀科技成果19项，奖励资金21.5万元。

【高新技术】 全区新增高新技术企业5家，分别是金石沥青、赛立德、圣安泰、晨晖橡胶、森博生物。全区实现高新技术产值32.7亿元，同比下降27.88%，占规模以上工业总产值的比重为3.25%。全社会研发投入达10.75亿元，同比增长94.7%，占GDP的比重达1.99%，同比提升0.82个百分点。

围绕产业和企业技术需求，瞄准行业领域高端科研院所和科技型企业，全年引进先进技术44项，包括引进专利13项，技术入股3项。其中，山钢日照公司引进法国普瑞特冶金公司、德国西马克公司先进技术4项，交易额256万欧元；日照钢铁引进先进技术5项，交易额达1.9亿元；金星农业引进南京农业大学先进技术8项，交易额达400多万元。

【科研及服务机构建设】 新建省级科研平台10家、市级科研平台13家，其他科研服务机构22家。其中，鲁圣电气设备公司被认定为山东省柔性输变电设备示范工程技术研究中心，万泽丰渔业被认定为山东省冷水鱼繁育工程技术协同创新中心，新建山东圣克莱尔新能源研究院、日照海洋牧场智能化技术研究院。御园春茶业与浙江大学共建北方茶树育种研发中心，金水源食品与中国海洋大学共建日照经济海藻工程技术中心，山东博创知识产权服务有限公司在岚山区设立了分公司。

【知识产权】 全区申请发明专利121件，授权发明专利31件，有效发明专利达87件，万人拥有发明专利达2件。获市专利奖2项、市科技进步奖4项。

【科技合作】 持续深化与中科院、中茶院、浙江大学、中国海洋大学、中国石油大学、青岛科技大学等的科技合作，积极开展“走出去、请进来”，先后开展外出招科引技20余次，邀请各产业领域专家到岚山区考察30余批次。

4月，区政府与中茶院签署“全国茶叶科技示范县”共建协议，双方将在新产品研发、新技术应用、质量安全检测、标准化建设及人才培养、品牌培育、职业技能鉴定等方面进行深入合作，不断实现优势互补，合作共赢。

6月，举行“茶叶科技示范县”揭牌暨招科引技项目集中签约仪式，双方联合共建“茶叶科技示范县”“全国茶叶标准化示范县”。岚山区淞晨茶业、御园春茶业、盛华茶业机械、乡村之光农业科技有限公司4家企业与中茶院达成具体科技合作，签约引进茶叶精深加工、茶叶复干机研发、茶叶跨界应用技术等3项技术成果，合作共建江北茶叶机械技术开发中心、日照绿茶精深加工技术开发中心、日照茶资源跨界应用技术开发中心、岚山茶叶质量安全检验检测点4家科研机构，引进了中茶院唐小林高层次创新团队1个。

11月，中茶院到岚山区举办全国第七期茶园管理师培训班。岚山区被中茶院、全国茶叶标准化委员会联合认定为“全国茶叶标准化示范县”，名列全国首批三处茶叶标准化示范县之一。

【科协工作】 成功举办岚山区第十一届青少年科技创新大赛，有32件作品在全市青少年科技创新大赛获奖。组织开展青少年科普报告百校活动，邀请省科普专家在有关中学校举办科普报告10场。在巨峰中学建立全区第一家省级校园流动科技馆，配备“3D打印机”等展品36件。2名科技工作者获得日照市青年科技奖，16篇优秀科技论文获得市级表彰。组织“科技活动周”“科技工作者日”等活动，顺利完成“科技工作者需求状况调查”任务，被省科协表彰为全省优秀科技调查站点。

【防震减灾】 3月，岚山区官山测震台正式试运行，与省市台网和区地震监测中心实现了互联互通，为全区地震监测提供了保障。

8月，岚山区安东卫街道明珠路小学被省地震局、省教育局、省科协命名为山东省地震科普示范学校，全区省级地震科普示范学校数量达到6所。

9月，区科技局通过政府集中采购方式，委托北京中科光大自动化技术有限公司对区地震骨干观测井设备进行了更换，完成了骨干井升级。

11月，区政府办公室印发《关于印发日照市岚山区地震应急预案的通知》，标志着岚山区地震应急预案正式修订完成。

文体·旅游·广电

WENTI LVYOU GUANGDIAN

文体和旅游

【概况】 日照市岚山区文化体育旅游局机关下设办公室、文化科、体育科、旅游科4个科室，下辖文化馆、图书馆、博物馆、旅游管理办公室、体育运动学校5个事业单位。共有在编人员26人，核定公务员编制6人，实有9人，其中3人离岗；行政工勤1人，实有1人；核定事业编制16人，实有16人；副科级以上干部9人，其中党组班子成员5人，党总支部1个，党员19人。区文体旅游局紧紧围绕“旅游富市”重大战略部署，牢固树立“干则一流、出则精品”的工作理念，积极构建“文化+旅游”“体育+旅游”的旅游大格局。共接待游客328.7万人次，实现旅游消费总额8.9亿元，分别同比增长29.1%和31%，被评为“全国群众体育先进区”。

【基础设施建设】 投资2000余万元，新建和改造文化基础设施建设，形成区文化中心为引领，乡镇、村居综合性文体中心全覆盖的文体设施网络。完成图书馆家具、智能化设备、图书采购工作。完成全民健身广场的建设工作。积极推进环海州湾海陆游憩带旅游配套设施建设，完成从海滨路老码头处至海州路渔村古寨旅游道路的拆迁清点评估、施工图设计、工程量清单和控制价编制工作。建设20处游客服务中心，完成20座旅游厕所建设工程。完成7个重点项目旅游规划，实现A级景区无线网络全覆盖，实现智慧旅游新突破。完善景区公交系统，实现景区公交全覆盖。

【特色旅游项目】 充分发挥“海、茶、山”旅游资源优势，集中力量推进了一批特色鲜明、影响力大的拳头产品，努力让游客来岚山有“看头”、有“奔头”。全年共完成投资13.509亿元。拳头项目带动：万泽丰海洋牧场完成投资1.7亿多元，投放人工礁体36万空方，建成“海上牧歌”大型旅游垂钓平台主体。顺风阳光海洋牧场投资4000余万元，升级完成画舫海鲜专吃馆、环幕影院。岚山区巨峰镇被住房城乡建设部公布为第二批中国特色小镇，“百里绿茶长廊”沿线已形成，碧波山庄茶文化风情园、淞晨茶文化园、四季茶园休闲会馆等六大特色景点，全域旅游格局初步形成。特色旅游项目开发：“钢铁是怎样炼成的”项目已与山东钢铁冶炼基地、日钢ESP项目，打造新型观光体验类工业旅游项目，与日照钢铁集团达成初步合作意向。岚山航空小镇项目完成投资5300万元，完成飞机跑道和停机坪铺设，铺设面积约5.2万平方米，具备飞机起降条件。成立了日照市岚山通用机场有限公司负责投资建设和运营。重点项目规划：南部滨海大型旅游综合体概念性规划已完成第二次评审，岚山渔村发展策划及概念性规划已编制完成，日照茶香慢城详细规划、碑廓新故里详细规划等重点项目正在进行科学策划。

【招商引资】 新招引旅游项目8个，其中新开工建设旅游项目7个，新注册旅游项目1个，总投资5.4亿元。新开工建设旅游项目包括惠风湖旅游开发项目、金果旅游开发项目和茶叶饮料等，到位资金8655万元。其中，惠风湖旅游开发项目主要打造休闲度假中心、垂钓平台、采摘园、健身项目等内容，完成投资1608万元；金果旅游开发项目规划建设苗木种植、农事体验、休闲居住于一体的乡村旅游区，投资650万元，完成环山路路基建设；茶叶饮料项目位于巨峰镇石桥村，主要生产绿茶饮料、果醋等旅游特色产品，完成投资2888万元推进厂房等基础设施建设。新注册旅游项目有生态汽车文化主题公园项目，生态汽车文化主题公园项目由山东百奇体育旅游文化传播有限公司投资建设。

续建类旅游招引项目7个，完成到位资金6.1亿元。其中旅游产品研发储运基地完成投资5.1亿元，主要进行物流配套设施和酒店建设；龙桂旅游开发项目完成投资3030万元，正在推进果树种植和塘坝等基础设施建设。

【旅游宣传营销】 围绕“黄海明珠”“绿茶之乡”“海钓天堂”“钢铁之城”四张岚山旅游形象名片积极开展宣传营销。通过开展第三届祭海民俗文化旅游节、圣公山庙会、第七届“闹春牛”活动、《谁是大明星》岚山区系列专场、岚山区“港城之夏”、第三届中国日照海钓节等节庆活动吸引大批外来人员，在办好活动的同时宣传了岚山、推介了岚山。通过承办日照市青少年排球锦标赛、日照市第十届太极拳比赛、日照市第三届老年人运动会、中国日照第三届海钓节等大型比赛对外宣传岚山。积极引导企业充分利用网络平台、冠名赞助等方式，开展精准营销。比如，祥路碧海生态茶园不仅把广告做到了山字河机场的登机牌上，还冠名日照茶博会茶艺大赛，赞助“有一说一”栏目。采取“走出去，请进来”的推介营销手段，积极参加临沂“旅游产品”推销会、组织苏北等地千家旅行社到岚山开展共推岚山旅游营销活动。同时，邀请外地旅行社、投资商等来岚山了解市场，加强沟通，加强沟通合作。

【旅游安全监管】 重点在食品卫生、消防、景区道路交通、海上交通、大型游乐设施等重点领域和事故易发多发领域开展旅游企业安全整治。年初，与主要涉旅企业签订《安全责任书》。结合旅游旺季到来特别是旅游电视问政后，进一步健全了安全管理制度，完善突发事件应急预案。结合创建全国文明城市，出动旅游行业联合检查10余次，开展旅游秩序整治行动，严厉打击虚假宣传、非法导游、餐饮卫生不达标等违法违规行为，加强在重点领域和事故易发多发领域开展旅游企业安全检查整治。

【基层文化队伍建设】 为满足基层群众多层次、多样化的基本公共服务需求，全区实现基层公共文化服务标准化、均等化。各镇办文化站全部配齐两名工作人员，重点社区配备专职文化管理人员，成立了文化活动队伍，做到了文化设施有人管、文化活动有人抓。挖掘基层活跃的文艺力量，成立具有乡土特色的庄户剧团和业余表演团队。新建18支庄户剧团和业余表演团队，目前全区80%以上的社区有业余文化队伍，以戏曲、腰鼓、秧歌、舞龙舞狮、各类演唱团体为主，近100支、3000余人。在重点社区组建了管理服务队伍、广场舞队伍、戏曲爱好者队伍、书法美术爱好者队伍、读书（科普）爱好者队伍和志愿服务队伍“六支队伍”。招募文化志愿者，建立“文化人才信息库”，把优秀文艺人才吸收到各文艺团体中来。岚山区创新实施了选拔老干部志愿者到文体队伍中来，各镇办综合文化站成立老干部文体志愿者工作室，统一名称和标识，由文化站和老干部办公室统一组织、管理。各镇办老干部文体志愿者工作室加强对文体志愿者的宣传教育和业务管理，为开展志愿服务提供必要的物资支持和设施保障。至年底，全区文化志愿者500人、文化社会辅导员200人，文化志愿者成为基层文化建设的骨干力量。5月份开展“群众文化公益培训月”活动，开展培训项目20个，走进30余个社区，举办培训班次50期，培训文化骨干2000人次。同时，通过举办农民艺术节、社区健身大赛、书画展等形式，以演代训，提升基层文艺水平。岚山顺风阳光海洋牧场承办全区广场舞邀请赛，20余支代表队、800余人参加了比赛。

【优秀传统文化保护和传承】 加强文物保护工作，完善文物监管保护网络，全区所有文物保护单位保护状况良好。申报了2017年尧王城安防项目资金。每月开展一次文物安全大检查，重在“清剿火患”，确保文物安全。9月5日迎接了省文物局副局长孙世勤同志到岚山区就部分文物安全状况进行初步检查验收，多次联合消防大队定期开展文物消防安全大检查，申报省级文物保护单位项目补助。划定市级文保单位保护范围。按照标准保护好非遗项目，重点开展传习展示场所建设和传承人队伍培育。与教育局开展了非遗进校园活动。在岚山头中学开设岚山号子培训班。组织高兴线狮参加第八届中国少年儿童合唱节、文化遗产日等各类市级及以上文化活动，取得良好反响。组织开展碑廓镇第十一届圣公山庙会民俗文化活动，活动以“田园碑廓·旅游富市”为主题，文化搭台，经济唱戏，以传统民俗开展文化招商，成为新的亮点。黄墩镇举办第七届“闹春牛”活动，村民们通过举行闹春牛、打囤子及文艺演出活动，祈求新一年风调雨顺、五谷丰登，多家中央级媒体报道。岚山头街道举办了祭海节活动，数千名渔民参与，社会反响良好。

【振兴文化产业】 积极贯彻落实上级要求，部署相关活动，启动岚山区消费季活动。推动文化消费结构转型升级，培育文化消费理念，优化文化消费环境。借助茶文化、海洋文化、红色文化，岚山区各文化产业示范基地积极发挥主观能动性，淞晨茶业、茶仙子、顺风阳光海洋牧场举办文化惠民消费季系列活动。在文化旅游、民俗旅游、休闲采摘、垂钓、家庭农场等方面做细做好，配合消费季主题，组织辖区企业参加“日照有礼”创意产品博览交易会，岚山区在本次博览会上参展的单位、企业全部获奖，其中祥路碧海茶、浏园春茶、御园春茶、淞晨鲁红功夫茶、幽尔崮葡萄酒、岚品汇系列产品、联美香辣带鱼、万平绿茶8个品牌获金奖，居各区县之首。

【老年体育工作】 全区积极探索寻求基层组织服务的新方法，根据老干部的优势和特点、兴趣和爱好，创新成立老干部文体志愿服务队，全方位、立体式协助基层组织开展志愿服务活动。不仅是社会力量参与公共文体服务的新模式，而且有效整合了群众文体服务资源，壮大了基层体育组织的力量，缓解了基层公共文体设施利用率低的现状。最大限度地把老年人组织起来，努力做到有组织、有制度、有场地、有骨干、有活动、有经费，满足老年人健身需求，共同推动老年体育工作发展。

岚山区主动承办日照市第三届老年人运动会，筹备期间，先后召开20余次老运会专题会议和3次专题调度协调会议，对承办工作做了全面部署。岚山区文体旅游局为活动主要实施单位，制作工作倒计时表，挂牌作战，日日汇报，周周总结，及时解决推进工作中的具体事宜，实现了“突出岚山特色，安全有序运转，抓住办赛契机，夯实体育工作”的目标。具体负责承办本届老年人运动会的开闭幕式、欢迎晚会以及钓鱼、地掷球、门球、健身秧歌4项赛事，共有20个代表团的58支代表队参加，参加运动员、裁判员417人。

【群众体育工作】 岚山区建有各类体育健身工程380余处，在城区建成体育公园1个、多功能运动场1个、各类体育广场20余个。群众体育工作可圈可点。被表彰为“全国群众体育先进区”。组织老年体育骨干在各镇办开展了丰富多彩的公益活动，举办4场岚山区戏曲广播体操培训班、5期广场舞培训班、15期健身腰鼓培训，同时开展日常太极拳、养生杖培训活动40多期，约有3000余人参加了学习。围绕“一镇一品牌一社区一特色”，探索打造一批体现全民参与、突出健身特色、展示地域传统优秀文化的全民健身活动品牌，岚山头街道打造一支200余人的岚山渔民号子表演队伍，安东卫街道打造一支200余人的太极养生杖队伍，虎山镇和碑廓镇各打造一支150余人的广场舞队伍，巨峰镇打造一支200余人的腰鼓队伍。

【体育彩票】 岚山体彩销售5081万元，完成省市中心各项任务指标。顶呱刮即开彩票660万元，连续四年实现正增长。销售网点58家，其中星级网点27家，创立25家市级文明投注站。岚山区内文体活动赛事以体彩冠名，扩大体彩形象，另外在银座户内外LED大屏、万德福超市外墙、新玛特超市橱窗，以及圣岚路5处公交站牌设置体彩宣传广告。

广电网络

【概况】 山东广电网络有限公司是经省委、省政府批准，按照现代企业制度建立的省属国有重要骨干文化企业。岚山分公司是山东广电网络有限公司下属区县级分公司，主要负责岚山区境内有线广播电视网络规划、建设、改造、经营和管理，有线电视节目的接收和传送。公司下设综合部、工程技术部、市场部等3个职能部室和7个工作站，共有在岗员工40余人，党员10名。早在2013年，公司约5万有线电视用户全部实现数字化，可传送200余套图像清晰、内容丰富、节目精彩、专业化、个性化的数字电视节目。电视业务正向高清化、双向化发展，基于高清机顶盒和有线双向网络，可实现时移回看、互动点播、电视教育、互动游戏等多种交互业务，已实现宽带上网、数据专线、多媒体会议、智慧社区、视频监控、多屏互动、电视彩票等多项增值及拓展业务。

【服务中心工作】 积极争取省市公司优惠政策，配合岚山区委、区政府及相关部门开展民政养老扶贫和有线电视户户通扶贫工程，先后为3903户贫困户安装有线电视。与区委组织部联合建设岚山可视化智慧党建项目，有效解决农村基层党组织学习教育不生动、监督管理不到位、村务公开不透明、服务群众不精准等问题，为基层党建插上智慧的翅膀。组织开展“舞动全城”全民广场舞大赛，并在机顶盒设广场舞专区，丰富了群众的业余生活。积极配合岚山区委、区政府做好创城工作，全年完成重点线路改造小区12个，全面完成包联路段保洁工作。

【提升用户满意度】 按照省市公司管理效益年的要求，岚山分公司通过进一步规范内部管理机制、落实网格化管理，激发员工干好工作的积极性。各工作站紧扣公司发展目标，大力发展基本业务，不断拓展增值业务，扩大有线电视网络覆盖面。进一步强化对用户服务工作的领导，开展用户大拜访活动，强化服务意识，以用户的需要作为工作的出发点，以用户的满意作为工作的目标。严格执行用户服务规范、文明用语，积极改进用户服务作风，以服务水平和服务质量的提高促进公司业务发展。对用户日常反映的热点难点问题，认真对待妥善处理，做到事事有回音，件件有着落；在营业服务方面，续费高峰期延长工作时间，提出服务承诺，为广大用户提供更加便捷及时的服务，按时完成各项工作任务，确保安装、维修方面全年无用户投诉。

【安全播出和安全生产】 岚山分公司始终把安全播出、安全生产作为一项政治工作来抓，抓好日常值班制度，落实巡视巡查和应急抢险制度，认真检查、仔细落实，从细微入手，责任到人。做到组织到位，认识到位，措施到位，责任到位。进一步完善安全播出应急预案，增强广大员工的安全意识，做到发现情况及时上报、及时处理，强化安全播出制度，使安全意识贯穿工作始终，确保公司安全播出、安全生产无事故。

金 融

JINRONG

金融概述

【概况】 全区共有银行10家、保险公司13家，证券公司1家，融资担保公司1家，小额贷款公司6家，新型农村金融组织1家。

【银行】 全区共有银行机构10家，其中国有银行4家（中行、农行、工行、建行）、城市商业银行1家（日照银行）、村镇银行1家（九银村镇银行）、农村商业银行1家（岚山农商行）、股份制银行2家（兴业、招商），邮储信贷1家。截至12月末，全区各银行本外币各项存款余额203.98亿元，同比增长5.04%，比年初增加9.79亿元；各项贷款余额为189.37亿元，同比降低28.6%，比年初减少75.84亿元。

【保险】 全区共有保险机构13家，分别为人保财险、太保财险、人寿财险、平安财险、大地财险、阳光财险、中华财险、安邦财险8家财险公司和人寿寿险、太保寿险、平安寿险、太平寿险、泰康寿险5家寿险公司。截至12月末，全年全区保险业累计实现保费收入2.74亿元，同比上升6.82%。其中财险收入1.54亿元，同比上升1.50%，寿险收入1.2亿元，同比上升14.56%。

【证券】 全区共有证券公司1户，为中泰证券（原齐鲁证券），累计实现交易额48.42亿元。

【担保公司】 全区共有融资担保公司1家，为日照市岚山区融资担保有限公司。完成增资扩股至3亿元，全年共为9家企业办理担保业务，担保金额为3180万元。

【小额贷款公司】 全区共有6家小额贷款公司，分别为永铸小贷、正昊小贷、金源小贷、华通小贷、丰隆小贷、林信小贷，12月末贷款余额为9.1亿元。

【新型农村金融组织】 宋家岭农业种植专业合作社，是岚山区首家申报信用互助业务试点的合作社，12月，已获批复开展信用互助业务试点。

金融办工作

【服务实体经济】 深化银企合作。研究出台《关于金融支持地方实体经济发展的指导意见》，举办银企洽谈暨企业融资培训会，与中农工建等10家银行机构签订战略合作协议，加大金融对实体经济的支持力度。整理汇总了全区在建、拟建项目工程，并向银行推介，引导银行加大对新项目的信贷投放。积极破解企业融资难问题。一企一策，先后召开鲁圣集团、顺风海洋牧场等银企专题洽谈对接会议十余次，推动银行和企业互信互助，处置企业融资问题。协调各有关银行在政策范围内尽量降低存量贷款利率，不收取贷款利息以外的额外费用，减轻企业负担。

【企业挂牌上市】 组织开展8次全区规模的企业改制和挂牌培训会，极大地调动了企业对接资本市场的积极性。全年完成星光沥青、雪青茶场等24家企业的规范化公司制改制工作，完成宏日机械、富东包装等6家企业的区域性股权交易中心挂牌工作。

【金融风险化解】 稳步推进重点企业不良贷款处置和风险化解。制定风险化解工作方案，明确细化了风险化解工作的路线图、时间表和责任人，积极推动破产重整工作，及时调度汇总打逃工作情况，对有关责任人采取了强制措施，基本完成“两个基本完成、一个重新构建”目标要求。在全市系列攻坚行动中，岚山区委、区政府被评为“全市贸易融资风险化解行动先进集体”，金融办被评为“全市打击逃废银行债务行动先进集体”。积极化解违约企业，密切关注面上信贷违约企业，每月对辖区违约企业统计数据进行整理分析，与银行密切配合，及时督促企业履约。深入摸底排查企业担保圈，梳理企业担保圈情况，绘制担保线路图，摸排企业融资担保情况。

【金融监管】 做好地方金融监管工作。切实履行好地方金融监管职责，认真做好辖区内小额贷款公司、融资担保公司的年审、分类评级和日常监管工作。深入贯彻落实防范和处置互联网金融、非法集资工作。制定了防范非法集资宣传教育工作方案、涉嫌非法集资风险专项排查活动实施方案等，开展了互联网金融宣传教育、防范非法集资宣传教育、非法集资专项整治、网络借贷中介约谈警示、广告排查等活动，切实做好金融领域维稳工作。

金融机构选介

中国工商银行股份有限公司日照岚山支行

【概况】 中国工商银行股份有限公司日照岚山支行（简称工商银行岚山支行），前身为1958年成立的中国人民银行日照县支行岚山办事处，地址在岚山头街道官草汪居。1985年1月1日改为中国工商银行日照县支行岚山储蓄所，1986年1月改称中国工商银行日照县支行岚山办事处，1989年改称中国工商银行日照市分行岚山办事处，1993年实现独立核算，2004年5月28日改称中国工商银行日照岚山支行，升格为科级单位，独立对外开展各项业务。2011年8月21日迁至岚山中路与观海路交汇处办公。同年年底，在原址设立了中国工商银行股份有限公司日照圣岚路支行。王建生、焦东、翟春海、王君、孙开金、祁军先后任工商银行岚山办事处主任或工商银行岚山支行行长。工商银行岚山支行1995年开始发行信用卡，2005年开始发行芯片信用卡。2000年开启网上银行服务。2002年3月，根据《中国工商银行授权管理办法》和工商总行《关于2002年度法人授权有关事项的通知》，中国工商银行日照市分行授予工商银行岚山办事处及主任相关经营权限，开始开展外汇业务、中间业务、使用现代结算、现代支付系统。2011年开始推广手机银行服务。年底各项存款余额9.51亿元、各项贷款余额31.27亿元。3月4日，在岚山区政府召开的表彰大会上，岚山支行被授予“服务岚山经济发展先进单位”。

【基层党建】 加强党风廉政建设，切实履行全面从严治党主体责任。高度重视落实中央八项规定精神和纠正“四风”工作，要求行内各级管理人员牢固树立责任意识，在工作的方方面面落实党的领导。积极推动“两学一做”学习教育深入开展，不断强化“学”和“做”，提升“两学一做”学习教育的效果，努力通过“两学一做”学习教育不断提高履职能力。通过“听、观、谈、交、查、访”等多种方式，充分利用办公会及月度内控案防分析会等形式，对部室关键岗位和易发风险环节进行提示，使每位员工时刻保持警醒，不断完善日常行为，增强拒腐防变的意识。

【内部管理】 进一步完善内控工作体系，健全考核管理机制，把“从严治行”落到实处。通过开展“管理者讲堂”、“党员微党课”，融合《员工违规行为处理规定》相关条款，促进“三项活动”与业务经营工作有机结合，将内控管理与“两学一做”理论学习、“党规党纪、行规行纪”的学习密切结合；完善修订内控管理重点环节奖罚办法，加大了员工违规和差错、风险事件、服务事件处理力度，使员工能够自觉执行各项规章制度；加强员工案防警示教育，按时召开案防分析会，强化重要风险点的检查和排查，持续做好案件防范工作。

【风险处置】 岚山支行积极参与岚山区域不良企业的风险处置，积极向上级行争取处置规模，集中资源支援岚山区域风险处置，截至年末处置昌华及其关联企业的不良贷款，阶段性完成大户风险处置工作；破产企业重组方面，支行参与昌华集团和铸福实业债委会决策，发挥建设性作用，促进破产重整快速推进；广信化工等重点企业风险化解方面，在政府的领导下保障企业正常生产，多措并举缓释风险；打击逃废银行债务专项行动方面，支行已累计提交业务资料601笔，查询账户流水251户，以实际行动积极配合打逃工作组工作。

【服务经济】 支行严格遵循国家政策导向，紧紧围绕岚山区政府经济发展规划，在信贷资金整体趋紧的形势下，积极宣传岚山区经济社会快速发展的巨大成就，积极向上级行争取信贷规模，重点投向先进制造业、交通运输、城市公共设施、医疗、教育、文化旅游等领域项目建设。累计实现信贷投放35.72亿元、票据贴现融资15.32亿元。经过前期的跟踪对接，我行已实现对优质项目审批一批、储备一批、跟踪一批，确保项目贷款保持良性循环，实现银企洽谈会合作成果。为更好支持岚桥集团原油进口需求及公司发展，支行同时为其新增3亿元进口贸易融资专项授信、4亿元码头建设专项授信额度。在抓好大客户服务的同时，主动对接中小企业，服务优质产业集群，2016年以来累计新拓展小微企业9户，为其经营发展提供资金支持。

【业务创新】 岚山支行设定各种营销场景，进行场景化营销，稳定客户群体。如代发工资、投资理财、个人贷款、消费分期、保险、e缴费、联名卡、出国金融等，立足于满足特定客户群体的金融需求，宜存则存，宜贷则贷，从获客到活客到黏客，从目标客户到长尾客户到全体用户实现“全量客户”逐层级推进营销，稳步提升个人业务收入和市场竞争力。

中国农业银行股份有限公司日照岚山支行

【概况】 中国农业银行股份有限公司日照岚山支行前身为1958年成立的中国人民银行日照县支行岚山办事处，2009年1月改制为股份有限公司，有综合营业网点5个，自助服务网点9处，自助服务终端41台，POS消费点596个，惠农通服务点384个。年末，各项存款余额16.22亿元，各项贷款余额18.3亿元。自2005年以来，连续12年保持市级文明单位称号；在系统内先后获得农业银行总行级文明单位、总行级平安农行、省市行先进单位荣誉称号；在岚山区年度考核中，先后被评为“建设岚山红旗单位”“先进单位”。2月，被岚山区委、区政府颁授“全区目标管理绩效考核先进单位”奖牌。自1995年1月升格后，历任行长（主任）分别为：张磊、曹际任、林玉文、葛长安、徐伟、杨善喜。

【服务“三农”】 实施“金穗惠农通”工程。以惠农卡为载体，以农村地区服务点为依托，以电子渠道为平台，以流动服务为补充，以提高农村基础金融服务覆盖面为目标，全面推进农村金融服务能力建设，为惠农卡持卡客户提供足不出村、方便快捷的金融服务。到年末，全区惠农通工程总体覆盖率由年初的60%上升至100%，新增有效服务点23个。顺利完成失地农民养老保险、新农合、渔民渔船补贴等涉农项目的代理发放，累计代理发放资金9388万元，发放惠农卡9.4万张、惠农贷款1.2亿元。各营业网点深入乡镇进行“惠农通”产品推广，同时定期进行数据分析，精心选择方便农户、具有良好信誉和较高综合素质人员经营管理的商店、超市，作为建设惠农通服务点的选址对象，并逐户负责服务点机具安装调试，对服务点从业人员进行现场培训及业务指导，为村民提供各类惠农服务。成立服务“三农”志愿者队伍，深入各乡镇、村社和农户，开展志愿者服务，使更多的农民享受到现代金融带来的便利。

【不良资产处置】 根据不良贷款批量转让工作要求，加大了不良贷款处置力度，组织业务骨干对全行法人不良客户进行尽职调查，加上关联、担保企业，共对40多家企业进行了尽职调查，在时间紧任务重的情况下，尽调人员加班加点进企业现场办公、进政府相关部门查询、多途径外核，尽最大努力将调查做实做细，按时完成了企业尽职调查报告，在各方努力下，成功实现批转法人不良贷款15户、23.4亿元，占全省农行系统不良贷款处置额度的12.31%，至年末全行贷款不良率下降了28.5个百分点，为全行经营向好甩掉了包袱。

【内部管理】 扎实开展“风险和案件防控综合治理活动”、“两违”专项检查、违规对外担保突击检查、非法集资风险专项排查等活动，突出重点领域治理，扎紧风险篱笆。扎实推进“运营管理质量提升年”和“集中运营规范年”活动，加强运营标准化建设和业务流程再造，运营风控能力进一步提高。深入开展安全保卫“三化三达标”创建活动，加大安防设施投入，严格落实各项安全检查，认真组织突发事件预案演练，安防保障能力进一步增强。突出抓好舆情风险、信访和维稳工作，全面提升危机应对能力。一年来，操作风险、案件风险、声誉风险得到有效管控，实现了平稳安全运营，保持了和谐稳定的发展局面。

【网点转型】 按照“总体规划、整体推进、标杆引领、注重实效”要求，一是强化网点6S管理，加大网点服务物料、设施配备，进行网点内务整理、营销环境塑造，网点环境整体提升明显。二是优化调整网点功能分区，厅堂布局更加合理，进一步提升了客户体验。三是通过公开竞聘，新任网点主任2名、运营主管3名、新任大堂主任3名，平均年龄28岁，实现了网点班子年轻化、专业化。

【“三线一网格”上线】 为创新员工行为管理，打造关爱员工文化，根据农业银行总行统一部署，按照“全行成网、网中有格、格中定人、人负其责”的总要求，经过分步实施，于下半年对全行党建条线、纪检条线、运营条线、网格化管理体系（三线一网格）进行了全系统上线管理，进一步落实了党委主体责任，纪委监督责任，强化了案件风险防控的重要条线和关键环节，将每个行政管理单元确定为一个网格责任区，全体人员均处于各自相应的网格责任区中，履行对格内人员思想行为的监督责任，有效防范了员工违规、违法行为。

中国银行股份有限公司日照岚山支行

【概况】 中国银行岚山支行成立于1990年1月，地址位于日照市岚山区新天地财富中心，支行本部下设综合管理部、业务发展部、营业部3个部门，下辖圣岚路支行、岚山西路支行两个营业网点，有在岗职工53人，35岁以下青年员工占比56%，岚山支行党总支共有正式党员23人（含内退员工3人），预备党员1人，下设4个党支部，分别为支行本部党支部、营业部党支部、岚山西路党支部、圣岚路党支部。自2011年10月以来，岚山支行曾先后荣获山东省分行授予的“先进职工之家”区政府授予的建设岚山先进单位、科学发展综合考核先进单位、区级文明单位，连续多年被分行评为服务工作优秀团队、综合绩效考核优胜单位等。截至年底，各项存款余额115602万元，各项授信余额270983万元。

【党建引领业务发展】 岚山支行继续深入开展“两学一做”学习教育，努力把学习教育成果转化为提升党性修养、思想境界、道德水平的精神营养，转化为促进业务发展的实际成果，提振干事创业的精气神，弘扬促进发展的好作风。支行以践行“以最好的党建引领最好的银行建设”的工作导向，以“三个融入”为抓手推进党建工作，把党的建设和业务工作“揉”在一起抓。业务发展上，与岚山区海洋投资发展有限公司开展党建共建工作，进一步提升党建共建意识；不良化解上，党员带头，深入落实党员发挥模范带头作用，班子成员包干到户，带领全行员工参与不良清收，体现共产党员的先锋模范作用，以党员带动全员参与清收化解。文化建设上，开展党建引领、标杆超越先进人物活动评选，树典型，立标兵，发挥模范带头作用，提升个人荣誉感和集体的凝聚力。通过多方面抓党建，实实在在的带动了支行的业务发展和企业文化建设。

【维护地区经济稳定】 维护资产质量稳定仍是支行的重要工作，支行紧紧围绕区政府化解不良和防范风险措施开展工作，确保不良化解取得成效。一是支行通过创新基金批量转让成功出表17.85亿元。二是全力配合区政府开展打击逃废银行债务：在全市严厉打击逃废债的大背景下，支行积极配合经侦大队提供线索，业务部全体员工多次加班加点整理资料，为经侦办案提供依据，通过对全市六大户逃废债行为的重点打击，对那些逾期欠息的企业，加强同政府部门沟通，共同探讨协商化解方案，共同做维护区域经济的稳定。三是授信投放及税收方面：支行在区政府的领导下，全力做好不良化解并实现授信新增投放。截至年底，支行授信余额270983万元，极大地支持了当地经济的发展，2016年以来针对岚山区木材产业、茶叶种植产业给予授信扶持，百满茶叶及正东木材等总量已获得批复并实现投放750万元。实现税收962.29万元，实现营业收入21193.6万元。

【提升网点服务品质】 支行以创优争先活动为抓手，切实提升支行各网点的整体服务水平。在创建星级网点、创建文明城市过程中，支行全面整治卫生环境，保证网点内外清洁干净；业务服务指示牌准确到位，服务人员坚守岗位、文明有礼，准确快捷办理业务；设立意见箱（簿），广泛接收群众意见、建议，建立高效的投诉处理机制；设置便民服务台，配备医药箱、花镜、轮椅、雨伞等便民物品……支行以“网点环境、服务设施、服务形式”为突破口，全方位规范管理、提档升级，让银行窗口既靓丽又温暖。同时积极为广大客户举办各类产品推介会、知识讲座；通过各项创建活动的开展，创造了浓厚的创优争先氛围，最终支行营业部成功荣获日照市银行业协会先进单位、银行业四星级网点、创城窗口示范单位等多项荣誉称号，岚山支行以最佳服务、最佳质效为目标，进一步提升岚山支行的服务品质、服务效率和服务形象，增强了内在核心竞争力。

【强化网点内控管理】 支行在认真开展“两学一做”教育活动的基础上，从加强改进工作作风入手，充分依靠员工的智慧和力量，集思广益，结合实际工作查找问题，对内控管理、工作落实和业务流程等层面存在屡查屡犯的问题进行认真分析梳理，分类汇总，通过查找工作作风中深层次的问题和漏洞，剖析根源，制定方案及时整改。重点抓好合规经营的教育工作，深化落实员工案防教育。2016年以来，认真贯彻落实上级行有关内控合规方面的一系列指示精神，各部门利用周二、周四学习和晨会时间及时组织员工学习内控合规、一分钟业务和安保风险提示等方面的内容，不断规范安全值班员轮值管理，将合规经营工作做细做实，认真做好每一笔业务，务求合规操作。加强异常行为排查，不断提高内控检查整改成效，组织员工参观鲁南监狱警示教育基地，观看《失衡的天平》专题片，探求多途径和方法推进内控文化建设，增强员工法纪意识和案防意识，提升内控案防管理水平，引导和教育员工，走依法合规经营得路子，力争通过强化管理，努力塑造健康向上的合规文化氛围。

中国建设银行股份有限公司日照岚山支行

【概况】 支行在区委、区政府的正确领导下，贯彻落实国家金融政策，突出党建指领、引领和统领作用，积极落实支行潜力突破三年推进方案，全体员工紧盯全年任务目标，坚定信心、提升能力，各项工作有序推进健康发展。先后荣获岚山区政府“服务岚山经济发展奖”、市建行“先进集体”、市建行团委“先进红旗团支部”等荣誉称号。日照岚山支行下设有办公室、客户服务部、个人金融部、营业室、观海路支行和安东卫支行，共有干部职工41人。

【党建引领】 为贯彻落实中央精神，进一步强化各级基层党组织的主体责任，狠抓落实党风廉政建设“两个责任”，从严治党。支行党支部书记与市行签订了全面从严治党责任书、案件防控和预防腐败责任书。健全党支部组织。针对2015年党风廉政建设“两个责任”专项检查提出的问题，认真落实整改，努力做到党建工作的制度化、规范化、常态化。与省行机构业务部党支部、市行资产保全部共同开展结对共建活动。共同开展“回顾光辉历程 争做合格党员”主题党日活动。共建成果斐然。

【业务指标】 到年底，一般性存款时点余额10.09亿元，系统内县域支行中余额排名较年初提升第一。一般性存款时点新增2亿元，居同业首位。对公存款时点余额4.35亿元，较年初新增1.57亿元。个人存款时点余额5.75亿元。一般性存款时点新增4349万元，新增额及计划完成率均居系统内第二名。

对公非贴贷款余额8.08亿元，其中正常类65237万元，关注类6054万元，可疑类1641万元，损失类7943万元。对公贷款余额较年初下降144610万元，其中，不良贷款较年初下降117069万元，不良率同业最低。

【风险化解】 坚持防控金融风险，发挥大行稳定器和减压阀作用。岚山支行配合当地政府，积极开展不良风险化解工作，打了一个漂亮的资产质量攻坚战，核销处置不良贷款112893万元，不良、逾期贷款现金回收5717万元。进一步完善风险管理体系，健全合规管理体系，发挥大行稳定器和减压阀作用，为岚山区经济发展做出了应有的贡献。

【普惠金融】 总结连续数年个人住房贷款余额和新增稳居同业第一的经验，扩大优势，帮助居民实现住房和改善住房需求，并根据上级行政策，积极打造“要租房 到建行”住房租赁业务品牌，助力百姓实现安居梦。同时，大力发展小微快贷，更好地服务“三农”、小微企业，满足大众百姓对美好生活的向往。

个人住房贷款发放稳中有增，贷款新增及余额持续领跑同业。全年发放个人住房贷款9322万元，年末余额50045万元；个人住房贷款新增1814万元，新增及余额均居当地同业首位。

公积金业务健康发展，合作关系良好稳固。全年发放公积金贷款655笔，金额18644万元，公积金贷款余额70730万元，继续保持公积金贷款零不良记录。

【绿色银行】 倡导绿色贷款，大力发展网络金融，为客户提供服务便利，节约大量资源。场外电子银行、自助设备，场内智慧柜员机，借助先进平台和设备，推进绿色办公和低碳管理，不断降低能源和资源消耗。信用卡业务、惠兜圈、手机银行、短信、微信银行、金管家、ETC卡等产品异彩纷呈，正走进千家万户，百城万店，成为百姓和商户喜好的金融产品，不仅方便了社会，更是绿色产品，节约了能源。

岚山支行根据区政府办公大楼道闸安装需要，及时与相关部门对接，成功启动家园龙卡项目，办理家园龙卡及鲁通汽车卡3000多张。项目的成功运行，不仅为区政府办公大楼安全运行提供了保障，而且为银行和政府做好深度融合文章打下了基础。

【精准扶贫】 通过产业帮扶、基建帮扶、产品创新、公益扶贫等，履行建行责任，扩大建行美誉度。岚山支行结合岚山区实际，对接上级行产品特点，积极挖掘和推销适合对路的产品，提升建行形象。先后数次开展了“金融知识普及月”宣传活动、“金融维权知识”宣传活动，送金融知识进万家。响应区政府号召，开展“慈心一日捐”捐款活动、岚山西部扶贫活动、送温暖活动，捐款5000余元，捐物100余件。

日照银行岚山中心支行

【概况】 日照银行岚山中心支行有员工113人，内设5个部室，辖营业部、安岚支行、虎山支行、碑廓支行、巨峰支行、中楼支行和汾水支行7处营业网点。3月，日照银行岚山中心支行调整了领导班子，紧紧围绕总行“强总行、立导向、补短板”发展主题，经营管理及精神文明建设取得了一定的成绩。截至年底，本外币存款余额43.8亿元，较年初增加3.22亿元；其中储蓄存款余额17.98亿元，较年初增加2.92亿元。表内外授信余额44.55亿元。全年缴纳税金1294.23万元，实现利润2094.37万元。在辖区总存款市场份额占比为20.31%、较年初提高0.43个百分点。其中，贷款占比14.53%，较年初提高3.15个百分点。总存款及储蓄存款市场份额及增幅均排名辖区第二位。荣获“省级文明单位”“山东省青年文明号”等荣誉称号。

【党建工作】 5月，总行党委对岚山中支党委班子进行了调整；7月，对3个党支部班子进行了调整，圆满完成了岚山中支党委和3个党支部的换届选举等各项工作。领导班子到所辖支行调研，实行党支部包点制，加大落实力度。实施人才兴行，组织开展公开竞聘活动。认真组织开展党建系列活动，戴党徽、学先进、上党课，召开组织生活会，做好党员发展工作，抓好理论学习，在学懂、弄通、做实上下功夫。关心职工生活，领导班子到所辖支行调研，与员工谈心交流，多方听取意见和建议，改进食堂，安装空调，开通暖气，设立健身房等，让职工感受到日照银行大家庭的温暖。

【信贷支持】 始终坚持“立足地方经济、支持中小企业、服务广大市民”的市场定位，倾力支持小微企业发展，实现了小微企业贷款发放数量、新增贷款占比不断提高。向岚山区倾斜信贷资源，与岚山区政府签订了35亿元战略（业务）合作协议，全力助推岚山区经济发展。截至年底，向岚山区新岚山建设、园区发展、城市建设、海洋发展、融资担保等5大国有企业，及千年舟项目、中海外能源、岚山人民医院等区域单位新增授信约15亿元。积极配合区政府，承办过桥资金贷款业务，自2015年以来，共发放过桥资金借款超过180笔，金额合计约38.5亿元，为岚山区大批企业解决了短时间资金流通紧张的问题。支持日钢、山钢等重点骨干企业，支持区观摩项目，积极支持镇域经济和民生事业。

【风险管控】 积极落实总行及各级会议精神和重点企业分类处置方案，发挥了地方银行在特殊时期、关键时刻支持地方经济的特别作用。

配合区政府对相关企业资产的处置工作，配合落实三家破产企业风险化解方案，形成化解信贷风险的强大合力。通过债权转让、贷款核销、以资抵债等手段，多措并举清收处置不良资产，在重大资产处置过程中严格执行区委区政府工作部署，在维护自身权益的同时担负社会责任。在积极配合区政府处置贸易融资风险、支持本地实体经济发展的同时，注重风险管控能力的提高，积极探索封闭运作方式，加强与大宗商品交易所、监管公司、船代公司合作，采取货物监管、提单质押、锁定上下游客户、回款账户封闭运作等方式，全流程管控风险，确保货物控得住、货款回得来，陆续为中海外能源开立了2亿元信用证，同时办理反向保理约人民币500万元，创新了业务办理新模式与风险化解新方法。

【金融服务】 认真组织实施《日照银行“突破园区、聚力招引”行动计划（2015—2017）》。立足实际，突出特色，积极推广使用日照银行定活通、宝贝成长计划、阳光贷、3天贷等惠民产品，助推大众创业、万众创新。小微贷款增幅高于全部贷款增幅9.77%。开办了“一手房”“二手房”按揭贷款业务。联合岚山区团委积极开办创小青业务，有力支持了岚山区青年创新创业。做好岚山区旧城改造拆迁款业务代发工作。普及金融知识，发展普惠金融。

【文明创建】 积极参与文明乡村建设，向包联的巨峰镇后屯村出资10万元，援建图书室，指导办公场所改造，村内绿化、美化等工作；向碑廓镇、高兴镇等贫困村（户）开展帮扶活动，捐赠一批物品。开展创城集中整治活动，投入资金3万元，做好包联社区创城工作。

日照岚山农村商业银行股份有限公司

【概况】 日照岚山农村商业银行股份有限公司以创建“小而特、小而好、小而优、小而强”的良好金融机构为目标，持续创新工作思路，狠抓重点工作落实，内强素质抓管理，外树形象强服务，主动转型发展，优化绩效考核，实施全员营销，各项工作稳健发展。截至年底，各项存款余额100.36亿元，较年初增加7.86亿元。各项贷款余额66.76亿元，较年初增加6.11亿元。

【机构设置】 岚山农商银行设有18处党支

部，12处职能部室、2个经营部室、1个营业部、16家支行，干部员工329人，其中，党员206人。

【党建统领】 健全党建工作机制，开展标准化党支部建设工作，设置工作监督牌，开展“佩党徽、亮身份”活动，提升服务质量；成立资金组织、贷款营销、不良清收三个党员突击队，充分发挥党员先锋模范作用。实施人力资源改革，优化人员配置，充实人员到业务一线，致力为客户提供更加优质服务；实行支行负责人竞标竞聘上岗，签订军令状、责任状，激发全行干部员工干事创业激情。主动改革创新，实施走出去战略，开展“深耕城乡市场 赢在农商银行 共产党员在行动”宣传营销活动，普及金融知识，拉近与客户距离，社会形象得到有效提升。

【普惠金融】 积极优化网点布局，推进网点转型，对网点功能分区、业务流程、产品服务进行合理规划布局。克服人员短缺的困难，在中楼马亓新设立分理处。目前，全行共有网点19处，实现了营业网点对服务群体、服务领域和服务产品的全覆盖。同时，以改善农村支付环境，方便农民金融需求为目的，以自助机具的布放为载体，加强农村社区金融建设，打通服务最后一千米。目前，“农金通”自助服务点达到294处，农村服务网点（农金员）484处，自助设备达到85台，自助银行24处，电子银行客户达到9.2万户，实现了农民足不出户就可享受便捷金融服务。网上商城“岚山馆”正式营业，为全区创业青年免费提供创业平台，也为农村地区居民带来生活便利。

【优化服务】 作为扎根地方，服务当地经济发展的地方性金融机构，该行坚持“支农支小支实”，依托机制灵活、决策链条短的优势，提高信贷审批效率，创新产品服务，加大对“三农”支持力度，全力解决企业融资难、融资贵问题。累计发放信贷资金80亿元，支持地方经济社会发展。全行涉农贷款余额49.72亿元，支持农户11567户、各类涉农组织和企业167家；小微企业贷款余额36.87亿元，支持小微企业3583家。开办了国际业务、金融理财、智e购、公务卡等多种业务，持续满足客户多样化、个性化要求。

【不良资产处置】 坚持问题导向，坚守底线思维，主动分析风险，提前预警防范，提高风险防控处置效果，重点领域风险防控工作扎实有效。扎实开展信贷风险排查，加强不良贷款责任认定，组织开展“夏日风暴”“两清一保”等不良贷款清收活动，不良贷款得到有效控制。

【内部管理】 推进从严治行、安全护行、文化强行，塑造和谐稳定、风清气正的经营环境，汇聚改革发展正能量。开展农金员风险排查，及时发现漏洞，对检查中发现的问题进行通报、整改。积极开展审计检查，组织开展抵质押品专项审计、非现场审计、履职审计、内控评价审计等11个项目，并按照银监局的要求组织开展“两加强、两遏制”回头看整改问责，“三违反”“三套利”“四不当”等自查工作。全年实施现场检查80余次，针对检查中发现的各类问题，全部督促进行整改。强化培训和技术练兵，分批次组织开展客户经理、营业柜员等培训20余次，开展营业柜员月月考和业务技能每季测，技能水平有效提高。持续加强安保和信访维稳工作，组织签订安全保卫责任书，层层压实责任，未雨绸缪、关口前移，开展应急演练、案件风险排查和安全大检查等活动，加大舆情和信访案件的处置工作，无重大不稳定因素发生，党风廉政建设和信访稳定工作得到全面有效提升。

【网点转型】 按照“双线四型”网点转型具体工作思路，成立网点转型工作领导小组和转型办公室，研究制定网点转型三年发展规划，明确具体转型措施。优化网点布局，中楼支行马亓分理处开业，服务范围进一步拓宽；完成对官山社区等网点选址。完善绩效考核体系，组织开展绩效考核座谈会，实行业绩工资制，激发了干部员工的干事创业激情。加强科技能力建设，上线电子化数据采集系统、不良资产管理系统、微信排队功能，科技服务能力明显提高；加强自助设备管理，自助设备开机率99.84%，故障率0.25%，资源预警率0.02%，各项运行数据均列全市农村商业银行第一。

【奉献社会】 注重与政府部门、企业等社会各界的沟通合作，开创了优势互补、互惠共赢的局面。与团区委合作，组织开展“贷动青春”青年创业优惠贷款工程。共为全区办理青年创业贷款309笔，授信金额1.59亿元，对符合条件的创业青年执行上浮30%~35%的优惠利率，为创业青年优惠贷款利息400万元。与区人社局合作，提供小额贴息信贷项目。办理小额贴息贷款5297笔，贴息贷款6100万元，扶持了一大批创业者走上致富创业道路。与区扶贫办合作，积极开展金融扶贫工作，采取“委托经营、保底收益”模式，加班加点办理信贷手续，帮助全区建档立卡贫困户脱贫致富。共发放该类扶贫贷款2820笔，1.41亿元。依靠点多面广的服务优势，通过“一本通”、社会保障卡发放养老保险、粮食直补、渔船燃油补贴等各类财政补贴85万笔、4.37亿元，及时将国家政策关怀送到老百姓手中。积极做好国家文明城市创建、卫生城市创建工作，树立窗口服务新形象；组织开展“向贫困群众献爱心”、共建“小草学堂”等活动，充分展示了农商行服务社会、感恩社会的良好形象。缴纳税金4492万元，连续十年成为全区十大纳税企业和全市百强纳税企业。

中泰证券股份有限公司
日照岚山中路证券营业部

【概况】 中泰证券股份有限公司日照岚山中路证券营业部于2009年6月经中国证监会证核准筹建后开业，注册资本500万元。主要经营范围：证券经纪、证券投资咨询、融资融券、证券投资基金代销、代销金融产品。实行总经理负责制，下设综合营运部和零售业务部两个管理部室。

【经营理念】 中泰证券股份有限公司日照岚

山中路证券营业部践行“中允行健、明德安泰”的公司核心价值观，秉承“服务好实体经济投融资活动，让投资者充分分享经济发展的财富成果，实现资本市场的中国梦”的公司使命，遵循“全线发力、全心经营、全力创新、全面提升”的公司精神，为地方资本市场的发展做出积极的贡献。

【业务开展】 中泰证券股份有限公司日照岚山中路证券营业部自开业以来，根据公司的经营方针，深度服务地方经济发展，着力培育岚山区证券市场的发展、方便本地企业和居民的投资，实现岚山区中小企业与资本市场的对接，为岚山区的经济发展借助资本市场实现进一步的腾飞进行助力。营业部实现股票基金交易量42亿元，协助公司投行部门为岚山中小企业实现三版挂牌4家。

【风险控制】 营业部始终把合规经营放在第一位，使营业部的经营始终在风险可控的范围内。在内部经营管理管理、业务开展和市场开拓中严格按照公司的规章制度，营业部根据公司规定设置兼职合规专员岗位，负责对营业部的业务的合规性进行管理，做到了科学管理、稳健经营；同时执行中国证监会、中国人民银行有关证券、金融法律法规，在反洗钱、投资者教育、客户适当性管理等方面长抓不懈。

日照市岚山融资担保有限公司

【概况】 日照市岚山融资担保有限公司是岚山区政府直属大型国有政府性融资担保机构，2014年9月经山东省金融工作办公室批准设立，注册资本为3亿元，系山东省融资担保企业协会会员单位和山东省再担保体系成员单位。2016年公司有领导班子2人，员工7人，依法设有股东会、董事会、监事会和高级管理层，内设担保项目评审委员会、投资决策委员会和综合管理部、业务发展一部、业务发展二部、风险控制部、合规管理部、资本财务部等部门。主要经营借款担保、发行债券担保等融资担保业务和投标担保、工程履约担保、诉讼保全担保等非融资担保业务，以及与担保业务有关的咨询等服务业务。公司与区内外多家银行业金融机构、非银行业金融机构、岚山区人民法院、岚山区政府相关部门单位等建立了业务合作关系，与山东省再担保集团、齐鲁股权交易中心和浙江省、安徽省、重庆市等地国有融资性担保机构建立了联络交流机制，被山东省财政厅评为金融企业绩效评价良好单位。公司资产总额30677.07万元，负债总额227.11万元，所有者权益30449.96万元。全年实现营业收入535.97万元，同比增长88.31%；实现利润总额394.61万元，增长125.74%；实现净利润291.9万元，增长125.04%；实现所得税102.7万元，增长为127.72%。

【增资扩股】 年内新增注册资本金2亿元，国有资本回购2家民营股权，实现了注册资本金3亿元目标，成为全市实力最强的区县级融资担保公司。健全完善公司法人治理结构，依照《中华人民共和国公司法》、《中华人民共和国担保法》和《融资担保公司监督管理条例》，调整股东会、董事会、监事会和经营管理层。“融资担保机构经营许可证”得到省地方金融监督管理局审批，公司迈入大型政府性融资担保机构行列。

【优化担保业务结构】 全年完成担保业务163笔，担保总额10791万元，在保业务159笔，在保责任余额8681万元。积极为小微企业、“三农”和创业创新提供融资担保服务，重点支持临港工业和五金、绿茶、橡塑、水产养殖等特色农业发展。支持“破圈解链”，帮助基本面良好的企业平稳续贷，维护区域经济和金融稳定。健全财产保全担保、投标担保、履约担保等非融资担保业务体系，是全市担保业务体系最健全的融资担保公司。

【创新业务品种、模式】 创新业务品种，推出住房公积金贷款担保、创业贷款担保、消费贷款担保、政府应收款质押担保等担保业务。创新运用优质股权质押、应收账款质押、商标专用权质押、专利权质押、农业项目补贴收益、土地指标收益、土地手续办理前的阶段担保等方式，帮助缓解小微企业融资困境。业务创新做法和成效被多家新闻媒体报道，为公司快速健康持续发展奠定了坚实基础。

【完善内控制度】 担保业务风险控制体系日趋健全，实行项目受理、评审和决策过程管理，形成了责任分解、互为因果、系统控制、集中决策的制衡机制。修订完善《担保业务管理暂行办法》《担保业务操作细则》《担保业务尽职调查工作暂行办法》《担保业务风险管理工作暂行办法》等基本制度，连续两年担保业务实现“零”代偿。

【国企党建】 深入贯彻全国、省、市国有企业党建工作会议精神，把党建工作写进公司章程，明确党组研究讨论是董事会、经理层决策重大问题的前置程序。认真贯彻落实“三会一课”、党务公开等基本制度，推进“两学一做”学习教育常态化、制度化。全面落实党组从严治党主体责任，强化作风建设和职业操守，实现“服务企业零距离、作风优良零投诉”。

日照市岚山区永铸小额贷款有限公司

【概况】 日照市岚山区永铸小额贷款有限公司是由日照永兴食品有限公司为主要发起人及其他五个股东共同出资设立的，于2009年9月经山东省人民政府金融办批准成立的专营小额贷款业务的有限责任公司，注册资本10000万元，是一家具有合法经营资格的有限责任公司。主要服务于“三农”及中小型企业，分设了信贷业务部、行政综合部、财务部、风险控制部四个部门，制定了规范的规章制度，严格控制风险。

【贷款业务】 “三农”贷款，主要包括：种植业、养殖业贷款、农产品开发贷款；临时周转性贷款；中、小、微企业及个体经营户贷款。

【规章制度】 为保证公司的可持续性经营，制定了贷款管理制度、贷款审批管理制度、贷后管理制度、财务管理制度、五级分类管理制度、不良贷款清收管理制度等规章制度，同时严格规定不得非法集资、不吸收公众存款，贷款利率不超过司机解释规定的上限，不使用非法手段催款，不跨县域经营。

【工作重点】 对涉及三农及中小型企业经营发展的产业，作为重点支持对象，有选择的对部分企业给予一定的支持，以灵活多样的保证方式，为企业提供一定的经营支持，促进企业快速投产。

【风险控制】 公司严格按照相关规定发放贷款，在确保贷款风险可控的情况下，坚持“简便、快捷、优质、高效”的服务。坚持“三查”原则，贷前调查、贷中审查、贷后检查。贷前调查根据借款的素质、经济实力、履约能力、经济效益等进行现场调查，对借款人申请的借款的合法性、安全性、盈利性进行综合评估，核实抵押物、质押物、保证人的情况，评估测定贷款的风险程度及可行性。贷中审查对贷款材料进行严格的合规性、完整性、有效性审查，审查贷款的风险程度，提出贷款审查意见。贷后检查对贷款使用情况及借款人的经济状况进行定期检查，检查中发现对贷款安全有重大影响的问题，及时进行应预案，提出解决办法和措施，贷款到期前通知借款人筹集资金，做好还款准备。

日照市岚山区正昊小额贷款有限公司

【概况】 日照市岚山区正昊小额贷款有限公司是由山东鲁圣电力器材有限公司为主发起人及其他八个股东共同出资设立的有限责任公司，于2011年6月经山东省人民政府金融办成立，注册资本10000万元。公司主要面向中小企业、三农经济、个体工商户、种植养殖户及个人的经营消费等项目发放小额贷款。公司组织机构健全，设立了信贷业务部、风险控制部、财务部、综合行政部四个部门，制定了完善规范的规章制度，严控风险。

【贷款业务】 “三农”贷款：主要面向种植业、养殖业及相关产业发放贷款；临时周转性贷款；中小微企业及个人工商户贷款；个人消费贷款。

【规章制度】 公司制定了完善的规章制度，主要有：信贷管理基本制度、风控管理制度、贷后管理制度、贷款五级分类管理办法、贷款损失追偿制度、内部控制制度、内部审计制度、薪酬激励制度、财务管理制度、审贷分离制度等。公司严格遵守三条红线：不参与非法集资、不吸收公众存款；贷款利率不超过司法规定的上限，不使用非法手段催债；不跨县域经营。

【工作重点】 立足岚山绿茶种植加工、水产养殖加工和木材加工三大产业集群，以“服务‘三农’和中小企业”为经营主线，在把控风险的基础上及时、快捷地提供资金，支持“三农”及中小企业发展。

【风险控制】 公司严格执行相关规章制度，强化风险把控，确保业务有序发展。把贷前调查、贷中审查和贷后检查三个阶段有机结合起来，重点做好贷前调查。每一笔业务在签约前，都必须：一、在最高人民法院开设的裁判文书网确定该客户是否涉及诉讼及诉讼内容；二、全国工商信息公示系统上查询公司有无行政处罚、有无股权质押、股权结构是否真实；三、在最高院的被执行人查询系统查询是否有被法院强制执行财产的情况；贷中审查对贷款材料进行严格的合规性、完整性和有效性审查，审查贷款的风险程度，提出审查意见；贷后检查对贷款人的持续经营情况进行定期跟踪检查，检查中若发现借款人经营状况出现重大变化，及时制定预案，提出解决办法，保证资金安全。

【员工培训】 公司每年都组织职工参加省小贷协会组织的培训，已有6名员工取得小额贷款从业资格；积极学习省市区金融办下发的文件，深刻领会文件精神；在具体业务的操作上部分借鉴中国银行等金融机构的风控管理办法，提升员工的风控意识和业务操作水平；鼓励员工通过自学和老员工传帮带的方式提供业务水平。通过上述几种方式，公司职工的业务素质、风控意识和实操水平得到了很大提高。

日照市岚山区金源小额贷款有限公司

【概况】 日照市岚山区金源小额贷款有限公司是由日照市岚山区百通运输物流有限公司为主发起人及其他七个股东共同出资设立的，于2012年6月经山东省人民政府金融办批准成立的专营小额贷款业务的有限责任公司，注册资本金15000万元，是一家具有合法经营资格的小额贷款有限责任公司。主要服务于“三农”及中小微型企业，公司分设了信贷业务部、行政综合部、财务部、风控部四个部门，制订了规范的规章制度，严格控制风险。

【经营范围】 在岚山区区域内办理各项小额贷款，开展小企业发展、管理、财务等咨询业务（凭山东省金融工作办公室批复开展经营活动）。经营范围须经许可经营的，无有效许可不得经营，有效期限以许可证为准。依法须经批准的项目，经相关部部门批准后方可开展经营活动。

【机构设置】 日照市岚山区金源小额贷款有限公司是经营货币的非银行地方金融机构，特点是专业化程度高，业务风险较大。为加强内部管理和风险控制工作，公司成立后按照“分工明确，相互协作，相互制约”的原则设置业务部、风险控制部、财务部、综合管理部等部门，组建金源公司审贷委员会，实行审贷分离制度。

【风险控制】 日照市岚山区金源小额贷款有限公司始终把强化风险防范，保障经营资金的安全和良性循环作为各项工作的重中之重。首先，做好客户的选择，对每一笔贷款均落实好有效担保，为贷款的安全提供第二还款来源保障；其次，公司要求所有人员在办理业务过程中严格遵守操作规程，确保所有手续合法、齐全、有效；第三，贷后跟踪管理，及时建立健全客户档案，采取有效办法进行风险防范，发现问题及时解决。基于以上措施严格执行和落实，基本上保证了经营资金的安全，良性循环。

【规章制度】 为保证公司的可持续经营，制定贷款管理制度、贷款审批管理制度、贷后管理制度、财务管理制度、五级分类管理制度、不良贷款清收管理制度等规章制度，同时严格规定不得非法集资，不吸收公众存款，贷款利率不超过司法解释规定的上限，不使用非法手段催款，不跨县域经营。增强了内部管理与贷款管理的规范性。

【工作重点】 对涉及“三农”及中小型企业经济发展的产业，作为重点的支持对象，有选择的对部分企业给予一定的支持，以灵活多样的保证方式，为企业提供一定的资金支持，促进企业快速投产。

日照市岚山区华通小额贷款有限公司

【概况】 岚山区华通小额贷款有限公司是经由山东省金融工作办公室批准设立的，由山东丰华食品有限公司为主发起人及其他6个股东共同出资组建的非银行业地方金融机构。公司于2013年1月22日成立，注册资本为15000万元人民币，经营范围：在日照市岚山区区域内办理各项小额贷款，开展小企业发展、管理、财务等咨询业务。

【经营理念】 华通小贷坚定不移的立足服务三农和小微企业，充分体现“小额、分散”的经营原则，专注服务于与自身经营特点对等匹配的三农和小微企业客户群体。积极利用公司股东的本地背景和资源，挖掘以海产品养殖加工、干海货收购等为主的优质客户资源，解决小微及农户贷款需求的“短、频、快”难题。截至年底，公司发放涉农贷款完成年初确定的90%目标，顺利完成监管部门监管要求。

【制度建设】 根据监管要求和公司实际情况，坚持审慎合规经营理念，不断加强制度建设，制订了涵盖财务、信贷、审计、保密、人力资源等方面的多项管理制度，并形成书册。从部门职责到岗位分工，从管理办法到内控制度，建成完整的经营管理制度体系，做到每个方面工作均有章可循，有制度可依。同时，在日常工作中，狠抓内部管理，严格规范工作流程，实现业务有序开展。加大业务检查频率，提升员工安全意识和应急能力。

【业务开展】 为切实加强对经营管理运行机制和业务操作流程的优化完善，公司按照先急后缓、先内控后业务的原则，积极探索流程建设，使工作流程衔接到位。加强对贷款业务的全流程管理，为保证业务的顺利、有效开展提供依据。

【风险监管】 公司贷款扶持对象主要是岚山区域内“三农”和小微企业，三农客户资金调动能力有限，对自然条件的依赖性很强，抵御市场风险的能力较弱。公司始终将信贷管理和风险控制工作作为全行工作的重中之重。在确保新增贷款质量前提下，认真落实客户筛选，实行贷前调查、贷时审查和贷后检查的“三查”制度，并严格按照相关要求，控制各项贷款的资金流向，很好的从源头和用途上控制住了贷款风险。贷前调查时注重借款人信息的获取与分析，包括软信息（非财务信息）和财务信息。贷款审查时贷审会听取信贷经理现场考察报告，经过认真研究，仔细评估，详细讨论后发放，严格控制风险。贷款发放后通过不定时地回访、考察了解贷款使用情况、客户当前经济情况、还款意愿等方面的变化，及时掌握第一手资料，进一步防控风险。贷款发放后将相关档案审核无误后统一归档保管，做到痕迹化保管、专人管理、制度化管理。同时备份合同并与其分别保管，以便日后查阅、使用。

【员工培训】 根据公司学习制度，每周二、周四下午公司员工进行一至两个小时的业务技能学习，包括小额贷款制度、监管、理念，信贷法律知识及小额贷款产品、业务流程、利率管理等。根据小额贷款公司监管要求，鼓励支持公司员工考取小额贷款资格证书，已有4名员工考取该证书。

宋家岭农业种植专业合作社

【概况】 宋家岭农业种植专业合作社成立于2016年6月20日，位于碑廓镇宋家岭村，注册资金53.66万元，法人代表吕海龙。合作社有社员137户，流转土地450余亩，规划粮食种植区域约300亩，蔬菜种植区域约150亩。

【经营范围】 为社员提供农机服务、农业种植所需的技术、信息服务；引进新型农机具，技术交流活动，开展农业生产，流域性土地治理、深耕、机播、农机技术咨询；为社员生活生产提供光伏发电技术服务；为社员提供信用互助。

【盈余分配】 采用“保底＋分红”模式分配盈余。社员保底年收益为每亩500斤小麦或同等市场作价，并按股分配盈余。实现经营收入59.08万元，盈余18.27万元，提出盈余公积9229元后，盈余全部分配给每位社员。

【信用互助】 为满足社员资金需求，经日照市岚山区金融工作办公室批准，合作社于12月开展新型农村合作金融试点。合作社正积极开展信用互助业务。

【组织愿景】 坚持“保底＋分红”的盈余分配模式，让村民放心入社，在保证社员粮食安全的前提下，逐步做好土地资源增效经营，走绿色有机粮食、蔬菜发展道路。

保险机构选介

中国人民财产保险股份有限公司日照市岚山支公司

【概况】 中国人民财产保险股份有限公司日照市岚山支公司（简称“人保财险岚山支公司”）紧紧围绕“双超市场、增量第一”的核心目标，持续深化向“以客户为中心”全面转型，系统上下干部员工凝心聚力、扎实工作，展现出了不畏艰难、敢于担当、锐意进取的良好精神风貌，保证了公司发展经营稳中有进，各项经营指标逐步向好。公司累计实现保费收入6004万元，市场份额34.28%。全年公司累计为1万余辆机动车、400余家企事业单位、7.5万余农户提供风险保障350多亿元，上缴地方各类税金740余万元，累计支付赔款3451万元，为恢复生产、稳定社会、保障发展发挥了积极作用。公司共设13个部门，在各级乡镇下设4个分支服务机构，员工总数35人，营销人员180人，业务范围遍及全区非寿险市场的所有领域。

【积极保障服务社会民生】 公司认真做好“新国十条”“省六条”对接跟进工作，抢抓全区“突破园区、聚力招引”政策机遇。诉讼保全、环境污染、医疗责任、食品安全、首台（套）等政府主导类责任险业务实现多点开花，人保财险岚山支公司商业非车险实现保费收入1121万元，同时成功承办全区城镇职工补充医疗保险和大病保险项目。

【为全区“三农”保驾护航】 公司深入贯彻中央和省市政府系列强农惠农政策，充分发挥公司技术创新优势，持续推动涉农保险创新发展，为全区农业保险发展保驾护航。开办政策性能繁母猪、育肥猪、森林等多个富有地方特色的农业保险产品，累计为3000余户参保农户支付赔款340余万元，累计提供风险保障5660余万元。

【全面落实从严治党要求】 人保财险岚山支公司认真贯彻落实党要管党、从严治党的总要求，重视和加强基层党建工作，坚持以深入开展“两学一做”学习教育常态化制度化为载体，全面推进党员队伍思想建设、组织建设、作风建设和制度建设，形成一级抓一级的党建工作格局。一是严格按照上级党委部署要求，周密安排，精心组织，年内开展专题学习研讨14次。二是支公司党委认真履行主体责任，狠抓党委班子自身建设，党委成员认真履行“一岗双责”，签订责任状。三是严格落实《加强基层党建的指导意见》《基层党支部工作条例》等，将基层党组织建设与基层建设相结合，进一步明确了以党建促发展的工作思路。四是印发党支部固定活动日工作方案，党支部开展学习、研讨26次，辖内党员学习覆盖率达到100%。

【企业文化建设】 人保财险岚山支公司持续注重企业文化建设，将企业文化作为公司业务发展的内生动力。一是创建职工之家。落实员工关爱计划，为员工做好事、办实事、解难事。二是深化学习型组织建设。加大对新思维、新理念、新工具的教育培训力度，与时俱进提高员工道德素质、知识技能和专业水准。

【服务能力建设】 人保财险岚山支公司服务能力不断提升，坚持以客户为中心全面转型，以客户真实性为基础，依托电网、微信平台、“保险进社区”等形式，增加与客户的黏合度。

中国人寿财产保险股份有限公司日照市岚山区支公司

【概况】 中国人寿财产保险股份有限公司成立于2006年12月，是经国务院同意、中国保监会批准设立的全国性财产保险公司，是世界500强企业——中国人寿旗下核心成员。公司注册资本150亿元人民币，总部设在北京。2012年4月19日，公司正式入驻岚山，成立“中国人寿财产保险股份有限公司日照市岚山支公司”。2016年，在编员工25人，设立5个业务部室和1个乡镇五级网点。主要经营：企业财产保险、家庭财产保险、机动车辆保险、工程保险、货物运输保险、船舶保险、责任保险、信用保险和保证保险、短期健康保险和意外伤害保险，以及国家法律、法规允许的其他保险业务。中国人寿财产保险股份有限公司日照市岚山支公司共实现保费收入3366万元，同比增长12.7%，业务增速超当地财险市场平均增速9.6个百分点。在当地8家财产保险公司中，市场份额占比22%，排名稳居市场第二位。全年纳税金额366.72万元，列全区纳税企业前50强。多次获得省、市公司“发展贡献奖”、“综合经营管理优胜奖”和“先进单位”等荣誉称号。被岚山区委、区政府评选为全区目标管理绩效考核“优秀单位”和服务岚山经济发展“先进单位”。

【业务发展】 按照上级公司“做精车险”“做强非车险”的总体要求，不断优化险种结构，提升业务质量。全年车险保费收入2721.9万元，较2015年同期增长16.5%；非车险保费收入224.6万元，较2015年同期增长23.4%。同时，积极响应国家惠民政策，关注民生、聚焦“三农”，又独家承保了全区政策性农业保险，保费收入419.5万元，为全区10万以上种植农户提供了高额的风险保障。全年各项承保利润736.6万元，同比增长了26.8%。实现了全年规模与效益的双提升。

【经营管理】 建立健全内控管理制度，用制度规范动作，加大核心流程和关键点的管控力度，消除管理过程中存在的漏洞和风险因素，完善业务系统管控功能点，提升内控制度与业务系统的匹配度。加强承保、理赔以及客服工作的实效考核，提高管理效能和服务品质。公司成立6年以来，始终坚持依法合规经营，积极深入开展商业贿赂专项治理和反洗钱专项工作，并取得了良好的效果。

【基层党建】 按照上级公司党委“围绕发展抓党建，抓好党建促发展”的总体思路，7月1日，成立了中国人寿财产保险股份有限公司日照市岚山支公司党支部，通过一系列专题教育和实践活动，从严从实推进党的建设工作，进一步增强了党员干部的政治意识、大局意识和核心意识。切实把干事创业谋发展作为最大的政治责任，为公司健康、稳定发展凝聚了共识和力量。

中国太平洋财产保险股份有限公司岚山支公司

中国太平洋财产保险股份有限公司岚山支公司成立于1998年3月，经营地址位于日照市岚山区安东卫街道岚山西路477号，隶属于中国太平洋财险下设的县级四级机构支公司。公司自成立以来，积极弘扬“诚信、创新、敬业、奋进”的企业精神，高点起步，开拓进取，公司业务在较短的时间内得到了迅速发展。截至年底，累计保费收入2.2亿余元，为全区各行各业承担了近两千亿的风险保障。也是岚山区第一家在当地纳税的保险公司，已累计上缴地方税收近两千万元，为岚山区的经济发展和社会稳定做出了贡献。实现保费收入2077万元，市场份额位居前列。为岚山企业和个人提供了200多亿的风险保障，赔款支出1100余万元，缴纳税金249万元，位列全区纳税50强企业。公司积极响应全区创建文明城市的号召，在营业厅内设立环卫爱心驿站和各种便民服务设施，以实际行动为文明城市的创建贡献一份力量，在当地树立了良好的品牌形象。荣获全区目标管理绩效考核先进单位和太保日照中心支公司先进集体等荣誉称号。

中国平安财产保险股份有限公司日照市岚山支公司

【概况】 中国平安财产保险股份有限公司日照市岚山支公司成立于2003年6月，公司地址位于圣岚路与砚台山二路交汇处。公司有员工10人，主营业务机动车辆保险、企业财产险、意外险、健康险等财险保险。全年实现保费收入2611.8万元，对外赔款938.6万元，缴纳税收163.5万元。公司成立15年以来，始终坚持“诚信第一、效率第一、客户至上、服务至上”的宗旨，公司规模不断壮大，在岚山保险市场上发挥着越来越大的作用。

【理赔服务】 推出“三极”服务：“极速”，510极速查勘再提速，优化细化网格划分，优化线上体验；“极爽”，提升一次性即时赔付和一站式服务；“极暖”，打造以人民为中心的理赔服务，为客户提供力所能及，此情此景下的每案+1亲人般的温暖服务。

【增值服务】 违章提醒、代办年审、免费赠送挪车码、免费道路救援等一系列增值服务让客户真切的感到平安的服务就在身边。

乡镇街道

XIANGZHEN JIEDAO

唐山年鑑

岚山头街道

【概况】 岚山头街道位于日照市东南端，面积19.88平方千米（包含港口填海造地9.48平方千米），海岸线长5.5千米，辖16个村居和2个城市社区，居住人口4.2万人，境内有国家、省、市、区驻岚山单位34家；拥有岚山港、岚山渔港两个国家一类开放口岸，与岚北港区、岚桥港、童海港连片成为一个由五大港口组成的港口群，是江北最大、全国重要的液化品储运基地。2016年完成地方财政收入17597万元，超额完成税收任务；完成固定资产投资70.5亿元，比上年增长11.6%；实现规模以上工业总产值50.8亿元，增长9.8%；完成限额以上服务业销售15.3亿元，增长9.8%；新增中小微企业128家，新增个体工商户438户，城乡居民人均可支配收入28383元，增长9.5%。

街道先后被授予日照市创建全国文明城市工作优秀单位、日照市棚户区（城中村）改造工作先进集体、日照市十九大安保维稳先进单位、全区目标管理绩效考核优秀单位等荣誉称号。

【特色产业】 渔业是岚山头街道支柱产业，共有渔船1060条，总功率83826千瓦，其中捕捞渔船842条，养殖渔船210条，辅助渔船8条，钢质捕捞渔船231条、总功率52185千瓦。新增大马力钢质渔轮9艘，报废老旧木质渔船111条。实现捕捞产量8万吨，产值9亿元，养殖面积达到1.71万公顷，养殖产量达到14万吨，产值3.2亿元，实现年出口创汇4000万美元。拥有5000吨级至30万吨级泊位23个，可装卸液化品、原油、粮油、木材、矿砂、煤炭、钢材等货物。

【基层党建】 突出社区阵地建设，投资200万元在阳光海岸购置设立了党群服务中心；投资60万元建设了山海家园党群服务中心，投资50余万元完善了甜园社区党群服务中心；严格落实“三会一课”“主题党日”等制度，坚持领导班子成员每月讲党课制度，共组织上党课110余次，受教育党员达1.2万余人次；突出抓好城市社区党建，补齐党建工作短板，成立了海州湾、金牛岭、秦海3个大社区党委和山海家园、阳光海岸2个社区党支部，推动村居、社区、企业、行业党建互联，促进非公经济、社会组织、两新组织党建互动；实施“三基”工程，建强基层组织，夯实基础工作，提升基本能力；推行

"4321"社区党建工作法，实施"三环"联建，落实党员带头两项机制，实现群众获得感、幸福感和安全感一个目标，实现了辖区党建全覆盖。

【创城工作】 划分13个创城专项组，实行网格化管理，做到定人、定岗、定责，建立起"纵向到底，横向到边，环环相扣"的"责任链"。加强督查考核力度，制定下发了《岚山头街道创建全国文明城市工作督查考核暂行办法》，将创建工作考核结果纳入村居单位年度目标责任考核体系，街道创城办按照"每天一督查，每周一通报，每月一汇总，年终考核评比"的工作思路，加大日常督促检查，共印发督办单46份，涉及11个方面406项工作。扎实开展创城突出问题综合整治活动，累计投资4600余万元，对山海家园等老旧小区进行升级改造，取缔了2处农村大集和1处马路市场，按照创城标准新建6处农贸市场，满足市民日常生活需要；新增城区绿化面积2.5万平方米，栽植各类苗木5万余株，规划停车位1800余处。拆除各类违法建设26处，整治、规范户外广告设施810处，动用各类机械1600余台次，取缔占道经营、店外经营546处，清理各类积存垃圾4500余吨，整治污水沟渠6条，关停涉氨冷藏、燃煤、畜禽养殖项目64个，建立完善了长效管理机制。

【城市建设】 城中村改造工作，完成圣岚路居等12个村居3500户的房屋评估，实施了杨家庄子村和大阡里村整村搬迁工作，共拆除房屋1098处；完成甜园路、平岛路、海滨路东延工程、海州路东延工程、佛手湾拆迁扫尾片区、边检站营房片区、中心渔港东侧片区、海州湾小学操场北片区、童海港业西门、官草汪渔村项目共1813处房屋的拆迁工作；城市建设管理工作，支持配合打造好金牛岭和海州湾两个万人大社区，金牛岭社区一期3#、5#、6#地块已开工建设。二期4#、8#地块，三期1#、7#地块，施工单位已进场施工。积极配合平岛路、海州路、海滨路等城区道路以及公园、道路绿化亮化、城区污水垃圾处理等基础设施建设，增加公共服务设施建设，健全完善城市功能，提升城市建设内涵；积极学习考察先进经验，所有安置小区、老旧小区、商业小区实行物业管理全覆盖，对所有驻街单位老旧小区成立联合物业管委会，研究出台物业补贴方案，提高小区物业管理水平。

【社会事业】 投资1200万元建设省级规范化幼儿园砚台山幼儿园，投资300余万元建设了海州湾小学操场，解决"大班额"工程；坚决打赢脱贫攻坚战，认真落实金融扶贫，为47户贫困户办理富民农户贷，投资47万元用于光伏发电项目，帮助188户脱贫增收；深入开展林水会战工作，投资26万元对南炮台整个山系进行防火网建设，安装防火网4000余米，大力实施荒山披绿和城区增绿工程，新栽苗木15万余株，新增绿化面积720亩；扎实开展村居单位已婚育龄妇女普查和出生人口性别比专项治理，落实全面两孩生育政策，积极开展"关爱女孩助学"行动，对48名新考上女大学生发放助学金2.4万元；扎实做好两项保费收缴工作，村级标准化卫生室建设达到100%，街道社区卫生服务中心被评为全国优质服务社区卫生服务中心。

安东卫街道

【概况】 辖区总面积42平方千米，海岸线6千米，下辖10个城市社区、13个居、10个行政村；下设76个居民小组、41个村民小组。2016年底，全街道总人口45622人，有93个基层党组织、2469名党员。机关在编人员75名，其中公务员编25人、事业编50人。完成固定资产投资120.6亿余元，财政收入2.06亿元。

街道先后被评为全省安全生产先进单位、全省信访工作先进集体、全省无邪教创建示范街道、“省级卫生乡镇”、“山东省理论宣教基地”。

【新旧动能转换】 贯彻落实新旧动能转换重点工程，积极培育发展新动能，坚定不移推进“突破园区、聚力招引”头号工程。全年招引注册资本5000万元以上项目10个，完成到位资金2亿余元。创新实施“村级集体经济联合体投资入股建园区”模式，由14个村居（社区）共同出资打造盛安东水产精品加工示范园，引导本地水产业提档升级。项目一期8栋钢构厂房和4栋办公楼主体已完成，有广东雅林等7家企业签约入园，并有10余家客户意向入园。规划建设占地500亩的网绳加工园区，以聚兴实业、丰航网绳等示范企业引领中小加工业户升级改造。园区内共建成入园过亿项目1个，在推在建5000万元以上项目2个，5000万元以下项目17个。

【城镇建设】 牢固树立区街一体大局观念，以打造“精品城区”为工作思路，不断加快城市建设步伐。全年拆迁1100余户，清表腾空土地210.67公顷。高效服务黄海路西延等32项区级以上重点工程项目建设，官山社区二期、绣针河治理二期、化工园区公共管廊、航空特色小镇、西护城河改造、玉泉中学拆迁清表等工作稳步推进。加快社区建设，投资1.5亿余元续建安置楼34栋。

【创城工作】 努力打赢创城决胜战，广泛动员党员、志愿者等各方力量参与，实行挂图作战逐项清零。严格落实长效保洁机制，共清理占道经营、店外经营800余处，拆除广告牌2000余处，拆除违法建设130余处，粉刷墙面5万余平方米，204国道和342省道两侧硬化路面1.2万平方米。轿顶山社区在全市创城最终验收入户调查中获得满分。

【环境治理】 共排查污染企业及加工户203处并全面督促整改落实。实施西护城河治理，依托旧村改造对城区黑旧水体全部整理，铺设管网、雨污分流，进一步提升了城市形象。完成玉泉四路南段、区人民医院东黑臭水体整治工作。关停辖区内塑料颗粒加工厂84家、10蒸吨/小时及以下燃煤锅炉61处，取缔散煤销售点5处。关停畜禽养殖410户，处理活体30万余头（只）。

【民生事业】 实行街、村、企三位一体、合力帮扶的扶贫模式，利用扶贫产业项目收益分红、富民农户贷等多项组合拳，顺利完成剩余23户62人脱贫任务。完成辛庄子等村居农村改厕任务2089户。扎实做好林水会战工作，完成绿化26.67公顷。全年累计发放各类生活补助金96.58万元、低保保障金179.8万元，惠及1293人。深入开展“安全生产月”和“7·16安全生产警示教育活动”。联合区相关部门关停辖区涉氨制冷企业40家，对辖区内74家烟花爆竹经营户、200余家九小场所、32家木材企业和23所幼儿园进行了全面检查，对隐患限期整改、督促落实。深入推进综治一体化工程建设，扎实推进矛盾纠纷“一排查八防范”调处工作，确保中共十九大及各项重大活动期间社会稳定。切实维护了全街道和谐发展环境和良好形象。全面落实“一村（社区）一法律顾问”“一村（社区）一警务助理”工作，有效推动了“法治安东卫”建设。

【文化建设】 全面普及建设文化基础设施，积极开展各类文化活动，发挥基层文化阵地作用，让广大群众共享文化惠民成果。在解决现实问题的过程中弘扬社会正气、倡树文明新风，把思想道德建设的“务虚”任务变为经济社会发展的“务实”项目，全面提升公民思想道德水平。推进法治文化建设，打造法治文化栏目、法治街道广场、法治示范乡镇等法治文化阵地；发放公民常用法律读本《公民常用法律知识问答》《农民学法手册》《外出务工人员必读》等书籍，实现全街道居民人手一册。

【党建工作】 加强基层领导干部队伍建设，扎实推进“两学一做”学习教育常态化制度化，建立领导班子成员带头讲党课制度，共组织领导干部上党课80余次，受教育党员达2500余人次；组织街村党员干部300余人次赴台儿庄、威海等地接受党性教育培训，依托“灯塔—党建在线”平台，实现了“互联网+党建”。狠抓作风建设，围绕“转作风、抓落实、促发展”主题活动，年初开展机关干部“转、抓、促”集中学习，进一步构建“党建+”工作模式，使党建与中心工作相融合。每月6日、20日定期开展主题党日活动。严格履行党风廉政建设主体责任，共查处街村违反工作纪律人员32人，查处违规发放值班补助1起，对1名支部成员因违反组织纪律进行问责。共查办信访举报案件7起，线索案件7起，立案11起，对17名违纪党员分别给予了党纪处分。扎实完成“两委”换届工作，实现村级班子队伍平稳更新优化，换届后134名“两委”成员中，高中以上学历占64%，45周岁以下的占46%。

虎 山 镇

【概况】 虎山镇总面积105平方千米，是岚山经济开发区的重要组成部分，也是全市钢铁、化工产业的主要集聚地。全镇53个行政村，户籍人口6.4万，常住人口达10万余人，共有基层党组织119个，党员3411名，其中农村党员2915名。全镇实现财政收入11348万元，规模以上工业总产值完成903.36亿，2015年同期532.13亿元，同比增长69.76%；主营业务收入完成950.99亿元，2015年同期595.2亿，同比增长59.8%。先后获得“山东省安全生产工作先进单位”“日照市突破园区、聚力招引先进单位”“日照市创建全国文明城市先进单位”。

【工业发展】 重点项目建设加快推进，聚力服务日照钢铁精品基地头号工程，完成山钢周边4个环保村2108户拆迁，精品钢一期一步工程试车投产、一期二步全面开工。突破园区建设有序推进，加快推进园区村庄搬迁，完成化工园区周边4个村2008户的搬迁，腾空土地1260亩；以完善园区配套为载体，扎实推进日照—岚山燃气管道、化工园区东区工业集中供汽等7项园区配套建设。全面抓好三招三引工作，累计外出招商14次，接待考察客商50余批次，新招引总投资5000万元以上项目6个，实现固定资产投入3亿元。引进科技服务机构2个，引进专利技术5个，完成高新产值13亿元。引进高层次创新团队4个，高层次创新人才13个。

【平安建设】 严格落实安全生产责任，实行安全生产“网格化实名管理”，在全镇53个村设立安全监督协管员，建立了完善的安全生产监管网络。定期开展安全生产“大快严”专项整治行动，对所有隐患全部进行跟踪督导、专项回检，整顿关停问题企业22家，顺利通过中央、省市环保督查，关停26家10蒸吨及以下燃煤小锅炉，关闭搬迁1100余户畜禽养殖户，对51家露天货场堆场进行全面清理，对涉及虎山的5起中央环保督查交办件进行了调查处理，完成整改问题32件，关停取缔企业26家。顺利通过文明城市测评。主动承担属地管理责任，全面开展以沿海路、玉泉二路、阿掖山北路、疏港大道、204国道、222省道为重点环境综合整治，镇村面貌更加靓丽整洁。加大违法建设管控力度，建立动态巡查机制，铁腕整治违法建设，共拆除违法建设119处，拆除面积1.48万平方米。扎实做好安保维稳工作，全面开展“一排查四防范”，认真落实领导干部定期接访、领导干部包案制度，累计化解信访积案3件，处结各类信访案件70余件。扎实做好重点群体的维稳工作，保质保量地完成了中共十九大安保维稳任务。

【社会事业】 林水会战成果不断扩大。投资500多万元，流转土地200余亩，高标准完成204国道绿化；完成坪岚铁路两侧300多亩空地绿化，以及阿掖山北路至阿掖山生态林带和大旺山系650亩荒山绿化。持续推进龙王河综合治理二期工程，清理房屋272处、土地1700余亩，高标准打造了沿河景观带。加快建设龙王河湿地公园，完善公园健身娱乐设施配套，为周边学校、社区营造优美的生态环境。

安置社区建设加快推进。锦绣花园三期24栋已经主体封顶，预计2019年6月交付；官山社区二期已开工253幢，其中115幢已完成交付；龙河社区一期7栋安置楼装修完成，正在进行室外配套建设，二期6幢正在加快建设；虎山社区一期7幢正进行室外配套建设，二期20幢主体建设已基本完成。社区先期配套学校8所，规划学校2处，同步规划了社区服务中心、卫生室、农贸市场，配套建设了沿街商业服务设施。

民生事业加快发展。投资2300余万元的虎山中心小学、中心幼儿园已建成启用。投资800万元建设中心小学餐厅和艺体馆，已完成主体建设，预计2019年6月交付使用。累计发放城乡居民基本养老保险4201人499.79万元，被征地农民养老保险8580人9021万元；完成全镇6个村1256户农村改厕任务以及22户危房改造任务。加强农村低保动态管理，全年退出230人，新增135户、180人。

【扶贫攻坚】 对全镇161户396名贫困群众逐一建档立卡，按照“一户一册一包联”的原则，制定“1+1”脱贫帮扶计划，落实每个贫困户都有一名脱产干部包联的帮扶机制。采取“公司+基地+农户+贫困户”的模式，由景阳青茶园带动17户贫困户脱贫；通过投资幽尔崮农业开发有限公司、建设茶叶交易市场等产业扶贫项目，带动15户贫困户29人脱贫增收；全镇已完成160户394人脱贫任务。

【党建工作】 狠抓“理顺、规范、提升”，制定出台《机关干部工作规范》《双十禁令》等制度，进一步规范镇村干部行为。专门研究出台《虎山镇农村财务管理工作制度（试行）》，加强农村资产资源管理，集中化解历史遗留问题。聘请第三方对全镇53个村开展农村财务审计，共查摆问题400余项，全部整改到位。专门成立镇督查办，开展专项督查32次，通报17期，提醒诫勉谈话34起，问责12人。严格党员教育管理，每月6号与农村“晒财务”相结合开展“主题党日”活动，优选科级干部、股级干部53名作为党建指导员，为各村和企业党员上党课，党员党性意识明显提升。突出加强农村班子建设，先后修改完善《镇村干部自身建设实施意见》，坚持问题导向，全面整顿提升，全年共调整支部书记20人、支部成员30人，全面完成5个软弱涣散班子整顿。先后2次组织召开全镇廉政教育会议，对全镇350余名机关干部和村“两委”成员进行集体约谈。严格落实监督执纪“四种形态”，加大执纪问责力度，共约谈34人，立案查处7人，问责5人。

碑廓镇

【概况】 碑廓镇总面积96平方千米，辖8个社区、64个村，人口51804人，人口自然增长率17‰；乡镇机关在编人员67人，其中公务员编27人、事业编40人；全年实现地方财政收入4045万元，完成固定资产投入23亿元，农民人均纯收入16100元。有“国家级木材贸易加工示范区”“国家级木材检验检疫除害处理区”两个国家级园区。

先后获“全国文明村镇”“全国重点镇”“全国乡镇体育健身示范工程先进单位”“全省首批文明乡村行动示范镇”“全省妇女活动先进乡镇”“山东木业名镇”“山东特色产业镇”“全市基层先进党组织”等荣誉称号。

【工业发展】 聚力发展“木材加工、石油化工、临港物流、现代农业”四大产业，强力做好“园区发展、项目招引、生态旅游、城镇建设”四篇文章，有效推动全镇经济社会稳步健康发展。全镇完成地方财政收入4045万元，其中地税3250万元，国税795万元。园区配套项目加快推进，2处加油加气站建成投产。完成了大湖社区安置区一期用地清表、黄海路、冠通路、岚山油气管廊、山钢燃气管线、污水处理厂等项目地上附着物清点工作。建成消防特勤站1处；赴外地开展招商活动24次。成功举办了第十二届圣公山庙会，举办招商推介会3场。聚焦项目服务，临港产业实现新发展。狠抓木材深加工项目建设，澳思柏恩项目建成投产，先后精深加工项目3个，盘活了僵尸企业2家，冠通木业引进新技术，年产值可达7000万元；突出石化产业项目建设，积极协调解决德坤能源项目用地等问题。加快农业和物流项目建设，金星农业、丰实农林引进先进创新示范项目，招引了两顶山等民俗旅游项目，新招引龙海缘、嘉悦工贸等物流企业2家。

【党建工作】 切实抓好巡察整改，梳理整改事项3个方面21项、移交线索12条，细化整改措施42项，全部完成整改，21项问题已整改完成并持续关注8项。突出党员教育管理，累计宣讲36次。深入推进“两学一做”学习教育常态化制度化工作，以“阳光村务”“党员积分管理”等为载体，严格落实“主题党日”制度；与“转作风、抓落实、促发展”主题活动深度融合，举办各类培训会12次；认真开展党员联系户工作，强化督查检查，全镇通报党员联系户工作开展不力党支部7个、党员8人。狠抓干部队伍建设，开展“三亮一树做表率”活动；狠抓后进村整顿，落实好领导干部“倒排正包”制度，镇党委排查软弱涣散班子6个，调整6个村支部书记4名、支部成员6名；全力做好农村社区“两委”换届选举工作，扎实开展党委书记基层党建创新项目，以保障大项目建设为依托，服务周边群众为目标，村企共建为纽带，打造党建精品服务辐射圈。加强镇村财务管理，深化党务、政务公开，涉及“三重一大”、公务接待等事项全部公开。加强村级财务管理，从严落实“阳光村务、阳光合同”等制度，推进农村公共资源集中交易，有效规范村级财务工作；实施了“三资”清理和“管晒述评”制度，实现村干部“阳光理财”“阳光履职”；对农村财务审计结果进行研判，排查未走招标程序等18个村36项工程，由镇党委组织对涉及村主要负责人进行集体告诫约谈。新出台文件8个，规范农村财务管理。

【社会事业】 加快推进校建工程，建设二朱曹小学餐厅和幼儿园、中心小学艺体馆、中学艺体馆等项目；大力推进脱贫攻坚，减贫计划完成率98.8%；完善红白理事会制度，狠抓殡葬管理和移风易俗工作，倡树婚丧嫁娶新风；开展“大爱碑廓·情暖万家”捐款活动，累计捐款21.97万元；开展“四德”教育，累计评选最美家庭400户，好婆婆、好媳妇等900人，涌现“中国好人”1名，省道德模范1名，“山东好人”4名，区级以上的道德模范31名；积极化解社会矛盾，完成率100%，全年刑事拘留14人，取保候审18人，监视居住5人，成功打掉2个黑恶势力团伙。开展“敲门行动”打击邪教分子，刑事拘留4人，行政拘留1人。开展安全生产执法活动110次。

【生态环保】 扎实推进“林水会战”，累计投资325万元，补植、栽植苗木20.4万株；全年总投资1060万元，规划建设各类水利工程6项，实施河道治理工程3处，新建小微水源工程1处，除险加固病险塘坝3处；打好突出环境问题整治攻坚战，完成畜禽养殖禁养区清理487户，非禁养区环保改造305户，改造木材烘干窑22户，停产2户，关停石子厂、洗砂场、塑料颗粒加工厂等“散乱污”企业15家；大力开展创城攻坚活动，驻地面貌焕然一新；全面推进三个文明建设，顺利通过全国文明镇复审验收；开展春秋季环境卫生整治集中活动，累计出动5600人次，清理村内外积存垃圾200余吨；有序推进美丽文明乡村建设，完成美丽乡村片区规划2个；聚力发展乡村旅游，推进了东山部落、峰岭果桑等民俗旅游节点9处；建成了马家湖乡村旅游村史文化馆项目；建设碑廓新故里，积极的发掘传统历史文化阶段和红色文化时期阶段的历史资料。

黄墩镇

【概况】 黄墩镇地处日照市岚山区西北部山区，辖9个社区，54个村。总面积153平方千米，其中耕地面积7.1万亩、山场河滩7.6万亩。年底，全镇人口有19081户，50238人，人口自然增长率13.5‰。乡镇机关在编人员73名，其中公务员编制27人、事业编46人。以建设“生态高地、园林黄墩”为目标，落实“党建、纪律”两个保障，做好

"立农、为农、兴农"三篇文章，实现了"林水会战、美丽乡村、扶贫攻坚"三个突破。全年完成固定资产投资14亿元，完成规模以上工业总产值1.5亿元，全年完成地方财政收入1054万元，全镇农村居民人均可支配收入大幅增长，达到20522元，同比增长9%。

先后获得国家生态镇、省级文明镇、全市镇域经济先进乡镇、市级文明乡镇、省级环境优美乡镇、省级烟叶生产先进乡镇、国家级绿色食品板栗标准化示范区等荣誉称号。

【经济】 全镇各项经济指标持续增长，全年完成固定资产投资14亿元，完成规模以上工业总产值1.5亿元，全年完成地方财政收入1054万元。新型经济主体蓬勃发展，全年新登记注册市场主体115户，新增注册资本3.02亿元，银行实现存款12亿余元，镇域经济进一步发展壮大。"三招三引"成效显著，共招引项目26个，其中过5000万元的项目6个，招引创新人才6个，引进新技术2项，全面完成"三招三引"任务。全镇种植小麦39323亩，单产407公斤；共种植玉米39000亩，单产484公斤；共种植花生20600亩，单产277公斤。全年投产桑园2848亩，放养蚕种4860张，收购鲜茧18.8万余公斤，产值1020余万元；种植黄烟1200亩，新发展红卫片区黄烟片879亩，收烟叶15万公斤，产值325万元，实现利税71.5万元。种植茶叶4300亩，单产118公斤。

【政治】 黄墩镇党委、政府以建设党员综合管理体系为目标，全力打造党员山泉服务品牌。党员"自身清、正他人、乐奉献、强担当、讲团结、树形象"，党员已成为黄墩镇一个靓丽品牌，党建也为全镇各业蓬勃发展提供了坚强保证。5个软弱涣散基层党组织全部实现了顺利转化，支部书记均高票当选；顺利完成农村支部和社区两委换届工作。实现了软弱涣散村转化率、如期换届率、主职干部连任率、一次选举成功率、预测人选当选率、书记主任一人兼率六个百分之百。各村还开展了党员与新班子合拍全家福活动。固定每月初八大集，开展"党群连心日"活动，把党委会开到大集上，听取群众反映、解决群众问题，至2016年底已开展17期，接待群众1000余人次，解决群众反映各类问题190余件。

【社会】 社区运行机制进一步规范完善，继续实施民事代办"三员"制度，全年为群众跑腿办事近万件。扶贫工作成绩显著，通过各类扶贫举措，全年已脱贫158户289人。实施了2个镇级扶贫项目和7个村级扶贫项目，收益48万余元。成立了4处爱心食堂、52个牵手扶贫众筹清洁点，扶贫超市为360户贫困户送出了700件衣服，一亩板栗扶贫项目免费为贫困户提供板栗苗近2万株。率先完成贫困户危房改造、厕所改造及自来水改造，提升了人民群众生产生活水平。教育卫生水平不断提高。投资600万元的中心小学综合楼建设工程已开工建设；成功举办了第三届"金榜学子"欢送会和教师节庆祝大会。医疗卫生条件进一步提升，投资30万元实施"国医堂"项目，投资15万余元进行了手术室改造工程，新建标准化村级卫生室2个，改、扩建村卫生室6个。累计发放新型农村社会养老保险待遇11986人，发放养老保险金119万元。对低保实行动态管理，对全镇农村低保对象进行了核对，共注销低保对象191人（其中死亡91人），新增283人，确保应退尽退，应保尽保。积极实施“银龄安康”工作，10542人参保。投资800余万元的幸福苑一期工程已完成，二期已开工建设，使老年人利益得到保障。人民群众得到越来越多的实惠政策，群众获得感和幸福感不断增强。

【生态】 美丽乡村建设不断加快。拟定了美丽乡村建设五年规划，辛庄社区五个区级美丽乡村示范村的建设已基本完成；投资117万元的陈家沟村“雨污分流”工程顺利竣工，为美丽乡村建设奠定基础。镇村环境有效改善。扎实开展“积存垃圾集中清理活动”，探索建立了长效保洁机制。开展畜禽养殖污染治理工作，沿浔河两岸200米以内的294户已彻底关停拆除。同时，对村内易造成污染隐患的165户进行了拆除、搬迁工作。继续抓好农村改厕工作，在全区率先完成改厕任务，进一步改善农村人居环境。交通瓶颈进一步破解，龙坪线顺利通车，实施了农村幸福公路28.2千米，打造了云雾山流域样板路工程4.6千米，进一步提升黄墩交通条件。农田水利建设有序推进，先后投资8000余万元，打造了云雾山和竹林寺两个市级林水会战观摩点，新建小二型水库1座，新建、维修扬水站7座，新建、清淤、加固塘坝61座，新建泵站18座，增加蓄水量283万立方米，增加灌溉面积1.5万亩，建设陈家沟水库水利景区公园4000平方米，完成造林1.8万亩。镇驻地改造提升进一步加快，持续推进创城工作，被市委、省政府授予创城先进单位荣誉称号，加快镇驻地改造提升，已完成规划设计，2018年将开工建设。

【文化】 开展黄墩群众喜闻乐见的地方特色文化活动，健全和完善农村社区基层综合性文化服务中心建设，巩固镇村文化阵地，满足群众的精神文化生活需求。开展了二月二“闹春牛”民俗文化节活动、“三八”妇女节植树活动、寿桃采摘文化节活动、端午节敬老院包粽子活动等一系列精彩文化活动，丰富了群众文化生活。开展了第二届身边好人暨道德模范评选活动，有效发挥榜样力量，助推文明黄墩建设。结合“三线一圈”乡村旅游线路布局，共建设采摘园、体验园等各类乡村旅游景点4个，重点推动甲子山红色旅游、澳洲珍稀动物风情园、日照岭岫生态农业园、浔水源生态农业林果采摘园、单家沟龙王庙建设，浮蓬山旅游区成功争创为国家AAA级旅游景区，占地面积35公顷的山东省内最大的孔雀养殖孵化园—张家沟孔雀谷生态采摘园项目已完成投资1600万元，形成了“春观花、夏揽绿、秋摘果、冬赏雪”的四季美丽黄墩格局。

高兴镇

【概况】 高兴镇位于山东半岛南翼，岚山区北部，北依日照市区，东临日照开发区。辖46个行政村，3.5万人口，镇域面积62.6平方千米，耕地面积5.3万亩。被誉为“江北五金第一镇”“山东桑蚕生产第一镇”“山东特色产业强镇”，先后被授予“山东特色产业镇动能转换二十强”“山东省卫生乡镇”。11月，被中央精神文明建设委员会授予“全国文明村镇”荣誉称号。

鲁南高铁、青日连、兖日、瓦日铁路及沈海高速、青赵公路穿境而过。距日照主城区15千米、日照港15千米、日照机场8千米、奎山高铁站10千米、沈海高速（日照南）出口3千米、山东钢铁精品基地15千米。境内有国家级重点文物保护单位尧王城遗址以及高兴庙、白云山等，是享誉全国《李二嫂改嫁》作者王安友故里，有高兴线狮、木板年画等省、市级非物质文化遗产。

全镇地方财政收入2061万元；实现规模以上工业总产值3.79亿元，同比增长16.6%；实现固定资产投资21.7亿元，同比增长19.9%。

【创城工作】 坚持“创建为民、创建惠民”理念，从市政基础设施、沿街美化、文化广场改造、公益广告氛围、集贸市场整治、河道治理、经营秩序7个方面入手，分步抓推进，镇驻地面貌发生了较大的变化，居民的生产生活得到了极大的改善。在全市14个乡镇三次测评检查中连续排名第一；时任市委书记刘星泰等各级领导同志分别到高兴镇调研指导“创城”工作，对“创城”工作给予充分肯定。11月，被中央精神文明建设委员会授予“全国文明村镇”荣誉称号。

【招商引资】 坚持把“三招三引”作为头号工程，新招引投资过5000万元项目6个，新增规模以上企业2家；大力推进招科引技，全镇高新技术企业已经达到3家；大力推进招才引智，牵线搭桥推动“校企联姻”，招引创业人才2人、实施校企合作项目5个、引进创业团队1个。出席“山东特色产业镇发展峰会”，代表山东特色产业镇的20个典型乡镇发言，获“山东特色产业镇动能转换二十强”，山东华源索具有限公司获“山东特色产业镇动能转换企业20强”。隆重举行齐鲁股权交易中心集中挂牌仪式高兴专场，成基饲料等4家企业在齐鲁股权交易中心挂牌。是全省第一个举办企业集中挂牌专场的乡镇，开创了齐鲁股权交易中心在乡镇举办挂牌专场的先河。

【项目建设】 先后服务青连铁路、鲁南高铁、204国道改道、青赵线绿化、天然气管线等5个大项目，累计清表土地2100余亩，拆迁企业5家。其中服务鲁南高铁共清表土地640亩、拆迁169户，搬迁坟墓60家，在全市率先完成了清表拆迁工作任务，实现了

"零障碍"施工、全线贯通。坚持拆迁和安置同步推进，完成了青连铁路企业安置区清表工作，3万平方米南草坡安置区、1万平方米大芳沟安置区基本建成，合庄等6个安置区已经开工建设。

【生态建设】 坚持"绿水青山就是金山银山"理念，全面运行"环卫一体化"，争创美丽乡村，市级示范片——白云山前美丽乡村片区已经开工建设！突出"林水路田湖"一体化治理，"林水会战"成效显著，先后完成投资1978万元，建成水利项目57个；完成了川子河、高兴河综合治理规划；实施"通道连绿""镇村增绿"工程，新绿化造林810亩，新发展各类经济园林3460亩。按照"打造车窗外风景线"标准，整治铁路、公路沿线47.7千米，涉及23个村，完成投资1150万元。聚力打赢环保突出问题攻坚战，依法拆除了怀古村、冯家庄等村11家"散乱污"企业，全部拆除了大尧王、怀古等4家漂子加工户生产设备，11月份顺利通过省环保局"回头看"验收。循序推进畜禽养殖治理，已整改276户，其中拆除113户。下大力气建设环保设施，实施了镇驻地污水管网入地工程，完成了毕家村、冯家庄环境治理水源地保护项目，全面开展"秸秆禁烧"，稳步推广清洁能源。

【旅游经济】 发挥"近城通港"优势，在已创建"省级旅游强乡镇"的基础上，围绕"古、山、茶、桑、果"五大元素，撬动农业与乡村旅游融合，促进了一、二、三产业融合发展。编制完成了《高兴镇全域旅游规划》《白云人家.六合古村落规划》，中华姓氏文化园、冠清茶文化园等相继提升改造，绿科葡萄、东辛庄子草莓蓝莓等18个特色采摘园相继开园，已经拥有茶仙子AAA级景区，"荷仙子"也已经拿到高兴镇"绿卡"；成功举办了日照高兴镇全域全季采摘节暨"桑葚熟啦"采摘游活动。

【民生改善】 坚持以人民为中心的理念，大力推进民生工程建设。全面推进农村公路网格化示范县工程，新增硬化道路21千米。高度重视规划建设工作，完成《高兴镇镇域总体规划》《五金特色小镇规划》，完成农村改厕4257户，占年度计划的110%；承接并完成了碳晶取暖试点工作，在怀古村安装碳晶取暖板333户，新增清洁取暖面积2.1万平方米；尧王小学等3所学校、申家庄等14个卫生室均实现了清洁取暖。改造农村危房63户，洁净煤炭推广100余吨，违建拆除1.61万平方米。投资300余万元，建成中学、中心小学停车场，实现了中小学餐厅全覆盖。坚持底线思维、红线意识，始终把安全生产工作抓在手上，镇域内实现了安全生产"零事故"。聚力打赢脱贫攻坚战，实施了鲜切菊花、光伏发电等2个产业扶贫项目，全镇150户355人实现脱贫，承接了全市产业扶贫项目现场会议。全面落实人口与计划生育政策，大力推进"健康高兴"，进一步改善了乡镇食药所办公条件，全面完成了食品安全区创建任务；建成了国医堂，改造村级卫生室5个，被授予"山东省卫生乡镇"。

【党建工作】 扎实推进"两学一做"学习教

育常态化制度化，积极开展“转作风、抓落实、促发展”主题活动，以巡察整改为主线，转变工作作风。提升服务效能，规矩意识、纪律意识显著增强。坚持依法行政，建立了党政一体法律顾问制度，实现了46个行政法律顾问全覆盖。深入推进“阳光村务”工作机制，稳步推进农村产权制度改革，较好地维护了群众利益。坚持教育在前、警示在前，精心组织，圆满完成村“两委”换届工作，为全面推进乡村振兴集聚了新力量。

巨峰镇

【概况】 巨峰镇位于岚山区中部，总面积165平方千米，辖90个行政村、7.8万人；共有9个农村党总支、133个党支部、4441名党员，其中农村党支部90个，农村党员3810名。全镇实现镇域生产总值23.7亿元，同比增长9.6%；实现地方财政收入2193万元，超出全区任务数110万元；实现农民人均纯收入17380元，同比增长11.2%；完成规模以上固定资产投资21.9亿元，同比增长15.5%。被住房城乡建设部授予第二批国家级特色小镇荣誉称号。

【特色产业】 新发展茶园2500亩；突出老茶园的提质增效和无性系茶园的发展，在土山岭和万平两个片区新发展无性系茶园200亩。加强茶叶安全监管，制定出台《巨峰镇人民政府关于加强茶叶生产质量安全监管工作实施意见》，对茶叶种植户、茶叶加工企业给予全面干预引导。发挥示范引领作用，在薄家口北垛春东盛茶业合作社采取“村委会+合作社+农户”的管理模式，建成80亩无公害绿色茶叶生产基地，由村委会统一采购标准用药、有机肥，统一灌溉、采摘，保证在鲜叶收购时以高于市场价20%的价格进行收购，提高茶农收入。

促进茶叶品牌塑造，加快现有品牌的整合力度，引导茶叶企业专业化、规模化经营，提高巨峰绿茶的美誉度和市场竞争力。在“中茶杯”评选活动中，圣谷山、甲子山、碧波3家茶企获中茶杯特等奖，7家企业获一等奖，其中圣谷山研发的含红红茶获红茶特等奖，东夷瑞草获特种茶一等奖。

【特色小镇】 按照“高点定位、总体规划、分步实施”的原则，搞好整体规划。聘请浙江大学规划设计院对巨峰镇进行总体规划和控制性详细规划设计；委托北京东方园林，对特色小镇核心区1平方千米进行概念性规划；配合做好农高区规划。做活山—水—茶文章，进一步探索“茶叶+”模式，形成“以茶促游、以游促茶”双促机制。在后山旺村打造小茶山旅游项目，先期计划在茶园、水库、村庄等不同区域建造不同风格的精品民宿3套，第一期打造茶农民宿20户（每户2-3个房间），同时提升村庄主街道文化氛围，在乡土气息基础上融入艺术元素，新增停车场、艺术景观、文化设施等基础设施。挖掘文化内涵，在驻地主要路口设置大型广告牌匾进行宣传，在茶香巨峰微信公众号开设“特色小镇”茶乡抒怀专栏，挖掘巨峰人文历史，配以茶诗欣赏，孕育茶文化内涵。建设“日照绿茶国家公园”，设立雕塑区、采茶表演区等景点。

【工业发展】 围绕“工业强镇”战略，转变发展方式，优化经济结构，强力推进项目建设。至年底，共登记注册企业306家，销售收入173826万元，实现工业增加值50149万元；其中规模以上工业企业10家，销售收入52509万元，实现工业增加值15753万元。强化“三招三引”，新招引康谷科技茶饮料加工、蓝湾农业等21个项目，招引资金2.2亿元，完成投资1.65亿元；在招科引技、招才引智方面，招引创新创业团队2支，引进高层次创新人才6名，新引进博士、硕士研究生3人；引进先进技术5项，新建科技服务机构3个，盛华茶叶机械股份有限公司被认定为第六批日照市专利示范企业。加快项目建设，完成日照茶都1、2号楼主体建设；盘活闲置资产，通过以商招商，实现“腾笼换鸟”，盘活园区闲置资产3处。拉伸产业链条，引进茶叶加工企业2家，其中曙光自动化茶饮料加工项目总投资5000万元，完成4条流水线建设，包括2条美国艾洛派克屋顶包线，一条意大利FBR、NFC生产线。

【镇村建设】 抓住“幸福公路”建设契机，规划“幸福公路”65千米，致力于将全镇道路环状连接并与省道相连；完成农村网化道路工程81.65千米，完成农村公路大中修工程5千米；对驻地破损的道路路面、人行道全部进行整修，新建了绿道和盲道，实现无障碍化交通；为341省道、老222省道两侧全部新划停车位，实施驻地文化广场改造升级，新安装了长8米，宽6米的电子显示屏。完善农村设施配套，争取住建、民政、扶贫部门大力支持，解决了295户群众的危房改造和7726户群众的农村改厕工作。加大农田水利和农民饮水工程建设，实施了前黄埠、秦小庄小农水项目建设；投资42万元，对7个村现有老化失修农村饮水工程进行集中改造升级，解决5000人的饮水安全问题；为王沟流域万亩茶园片区配水配渠，新建8处蓄水引水工程，包括清淤加固塘坝2座、蓄水池3处、扬水站5处。加快美丽乡村建设，结合茶产业布局和生态旅游资源现状，选定巨峰镇西北部“百里绿茶长廊”沿线8个村作为市级美丽乡村示范片区，累计投资2000余万元，治理沟渠、河道10千米，栽种绿化苗木1.5万余株，硬化道路80千米。其中，薄家口村内道路全部硬化完成，文化广场和休闲公园实现改造提升；张家沟村将美丽乡村的打造和精准扶贫工作有机结合，完成了鸳鸯湖、观景台等景观点的打造，民宿主体工程已经完工。

【精准扶贫】 实施“项目化”带动，以12个省市贫困村为主体，整合扶贫资金527万元，实施4个镇级产业扶贫项目，实现了全镇90个村产业分红全覆盖。实施“捆绑式”发展，坚持产业扶贫既“输血”又“造血”，既“扶人”又“扶业”，提高扶贫脱贫的连续性、可持续性。突出住房、医疗、教育三大重点：住房保障工作，危房改造295户；

医疗保障工作，在镇卫生院设立扶贫门诊和扶贫病房，对全部患病贫困人口根据患病情况及病种进行了分类，制定了分类救治方案；教育保障工作，有306名贫困户在校生享受了学费、生活费补助，30名中职、高职在校生享受了“雨露计划”每人3000元助学补助。

结合自身实际，创新开展“情系巨峰·爱心扶贫志愿服务站+”扶贫新模式，设立“爱心账户”平台、“爱心驿站”平台、“爱心扶贫”微信平台，成立教育、医疗、文化等4类246人的“志愿服务工作队”和47个126人的“巨峰爱心大姐”服务工作队，开展“精神扶贫”引领“智力扶贫”主题活动，有效推动脱贫攻坚工作深入开展。“志愿扶贫站+”扶贫新模式在全市推广。

【社会事业】 积极推进薄弱学校改造、解决“大班额”等工程，新建教育工程4处、10026平方米，中心幼儿园、大坡幼儿园通过省级示范园的验收，“三校合一”工程综合教学楼主体已建设完成。顺利启用巨峰卫生院康复楼工程，改造完成村级标准化卫生室42处。与岚山区人民医院建立医共体，让老百姓不出远门就能享受到区级医院先进的诊疗技术及诊疗服务。结合“我们的节日”，组织文艺演出活动100余场，丰富群众精神文体生活。承担了全市民俗年会演出专场。社会救助方面，发放1000余万元用于低保户、残疾人等群众救助；积极改善养老福利体系建设，投资390万元，对大坡敬老院进行改造升级。

【党建工作】 抓好干部队伍建设，解决机关人岗不适的问题，打破原有用人机制，在全镇一般工作人员岗位中开展“双向选择”，充实一线干部队伍，调动了工作人员的工作积极性。出台了《关于加强农村财务人员规范化管理工作实施意见》，新调整报账员10余名，新设出纳员90名，改变农村报账员队伍年龄偏大、文化程度低的现状。对村级组织阵地建设按照全面整治、示范村引领、美化提升三步走，彻底解决了“阵地不靓”“人气不旺”等问题；开展丰富多彩的群众活动，打造成“有场所、有设施、有制度、有氛围”四有阵地。

抓好党风廉政建设，制订并落实党员领导干部党风廉政建岗位责任制和“一岗双责”制度，对镇村干部执行坐班值班、工作日中午禁酒制度情况进行严格督查，对违反工作纪律和工作失职26名村干部进行了问责。

中楼镇

【概况】 岚山区中楼镇属偏远山区、库区乡镇，辖12个社区65个自然村，对空面积135平方千米，2.2万户，6.2万人。是鲁东南著名的“塑胶加工之乡”，有塑胶加工私营企业298家，规模以上企业6家，从业人员2万余人。产品涉及橡胶、塑料配套产品八大系列10万多个品种，被广泛应用于家电、电子、车辆、医疗器械等行业，大量销往国内外。全镇工业总产值实现52亿元，同比增长15.2%，地方财政收入实现1491万元，同比增长12.1%。先后被授予山东省塑胶工业配套产品生产研发基地，山东省旅游强乡镇和省级文明村镇，并入选2016山东省特色产业创新发展20强。

【塑胶产业转型升级】 以中央环保巡察为契机，积极探索寻求“突破口”，本着“尊重历史，面对现实”原则，根据企业现有生产规模、生产工艺和安评、环评、能评及综合评价达标情况，分批分类对塑胶企业进行提档升级，共摸排塑胶企业298家，首批18家企业已完成环评第一次公示，有120余家企业建成废水、废气收集处理装置，为塑胶产业规范发展、集约发展和绿色发展提供有力保障。深入实施“塑胶强镇”战略，按照“产业集群、项目集中、用地集约”的原则和“区域化布局、园区化发展”的思路，累计投资1600万元，对塑胶园区内水、电、路等基础配套设施进行提升完善，新建厂房1处，3座园区厂房已具备了入园发展条件。

【脱贫攻坚】 立足中楼扶贫实际，探索根植乡土、靠大联强抱团发展、区域统筹和大级差分配的产业扶贫新模式，累计整合各类扶贫资金817万元，实施产业扶贫项目9个。针对产业扶贫项目收益分配不精准，帮扶脱贫效果差的问题，探索实施了“大级差收益分配”模式，累计发放产业扶贫项目收益分红17.84万元，受益贫困人口2634人，有效解决了产业项目收益“撒芝麻盐”的分配弊端，做法得到省市区领导的肯定和认可，在全区进行推广。扎实开展扶贫对象动态调整工作，新识别贫困户37户63人，返贫12户23人，脱贫352户715人，清退202户550人，真正做到了扶真贫、真扶贫。针对部分危房贫困户无能力建设的问题，创新实施了“专家评审、专业施工、鼓励自建、统筹统建”办法，解决了31户无劳动能力贫困户住房保障问题。共改造危房324户，改造量居全市第二位。

【林水会战】 统筹整合小农水重点县项目、“一事一议”奖补项目、扶贫道路资金项目和社会工商资本等资金。投资1.2亿元，围绕白公山流域、石屋子山流域、回龙山流域和峪子片区4个区域，实施了一批林水治理项目，新增造林面积9500亩，完成各类农田水利工程45项，改造农田1.1万亩，改善灌溉面积1.3万亩，新修道路45千米，森林覆盖率达40.2%。投资1.2亿元，实施了回龙山、狼窝山等4个片区土地整理项目，整理土地3.5万亩。

【乡村旅游】 大力实施“生态立镇”“旅游富镇”战略，加快“奇山秀水金中楼”生态旅游品牌塑造步伐。制作完成乡村旅游线路规划和旅游攻略。积极协调山东晨曦集团，深入推进马髻山景区开发。投资90万元，启动全域旅游游客接待中心项目建设，初步完成场地平整。浔河峪二期工程建设加快推进，已投资800余万元，对景区及北侧山体进行景观绿化提升，建设湖景房7处，购置游艇20余个，新增大型儿童水上游乐设施2个。举办了浔河峪广告语大赛，共征集广告语2000余条，进一步提高中楼乡村旅游知名度。“大明皇姑 凤凰窑里”乡村旅游项目深入实施，聘请北京观筑景观设计院孔祥伟团队，对窑里景区开发进行了规划设计；3月，吸引了日照艺术摄影协会、二月花微电影协会等多个摄影艺术爱好者和微电影剧组到窑里进行摄影素材拍摄及电影镜头录制；5月，承接了日照市委党校春季班“三同教育”活动，进一步提升景区发展内涵。

【创城工作】 成立了以党政主要负责人为组长、各分管负责人为副组长、各相关部门主要负责人为成员的创城领导小组。将镇驻地整治区域划分成24个网格化区域，每个区域均明确了网格责任人和网格责任单位，对创城各项工作进行严格推进落实。成立沿线绿化、设施提升、垃圾清理、违建治理、秩序维护等7条专业工作线，集中对镇驻地两侧道板破损、栅栏毁坏、店外经营、违章停车、私搭乱建等创城突出问题进行综合治理。组装宣传车2辆，每天分早、中、晚三个时段在镇驻地进行集中宣传。下发告经营户通知书300份，维修绿化带围栏480处，整修绿化苗木1万余株。

【“三招三引”工作】 重点围绕塑胶加工、现代农业、乡村旅游3个主导产业，积极走出去，大力开展“三招三引”活动；借助“林水会战”、土地整理项目和幸福公路建设等契机，不断健全完善林、田、水、路等基础配套设施，使全镇的营商环境得到进一步优化，共引进了9个投资额度大、科技含量高、带动辐射能力强的大项目、好项目，实际到位资金3亿余元。着力建立“亲清”型政商关系，做到了“不叫不到、随叫随到、服务周到”，为项目建设提供全方位、全过程服务。

【安全稳定】 创新实施“和谐稳定金中楼”创建项目，共化解信访积案6起，化解率100%。创新实施“安全金中楼”创建项目，以社区为单位在全镇设立12个社区网格，65个村级网格，180名网格员，同时将全镇安全监管员、交通协管员和环保监管员实行“三员合一”，进一步强化人员力量。开展“严执法、打歪风、树正气”活动，切实强化社会治安综合治理，严厉打击“两盗一骗”、黄赌毒等各种违法犯罪活动，群众安全感和满意度不断提高。

【民生事业】 完成实验学校、马亓小学教学楼建设，启动了集后幼儿园工程建设和教职工公寓楼建设项目。与市中医院签署了联合办医协议，开通了远程会诊通道，让群众在家门口享受到和大城市一样优质医疗资源；启动上涧等7个农村卫生室省级标化改造建设。累计投资1.2亿元实施中龙高速快道硬化工程、道路网化工程和农村公路大中修工程，共新建、提升道路51.8千米，进一步优化了全镇道路交通网络。实施文明单位创建项目，实现“争省保市”目标，成功创建为省级文明村镇。实施“奇山秀水金中楼”品牌塑造项目，编制出版《奇山秀水金中楼》月刊7期，发放4900本；创建“金中楼”公众微信号，新增粉丝量3.8万余个。实施“金中楼十大善行义举”培育推选项目，共挖掘广推好人4000余名。打造了马亓山美丽乡村片区，完成了中楼大集搬迁项目，完成农村无害化厕所改造9000余户，完成临沂变电站1000千伏交流输变电线路工程清点清表工作。

【党建工作】 实行“四条工作线牵引，五办五中心分线运作”机制，成立党的建设、经济建设、稳定安全和民生扶贫四条工作线，设立4个党支部，新竞聘股级干部12名；实行重点工作项目化管理机制，对124项区镇重点工作进行细化分解，使党员干部的工作激情、责任意识和创业精神有了明显提升。在副科级以上干部中开展了“坚持五带头、争做五种人”活动，在机关干部中开展了“心向大海谋发展，情系中楼惠民生”活动，进一步夯实了机关党建工作根基。完成12个社区、65个村“两委”换届及配套组织建设工作，实施党建“十百千”项目，共发展预备党员38名、积极分子68名，推选优秀先进分子897名；实施了“三联三问”干群互通项目，实现党员联系群众全覆盖；实施了“风清气正金中楼”品牌塑造项目，加强执纪问责和案件查办力度，印制“金中楼”督查12期，开展明察暗访活动32次，自查和协办纪检案件18件，受党内警告以上处分12人，全镇风清气正的政治生态进一步优化。

岚山年鉴 LANSHAN NIANJIAN 2017

附 录

FULU

日照市岚山区国民经济和社会发展统计公报

岚山区统计局

全区上下切实践行新发展理念，牢牢把握走在前列的目标定位，坚持稳中求进总基调，紧扣供给侧结构性改革主线，扎实推进新旧动能转换重大工程，着力保障和改善民生，经济运行继续呈现快速增长态势，向好势头不断巩固。

一、综合

经济增速大幅提高。初步核算并经市统计局审核反馈，全区实现地区生产总值（GDP）539.38亿元，按可比价格计算，增长（同比，下同）14.1%，增速比上年提高7.9个百分点。分产业看，第一、第二、第三产业增加值分别达到41.49亿元、316.68亿元和181.21亿元，分别增长4.1%、17.7%和9.3%，三次产业比例调整为7.7：58.7：33.6，第三产业占比提高0.6个百分点。按常住人口计算，全年人均生产总值132591元，比上年增长13.5%。

招商引资取得新进展。全年岚山区提报符合考核范围的项目121个，其中新兴产业3个、投资5000万元以上118个，中国500强、民营500强、行业10强项目5个，10亿元以上的项目5个。实际到位资金217.9亿元，其中山钢121亿元、日钢36亿元。

市场主体较快增长。年末全区个体工商户发展到2.47万户，注册资金15.89亿元，分别比上年增长10.3%和21.3%；从业人员5.27万人，增长11.6%。私营企业发展到5386户，从业人员6.15万人，注册资金443.48亿元，分别增长27.1%、26.3%和52.6%。农民专业合作社发展到1401户，比2015年减少1户；从业人员1.14万人，注册资金13.29亿元，分别增长4.7%和6.4%。

就业形势总体稳定。全年城镇新增就业3931人，农村劳动力转移就业2100人，实施职业技能培训1395人，失业人员再就业436人，就业困难人员实现再就业73人（其中公益性岗位安置28人），城镇登记失业率为2.8%，低于年度控制目标0.7个百分点。组织实施高校毕业生基层服务项目，共招募4名“三支一扶”志愿者到基层服务，高校毕业生就业率达97.3%。

脱贫攻坚取得阶段性成果。全区5049户、11020名建档立卡贫困人口全部落实脱贫措施。全年2367名贫困人口脱贫，超额完成市下达的年度脱贫任务，脱贫攻坚战役首战告捷。市、区两级共派出第一书记59名，组建驻村工作队40个，全区3413名机关企事业单位干部参加了“1+1”包联贫困户活动；动员52家工商企业、37个农业新型经营主体参与扶贫事业，带动贫困人口355户实现增收；全年开工各类扶贫项目35个，完成投资总额3045万元。

二、农林牧渔业

农林牧渔业全面发展。全区各级认真落实强农惠农政策，新农村建设迈出新步伐。全年实现农林牧渔业增加值44.48亿元，比上年增长4.4%。其中，农业增加值18.52亿元，林业增加值0.19亿元，牧业增加值7.07亿元，渔业增加值15.71亿元，农林牧渔服务业增加值2.99亿元。

农牧业生产结构调整。全年粮食作物种植面积30.53万亩，比上年下降6.3%；总产量13.23万吨，下降1.1%；单产433.3公斤，增长5.5%。油料作物产量3.45万吨，下降8.5%。全年猪出栏36.73万头，下降17.7%；羊出栏6.52万只，增长18.2%；牛出栏7501头，下降31.8%。全年肉类产量3.74万吨，下降8.6%；蛋类产量1.25万吨，下降30.6%。

渔业生产略有下降。全年水产品总产量30.04万吨，比上年下降3.0%。其中，海水产品产量29.8万吨，淡水产品产量0.24万吨。

农村基础条件继续改善。全年农用柴油使用量9.56万吨，农药使用量837吨。全年化肥施用量（折纯）1.8万吨，农用塑料薄膜使用量0.11万吨。年末自来水受益村421个行政村，农村自来水普及率100%。

三、工业

工业生产高速发展。年末全区规模以上工业企业77家（年快报数），全年完成工业增加值200.15亿元，按可比价格计算比上年增长26.5%；完成工业总产值1006.8亿元，增长52.4%。全区21个工业行业大类中，有11个行业实现增长，增长面为52.4%。工业产销衔接较好。规模以上工业企业产品销售率为96.3%，比上年提高2.1个百分点。

工业经济效益快速增长。规模以上工业企业资产总计1840.98亿元，比上年增长12.0%；负债总计1336.48亿元，增长9.2%；受市场需求、部分产成品利润空间加大、人民币汇率波动等因素影响，实现主营业务收入1050.62亿元，增长48.3%；实现利润95.97亿元，增长458.3%；利税合计118.36亿元，增长240.5%。全区有15家规模以上企业亏损，亏损面19.5%，亏损额2.01亿元。

电力供应充足稳定。全社会用电量76.54亿千瓦时，增长15.3%。其中，工业用电量72.0亿千瓦时，增长15.5%。

四、固定资产投资和建筑业

固定资产投资再创新高。全区完成固定资产投资632.36亿元，增长12.6%。其中，计划投资5000万元以上的项目本年完成投资385.33亿元，增长19.4%。固定资产投资施工项目697个（其中新开工621个），增长1.6%；在建项目投资总规模1319.9亿元，比上年增长62.4%。

建筑业恢复增长。年末全区资质等级三级及三级以上的建筑业企业20家，全年实现建筑业总产值9.7亿元，增长3.9%。其中，建筑工程产值8.39亿元，下降3.7%，安装工程产值0.65亿元，增长10.1%。建筑业竣工产值7.2亿元，下降9.3%。

五、国内贸易

市场消费稳定增长。全年实现社会消费品零售总额109.15亿元，比上年增长9.6%，其中，限额以上企业实现零售额46.03亿元，增长7.9%。限额以上批发零售和住宿餐饮业销售额共202.46亿元，按行业类别分，批发业完成销售额199.79亿元，增长15.1%；零售业完成销售额1.06亿元，增长27.6%；住宿业完成销售额0.08亿元，增长10.6%；餐饮业完成销售额1.53亿元，增长15.6%。

六、对外经济

对外贸易大幅提升。全年完成外贸进出口总值317.38亿元，同比增长18.8%。其中，出口完成134.54亿元，同比增长28.7%；进口完成182.84亿元，同比增长12.4%。进出口总额、进口总额、出口总额在两区两县中均位列第一，进出口总额占全市进出口总额的34.9%。钢铁为主要出口商品，出口额126.7亿元，同比增长35.4%，占全区出口总额的94.1%；亚洲为主要的出口市场，占出口总额的74.1%。铁矿砂、煤炭为主要进口商品，进口额分别为123.1和23.4亿元，同比分别增长24.6%、24.8%，分别占进口总额的67%和13%。

利用外资有所下降。全年合同利用外资1.65亿美元，比上年下降10.8%；实际到账外资0.61亿美元，下降44.5%。

七、交通、邮政电信、旅游

港口生产持续增长。完成港口货物吞吐量17444万吨、增长12.7%，其中，岚山港吞吐量6779万吨、增长4.7%。分主要货种看，金属矿石完成7311万吨，增长19.4%；石油天然气及制品6655万吨，增长13.7%；煤炭及制品856万吨，增长5.8%；木材611万吨，增长4.8%。

全社会运输量稳步提高。地方铁路货运量1973万吨、增长23.6%。地方公路客运量319.5万人次、增长4.4%；旅客周转量1.59亿人千米、增长3.9%；公路货运量3880万吨、增长2.1%；货物周转量22.91亿吨千米、增长4.1%。

交通运输基础设施建设积极推进。年末全区公路通车里程1613.82千米，其中，高速公路15.8千米。按行政等级划分，国道13.529千米（不含高速），省道72.99千米；县道142.556千米，乡道237.011千米，村道1131.934千米。

汽车保有量持续增长。年末全区民用汽车保有量达到8.15万辆（包括三轮汽车和低速货车4934辆），比上年末增长4.8%。其中，私人汽车保有量7.04万辆，增长5.6%。民用轿车保有量6.02万辆，增长5.1%。其中，私人轿车5.28万辆，增长5.8%。

邮政通信业平稳发展。全年完成邮政电信业务总量1.68亿元，比上年增长6.3%。其中，邮政业务总量0.3亿元，增长16.5%；电信业务总量1.38亿元，增长4.4%。年末本地网电话用户2.18万户，下降1.9%；移动电话用户27.0万户，增长3.1%；国际互联网宽带用户6.36万户，增长4.6%。

旅游业蓬勃发展。全年共接待境内外游客358万人次，比上年增长29.0%。实现旅游总收入9.5亿元，增长31.0%。年末全区拥有星级宾馆2家、旅行社2家。全区现有A级景区10个，省级农业旅游示范点6个，省级旅游强乡镇3处，省级旅游特色村7处，省级精品采摘园9处，省级旅游商品研发基地5个。

八、财政、金融、保险

财政综合实力进一步提升。全口径一般公共预算收入全年完成57.11亿元，同比增长63.5%。其中，国税收入46.17亿元，增长124.5%；地税收入10.13亿元，下降6.5%。地方一般公共预算收入全年完成30.81亿元，同口径增长38.8%。分部门为：国税完成20.8亿元，同口径增长99.9%；地税完成9.2亿元，同口径增长11.3%；财政完成0.8亿元，下降77.0%。全区完成地方一般公共预算支出26.4亿元，占年初预算的116.5%，同比增长18.0%。其中，教育支出59083万元，增长2.7%；科学技术支出4763万元，增长276.2%；社会保障和就业支出31455万元，增长10.7%；医疗卫生与计划生育支出27710万元，增长30.1%；节能环保支出1525万元，下降76.3%。

货币信贷总体稳定。年末金融机构各项存款余额215.71亿元，比年初增加11.56亿元。其中，储蓄存款余额150.75亿元，比年初增加15.85亿元。年末金融机构各项贷款余额本外币合计198.47亿元，比年初减少76.1亿元。其中，短期贷款余额127.75亿元，比年初减少71.14亿元，中长期贷款余额61.42亿元，分别比年初增加6.71亿元。

保险业继续发展。全区现有保险公司13家。实现保费收入2.74亿元，同比增长6.8%。其中，财产险保费收入1.54亿元，同比增长1.5%；寿险保费收入1.20亿元，同比增长14.6%。服务能力进一步提高，支付各项赔款与给付9571万元，同比下降1.0%。其中，财产险赔付金额7899万元，同比下降4.2%；寿险赔付金额1672.12万元，同比增长17.3%。

九、城市建设和环境保护

城区建设快速发展。全年完成城建投资52.63亿元，城区建成区面积达到21.3平方千米。

城区载体功能进一步增强。年末城区道路长度158.45千米，面积401.1万平方米，城区排水管道总长度403.77千米。城区使用液化气、煤制气、天然气的总户数达到9.85万户，全年供应液化气总量0.36万吨，提高2.8%；供应天然气总量3837万立方米，提高217%；年末用气普及率达到99%。城区新增供热面积35万平方米，集中供热面积达到150万平方米。已建成公园广场绿地22处，绿地面积690.1万平方米，城市绿化覆盖率达到42.5%。全年城区生活垃圾无害化处理率达100%。

环境保护工作扎实推进。环境空气中可吸入颗粒物（PM10）浓度年均值为0.092毫克/立方米，SO_2浓度年均值为0.023毫克/立方米，细颗粒物（PM2.5）浓度年均值为0.053毫克/立方米，NO_2浓度年均值为0.038毫克/立方米。其中，PM10、SO_2、PM2.5三项指标分别比上年同期改善5.2%、36.1%和10.2%。城区区域环境噪声平均值54.7分贝，城区区域交通干线噪声平均值55.9分贝。

十、科技、教育、文化、体育、卫生事业

科技创新能力不断增强。全年完成高新技术产业产值32.7亿元，占规模以上工业总产值的比重达到3.25%。全年专利申请量327件，发明专利申请量121件，发明专利授权量31件，有效发明专利87件。全区现有高新技术企业11家，比上年增加5家。

年末有中国驰名商标1件，有地理标志证明商标8件，山东省著名商标14件；中国名牌产品2个；山东名牌产品26个；山东省标准化服务试点单位1个；国家级农业标准化示范区2个；山东省优质产品生产基地2个；AAA级以上标准化良好行为企业5家；山东省地理标志使用单位17个。

人才战略扎实推进。技能人才队伍建设迈出新步伐，新评选市级首席技师1人，区级首席技师10人，新增高技能人才236人。

教育事业全面发展。年末有普通中等专业学校1所、普通高中2所，在校学生6916人；初级中学9所，在校学生11667人；小学36所，在校学生21851人。小学学龄儿童入学率和初中入学率均达100%。幼儿园124所，在园幼儿11132人。

文化、体育事业取得新成就。全区现有各类文化机构4处，其中数字影院1个，文化馆1个，博物馆1个，图书馆1个。年末有乡镇综合文化站8处，出版报纸1种。全年体育彩票销售额5083万元。拥有各类体育协会、俱乐部15个，为全区443个村居（社区）配备了体育设施。

卫生事业健康发展。年末有二级综合医院、疾控中心、卫生监督所、妇幼保健院各1处，乡镇卫生院6处，社区卫生服务中心2处，社区卫生服务站及村卫生室187个，民办医疗机构25处；在岗乡村医生592人。全区各级医疗卫生机构共有编制1254名（含编制备案数），实有各类技术人员848人。

十一、人口、居民生活与社会保障

人口规模保持稳定。公安户籍年报数据显示，年底全区户籍总人口43.23万人，比上年末增加0.25万人。其中，非农业人口20.17万人。人口出生率23.23‰，人口死亡率14.59‰，人口自然增长率8.68‰。

城乡居民收入稳定增长。全年全体居民人均可支配收入24165元，比上年增长9.5%。其中，工资性收入18001元，经营净收入4000元，财产净收入627元，转移净收入1537元。分城乡看，城镇居民人均可支配收入30867元，增长8.8%；农村居民人均可支配收入14724元，增长8.8%。

社会保险覆盖范围持续扩大。全区城镇职工基本养老、医疗、失业、工伤和生育保险参保人数分别达到3.76万人、3.02万人、1.78万人、2.7万人和2.02万人。建立统一的居民基本养老、医疗保险制度，其中6.37万名60岁以上的农民全部按时足额领取基础养老金，参保缴费人数达12.4万人，缴纳参保费4200万元；居民医疗保险参保人数达到34.47万人，缴纳参保费5738万元。

社会救助事业稳步发展。已建救助管理站1处。有农村五保供养服务机构8个，总床位数960张，供养老人509人。“五保”集中、分散供养标准分别提高到每年6700元和5300元。全年福利彩票销售额3400万元。

城乡低保标准和补助水平继续提高。城

镇低保保障人数998人，平均月保障标准达到每人520元，人均月补助338元，比上年提高20元；农村年人均纯收入低于4080元的困难群众全部纳入保障范围，保障人数14294人，实现了动态平衡下的应保尽保，人均月补助提高到221元。

企业退休人员养老金水平进一步提高，月人均增加150元，平均水平达到每人每月1696元。被征地农民月人均增加140元，平均水平达到每人每月1168.1元。最低工资标准由上年的每人每月1550元上调到1640元，小时最低工资由15.5元调整为16.4元。

平安岚山建设进展良好。全年共发生各类生产安全事故20起，比上年下降35.5%；死亡21人，增长23.5%。全年共受理刑事案件立案数1077件，下降21.4%；破获各类刑事案件472起，下降31.9%。

注：

1. 本公报数字主要是年快报数或初步统计数。

2. 公报中地区生产总值（GDP）、各产业增加值绝对数为现价，增长速度按可比价格计算。

3. 固定资产投资包括计划总投资500万元及以上固定资产投资项目的投资、房地产开发项目的投资。

4. 规模以上工业企业指年主营业务收入2000万元及以上的工业企业。

5. 限额以上批发、零售、住宿、餐饮企业指：年主营业务收入2000万元及以上的批发业、年主营业务收入500万元及以上的零售业和年主营业务收入200万元及以上的住宿、餐饮业。

索　引

SUOYIN

唐山年鑑

索引

A

安东卫街道/355
安全播出和安全生产/325
安全管理/215
安全管理工作/161
安全环保/204
安全监管/217
安全廉政/209
安全生产/206、210、250、265
安全生产监督管理/180
安全生产宣传/182
安全稳定/369
案件审理/146

B

办理各类价格案件/170
办理群众投诉举报/280
办学理念/306、308
办学条件/302
包联走访和精准扶贫/280
保险/329
保险服务/233
保险机构选介/347
保障社会和谐稳定/148
碑廓镇/359
毕业生就业/293
边防检查/155
不动产登记/179
不良资产处置/333、339

C

财税改革/189
财务规划/291
财源建设/187
财政管理/187
财政收支/187
参政议政/140
茶业/233
茶业发展/234
产业概况/233
产业结构调整/236
产业转型升级/250
产业转型升级迈出新步伐/105
常委会服务/102
车驾管工作/157
城区供水服务/273
城市管理/278
城市基础设施建设/258
城市建设/354
城乡公交一体化/205

城乡规划/271
城乡建设用地增减挂钩/179
城镇建设/355
出入境检验检疫/219
创城工作/257、172、354、355、363、369
创新环境/315
创新监管模式/181
创新开展代表工作/98
创新业务品种、模式/342
创新知行同心“六个一”工程/139
慈善福利帮困解难/290
从严治党/191
村级财务审计/169

D

打赢十九大安保维稳和创城攻坚决胜战/156
大气污染防治/275
代表服务/102
贷款业务/342、343
担保公司/329
担保业务结构逐步优化/254
党的建设工作/258
党风廉政建设/180、298
党管武装工作/160
党建工作/173、182、204、207、212、256、266、283、308、337、356、364、370
党建和廉政建设/237
党建统领/339
党建引领/336
党建引领业务发展/334
党派活动/140
党外代表人士工作/89
党校工作/91
党员干部展现了激情创业的新风貌/80
德育工作/304
德育建设/307
地方史志/113
地方税务/191
地势地貌/67
地质灾害防治/180
电力/210
电信通信/285
电子商务/222、267
动植物检疫/220
队伍管理/152
队伍建设/147、150、173、192、259、303
队伍正规化建设/157
对上争引/166
对台工作/90
对台交往交流/90
对台宣传/90
对外贸易/221

F

发挥职工主力军作用/128
发展高效优质林果产业/229
发展与改革/165
法律援助/159
法院/146
法治宣传教育/158
防汛抗旱/239
防震减灾/317
放管服改革/240
“放管服”工作/220

"放心粮油提升"工程/265
非公经济工作/88
非公经济人士理想信念教育/134
风险处置/332
风险管控/338
风险化解/336
风险监管/346
风险控制/341、343、344、345
奉献社会/340
扶贫帮建/161
扶贫攻坚/358
服务大局/121
服务大项目建设/220
服务发展水平得到新提升/107
服务经济/332
服务经济转型升级/148
服务能力建设/348
服务全区重点工作/128
服务"三农"/333
服务实体经济/330
服务"突破园区、聚力招引"工作/144
服务新旧动能转换/172
服务中心工作/131、151、325
辅助和执行政府决策/108
妇联工作/132

G

改革创新/207
钢铁/251
港澳台工作/89
港澳台投资企业/251
港口规划/215
港口建设/215
港口生产/203、215
高铁新城项目建设/257
高新技术/315
高兴镇/363
各类专题培训/92
耕地保护/178
工会工作/127
工矿废弃地治理/179
工伤和生育保险/296
工商行政管理/171
工业发展/357、359、366
工作成果/255
工作创新/150、176、212
工作重点/343、343、345
公安/151
公安基层基础建设/153
公共法律服务体系建设/145
公共卫生工作/313
公共资源交易/112
公开电话办理/112
公路建管/207
公路建设/208
公文处理与宣传/102
公务员管理/294
公益活动/232
公益性项目运管/258
公正司法新渠道拓展/149
共青团工作/130
供销合作经济/267
构建职工服务体系/129
固定资产投资审计/169
固废与土壤污染防治/276

关爱妇女儿童/134
广电网络/325
规范城乡道路交通秩序/156
规范化管理/273
规范化建设/152
规范执法/190
规章制度/343、343、345
国家税务/189
国企党建/342
国企党建工作切实加强/254
国土资源管理/178
国有企业/253

H

海关/216
海事/217
海洋与水产业/235
合作办学/312
河长制/240
后勤保障建设/309
后勤制度建设/308
虎山镇/357
户政人口/152
环境保护/274
环境监测/277
环境宣传教育/277
环境治理/355
黄墩镇/360
会议服务/101
混合所有制改革/284

J

机构编制/93
机构编制管理/94
机构设置/338、344
机关党建/85
机关事业单位保险/295
机关事业单位工资/294
积极保障服务社会民生/347
积极参与“同心示范工程”建设/140
基本公共服务/290
基层党建/284、331、349、353
基层工会规范化建设/127
基层基础建设/96
基层商会建设/134
基层统计“四化”运作/168
基层文化队伍建设/323
基层武装建设/162
基层医疗服务工作/314
基层政权及城乡社区建设/289
基层组织建设/132、85
基础建设/204
基础设施建设/321
基建技改/207
基金监督/292
疾病预防控制工作/314
纪律审查/122
加强党建工作/310
加强德育建设/309
加强职工思想引领/127
价格管理/167
价格宣传/170

监督抽检/177
监督检查/176
监管队伍建设/182
检察/148
建设项目审批/276
建设用地/178
建置区划/70
践行社会主义核心价值观/87
交警工作/155
交通基础设施建设/205
交通事故处理/157
交通运输/204
教师成长/305
教师队伍建设/307
教学科研/92、304
教育扶贫/303
教育教学/304
教育科研/302、307
教育事业/301
教育信息化建设/303
节能降耗/250
巾帼扶贫行动/133
金融办工作/330
金融风险化解/330
金融服务/338
金融概述/329
金融机构选介/331
金融监管/330
进京非正常上访治理/96
进口商品检验/220
进一步厘清了岚山发展的新路径/77
经济/361
经济服务工作/135
经济和社会发展/74
经济社会综合考核服务/168
经济运行/165
经济责任审计/168
经受了一系列新考验/79
经营范围/344、346
经营管理/348
经营理念/340、345
经营与建设/284
精神文明/210
精神文明建设/87、110、266
精准扶贫/268、289、337、366
九三学社岚山支部/140
就业促进/292
居民社会养老保险/295
巨峰镇/365
聚力服务青年/130
卷烟营销/231
军事/160
军事训练工作/161
军转干部安置/294

K

开展对政府部门工作评议/97
科技合作/316
科技建设/155
科协工作/316
科学发展大讲堂/91
科学技术/315
科研及服务机构建设/316
口岸管理/215
口岸监管/216

口岸开放/220
矿产/69
矿产勘查开采/70
矿山综合整治/180

L

岚山办事处设立后区划/73
岚山办事处设立前区划/71
岚山区第一中学/304
岚山区人民代表大会/97
岚山区实验中学/308
岚山头街道/353
蓝色经济发展/166
劳动监察/296
老干部党建/86
老年体育工作/324
理论宣讲/91
理赔服务/349
利用外资/222
联通通信/284
廉政建设/219
粮安工程建设/264
粮食安全责任制/264
粮食储备轮换/265
粮油购销/264
两新组织党建/85
亮点工作/177
林水会战/228、238、368
林下经济带动新发展/229
林业/228
林业有害生物普查监测和防控/228
领导班子和干部队伍建设/84
路政管理/209
落实监管责任/181
落实消防安全责任/153
旅游安全监管/322
旅游经济/364
旅游宣传营销/322
律师队伍建设和公证管理/159
绿色银行/336

M

矛盾纠纷排查调处/145
贸易促进/263
美丽岚山建设展现新亮点/105
“美丽庭院”建设/133
民兵整组工作/161
民革岚山支部换届工作/139
民企帮村工作/134
民生保障/188
民生保障有了新改善/106
民生改善/364
民生事业/356、370
民营经济/248
民政工作/289
民族/73
民族宗教工作/88

N

纳税服务/190、192
内部管理/218、331、333、339
内部控制制度逐步完善/254
凝聚人心、汇集力量，充分凸显政协优势

/116
农村道路交通管理/156
农村公路概况/205
农村土地承包经营权确权登记颁证收官/227
农村饮水安全巩固提升工程/242
农户科学储粮“小康仓”建设/264
农机/229
农机购置补贴/229
农机科技推广/229
“农林水”执法/279
农田水利项目/238
农业/227
农业产业经营化/227
农业服务/267
农业技术推广/227

P

跑出了岚山发展的新速度/77
配电运维/210
配合参与工作/170
配合重点项目建设/271
平安建设/357
平安岚山建设/152
平安校园建设/307
普法教育阵地建设/159
普惠金融/336、339

Q

企业挂牌上市/330
企业管理/204
企业科技创新/249
企业文化建设/348
企业养老保险/294
气候/68
强化网点内控管理/335
“强基层、铸铁军”工程/169
清理规范涉企收费/170
区级机关事务管理/109
区人大常委会办公室/101
区人民政府工作/103
区委办公室/81
区政府办公室/108
区政协办公室工作/120
全面从严治团/131
全面落实从严治党要求/347
全民义务植树活动掀起新高潮/228
全区社区矫正基地建设/159
全区统战工作会议/88
群众体育工作/324

R

人才工作/86
人口/73
人口和计划生育工作/314
人口民族与社会经济/73
人力资源和社会保障/291
人力资源配置/293
人民生活获得了新改善/80
人民调解工作/160
日常监察、专项执法与环境信访/277
日照港集团岚山港务有限公司/203
日照岚山农村商业银行股份有限公司/338
日照市海洋工程学校/310

日照市岚山区城市建设发展有限公司/257
日照市岚山区工商业联合会/134
日照市岚山区国民经济和社会发展统计公报/373
日照市岚山区海洋发展有限公司/258
日照市岚山区华通小额贷款有限公司/345
日照市岚山区金源小额贷款有限公司/344
日照市岚山区实验中学/305
日照市岚山区永铸小额贷款有限公司/342
日照市岚山区园区发展有限公司/256
日照市岚山区正昊小额贷款有限公司/343
日照市岚山融资担保有限公司/253、341
日照市新岚山建设发展有限公司/254
日照银行岚山中心支行/337
融资工作/259
融资、注资、担保及金融风险化解/258

S

“三线一网格”上线/334
“三招三引”工作/168、251、265、369
“三招三引”及对上争引/237
桑蚕生产/233
桑蚕收购/232
桑蚕业/232
森林防火保持良好态势/228
山东高速轨道交通集团有限公司岚山管理处/206
山东省日照第三中学/306
商贸流通/223、263
商品市场/263
商事制度改革/171
商务流通/263
社会/361
社会公益/284
社会事业/354、357、360、367
社会治安综合治理/144
社区建设/257
社区矫正和安置帮教/159
涉氨制冷企业专项整治/175
涉台服务/90
深化共青团改革/132
深入基层开展调研询问工作/98
审计管理/168
升学就业/312
生态/362
生态环保/360
生态环境保护/276
生态环境综合治理/279
生态建设/364
失业保险/295
师生队伍建设/308
师资培养/310
石化产业/252
食品药品监督管理/176
市场营销/203
事业单位监督管理/94
事业单位人事管理/294
事中事后监管/171
收费指导/170
数字化监管/218
水利/238
水土保持/239
水文/69
水污染防治/274
水质保障/273

水资源管理/241
税收收入/190、193
税收征管/190
税收执法/192
司法改革/147
司法行政/158
司法为民/146
思想政治工作/160
饲料质量管理规范建设成效明显/230
宋家岭农业种植专业合作社/346
塑胶产业转型升级/368

T

特色产业/353、365
特色工作/268
特色旅游项目/321
特色小镇/365
特种设备安全监管/174
提升网点服务品质/335
提升用户满意度/325
提升站位/120
体育彩票/324
调解仲裁/297
统计管理/167
统计监测分析/167
统计宣传新媒体建设/168
统一战线工作/88
“突破园区、聚力招引”取得新成效/104
土地供应和土地出让/179
土地规划/178
土地综合整治/179
土壤类型/68
推动新旧动能转换/216
推进村镇规划/271
推进方志馆建设/113
推进国家监察体制改革试点工作/123
推进口岸“三互”/217
推进“一年一鉴、公开出版”工作/113
推进重点工作/259
退休审批/296
脱贫攻坚/368
拓宽渠道、注重实效，不断强化民主监督/115
拓宽融资渠道/256

W

外贸进出口/221
外资企业/251
完善规划编制/271
完善内控制度/342
网点转型/333、340
网络建设/283
危险品监管/217
为全区“三农”保驾护航/347
违法建设治理/278
围绕中心、服务大局，积极开展协商议政/114
维护地区经济稳定/334
维护社会稳定和国家安全/143
维护职工合法权益/128
委托培训/92
卫生计生事业/313
卫生检疫/219
文化/362

文化建设/87、356
文化执法/279
文明创建/338
文明家庭创建/133
文明校园创建/306
文体和旅游/321
物价管理/170

X

乡村旅游/369
项目建设/235、363
消防安全排查/154
消防工作/153
消防设施/154
消防宣传/154
小额贷款公司/329
小型水库除险加固/240
校园安全建设/309
新的社会阶层人士工作/89
新旧动能转换/355
新旧动能转换重大工程/165
“新农村新生活”培训/133
新闻宣传/87
新型农村金融组织/329
信贷支持/337
信访安全保卫/96
信访工作/180、96
信访积案攻坚化解/97
信访接待/96
信访维稳工作/144
信息化建设/249、298
信用互助/346
行政服务/297
行政审批服务/111、111
行政审批制度改革/93
行政许可/177
行政执法/175
行政执法维权/172
行管工作/110
幸福公路规划/205
畜牧/230
畜牧业标准化程度进一步提高/230
畜牧业绿色发展机制初步建立/230
宣传工作/86
宣传贯彻党的十九大精神/86
学生培养/311
学校建设/305
学校选介/304
巡察工作/122

Y

烟草专卖/231
烟叶生产/231
严格规划管理/272
沿海管控/155
养护管理/208
养老服务/289
业务创新/332
业务发展/283、285、348
业务开展/341、345
业务品种和模式持续创新/254
业务指标/336
“一村（社区）一法律顾问”工作/158
医改工作/313

医疗保险/296
依法行政/179、181
依法行政工作/315
依法审议重大事项/97
移动通信/283
移民工作/243
银行/329
隐患排查治理/155
迎接各级环保督察/276
盈余分配/346
营业收费/211
应急处置与排污费征收/277
应急力量建设/154
拥军优抚/290
优化担保业务结构/342
优化发展环境/166
优化服务/216、339
优秀传统文化保护和传承/323
有效保障残疾人权益/290
有效激发了经济发展新活力/78
渔业安全生产/236
渔业巡查执法/236
预算执行审计/169
园区基础设施配套建设/257
园区建设/197
员工培训/344、346
运输企业发展/206

Z

在攻坚克难上取得了新突破/78
增值服务/349
增资扩股/341
增资扩股目标基本实现/254
招才引智/292
招商活动/199
招商引资/198、222、322、363
招引成效/199
招引措施/198
振兴文化产业/323
镇村建设/366
争创山东省电子商务示范县/224
征兵工作/161
征收管理/193
整治旅游市场价格秩序/170
整治群众身边的不正之风和腐败问题/122
证券/329
政策宣讲/216
政策研究与法制建设/291
政法与综合治理/143
政府网站建设/112
政务服务/108
政协岚山区委员会/113
政治/361
知识产权/316
执法司法规范化建设/145
执行工作/147
职工文化建设/283
职务犯罪惩治和预防/149
职业技能鉴定/293
职业能力建设/293
指标晋位争先/211
制度建设/345
质量管理/174
质量技术监督/174
中澳（日照）产业园/197

中澳（日照）产业园建设/223
中共岚山区纪律检查委员会/122
中共岚山区委员会/77
中共十九大安保/155
中国工商银行股份有限公司日照岚山支行/331
中国建设银行股份有限公司日照岚山支行/335
中国民主同盟岚山支部/139
中国农工民主党岚山支部/139
中国农业银行股份有限公司日照岚山支行/332
中国平安财产保险股份有限公司日照市岚山支公司/349
中国人民财产保险股份有限公司日照市岚山支公司/347
中国人寿财产保险股份有限公司日照市岚山区支公司/348
中国太平洋财产保险股份有限公司岚山支公司/349
中国银行股份有限公司日照岚山支行/334
中楼镇/368
中泰证券股份有限公司日照岚山中路证券营业部/340
重大动物疫病防控工作扎实稳定/230
重大国情国力调查/167
重大活动安保维稳工作/143
重点河道治理/241
重点项目建设/166
重污染天气应急/275
重要会议/123
主体班次培训/91
助力扶贫/89
助力岚山建设/285
住房公积金贷款/272
住房公积金服务/272
住房公积金管理/272
住房公积金扩面/272
住房公积金提取/272
住房公积金运营/273
专卖管理/231
专项整治/177
专业技术人员管理/294
追责问责/122
资金运筹/188
资料搜集与提报/113
自然地理/67
自身建设/94、103、109、110、121、273
自身建设和行政执法改革/280
自有项目建设/258
综合管理/232
综合行政执法/278
综合执法体制改革/93
总量减排与排污许可证管理/275
组织工作/84
组织建设/88
组织收入/187
组织愿景/346
作风建设/123